HAYMON verlag

Inhalt

Schnee, der alles zudeckt
Bei Vera Adams in Plymouth   **9**

Musik der Kontraste
Ein Besuch bei Michael Graubart   **27**

Viel vor Augen und kein Blatt vor dem Mund
Eine Begegnung mit Dorli Neale   **45**

Kein 11. März wie jeder andere
Mit Hans und Felix Heimer in Manchester   **63**

Die Blumen, die Liebe, das Schöne
Mit Judith Shomroni in Givat Shapira   **83**

Ein altes Schnapsservice in Kirjat Tiw'on
Bei Abraham Gafni zu Gast   **101**

Es ist ein Paradox
Zu Besuch bei Peter Gewitsch in Haifa   **119**

Völlig aus der Bahn geworfen ins Unbekannte
Mit Abi Bauer in Tel Aviv   **137**

I never liked the cold
Mit Vera Graubart im Gespräch   **155**

Es ist keine Reise in die Vergangenheit, es ist eine durch die Gegenwart. Dieser Gedanke kommt mir in den Sinn auf der Bahnfahrt von London an die englische Südküste. Ich schaue zum Fenster hinaus, eine mir unbekannte Landschaft gleitet vorbei, um sie später beschreiben zu können, müsste ich mir nun Notizen machen. Doch meine Neugier ist größer, lässt mich erst gar nicht zum Stift greifen. Auch ist meine Neugier wohl ein gutes Mittel, mich abzulenken. Denn in Plymouth angekommen, kehrt die Nervosität in mich zurück, ich weiß nicht, was mich erwartet, was eine Begegnung im Gegenüber auslöst.

Die beiden Fragen stellte ich mir bereits, als wir uns zur ersten Besprechung in Innsbruck trafen. Wir, das sind die Theaterpädagogin Irmgard Bibermann, die beiden Filmemacher Emir Handžo und Vinzenz Mell sowie der Zeithistoriker Horst Schreiber. Wir trafen uns in einem Gasthaus in der Innsbrucker Anichstraße, wenige Schritte entfernt von jener Wohnung, in der einst Richard Berger und seine Familie gelebt haben. Berger, Vorsitzender der Israelitischen Kultusgemeinde, war eines der vier Mordopfer des Innsbrucker Novemberpogroms 1938. Nachts zerrten sie ihn unter dem Vorwand, die Gestapo wolle ihn vernehmen, aus seiner Wohnung und fuhren mit ihm an den Stadtrand, wo sie Richard Berger mit Steinen erschlugen. Seiner Familie gelang die Flucht – so wie auch jene Menschen fliehen konnten, auf deren Spuren wir uns im Frühling 2010 begaben, um ihre Lebensgeschichten zu hören, sie in Film- und Tondokumenten für nachfolgende Generationen festzuhalten. Sie alle wohnten in Innsbruck, wurden dort geboren oder standen über ihre Eltern mit der Stadt in enger Beziehung. Und sie sind die Letzten, die noch leben, von jenen, die 1938 vertrieben wurden, nach England, nach Israel. Ihnen zu begegnen, ist keine Reise durch die Vergangenheit, es ist eine in die Gegenwart.

Schnee, der alles zudeckt

Bei Vera Adams in Plymouth

„An das erinnere ich mich jetzt: Ich habe gehört, dass man mich auf einem Schlitten nach Hause gebracht hat, in die Maria-Theresien-Straße." Vera Adams schaut auf, in ihrem aufgeweckten Blick plötzlich noch mehr Lebendigkeit. Sie mag die kalte Jahreszeit, den Schnee. An dem litt Innsbruck im Dezember 1929 keinen Mangel und viele befürchteten einen ähnlich strengen und lawinenreichen Winter wie im Vorjahr. Da hatte die Kälte die städtischen Wasserleitungen zum Bersten gebracht, öffentliche Brunnen waren eingefroren wie Bäche und Flüsse, der Inn, die Donau ebenso, sie war von der Wachau bis nach Hainburg von einer durchgängigen, fast fünfzig Zentimeter dicken Eisschicht überzogen. Österreichweit waren die Temperaturen auf minus zwanzig Grad und tiefer gefallen, in Innsbruck an manchen Tagen auf bis zu dreißig Grad unter null. Das wäre wohl selbst Vera Adams zu frostig. Und ihr Mann Kenneth kann auf den Winter ohnehin verzichten. Im März 2010 waren die beiden zuletzt in Innsbruck, bei der Wiedereröffnung des *Kaufhaus Tyrol*, das im Bereich der Fußgängerzone in der Maria-Theresien-Straße Touristen wie Heimischen ein Blickfang ist. Für die Neugestaltung zeichnet der englische Architekt David Chipperfield verantwortlich, er hat sich mit seinen Bauten aus Beton und Glas vor allem in Japan und Deutschland einen Namen gemacht. Der einstige Gebäudekomplex wurde 2007 abgerissen, an seine Existenz erinnert immerhin eine Gedenktafel im Erdgeschoß, rechter Hand gleich nach dem Haupteingang, sehen werden sie nicht viele. Der von der Israelitischen Kultusgemeinde für Tirol und Vorarlberg verfasste Text lautet:

> An dieser Stelle befand sich das 1908 gegründete Warenhaus „Bauer und Schwarz", das 1938 arisiert wurde und von 1966 bis 2007 als „Kaufhaus Tyrol" weiterbestand. Die Familien Bauer und Schwarz waren seit der Mitte des 19. Jahrhunderts in Innsbruck ansässige jüdische Kaufmannsfamilien, die mit dem Bau ihres Warenhauses das erste moderne Großkaufhaus Westösterreichs schufen. Das Warenhaus überstand die Herausforderungen des Ersten Weltkriegs, der Weltwirtschaftskrise und der Inflationszeit. Das Ende der langen jüdischen Kaufmannstradition erfolgte 1938 mit dem „Anschluss". Die Mitglieder der beiden großen Familien wurden verfolgt, vertrieben und einige von ihnen ermordet.

Steht man in einem der Obergeschoße des neugestalteten Kaufhauses, kann man in westlicher Richtung die Anichstraße hinabsehen, an deren Ende sich die Innsbrucker Universitätsklinik befindet. Dort wird Vera Adams am 16. Dezember 1929 als Tochter von Helene und Ernst Schwarz geboren. Just am Tag ihrer Geburt beginnt es in den Nachmittagsstunden zu schneien, bald sind die Straßen der Stadt weiße Bänder und für Automobile unpassierbar. Also geht's auf Kufen in die Maria-Theresien-Straße zurück, „wir haben eine sehr schöne Wohnung gehabt, direkt über dem Warenhaus in der obersten Etage." Dort wächst sie mit ihrem um drei Jahre älteren Bruder Karl-Heinz in Verhältnissen auf, die dem bürgerlichen Habitus entsprechen. Auf Bildung wird viel Wert gelegt, auf gute Ausdrucksformen, sie sind die Ingredienzien vorzeigbaren Lebensstils. Zu dem passt eine Fotografie der Mutter am Grand Piano zwar weit besser als die Tatsache, dass Helene Schwarz die Familie 1935 verlässt, um mit einem anderen Mann zusammenzuleben. Das aber erwähnt Vera Adams so beiläufig wie die Vorliebe ihres Vaters für die Lieder von Franz Schubert und Hugo Wolf. Es ist nicht Distanz zu ihren Eltern, sondern zu einem Leben, unter das sie einen Schlussstrich gezogen hat. Und ziehen musste.

Eingeschoßige Häuser, Ziegelfassaden, grau wie der Himmel, der zu Phrasen verführt. Elburton, am Stadtrand von Plymouth, ist so trostlos wie jeder andere Ort bei Regenwetter. Dennoch, als Vera Adams auf Krücken gestützt vors Haus tritt, vermag nur ihr Blick die plötzlich drückende Stimmung zu verscheuchen. Als wollten ihre Augen alles vertreiben, was der Lebensfreude zuwiderläuft.

Für Letztere weiß Elburton durchaus zu sorgen, man trifft sich in The Elburton Inn oder in The Ships Tavern, einem Pub, untergebracht in einem Haus aus dem späten 16. Jahrhundert, das einst eine eigene Cider-Presse beherbergte. Der nahe Park, benannt nach King George V, lädt zu Spaziergängen ein, im kaum fünfzehn Minuten entfernten Plymouth ist das National Marine Aquarium zu besichtigen, eines der größten seiner Art. Einer der beliebtesten Treffpunkte der Stadt ist The Hoe, ein Hügel, der einen schönen Ausblick auf den Hafen ermöglicht. Dort lief 1620 die Mayflower aus zu ihrer Fahrt nach Amerika. Auch soll auf The Hoe Francis Drake noch seine Partie Bowls fertiggespielt haben, ehe er gegen die anrückende spanische Armada in den Kampf zog. Vermutlich würde sich Vera Adams lieber über solche Dinge unterhalten, Gesprächen über die Vergangenheit geht sie aus dem Weg, sich selbst ebenso, wäre als Behauptung naheliegend, indes nicht ganz zutreffend. Zum einen erinnert sie sich an wenig, zum anderen ist da eben diese Lebensfreude, die dem Gedächtnis einen Riegel vorschiebt. Das baut Brücken über Abgründe und Teile der Vergangenheit werden zum blinden Fleck. Der erstreckt sich über ihre Kindheit, die Tage der Flucht –

Sich über ernste Themen Gedanken zu machen, entspreche nicht ihrem Naturell, sie krame nicht in sich herum, sie denke positiv. Sie sei anders als ihr Vater, betont sie mehrmals.

„Ich führe ein nervöses unbefriedigendes Leben. Ich bin nicht in Innsbruck und bin noch nicht in England. Die politische Lage ist wieder äußerst angespannt. Es besteht große Kriegsgefahr. Den Krieg und den Zusammenbruch möchte ich gerne irgendwo anders erleben. Hier nicht. Ich bin von Hass und Verachtung

Vera Adams' Großeltern Victor und Rosa Schwarz mit ihren zehn Kindern 1904. 1. Reihe v.l.n.r.: Theodor, Susanne, Rosa, Regina, Hedwig, Kurt; 2. Reihe, stehend v.l.n.r.: Josef, Richard, Victor, Ida, Walter, Ernst

erfüllt", notiert Ernst Schwarz in sein Tagebuch. Ein einzigartiges Dokument, das die Angst spürbar werden lässt, die in den Märztagen 1938 die Innsbrucker Jüdinnen und Juden erfasste. „Heute sind braune Horden durch die Stadt gezogen und sangen: Hängts die Juden, stellts die Schwarz an die Wand!"

Eingeschüchtert und verbittert, Ernst Schwarz wird ein Gedanke zum Anker: Die Kinder müssen außer Landes gebracht werden, rasch. Und so bemüht er sich um die nötigen Dokumente, im Juli 1938 erhält er einen Pass für Karl-Heinz, der Freude darüber folgt die Verzweiflung: „Meine Stimmung ist seit Tagen entsetzlich. Mit Veraleins Pass geht es einfach nicht vorwärts. Nun warte ich schon fünf Wochen und nun soll er erst nach Wien gehen. Wie man uns quält!"

Endlich trifft auch Veras Pass ein, am 11. August 1938. Neunzehn Tage später kommen die Geschwister mit einem Kindertransport in England an.

Für die Ankunft hat Vera Adams keine Bilder, weiß, dass die Quäker die Flucht ermöglichten und sich zunächst auch in England um sie kümmerten. Später kommt sie zu einem kinderlosen älteren Ehepaar, gut habe sie es dort gehabt. „Aber ich kann mich auch erinnern, dass sie auf der Straße gegangen sind und zu den Leuten gesagt haben: This is our little refugee girl." Die drei leben an der Südküste, aus Angst vor der drohenden deutschen Invasion wird Vera Adams jedoch bald zu einer anderen Familie in Englands Norden geschickt. Kaum hat sie sich ein wenig eingewöhnt, muss sie weiter. „Die dritte Familie", sagt sie, habe sie adoptieren wollen. „Doch mein Vater war dagegen. Und dann bin ich in ein Internat gekommen." Dort bleibt sie bis zu ihrem neunzehnten Lebensjahr, rückblickend keine schlechte Zeit, eine gute aber auch nicht, am schönsten allemal die Ferien, in denen sie Verwandte in Manchester besuchen konnte.

Von ihrem Bruder wurde sie gleich nach der Ankunft in England getrennt. Ihren Vater sieht sie erst Monate später wieder. Ernst Schwarz wurde im Oktober 1938 inhaftiert, nach seiner Freilassung im März 1939 gab es für ihn nur noch ein Ziel: zu den Kindern, nach England. Ende März gelang ihm die

Flucht. Noch im Juli des Vorjahrs notierte er: „Wenn ich nach England gehen sollte, bin ich doch ein Fremder." Als einer jener Menschen fühlte er sich, „die man in ihrer Heimat nicht wollte, weil sie dort als Schädlinge angesehen werden." Ähnlich empfand sein Bruder Richard Schwarz: „Wer noch nicht aus seiner Heimat als Bettler schuldlos verstoßen wurde, kann das doch nie und nimmer erfassen."

Nach Schulabschluss und Internatszeit will Vera Adams an die Universität. „Aber mein Vater hat gesagt, er könne sich das nicht leisten und ich wolle mich ohnehin nur amüsieren. Ich war eben nicht akademisch inkliniert." Sie lacht kurz auf, der Schalk in ihren Augen unübersehbar. Da aus einem Studium nichts werden soll, sie Sprachen mag und gern mit Menschen zusammen ist, entscheidet sich Vera Adams für das Hotelfach. Sie besucht eine Schule im Schweizerischen Neuchâtel, um sich Französischkenntnisse anzueignen. „In der Schule gab es eine große Feindschaft zwischen den Deutschsprechenden und den Französischsprechenden – und ich war englischsprechend."

In der Schweiz ist ihre beste Freundin eine Kanadierin. Einmal reisen die beiden nach Frankreich, an der Grenze stoßen sie auf Probleme. Ihre Freundin wurde in Indien geboren und Vera Adams besitzt keine gültigen österreichischen Papiere. „Wir waren second class citizens", sagt sie und lacht erneut. Plötzlich wird sie ernst, denn in die Schweizer Tage fällt der

Ernst Schwarz mit seinen Kindern Karl-Heinz und Vera 1937

Tod ihres Bruders Karl-Heinz, er nimmt sich 1949 das Leben. Wenig weiß sie über ihn zu sagen, nach der geglückten Flucht habe sie ihn selten gesehen. Er besuchte eine andere Schule, die mit Kriegsbeginn evakuiert wurde. Später studierte er in Manchester.

„Karl-Heinz war, er hat den Eindruck gemacht, dass er ganz normal ist. Heute glaube ich, er muss einer von denen gewesen sein, die man bipolar nennt, manisch-depressiv. Ich habe das gehört, erlebt hab ich es nicht, dass er manchmal himmelhochjauchzend und dann zu Tode betrübt war. Und ich weiß, er hat gesagt, dass er sich das Leben nimmt. Aber damals hat man gedacht, wenn er davon spricht, wird er das nicht machen."

Nach dem Tod des Bruders kehrt Vera Adams nach England zurück, lebt ein Jahr mit ihrem Vater im Norden Londons zusammen. Über Karl-Heinz sprechen sie kaum. „Mein Vater war keiner, der das Herz geöffnet hat. Wir sind manchmal zum Grab gegangen, das war sehr weit weg, in East End. In unserer Nähe gab es keinen Friedhof, auf dem Menschen bestattet wurden, die sich das Leben nahmen."

Vera Adams und ihr Vater, genießerisch die eine, spartanisch der andere, beharrlich in die Zukunft schauend die Tochter, fortwährend die Vergangenheit im Blick Ernst Schwarz. „Er hat gedacht, ich bin nicht ernsthaft genug, ich nehme das Leben zu leicht." Zu Streit kam es in dem Jahr ihres Zusammenlebens jedoch nicht. Vera Adams besucht eine Schule für Sekretärinnen, erhält ein Abschlusszertifikat, beginnt hernach in Hotels zu arbeiten – und an ihrem Arbeitsplatz zu wohnen. Denn als ihr Vater 1950 ein zweites Mal heiratet, zieht sie aus der gemeinsamen Wohnung aus, beginnt ein Wanderleben. „In zehn verschiedenen Hotels hab ich gearbeitet. Damals war das sehr leicht, nicht so wie heute. Ich hab gekündigt und gleich am nächsten Tag wieder einen Posten gehabt." Für fünf Monate arbeitet sie als Sekretärin in Mailand, die Liebe hat sie dorthin gezogen, doch die Beziehung findet ein abruptes Ende. Ihr damaliger Freund schreibt für L'Unità, die kommunistische Zeitung Italiens, eines Tages hat er wieder in Florenz zu tun, Vera Adams reist ihm nach, um ihn zu überraschen – und wird selbst böse überrascht: Ihr Freund ist verheiratet.

In Italien hält sie nun nichts mehr, im Schreck über das Beziehungsende und zugleich im Wunsch, Neues kennenzulernen, kehrt sie Europa den Rücken. Israel ist ihr Ziel, dort leben zahlreiche Verwandte. Zunächst wohnt sie bei einer Tante in Haifa, findet dann eine Anstellung in einem Hotel in Caesarea. Die Stadt in der nördlichen Scharonebene am Mittelmeer galt in der Antike als eine der bedeutendsten Palästinas. Vom alten römischen Hafen schwärmt Vera Adams noch heute, auch habe sie damals oft die Möglichkeit genutzt, schwimmen zu gehen, gerade im Meer habe sie das früher gern getan. Viel ist sie mit den Verwandten unterwegs, einige Pioniere darunter, die Unterhaltungen auf Deutsch, die Vergangenheit wird nicht thematisiert. Sie fühlt sich wohl in Israel, doch ihr Drang nach permanenter Veränderung ist stärker: „Wenn man in England ist, kann man einen Sprung in andere Länder machen, von Israel aus muss man schon einen großen Sprung machen." Mitte der 1960er-Jahre kehrt sie nach London zurück, leitet dort das Büro ihres Vetters, der eine Firma besitzt, die Möbelstoffe aus Belgien importiert.

„Es hat mir nicht geschadet, dass ich in so vielen verschiedenen Berufen gearbeitet habe." Als Sekretärin, im Hotelgewerbe, als Lehrerin, die Immigranten Englisch vermittelt, nicht zuletzt als Reiseleiterin. Diese Funktion führt sie für drei Saisonen nach Österreich, nach Lech am Arlberg, Seefeld und Westendorf im Tiroler Unterland. Dort verliebt sie sich in den Sohn eines Hoteliers, aber – „Seine Eltern haben

Ernst Schwarz 1938. Rechts die Innsbrucker Maria-Theresien-Straße in den Tagen nach dem „Anschluss"

meine Familie gekannt, vor dem Krieg auch in unseren Geschäften eingekauft. Und sie hatten was dagegen, dass er mich heiratet. Sie wollten keine jüdischen Kinder haben. Das war Ende der 1960er-Jahre, erstaunlich, nicht?" Die beiden hätten sich davon nicht abhalten lassen, doch die Beziehung habe ohnehin nicht lange gedauert, winkt sie ab. „Aber er ist noch dort, ich habe es gesehen im Prospekt, der schöne Wirt."

Vier Jahre nach Kriegsende kehrte Vera Adams das erste Mal in ihre Geburtsstadt zurück. Welche Erinnerung sie daran habe? „Nur dass mir die Landschaft sehr gefallen hat, sonst gar nichts." Sie sei danach öfter nach Tirol gekommen, beruflich, privat, angezogen habe sie dabei stets eins: „Die Berge – it's my natural habitat." Kenneth Adams wird hellhörig, als seine Frau englisch spricht. An ihn gewandt fährt sie fort: „He asked what attracted me in Austria. And I said the mountains."

Beim Wandern lernten sich die beiden kennen. Das Wandern sei ihre große Leidenschaft – und die beste Möglichkeit, sich mit Menschen anzufreunden. Das habe sie immer so gehalten, schon in ihrer Londoner Zeit. Damals war sie Mitglied eines Clubs, der jeden Sonntag Ausflüge in die Umgebung der Metropole unternahm. Als sie später nach Plymouth übersiedelte und in dieser Stadt niemanden kannte, schloss sie sich wieder Wandergruppen an.

„Ken und ich sind gleich gut ausgekommen miteinander und haben leicht gesprochen, beide haben wir klassische Musik geliebt. Ich kann mich erinnern, das erste Mal, als ich in seiner Wohnung war, hat er Schallplatten vorgespielt, Brahms und so."

Kenneth Adams, drei Jahre älter als Vera, wächst in einem Waisenhaus auf. Mit achtzehn tritt er der Britischen Armee bei, wird in Ägypten für den Kriegseinsatz ausgebildet und landet im Sommer 1944 mit seiner Truppe in Italien. Nach dem Kriegsende bleibt er noch ein Jahr in Venedig stationiert, ehe er nach England zurückkehrt. Dort findet er Anstellung bei der Eisenbahn, bezieht eine Wohnung in London Paddington. Das erste Treffen mit Vera ist ihm in bester Erinnerung geblieben, und selbstredend jener Tag, an dem er ihr einen Heiratsantrag machte: „She said she is Jewish. So I recall ‚so what', I said."

Ken Adams pflichtet seiner Frau bei, als die Rede auf deren Vater Ernst Schwarz kommt: „He was a bitter man." Aber er wäre ebenso verbittert gewesen, hätte er das durchmachen müssen, was sein Schwiegervater erlitt. Dennoch sei das Verhältnis ein sehr gutes gewesen, und denke er an die erste Begegnung mit Ernst Schwarz, müsse er heute lachen: „Er schaute mich nur an. Eine halbe Stunde lang. Sonst nichts. Und drei Monate später dann das erste Hallo."

„Ja, ich habe mir Kinder gewünscht", jedoch das Alter – Vera ist einundvierzig, als sie Kenneth Adams heiratet. Von der eigenen Kindheit ist ihr nicht mehr geblieben als ein paar Erinnerungsfetzen, Bilder, die plötzlich auftauchen, wieder verschwinden. Heute Morgen sei ihr eingefallen, dass sie sich in Innsbruck als Kind zum Geburtstag immer Faschiertes oder Schnitzel zum Essen gewünscht habe. „Ich bin ein Genussmensch, vielleicht eine Österreicherin im Temperament." Dementgegen, leben könnte sie nicht mehr in Österreich, auch wenn sie einräumt, dass sie sich dort schon wohlfühle, „wegen der Landschaft". Hassgefühle habe sie nie empfunden bei ihren Besuchen der alten Heimat, sie sei eben ganz anders als ihr Vater, wiederholt sie.

Die deutsche Sprache, erst mit ihrer Tätigkeit als Reiseleiterin kehrte sie richtig wieder. Nein, sie bedeute ihr nichts. „Ich lese keine Bücher auf Deutsch, es bereitet mir keine Freude." Auch Englisch habe sie nicht wirklich gern. Viel lieber höre sie Musik: „Mein

Vera und Kenneth Adams in Plymouth 2010

Vater war sehr musikalisch, er hat gesungen. Meine Mutter am Klavier, Karl-Heinz am Cello. Und wenn ich heute Schubert höre und Hugo Wolf – ist eine schöne Sprache für Lieder, die deutsche, nicht?" Kurz stockt sie, die Eltern, sie nehme an, es waren gute, „ich erinnere mich halt nicht daran. Ich kann mich wirklich an gar nichts mehr erinnern. Ich weiß nicht, warum. Vielleicht, weil so viel geschehen ist." Ihre Augen weiten sich – und es ist Vera Adams, die dies als Erste bemerkt und lächelt: „Okay, we finished?" Und da ist sie wieder, diese Lebendigkeit in ihrem Blick, wie vor Stunden, als Vera von ihrem letzten Aufenthalt in Innsbruck im März 2010 erzählte. Zwar habe sie das Interesse um ihre Person bei der Wiedereröffnung des Kaufhauses in der Maria-Theresien-Straße befremdet, aber die Landschaft, die Berge, der Schnee.

„Und wir sind über die Dörfer gefahren. Herrlich. Ich liebe den Winter sehr."

***

Auf der Rückfahrt von Plymouth nach London, ich blättere in den Memoiren von Ernst Schwarz, stoße auf die Passage: „27. Juli 1938. Die Natur, die Berge ziehen mich nimmer an, ich mag sie nicht sehen, mag nichts mehr wissen von allen Dingen, die um mich sind. Ich bin am liebsten in meiner Wohnung, in den so vertrauten Räumen. Bald werde ich auch sie nicht mehr haben." Ihr Vater habe die Berge geliebt, hatte Vera Adams erzählt, und dass er nach dem Krieg wiederholt nach Tirol zurückgekehrt sei. Ja, er habe ein halbes Jahr in England, das andere halbe in seiner alten Heimat gelebt, wo er sich eine Wohnung gemietet hatte.

Was ist Heimat? Ein Punkt auf der Landkarte, ein Geruch, eine Empfindung, eine Seelenlandschaft? Ein fertiges Produkt oder ein dynamischer Prozess? Wird man sich ihrer erst bewusst, wenn man sie verlässt? Vor Antritt unserer Reise hatten wir nach einer Antwort gesucht. Nun sitzen wir stumm im Abteil, den eigenen Gedanken nachhängend. Mitnichten ist Heimat eine mathematische Formel, die ein Ergebnis verspricht, das auf allgemeine Zustimmung stößt. Und was vermag den Facettenreichtum des Begriffs besser zu verdeutlichen als das altnordische Wort heimr, das Heimat und zugleich Welt bedeuten konnte? Dazu die adverbiale Verwendung von heima für daheim, zuhause, und die adjektivische Ableitung heimskr, dumm, töricht, „der nur im eigenen Heim Lebende".

Österreich, England, Schweiz, Italien, Israel – Stationen im Leben der Vera Adams. Vielleicht passt auf sie, was Cicero einmal schrieb: Ubi bene, ibi patria, wo es mir gut geht, da ist mein Vaterland.

Wo? Diese Frage mag sich Ernst Schwarz oft gestellt haben, pendelnd zwischen England und Österreich. Als Vertreter ohne fixes Einkommen und ohne Pensionsberechtigung erlebte er die Jahre nach der Flucht. Es erging ihm wie vielen Vertriebenen, auch wie jenem Innsbrucker Kaufmann, dessen Sohn wir schon bald begegnen werden.

Musik der Kontraste

Ein Besuch bei
Michael Graubart

„Musikalisch hat mich beeinflusst, was ich gern höre", die Palette reiche vom 15. bis ins 21. Jahrhundert, erzählt Michael Graubart. Stilistisch prägten ihn vor allem Schönberg und Webern. Hörbar wird das in seinem Œuvre, in dem Kammermusikalisches überwiegt. Schon aus der Schulzeit datieren erste Lieder sowie eine kleine Sonate für Flöte und Klavier im Mozart'schen Stil. Von Mátyás Seiber wird Graubart später privat in Theorie, Analyse und Komposition ausgebildet. Der gebürtige Ungar hatte einst am *Dr. Hoch's Konservatorium* in Frankfurt die erste Jazzklasse weltweit geleitet, ehe er aufgrund seiner jüdischen Herkunft aus dem Land vertrieben worden war. Seiber, 1960 bei einem Autounfall ums Leben gekommen, unterrichtete am Londoner Morley College, dessen musikalischer Direktor Michael Graubart von 1969 bis 1991 war. Vorlesungen in Musikgeschichte, Theorie, Analyse und Komposition hielt Graubart auch an anderen universitären Einrichtungen.

Graubarts Musik ist atonal, rhythmisch komplex und voll plötzlicher Kontraste. Er sei kein profilierter Komponist, geschweige denn ein bekannter. „Nachdem ich bei der EMI und als Lehrer aufgehört hatte, habe ich die meiste Energie darauf verwendet zu dirigieren, Vorträge zu halten und Artikel für diverse Musikjournale zu verfassen." Alles, was er über Musik wisse, habe er von Seiber gelernt. Ihm widmete er ebenso einen Artikel wie Leopold Spinner, der bis zum „Anschluss" Anton Weberns Schüler gewesen war und dann nach England fliehen musste. Beide

Texte finden sich im umfassendsten Nachschlage-
werk zur Musikwissenschaft in englischer Sprache, in
Grove's Dictionary.

In Graubarts Werkverzeichnis fällt eine Komposition auf, die einzige mit einem deutschen Wort im
Titel: *Untergang* (words by Trakl) for baritone, chorus,
wind, piano & percussion. Graubart vertonte Trakls
Gedicht *Untergang* sowie drei Texte aus dem Zyklus
Abendland. „Auch Webern dienten Trakl-Gedichte für
ein Werk", sagt Graubart, mit seiner Herkunft habe
die Komposition nichts zu tun. Anknüpfen, ja, an eine
musikalische Tradition. Die Unterhaltung in einem
Englisch, das keinerlei Rückschlüsse ziehen lässt auf
Michael Graubarts Wurzeln. Manchmal aber markie-
ren Sätze die jähe Zäsur, die seinem Leben widerfah-
ren ist, „I grew up – in der Bauernfeldgasse."

Terrassenhäuser säumen die Laitwood Road, ein
Straßenbild, wie es viele Viertel der englischen Metropole zeigen. Seit zwölf Jahren wohnen Michael Graubart und seine Frau Valerie in Balham, der Stadtteil
gehört zum Bezirk London Borough of Wandsworth.
Die Bevölkerung ist gemischt und die Vergangenheit ein paar Straßen entfernt: eine große polnische
Gemeinde, zurückgehend auf die Free Polish Air
Force und andere Emigranten während des Zweiten Weltkriegs. Aus dem angrenzenden Tooting ziehen viele Pakistani und Inder zu, ebenso Menschen
aus den einstigen Territorien der British West Indies.
Die englische Arbeiterklasse und die Mittelschicht

Michael Graubart (links) mit seinem Cousin Erich
und Großvater Simon Graubart

sind stark vertreten, und zunehmend Pendler, junge
unverheiratete Paare zumeist, die im Stadtzentrum
arbeiten, nicht in der Lage, die horrenden Mieten dort
zu bestreiten.

Auch Michael Graubart zieht es oft nach Central
London, ins Theater, zu Konzerten, an die Universität, wo er philosophische Vorlesungen und Seminare
besucht. Als Kind wollte er Wissenschaftler werden,
später studierte er Mathematik und Physik in Manchester, unterrichtete als Lehrer. Dann die zwei Jahre
bei der EMI, die Mitarbeit in der Entwicklung erster
Kassettenrekorder für den Hausgebrauch und solcher
für die BBC, die bis dahin auf Kopien deutscher Mili-
tär- und Propagandamodelle gesetzt hatte. Da war
sein Feuer für die Musik längst entbrannt. Der Weg

zu ihr führt zurück in das Land, aus dem er vertrieben wurde.

„Meine Eltern liebten die klassische Musik." In der Wohnung stand ein Klavier, auf dem Michaels Vater gern Beethoven spielte, leidlich, wie sein Sohn erinnert. „Ich auf Mutters Schoß, Vater am Klavier, und jedes Mal, wenn er sich verspielte, akklamierte ich – Fehler!"

Es habe ihn stets gehandicapt, nicht schon als Kind Klavierunterricht bekommen zu haben. Aber das sei noch das Geringste, was die Nazis angerichtet hätten. Der „Anschluss", die Flucht, das Klavier blieb in Wien, er habe keine Ahnung, was daraus geworden war. Die Familie hatte andere Sorgen, ein Leben auf beengtem Raum im Londoner Stadtteil West Hampstead, wo viele jüdische Flüchtlinge unterkamen.

Geboren wurde Michael Graubart in Wien, im November 1930. Die Familie wohnte in der Bauernfeldgasse in Döbling, „a wonderful flat", erinnert sich Graubart. Von seiner Kindheit hat er nur verschwommene Bilder, Spaziergänge am Donaukanal und ins Stadtzentrum, eine Reise zum Großvater nach Innsbruck, wenig kann er über ihn erzählen. Der hatte einst seiner galizischen Heimat den Rücken gekehrt und im Jahr 1888 in Innsbruck das „Schuhhaus Graubart" eröffnet, somit den Grundstein für ein prosperierendes Geschäft gelegt, das die Söhne zu neuen Höhenflügen führten. Vor allem Michaels Vater Siegfried

Graubart drängte auf eine überregionale Ausweitung des Betriebs. Mitte der 1920er-Jahre wurde er Teilhaber einer Einkaufsgesellschaft, die unter anderem Schneeschuhe aus Schweden, Norwegen und Russland importierte. Später gründete er mit Friedrich Pasch die PAGA-Schuhvertriebsgesellschaft mit Sitz im ersten Wiener Gemeindebezirk, Schottenring 35. Mit von der Partie auch Moritz Altstadt, der Gründer der Firma HUMANIC. In wenigen Jahren spannte die PAGA ein Netz von Geschäften mit dutzenden Filialen über ganz Österreich. Da war der Lebensmittelpunkt von Michaels Vater bereits Wien, wo er 1926 Oda Soloweitschik heiratete, die Tochter eines jüdischen Händlers und Teeplantagenbesitzers aus Tschita in Transbaikalien.

„Vor seiner Hochzeit und noch bevor mein Vater sich in Wien niederließ, hatte er Palästina besucht und sogar ein kleines Stück Land an den Ausläufern des Mount Carmel gekauft. Obwohl er gläubiger Jude blieb, war er niemals orthodox, hielt sich beispielsweise nicht an die Fastengebote und verrichtete in der Synagoge nur an hohen Feiertagen Dienste. Er fühlte sich als Jude, das schon, doch für ihn war das eher eine Frage der Kultur, wenngleich er sich auch hierin der österreichisch-deutschen verpflichtet sah. Zu seinen religiösen Lieblingsfesten gehörte Pessach, weil er eine nationale Komponente darin sah: die Befreiung der Juden vom ägyptischen Joch. Wir feierten die zwei Sederabende zu Beginn des Pessach zuhause. Doch

Michael Graubart mit seiner Cousine Vera Graubart

selbst in diesem Zusammenhang: Einer unserer Gäste erinnerte sich Jahre später, dass mein Vater die Zeremonie abbrach, weil er wollte, dass wir alle Bachs Matthäuspassion im Radio hören können."

Er selbst sei nicht religiös, betont Michael Graubart, aber den Hang zur Musik, zur Literatur und zur Philosophie, den habe er zweifelsohne von seinen Eltern mit auf den Lebensweg bekommen. Obzwar sie mit seiner Musik in der Tradition der Zweiten Wiener Schule nicht viel hätten anfangen können, seien sie stolz auf ihn gewesen, besuchten seine Konzerte, sahen ihn dirigieren.

Ein Konzert ist Michael Graubart in besonderer Erinnerung geblieben. „Ich am Dirigentenpult, meine langjährige Freundin Katharina Wolpe am Klavier." Auf dem Programm standen Webern, Schönberg und

Berios *Chamber Music* als britische Premiere. „Glaub es oder nicht, auch die vier Lieder von Webern Op. 13 wurden erstmals öffentlich in England aufgeführt, obwohl Webern sie schon in den 30er-Jahren in einem englischen Studio aufgenommen hatte." Nicht nur das hat sich Graubart eingeprägt. Seine Eltern waren im Publikum, mit ihnen eine Dame namens Hedi Schwarz, die nach dem Konzert zu ihnen sagte: „Wie schön, zwei meiner Kindergartenkinder in einem Konzert zu hören."

Bis dahin hatten weder die Tochter des Komponisten Stefan Wolpe noch Graubart gewusst, dass sie vor 1938 denselben Kindergarten besucht hatten, dessen Leiterin Hedi Schwarz ebenfalls aus Wien flüchten musste.

In Wien ist Michael Graubarts Vater Kultusvorsteher und eine der treibenden Kräfte in der zionistischen Bewegung Österreichs, 1932 kandidiert er für die *Jüdischnationale Liste*. Noch im englischen Exil steht er mit den einstigen, später deportierten und ermordeten Weggefährten Robert Stricker und Desider Friedmann sowie mit deren Frauen in brieflicher Verbindung. Stricker und Friedmann werden unmittelbar nach dem „Anschluss" verhaftet.

Es ist der 15. März 1938, als ein Trupp der SA in den Mittagsstunden auch die Wohnung in der Bauernfeldgasse stürmt. „Ich sehe noch die Männer, sie stehen hinter meinem Vater, Pistolen in seinem Genick, während er die Filialleiter anrufen muss, ihnen aufzutragen, die Geschäftsschlüssel auszuhändigen." Schränke werden aufgebrochen, Silber, Schmuck und Bargeld geplündert.

Seit dem Tag der Machtergreifung „haben mich meine Eltern nicht mehr auf die Straße gelassen." Am 18. März werden führende Mitglieder der Wiener Kultusgemeinde verhaftet, die Gemeinde selbst gesperrt, Adolf Eichmann geht daran, sie nach seinen Vorstellungen neu zu ordnen.

„Wenige Tage nach dem ersten Überfall rief spät in der Nacht ein ehemaliger Angestellter des Geschäfts bei uns an, er war nun Fahrer bei der SS. Er warnte meinen Vater, er sei auf dem Weg, ihn zu verhaften. Auch Herrn Schreiber, der mit seiner Frau und Tochter unter unserer Wohnung lebte, würde er abholen."

Ohne Schreiber zu warnen, habe sein Vater fluchtartig die Wohnung verlassen. Dass der einstige Nachbar in ein Konzentrationslager verschleppt wurde und kurz nach seiner Entlassung aus diesem an den ihm zugefügten Misshandlungen starb, „das war etwas, worüber mein Vater später kaum sprechen konnte. Er versuchte, sich vor sich selbst zu rechtfertigen, habe im Interesse von mir und meiner Mutter – was hätten wir denn ohne ihn getan. Ich glaube, er fühlte sich schrecklich schuldig."

Siegfried Graubart versteckte sich, ab und zu rief er seine Frau an. „Meine Mutter nahm dann ein Taxi, holte ihn an irgendeiner Straßenecke ab, sie fuhren durch Wien, überlegten fieberhaft, wie der Stadt zu entkommen sei."

Die Flucht – Michael Graubart rückt die Brille zurecht, lächelt verunsichert, als wäre ihm unangenehm, sagen zu müssen: „Ich weiß nicht, ob ich aus der eigenen Erinnerung schöpfe oder aus den Erzählungen meiner Eltern." Dann aber kehrt die Erfahrung in ihn zurück, die Jahre in Schulen und Universitäten, rhetorische Selbstsicherheit, der nichts Professorales anhaftet. Einige Fakten könne er nennen:

Offiziell gilt die Familie Graubart seit dem 12. September 1938 als „in die Schweiz abgemeldet", sie reist per Bahn aus. Am 25. August 1938 gelangt sie an die Grenze, ein Quittungsbeleg des Hauptzollamts Feldkirch zeigt: Siegfried überweist seinem Bruder Richard aufgrund von „Ein- und Ausfuhrbeschränkungen" einen Betrag von vierundvierzig Reichsmark.

Laut Michael Graubart befinden sich auch seine Tanten Genia und Ronja im Zugabteil. Beiden hat Siegfried Graubart schon in Wien eine Wohnung besorgt, sodass es unter Freunden heißt, er sei mit drei Frauen verheiratet.

„Zu jener Zeit hatten die Nazis ein Gesetz noch nicht aufgehoben: Menschen im Besitz tschechischer Pässe durften das Land ungehindert verlassen. Also suchte mein Vater zwei tschechische Juden, die sich bereiterklärten, für eine finanzielle Abfindung und ohne Anspruch auf Einlösung der ehelichen Rechte die Schwestern meiner Mutter zu heiraten. Auf diesem Weg konnten Genia und Ronja mit uns das Land verlassen. Mein Vater trichterte uns ein, dass wir nur zwei österreichische Schillinge mitnehmen dürften, und dann entdeckte er knapp vor der Grenze, dass Genia einen größeren Betrag mit sich führte. Er nahm ihr das Geld ab und – warf es beim Fenster hinaus."

Mehrere Tage bleibt die Familie in Zürich, wo sie bei Verwandten unterkommt. „Mein Vater ist dann allein nach England gefahren, um ein Quartier für uns zu suchen, wurde fündig, und so kamen meine Mutter und ich im Herbst 1938 in London an."

Ob er Erinnerungen an die Ankunft habe? „O ja", lacht er, „ich habe meinen Augen kaum getraut, als ich sah, dass man hierzulande nur Cornflakes zum Frühstück – ist das alles, was die Menschen hier essen, fragte ich mich."

Nach wie vor liebt er die österreichische Küche. „Wenn ich selbst etwas koche, dann Gulasch und ähnliche Sachen. Das habe ich wohl von meiner Mutter, you know my mother cooked in a kind of mixture of Russian and Austrian and Jewish sort of cooking." Gleichwohl, das Kochen habe sie ihm nie beigebracht, im Gegenteil, sein Vater und er seien in der Küche unerwünscht gewesen. Diese Erinnerung lässt Graubart lediglich kurz auflachen: „Als ich 1949 die Manchester University besuchte und ein Stipendium erhielt, bestand meine Mutter darauf, dass mich mein Vater weiterhin unterstütze. Nach Abschluss meines Studiums fand ich nicht sofort einen Job, also kehrte ich nach London zurück, lebte eine Weile bei meinen Eltern und war auf ihre finanzielle Unterstützung angewiesen. Aber alle Sorgen meines Va-

Michael Graubart beim Dirigieren, ca. 1980

ters galten längst nur noch der Gesundheit meiner Mutter."

Oda Graubart litt seit ihrer Jugend an Tuberkulose, in London folgten die schweren Asthmaanfälle in immer kürzeren Abständen: „Auch war sie psychisch am Ende, hatte Heimweh. Im Gegensatz zu meinem Vater hasste sie England, mochte die Sprache nicht und lernte sie nie wirklich gut. Die Kälte, das feuchte Klima, die schlechten Heizbedingungen, all das verschlechterte ihren Gesundheitszustand mit jedem Tag."

Die Graubarts blieben in England. Was aus Österreich kam, nicht der Rede wert, die Restitution schleppend, der einstige Besitz verloren. Michael Graubarts Mutter starb 1964, entkräftet von den Jahren der Flucht, in London nie heimisch geworden. Sein

Vater erlag einem Herzinfarkt, auf den Tag genau fünfundzwanzig Jahre nach dem Mord an seinem Bruder Richard Graubart beim Innsbrucker Novemberpogrom 1938.

„After all, you know, we've lost everything. It was not just the shops." Auch sein Vater müsse eine starke Frustration verspürt haben. Er hatte einen Großteil seines Lebens in Österreich verbracht, sah sich in der Kultur seiner Heimat verwurzelt. Er sei im Stolz gebrochen worden, habe sein Ansehen verloren. „In Österreich waren wir recht wohlhabend, führten ein angenehmes Leben. In England aber konnte mein Vater gerade einmal so viel Geld verdienen, um seine Familie durchzubringen. Und als er dann, 1960 war's, Bankrott ging" –

Er selbst sei nicht im Geringsten verbittert: „Meine Eltern haben mir ein Zuhause gegeben, a nice home. Sie haben mich unentwegt unterstützt, auch wenn es finanziell über ihre Möglichkeiten gegangen ist." Mit seinen Eltern hat er noch deutsch gesprochen, den eigenen Kindern die Sprache allerdings nicht weitergegeben. Auch habe er wenig mit ihnen über die Vergangenheit geredet. „Selbstverständlich, sie wissen, dass es da einen Bruch gibt in der Familiengeschichte, dass ihr Vater als Kind Österreich verließ und in England aufwuchs." Nichtsdestotrotz, er blicke auf eine schöne Jugend zurück –

Als gut Vierzehnjähriger lernt Graubart William Bennett kennen. Beide werden Schüler eines der herausragenden englischen Flötisten des 20. Jahrhunderts, Geoffrey Winzer Gilbert. Ebenso in seine Jugendzeit fällt die erste Zusammenkunft mit dem 1938 nach London vertriebenen Arzt, Astrologen und Violinisten Oskar Adler, der Schönberg in die Musiktheorie eingeführt hatte. Gemeinsam konzertieren sie im privaten Rahmen, zu ihnen gesellt sich ein weiterer Vertriebener, der gebürtige Wiener Musikologe und Kritiker Hans Keller, der den Part der Viola übernimmt. Keller wird es sein, der Graubart später zu einem in jeder Hinsicht einmaligen Treffen mit einem kommenden Literatur-Nobelpreisträger verhilft, ein Flüchtling auch er. „Ich hatte mich mit Hans in einem Café in Hampstead verabredet. Als ich dort ankam, saß Canetti bei ihm. Die beiden waren befreundet. Wir verbrachten einen unvergesslichen Nachmittag miteinander, spazierten durch Hampstead, unterhielten uns über dies und das."

Mehrmals besuchte Michael Graubart nach dem Krieg Österreich. „Die Freundlichkeit der Menschen, sie bemühten sich wirklich, ich hatte keine Probleme mit den Österreichern, mit den Nachgeborenen. Jede Begegnung ist überlagert von einem schwer beschreibbaren Gefühl, ich weiß nicht – ich konnte nie nach Wien."

Und er wäre vielleicht bis heute nicht in seine Geburtsstadt zurückgekehrt, hätte nicht die Musik in Person der Wiener Flötistin Ulrike Anton die Hand ausgestreckt. „Das erste Mal habe ich sie getroffen,

Valerie Graubart in Wien, in der Bauernfeldgasse,
im Vordergrund die Sandkiste

während sie am Royal Northern College of Music in
Manchester studierte und ich dort als Senior unterrichtete." Nach Abschluss des Studiums lädt sie Graubart und seine Frau zur Promotionsfeier nach Wien
ein. „Als Dank für ihre Überredungskünste habe ich
ein kleines Stück für sie komponiert."

Und so kam Michael Graubart beinahe siebzig
Jahre nach seiner Vertreibung das erste und bis heute
einzige Mal nach Wien zurück. Er fuhr hinaus nach
Döbling, das Haus, in dem er seine Kindheit verbracht
hatte, als eines der wenigen in der Bauernfeldgasse
hat es den Krieg und die Jahre danach unbeschadet
überstanden. Er ging nicht zur Wohnung, aber im Hof
des Hauses sah er Gartenparzellen, eine Sandkiste.
Und musste gegen die Tränen ankämpfen: „Ich bin

mir nicht sicher, ich – ich glaube, als Kind habe ich in dieser Sandkiste gespielt."

***

Nach dem Treffen mit Michael Graubart fahre ich zur Royal Festival Hall. Dort hatten wir uns vor einigen Jahren das erste Mal getroffen. Der Begegnung war eine monatelange Korrespondenz vorausgegangen, in der mir Michael Graubart viel über die Geschichte seiner Eltern erzählt hatte. Dass sein Vater im Ersten Weltkrieg in russische Kriegsgefangenschaft geraten war und in ein Lager verschleppt wurde; dass dieses sich in Tschita befand, der Hauptstadt der Region Transbaikalien in Südostsibirien, gut zweihundertfünfzig Kilometer von der chinesischen Grenze entfernt. Hier hatte er – vermutlich von einem Mitgefangenen – ein Buch erhalten, das sein Leben verändern sollte, Theodor Herzls *Der Judenstaat*. Einige der Offiziere, darunter auch Graubarts Vater, nützten die Gelegenheit, sich bei den Freigängen ein bisschen Geld zu verdienen, indem sie die Kinder der in Tschita lebenden jüdischen Familien in Deutsch unterrichteten. So hatte Siegfried Graubart seine Frau Oda Soloweitschik kennengelernt. Sie hatte damals bereits ein Studium in St. Petersburg begonnen, das sie später an der Universität in Wien fortsetzte. Nach der Flucht aus Österreich hatte ihr Mann aus finanziellen Gründen das Grundstück in Palästina wieder verkaufen müssen. „Aber meine Mutter wäre ohnehin nie dorthin gegangen." Michael Graubarts Worte klingen in mir nach.

Ist Heimat eine Tatsache oder eine Möglichkeit, ein Ort oder eine Richtung? Am gegenüberliegenden Themseufer Charing Cross, Covent Garden. Dahinter das British Museum, nur eine Straße getrennt von der University of London. Schon beim ersten Treffen hatte mir Michael Graubart erzählt, die Affinität zu Schöngeistigem habe er von seinen Eltern. Allein deren Geschichte liefert Stoff für ein umfangreiches Buch. So wie die Lebensgeschichte von Michael Graubart, Vera Adams und der anderen Vertriebenen, die ich noch kennenlernen werde.

Viel vor Augen und kein Blatt vor dem Mund

Eine Begegnung mit Dorli Neale

Unterhalb des Stubaitaler Gletschers, auf gut zwei-
tausenddreihundert Metern Seehöhe, die Dresdner
Hütte. Es in ihrer Kindheit dort hinaufgeschafft zu
haben, darüber spricht Dorli Neale noch heute gern.
Stolz schwingt aus ihren Worten, ihre Hände kommen
in Bewegung, während ihr Blick sich ausdehnt: als
stünde ihr das Bergpanorama vor Augen, hier in ihrer
Wohnung nördlich von London. Die Wohnung mon-
dän, sie passt zur eleganten Erscheinung von Dorli
Neale, die farblich aufeinander abgestimmte Kleidung, die Frisur, der kein Haar falsch liegt, die Finger-
nägel lackiert. Und das Alter sieht man ihr ohnehin
nicht an.

Geboren wurde Dorli Neale 1923 in Innsbruck als
jüngste Tochter von Friedrich und Rosa Pasch. Ihr
Vater kam einst aus Böhmen nach Innsbruck, gründete ein Modegeschäft, in der Maria-Theresien-Straße,
für das ihm 1917 die Konzession verliehen wurde. Das
Geschäft fand rasch Akzeptanz bei den Heimischen,
hatte zudem viel ausländische Kundschaft, der Frem-
denverkehr blühte damals auf und wurde für die ganze
Stadt zum Gewinn.

Neben dem Vater arbeiteten auch die Mutter und
die älteste der Töchter im Betrieb, für die jüngeren
wurde ein Dienstmädchen eingestellt. Dorli, eigentlich Dora, lernte früh, sich gegen ihre Geschwister
Trude und Ilse zur Wehr zu setzen, ein Blatt vor den
Mund nahm sie sich dabei nie. Auch später nicht, in
der Volksschule, im Realgymnasium. Einmal beklagte
sich ein Lehrer bei ihrer Mutter: „Wenn ich mit den

anderen Mädchen schimpfe, hören sie sofort auf zu lachen. Ihre Tochter fängt dann erst richtig an."

Dorli Neale besitzt noch ihre Schultasche aus jener Zeit und ein kleines Heft aus dem Jahr 1933 mit ihren Fleißzetteln. Physik und Chemie ihre Lieblingsfächer, in Mathematik gut, in Latein eher wenig erfolgreich. Und Geographie lieber als Geschichte. So rasch ist die Innsbrucker Schullaufbahn erzählt. Religion?

Man hielt alle Feiertage, vor allem die Freitagabende. Es gab in Innsbruck kein Geschäft, das koschere Speisen anbot, doch Schweinefleisch kam der Familie nicht ins Haus. Die Mutter eine hervorragende Köchin, aber streng. Strenger als der Vater, an den sie sich immer zuerst wandte, wenn sie etwas haben wollte. Wenn jedoch die Mutter schon nein gesagt hatte, konnte auch er nicht mehr ja sagen.

Dessen ungeachtet, „die Kindheit war sehr, sehr schön. Im Winter sind wir Schifahren gegangen und Eislaufen. Im Sommer zum Schwimmen oder in die Berge. Auch die Eltern haben gern Ausflüge gemacht." Und wieder Panoramen vor Augen, während sie vom Innsbrucker Hausberg spricht, vom Patscherkofel.

Zur Verklärung neigt Dorli Neale nicht, mit der Landschaft, aus der sie vertrieben wurde, fühlt sie sich verwachsen, nicht mit einer Stadt, die sie erst seit einigen Jahren wieder besuchen kann, weil in ihren Straßen nur noch wenig an früher erinnert. „Wenn ich heute durch Innsbruck spaziere", sagt sie, „ist das für mich eine fremde Welt."

Die bekannte und einst geliebte Welt brach im März 1938 auseinander. Nun patrouillierten SA-Männer vor dem Eingang zum Geschäft, die Fensterscheiben wurden beschmiert. Wenige Einheimische widersetzten sich dem braunen Gebot der Stunde mit einem Einkauf, die kargen Einkünfte sicherten ausländische Kunden. Doch das war von kurzer Dauer, das Modenhaus wurde von einem hohen NSDAP-Funktionär arisiert, die Wohnung der Paschs ebenso. Fieberhaft die Suche nach einem Ausweg, nach einem Affidavit. Eine der Töchter, Ilse, konnte im Oktober 1938 nach England fliehen, sie blieb zumindest von der Brutalität der Pogromnacht verschont.

„Es muss so ein oder zwei Uhr in der Nacht gewesen sein, da klopfte es an der Eingangstür, und als mein Vater öffnete, kamen sie herein und schrien – Sie wissen ja – verdammte Juden und ähnliche Ausdrücke", erzählt Dorli Neale. „Sie packten meinen Vater und nahmen ihn mit. Wir wussten nicht, was los war." Ihre Hände werden fahrig, ein Papiertaschentuch, sie beginnt es zu kneten. „Ich war im Bett oder ging zurück ins Bett, und ich erinnere mich, einer kam und verprügelte mich im Bett, und ich erinnere mich noch, ich schrie ihn an: Was wollen Sie von mir, ich habe Ihnen nichts getan!"

Friedrich Pasch, von der Gestapo verhaftet und misshandelt, wurde am 22. November in eine Freiheit entlassen, die längst keine mehr war. Blieb ihm nur noch, seiner Familie nachzueilen.

Sie habe oft versucht, sich an die letzten Tage in Innsbruck zu erinnern, wisse nicht einmal mehr, wie sie in den Zug nach Wien eingestiegen sei. Dort kommen Dorli, ihre Schwester Trude und Rosa Pasch bei einer Nichte der Mutter unter. Deren Mann, Präsident der Kultusgemeinde, war nach Dachau verschleppt worden. Die Wohnung befindet sich unweit des *Hotel Métropole*, heute vor allem als ehemalige Gestapo-Leitstelle bekannt.

Sie müsse protegiert worden sein, sagt Dorli Neale, anders könne sie sich nicht erklären, wie sie schon am 18. Dezember – die Flucht aus Wien mit einem Kindertransport. Spricht sie darüber, kann sie ihre Emotion kaum verbergen: „Am Bahnhof, das werde ich nie vergessen. Da war eine Linie, da sind alle Eltern gestanden. Und wir waren im Zug. Und wie viele haben sich nun das letzte Mal" –

Erst nach dem Krieg, mit Erkennen des ganzen Schreckensausmaßes der Nazityrannei, intensivieren sich die Bilder von der Abfahrt, sie werden bleischwer. Denn Dorli Neale gesteht sich ein, damals auch die Abenteuerlust einer Vierzehnjährigen verspürt zu haben, ohne Eltern unterwegs, nach England. Und es sei anderen bestimmt ähnlich ergangen.

Die Fahrt verläuft ohne größere Schwierigkeiten, nur in Aachen „sind sie noch einmal hereingekommen, die Nazis, und da waren sie furchtbar." Koffer werden durchwühlt, ihr Inhalt auf den Boden geworfen, Hohn und Demütigung, Geschrei.

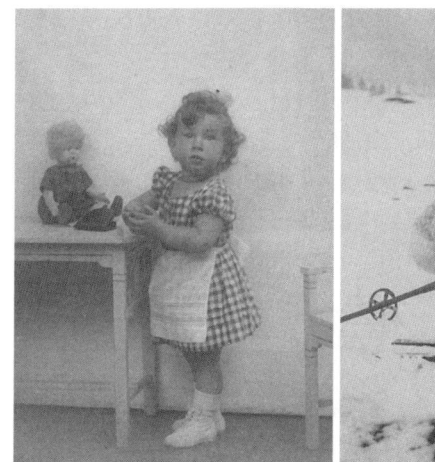

Dorli Neale, Kindheit in Innsbruck

Rechts: Dorli Neale und ihr Vater Friedrich Pasch
bei einer Bergtour

Weiter nach Hoek van Holland, Dovercourt, „das Schiff hieß Vienna." Die Unterbringung an der englischen Ostküste dürftig, es ist Dezember, kalt. Die Chalets, in denen die Kinder einquartiert werden, auf Sommergäste ausgerichtet, keine Heizungen. Aber erneut, die Aufregung eines Teenagers, das erste Mal ohne Aufsicht unter Burschen. Mit den Eltern ist sie von Dovercourt aus noch einmal telefonisch in Kontakt. Und die Burschen müssen bleiben, als die Mädchen im Feber 1939 an die Südküste geschickt werden. Dort beginnt Dorli Neale Englisch zu lernen, erhält Besuch von ihrer Schwester Ilse, die mittlerweile als Dienstbotin in England arbeitet.

Die Monate von April bis zum Ausbruch des Kriegs verbringt Dorli Neale in einer Kleinstadt südlich von London, ist in einer Art Gymnasium untergebracht, eine reine Mädchenschule. „Das Wetter war herrlich, und ich erinnere mich, ich habe mir die Haare gewaschen und bin in der Sonne draußen gesessen, im Garten. Für mich war das alles neu. In Innsbruck, wer hat solche Gärten gehabt?" Zum anderen habe sich ihr auch das Bild eines Kuhmarkts eingestellt, als die Kinder vorgeführt wurden, um für sie Gastfamilien zu finden.

Dorli Neale kommt bei einer jüdischen Familie in der Stadt unter, freundet sich mit deren Tochter an, ein Jahr jünger als sie, noch heute stehen die beiden in Kontakt. Sie besucht weiterhin die Schule, doch als der Krieg ausbricht, werden die Klassen nach Brighton an der Südküste evakuiert. Auch dort kann sie nicht bleiben, mit ihrem sechzehnten Geburtstag wird sie zum Enemy Alien, ein Begriff aus dem angloamerikanischen Recht für Flüchtlinge eines Landes, das sich im Konflikt mit dem Zufluchtsland befindet. Dorli Neale darf noch ihre Abschlussprüfung ablegen. „Und dann bin ich nach London zurück."

Rezepte für wunderbare Mehlspeisen, Fleischgerichte. Das Kochbuch der Mutter. Schon ganz zerfleddert, weit über achtzig Jahre alt.

Die Eltern und die älteste Schwester Trude erreichen im Mai 1939 London, ein entfernter Verwandter ermöglicht es. Sie wohnen zunächst in beengten Verhältnissen. Als später Möbel und Haushaltsgegenstände aus Innsbruck eintreffen, nehmen sie sich eine etwas größere Wohnung, die zum Arbeitsplatz wird. Die Mutter bäckt Vanillekipferl und Apfelstrudel, beliefert Delikatessenläden. „Kann mich erinnern, als wäre es gestern gewesen. Der Vati, in Innsbruck hat er im Haushalt keinen Finger gerührt, nun steht er in der Küche, schält Äpfel." Er rät seiner Jüngsten zu einer Schneiderlehre, „solange du etwas mit deinen Händen machen kannst, wirst du immer etwas zum Leben haben."

Dass sie ihren einstigen Berufswunsch, Ärztin zu werden, aufgeben muss, weiß Dorli Neale, es mangelt an ausreichenden Sprachkenntnissen und an Geld. Sie beginnt eine Ausbildung zur Modistin, arbeitet in einem Haute-Couture-Geschäft „als Lehrmädel für Hüte". Mit achtzehn aber will sie zur British

Friedrich und Rosa Pasch

Army, dort jedoch winkt eine Anstellung als Köchin. In einer Fabrik Suchscheinwerfer für den militärischen Einsatz zu montieren, ist mehr nach ihrem Geschmack, „ich habe diesen Job geliebt." Sie übt ihn bis Kriegsende aus, kehrt dann zurück in ihren Beruf als Modistin.

In der Finchley Road, unweit des Freud Museum, gab es nach Kriegsende zwei stadtbekannte Restaurants, die vorwiegend von deutschsprachigen Gästen aufgesucht wurden, sogenannte Continental-Clubs, am Wochenende fanden Tanzabende statt. Dort lernte Dorli Neale ihren Mann kennen, einen Wiener Juden mit tschechischen Wurzeln, Ernst Nagel. Der war 1937 zur Weltausstellung nach Paris gefahren, es hatte ihm an der Seine gefallen und er war in Frankreich geblieben. Eine Rückkehr nach Österreich war nach dem „Anschluss" unmöglich, mit Kriegsbeginn wurde Nagel zum Enemy Alien. Eine Odyssee begann, die ihn über Nordafrika 1946 in London stranden ließ, wo er seine Eltern wiedertraf.

1947 die Hochzeit, „für Ernst war das alles sehr schwer, er war ja erst ein Jahr in England. Wir haben damals eine Einzimmerwohnung gehabt, kein Geld." In der Küche eine Eierschachtel aus Holz, darin zwei Tassen, zwei Teller. „Aber wir waren glücklich." Man half sich gegenseitig, unter Freunden, Bekannten, familiär. Die Schwiegereltern waren sehr religiös und in dieser Hinsicht auch fordernd. „Ich bin mit meinem Mann gern und oft in die Synagoge gegangen. Ein Rabbiner aus Deutschland hatte in der Finchley Road eine eröffnet. Damals wurde sie hauptsächlich von Flüchtlingen aufgesucht, die waren nicht orthodox, sondern so wie ich es von Innsbruck her kannte."

Lange Atempausen zwischen den Sätzen, wenn Dorli Neale über ihren Vater spricht. Leerstellen, aus denen die Verzweiflung greift, die den einst so erfolgreichen Geschäftsmann nach der Vertreibung gepackt haben muss. Er betätigt sich als Lieferant für Vanillekipferl, hilft seiner Frau in der Küche. Die älteren Töchter haben bereits Kinder, er bastelt Puppen für sie. Immerhin, die Wohnverhältnisse bessern sich, lassen die Vermietung einiger Zimmer zu: Bed and Breakfast. „Ich weiß, mein Vati hat geholfen, das Frühstück zu machen, für die Mieter."

In einer großen Zeitungsannonce aus dem Dezember 1928 warb Friedrich Pasch für sein Modenhaus, fügte der Anzeige eine Bitte bei: „Benützen Sie auch den Vormittag zum Einkaufe, da es der Nachmittagsandrang oft unmöglich macht, alle geehrten Kunden mit der gewohnten Sorgfalt zu bedienen." Gleich nach der Arisierung des Geschäfts und des gesamten Warenlagers protzte ein anderer: „Sei gescheit – kauf bei Veith!"

Die Verurteilung dieses Mannes erlebt Dorli Neales Vater nicht. Bereits in Innsbruck herzkrank, erleidet Friedrich Pasch im Dezember 1944 in London einen weiteren Herzanfall, dem er wenige Tage später erliegt.

Das vorrangige Ziel, in England Fuß zu fassen: Ernst Neale eröffnet eine Snackbar, seine Frau gibt ihren Job als Modistin auf, hilft im Lokal: „Das war ein hartes Leben in einer nicht sehr guten Gegend, King's Cross. Sieben Tage in der Woche, von neun morgens bis zwölf nachts." Sie wechselt sich mit ihrem Mann bei der Arbeit ab, einer muss zuhause bei Sohn Michael bleiben, 1951 seine Geburt. Oft besuchen sie Michaels Großmutter, sie spielt ihm auf dem alten Grammophon aus der Innsbrucker Wohnung das Lied *Mickey, Mickey, Mickey Mouse* vor. „Und wenn wir von ihr weg sind, ist sie auf dem Balkon im dritten Stock gestanden und hat Michael immer kleine Schokoladestücke runtergeschmissen."

Nach dem Krieg bemüht sich Rosa Pasch um Restitution des geraubten Besitzes. „Sie war eine tüch-

Dorli Neale in jungen Jahren

tige Frau, meine Mutter. Man hat gesagt, ja, wenn sie nach Österreich zurückkehrt" – Rosa Pasch stirbt im April 1958 in London.

Im gleichen Jahr kommt Michaels Bruder Larry zur Welt. Dorli Neale widmet sich nun ausschließlich den Kindern und dem Haushalt. Dabei muss sie wiederholt an ihre Mutter denken: „Wenn sie bei uns zum Essen war, hat sie danach versucht, die Töpfe noch reiner zu schrubben, als ich es schon getan habe." Die Aluminiumtöpfe, aus der Innsbrucker Wohnung.

Ob sie jemals daran gedacht habe, nach Innsbruck –

Mit einem energischen Kopfschütteln unterbricht Dorli Neale die Frage. „No way", sagt sie ungewohnt laut, durch ihren Blick laufen Ereignisse, die Hände wieder fahrig, als wollte sie das Taschentuch zwischen den Fingern zerreiben. „No way", wiederholt sie in sich gekehrt.

Ein Vierteljahrhundert verging, ehe Dorli Neale erstmals wieder Innsbruck betrat. „Es war schrecklich." All die Sprüche und verlogenen Mitleidsbekundungen. Von den 1960er-Jahren bis weit herauf in die Gegenwart änderte sich nichts an ihrer Einstellung: Sie wollte mit Österreich nichts mehr zu tun haben. Mehrmals besuchte sie mit ihrem Mann dessen Geburtsstadt Wien. „Das war leichter. Weniger Erinnerungen." Aber auch dort: Wenn sie Menschen ihres Alters oder ältere sah, überfielen sie sofort düstere Bilder. Vor ihren Kindern nahm sie sich kein Blatt vor den Mund. Ihre Gefühle zu Österreich, die Gräueltaten des Nationalsozialismus. Sie musste sprechen, habe nicht schweigen wollen wie –

Als Larry und Michael in die Schule gingen, suchte Dorli Neale nach einer neuen Herausforderung. „Ich habe gewusst, es gibt in London Heime für deutsche und österreichische Flüchtlinge." Sie fand Anstellung in einem dieser Heime und fühlte sich endlich angekommen, ihrem einstigen Berufswunsch nah. Nun konnte sie helfen, mit vielen alten Menschen hatte sie es zu tun, unterhielt sich mit ihnen in der Muttersprache, setzte durch, dass sie kontinentales Essen bekamen – „Ich habe dem Koch gezeigt, wie man Marillenknödel macht." Sie arbeitete sich in die Heimleitung hoch, beruflich ihre glücklichste Zeit. Was sie nicht darüber hinwegtäuschte, dass sie oft auf eine Mauer stieß. So sehr sie diese nachvollziehen konnte, ihre Söhne mussten erfahren, was geschehen war.

„Antisemitismus gibt es überall. Wie gesagt, ich war jahrelang nicht in Österreich. In Deutschland schon gar nicht. Wenn mich jedoch bei meinen Besuchen in Österreich jemand eine ‚Saujüdin' genannt hätte – ich wäre wohl im Gefängnis gelandet danach." Sie habe sich nie als etwas Besonderes gefühlt, sei wie andere Menschen, „aber ich bin Jüdin und ich werde das nie verleugnen. Meine Religion ist jüdisch. Israel is my home. It isn't my home. But it could be my home."

Sie will nicht mehr weg aus England. Sie ist hier angelangt – und mobil geblieben. Noch heute unternimmt sie gern Fahrten mit ihrem Auto. Ihr Lebensmittelpunkt, die Familie, mittlerweile um fünf Enkelkinder gewachsen. Und das alte zerfledderte Kochbuch der Mutter mit den wunderbaren Rezepten weiß Dorli Neale in guten Händen eines ihrer Söhne. Es sei in Kurrentschrift und völlig unbrauchbar für ihn, darauf komme es nicht an.

Ihr zweiter Innsbruck-Besuch mehr als drei Jahrzehnte nach dem ersten. „Damals habe ich gehen können, hab ich atmen können und es war schön."

Der jungen Generation in Österreich begegnet sie ohnehin vorbehaltlos. Sie freut sich über deren Interesse, hat ihre ehemalige Schule in Innsbruck besucht und in verschiedenen Klassen über ihr Leben erzählt. Auf Deutsch. In dem das Englisch durchklingt, wie in Letzterem die Muttersprache. Die hat sie nie ver-

Links: Dorli Neale, nach dem Krieg in England
Rechts: Dorli und Ernst Neale

gessen, auch nicht vergessen wollen. Mit ihrem Mann
habe sie zwischen den Sprachen gewechselt, mit den
Kindern leider viel zu wenig Deutsch gesprochen.
„Aber in England während des Kriegs und in der unmittelbaren Zeit danach, da haben wir kaum deutsch
geredet. Ja?"

Sie greift nach einer Zigarette. Das Rauchen habe
sie bei den Monteuren für die Searchlights gelernt,
„ich war das einzige Mädel dort." Und sie könne sich
noch gut erinnern, „nach der Ankunft in Dovercourt
habe ich das erste Mal in meinem Leben Porridge
gegessen. Yes. Und Tee mit Milch. Zuhause habe ich
das zu trinken bekommen, wenn ich krank war." Was
sie am meisten an Tirol vermisse? „Am Anfang lernte
ich zu viele neue Sachen kennen. Ganz viele Jahre

später, als es Television gab, wenn ich eine Winter-
szene gesehen habe – Bäume und der Schnee auf
ihnen. Aber sonst nix." Im Übrigen habe es sie beim
Besuch der alten Schule schon amüsiert, dass ihr nun
einmal die Lehrer hätten zuhören müssen, fügt sie
mit einem Augenzwinkern hinzu.

***

Nach dem Gespräch lädt Dorli Neale zu Kaffee, Tee
und Kuchen. Allmählich löst sich die Anspannung
aus ihren Gesichtszügen. Keine Kameras mehr, keine
Mikros, vor allem kein Sich-erinnern-Müssen. Auch
ihre Söhne sind zugegen, Michael und Larry. Beide
interessieren sich sehr für die Motivation unserer
Interviews und deren Weiterverwertung. Die Auf-
nahmen in Ton und Bild sollen im universitären und
schulischen Bereich Verwendung finden, erklärt
Horst Schreiber, zudem dienen sie Irmgard Bibermann als Basis für ein Stück in Form des Erinnerungs-
theaters; Emir Handžo und Vinzenz Mell würden
ihnen mit filmischen Mitteln begegnen.

Wen wir schon besucht hätten in England, fragt
Dorli Neale unvermittelt und nickt, als sie von Michael
Graubart hört. Zwar habe sie ihn nie getroffen, aber
der Name Graubart sei ihr selbstverständlich geläu-
fig, sie denke sofort an das Schuhhaus in der Innsbrucker Museumstraße. Und Vera Adams, die Tochter von
Ernst Schwarz? Klar, die Familie Schwarz sei damals

jeder und jedem in Innsbruck ein Begriff gewesen – wie die Nordkette, die Serles, der Patscherkofel. Beim vorangegangenen Interview hatte ich unversehens an Joseph Roth denken müssen, an dessen Beschwörung der galizischen Heimat, und daran, was sein Biograph David Bronsen einmal festhielt: „Zu seinem Geburtsort Brody war er im Geiste zurückgekehrt, um von dorther einen Ort anzuvisieren, wo es niemandem schwer fällt zu leben." *Das* Heimat sollte einst schützen vor der unberechenbaren Natur. Erst im Zuge der Industrialisierung erfolgte der Wechsel des Geschlechts, nun wurde die Heimat als Reservoir der unbeschädigten, friedlich-harmonischen Natur stilisiert.

Wohin unsere Reise jetzt gehe? Nach Manchester, zu Hans und Felix Heimer, deren Mutter Ida Schwarz – Dorli Neale hebt überrascht wie erfreut die Augenbraue, lächelt: Ida Schwarz war in jenem Altenheim für deutsche und österreichische Flüchtlinge einlogiert, in dem sie arbeitete.

Kein 11. März wie jeder andere

Mit Hans und Felix Heimer in Manchester

Von Berlin weiter nach Sassnitz, an Bord eines Schiffs nach Trelleborg. Zuvor im alten Fährhafen die Verabschiedung vom Vater. Von der Mutter mussten sie sich bereits in Wien verabschieden: Hans und Felix Heimer. Im November 1938 kommen sie in Schweden an und finden Aufnahme in einem Landschulheim, das von der jüdischen Gemeinde gegründet wurde. Dort treffen sie auf Flüchtlingskinder, die meisten aus Deutschland, wenige aus Österreich, ein paar aus der Tschechoslowakei. Auch die sind überfordert von der Situation, plötzlich ohne Eltern sein zu müssen, aber sie sind sehr fromm. Koschere Nahrung, vor jedem Essen ein Tischgebet, Freitagabend wird Schabbes gefeiert. In dieser strengen Form kennen die Heimers das nicht, in Wien waren sie nicht oft in der Synagoge, hielten mit ihren Eltern nur die hohen Feiertage. Selbst den jüdischen Pfadfinderbund hatten sie verlassen, waren in die allgemeine Bewegung gewechselt, auch dort gab es viele Juden, doch keine allzu religiösen. Dabei waren sie noch gar keine richtigen Pfadfinder, waren erst Wölflinge, saßen als solche jeden Freitag gebannt im Kreis und bekamen von einer jungen Betreuerin Kindergeschichten vorgelesen. „Und das war ein großes Erlebnis. Ein großes Erlebnis, jedes Mal." Und nun müssen sie Hebräisch lernen und beten, spüren die Abneigung der anderen. Zudem ist der Direktor des Landschulheims einer, der Prügel austeilt, sobald jemand nicht seiner Vorstellung der richtigen Lebensweise gehorcht. Und es schmerzt Felix Heimer, wenn er mitansehen muss, wie sein neunjähriger Zwillingsbruder verhauen wird.

Felix und Hans Heimer, Vaterkind der eine, der andere von der Mutter verhätschelt, sind so unterschiedlich im Naturell wie die Herkunft ihrer Eltern Ida und Alfred Heimer. Aber nun gilt nur noch eins: zusammenhalten.

„Unser Vater stammt aus dem Arbeitermilieu, seine Familie hat sich einst aus Mähren in Wien niedergelassen. Und unsere Mutter kommt aus den besten Innsbrucker Kreisen." Differente Ausdrucksformen, nicht immer deckungsgleiche Lebensansichten. In puncto Benimmregeln sei es zu Meinungsverschiedenheiten gekommen, erzählt Hans Heimer, was seinen Bruder auflachen lässt. Und beide erinnern sich an die missgelaunte Mutter, wenn der Vater beim Niesen die Hand nicht vor den Mund hielt.

Solche Kleinigkeiten sind hinfällig und machen einer gemeinsamen Bestürzung Platz, als die Familie Kurt Schuschniggs Radioansprache hört, deren Pathos überdeckt, ob der diktatorisch regierende Bundeskanzler nicht willens oder nicht fähig ist, dem Druck Hitlers gegenzusteuern. Unabhängig davon: Das Bekenntnis der Heimers ist ein durch und durch österreichisches. Und dass es in diesem Land keine Zukunft mehr gibt –

„Der Vater hat schlaflose Nächte gehabt, wie er uns aus Wien retten kann." Ida Heimer indessen beginnt sich fieberhaft Nähkenntnisse zur Herstellung von

Hans und Felix Heimer 1930

Handschuhen und Miedern anzueignen. Deren Verkauf soll im drohenden und zugleich erhofften Exil
helfen, die Familie zu erhalten. Einer ihrer Brüder,
Theodor Schwarz, war 1937 nach England ausgewandert und hatte in Manchester ein Textilunternehmen
gegründet. Mit seiner Hilfe wird es ihr gelingen, für
sich und ihren Mann Visa zu beschaffen. Im Juni 1939
fliehen Ida und Alfred Heimer nach England. Zu diesem Zeitpunkt sind ihre Söhne bereits seit über einem
halben Jahr in Schweden.

Mit der geglückten Flucht nach England öffnet sich
auch den Kindern der Weg dorthin. Doch die Wochen
ziehen sich und werden für die Zwillinge zur Qual.
Schon in Wien kämpften sie stets gegen die Tränen

an, wenn die Eltern abends ins Theater gingen und ein Mädchen zur Aufsicht über den Nachwuchs engagierten.

Endlich ist es so weit, die beiden gelangen ins dänische Esbjerg. „Ich erinnere mich noch, als wir von Dänemark wegfuhren, ich weiß nicht, ob wir unsere Lederhosen anhatten, aber wir haben deutsch gesprochen und die Dänen waren wütend, die deutsche Sprache zu hören, und haben uns angestänkert." Und seinem Bruder Felix ist in Erinnerung geblieben, dass man in der Hektik des Aufbruchs vergessen hatte, ihnen in Schweden Esspakete mitzugeben für die zweitägige Reise. Hungrig kommen sie in Harwich an, werden vom Vater abgeholt und nach Brighton gebracht, wo Ida Heimer eine Anstellung gefunden hat. Wenige Tage später der deutsche Überfall auf Polen.

Der Kriegsbeginn vereitelt Pläne, England Richtung Dominikanische Republik zu verlassen. Der Diktator des Karibikstaats hatte sich auf der Konferenz von Evian bereiterklärt, eine große Anzahl jüdischer Flüchtlinge aufzunehmen, weniger aus humanitären denn aus ökonomischen und rassistischen Gründen, wie ihm andere Konferenzteilnehmer vorwarfen: Trujillo wolle lediglich das „weiße Element" in seinem Land stärken. Die Konferenz endete in einem diplomatischen Desaster, der spätere israelische Staatspräsident Chaim Weizmann konstatierte verbittert wie treffend, die eine Hälfte der Welt vertreibe die Juden, die andere lasse sie nicht einreisen.

Nach mehr als einem halben Jahr in der Stadt am Ärmelkanal zieht die Familie weiter in den Nordwesten Englands, nach Manchester. Die Fahrt dorthin führt über das berühmte Backstein-Viadukt von Stockport, und die Schilderungen der beiden ähneln jenen von Friedrich Engels, der das im engen Mersey-Tal liegende Stockport mehr als neunzig Jahre zuvor als „eins der finstersten und räucherigsten Nester" bezeichnet hatte, vor allem vom Viadukt herab sehe es äußerst unfreundlich aus. „Dort waren Tausende von kleinen Häuschen, aus deren Schornsteinen Rauch gequollen ist", erinnert sich Hans Heimer. Es sei schrecklich gewesen, beißender Gestank, desgleichen in Manchester, überall Qualm, „ich habe mir gedacht, um Gottes willen, wo sind wir bloß gelandet?" Auch Felix Heimer ist damals entsetzt, „die Fenster, ganz dünne Scheiben", er schüttelt noch heute den Kopf, wenn diese Ankunftsbilder in ihm aufsteigen.

Die Eingangshalle imposant. An einem mächtigen Kronleuchter vorbei sieht man hinauf in die mehrgeschoßigen Emporen. Eine breite Treppe mit aufwendigen gusseisernen Balustraden und Säulen führt in die Etagen. Alles ist mit Teppich ausgelegt und die Lobby mit zahlreichen Sofas bestückt. Auf Wunsch der Heimers findet das Interview im Britannia Hotel statt, das palastartige Bauwerk unweit des Hauptbahnhofs gehört seit seiner Errichtung Mitte des 19. Jahrhunderts zu den architektonischen Perlen

Hans (links) und Felix Heimer 1938

Manchesters. James Watts hatte es erbauen lassen, um seiner Stellung im damaligen Zentrum der Textilindustrie Ausdruck zu verleihen. Die Außenansicht bietet eine eklektische Melange aus italienischer und französischer Renaissance, flämischem und elisabethanischem Baustil, gotische Rundfenster im obersten Stockwerk. Bei der Innengestaltung setzte Watts ebenfalls auf Gepränge, die freitragende Treppe aus Gusseisen durchs offene balkonartige Stiegenhaus ermöglichte einen Blick hinab auf die schweren Tische aus Mahagoni zur Warenpräsentation. Watts Warehouse war im ganzen Königreich bekannt als eine der größten und prächtigsten Lagerhallen für Textilien und hob sich ab von den heute noch das Stadtbild prägenden Häusern aus rotem Backstein.

Ein Großteil der städtischen Bausubstanz wird in der „Luftschlacht um England" zerstört. Das dreitägige Bombardement in den Weihnachtstagen 1940, The Christmas Blitz, entfacht einen Feuersturm im Stadtzentrum. Der gespenstisch aufflammende Nachthimmel versetzt die Menschen noch weit außerhalb der Stadt in Panik. Bis 1944 gerät Manchester wiederholt in den Fokus der deutschen Aggressoren, eines ihrer Ziele sind die Avro-Werke im zentrumsnahen Trafford Park. In ihnen werden während der Kriegsjahre die Lancaster-Nachtbomber hergestellt, mit denen die Royal Air Force das Bombeninferno auf die deutschen Städte zurückwirft.

Von den Angriffen bleibt auch Watts Warehouse nicht verschont, ein Abbrennen bis auf die Grundmauern verhindern die Textilien, deren starke Rauchentwicklung die Flammen erstickt. Doch was Manchester einst groß machte, ist in den Nachkriegsjahren einem wirtschaftlichen Strukturwandel unterworfen, Watts Warehouse verfällt zunehmend. Anfang der 1980er-Jahre wird das einstige Prunkstück der Textilindustrie zum Hotel umgebaut.

„Ich bin anders als Felix und nicht seiner Meinung, dass es zwecklos ist, über die Vergangenheit zu reden." Hans Heimer richtet sich etwas auf, sieht seinen Bruder an: „Im Gegenteil, es ist gut, die Dinge herauszubringen, die einem im Kopf" – „steckengeblieben sind", vervollständigt Felix Heimer. Beiden setzt das Gespräch gleichermaßen zu.

Eine Flucht folgte der anderen, vor den Nazis aus Wien, vor deren Bomben aus Manchester. Später vor erdrückenden Bildern, die zwei ihrer Cousins in den Selbstmord trieben. Was waren dagegen schon die rüden Methoden, die sie in den englischen Schulen erlebten, die wiederholten Prügel, die sie dort von Lehrern bezogen. Die Bestürzung bei der Ankunft in Manchester wich nach dem Krieg dem Schock, Glück gehabt zu haben, durch die Flucht dem Tod entronnen zu sein. „Das war Glück", sagt Felix Heimer, „pures Glück." Dass es andere nicht hatten, führte bei ihm zu einem körperlichen wie psychischen Zusammenbruch, „da war ich dreißig Jahre alt." Er habe seiner Familie versprochen, heute Nachmittag hier zu sein, „aber nicht zu viel über all diese Sachen zu reden, es hat keinen Zweck", hatte er zuvor gesagt.

Dass die Wahl des Orts eher der Lebenshaltung seines Bruders entspricht, ist eine bloße Vermutung. Hans habe immer mehr mit der Mutter sympathisiert, währenddessen er selbst eher mit dem Vater – rasch hatte Felix Heimer eingeräumt, dass er sich diesbezüglich vielleicht täusche. Die Vorgeschichte des Britannia Hotels verweist ohnehin auf beider Geschichte und auf die ihrer Eltern.

Alfred Heimer ist Textilverkäufer von Beruf. In Wiener Tagen gründete er eine eigene Firma, die große Mitgift seiner Frau trug das ihre dazu bei. Mit dem in Manchester ansässigen Betrieb seines Schwagers stand er in regem Geschäftskontakt, vor dem Schritt in die Selbstständigkeit war Theodor Schwarz sein Chef gewesen. Dem Spross aus der Innsbrucker Familie eignete seit Anfang der 1930er-Jahre ein Textilhandelsunternehmen mit Sitz in Manchester und Filialen in Budapest, Agram und im ersten Bezirk in Wien. Diese führte Schwarz bis 1937 selbst. Als seine Schwester Ida, deren Mann und die Kinder in Manchester eintreffen, unterstützt er sie finanziell.

In England versucht sich Alfred Heimer erneut als Textilhändler, die Geschäfte laufen zunächst recht gut. Ihren Vater beschreiben die Zwillinge als „ziemlichen Draufgänger", dass er die große Aussteuer in kurzer Zeit vergeudete, amüsiert sie mit dem Abstand der Jahre. Zugleich blieben ihnen die „tiefen Verletzungen", die ihrer Mutter widerfuhren, nie verborgen, noch im hohen Alter seien diese aufgebrochen.

Ida Heimer ist sechsundvierzig Jahre alt, als sie in England strandet. Sie blickt auf eine Kindheit in einer großbürgerlichen Innsbrucker Familie zurück, der die kultivierte Lebensweise als Symbol der Bildung galt. Früh verlor sie ihren Vater, er starb 1909 an Krebs. Im Ersten Weltkrieg kämpften ihre sechs Brüder, einer von ihnen fiel im September 1914 bei Grodek. Nicht einmal in einem zukünftigen Ehemann werde sie einen so wahren Freund finden wie ihn, mutmaßte sie damals. Sie arbeitete einige Jahre im Warenhaus, nach Aufenthalten in München und in der Schweiz als Kinderbetreuerin in Südtirol, ehe sie sich in Wien niederließ. Zweifellos auf der Suche nach einem Ehemann, in der kleinen jüdischen Gemeinde

Ida Heimer (links) mit ihren Schwestern Regina
und Hedwig Schwarz

in Innsbruck waren mögliche Partner rar geworden.
Als ihre Mutter 1936 ebenfalls an Krebs verstarb, kam
es zu einer Wende in Ida Heimers Leben, die auch die
Zukunft ihrer Söhne maßgeblich beeinflusste.

„Maximilian Oskar Bircher-Benner spielt eine große
Rolle in unserer Familie." Der Schweizer Arzt und
Ernährungswissenschaftler, auf den das Birchermüsli
zurückgeht, gilt heute als Pionier der Vollwertkost.
In seinem 1904 eröffneten Sanatorium am Zürich-
berg in Zürich, das Thomas Mann ein „hygienisches
Zuchthaus" nannte und als Inspirationsquelle für
seinen *Zauberberg* nahm, waren neben Mann auch
Hermann Hesse, Rainer Maria Rilke und Wilhelm
Furtwängler Kurgäste.

Theodor Schwarz 1947. Er half seinen
Geschwistern nach der Flucht nach England.

Ida Heimer stieß 1936 auf den Schweizer. Nach
dem Tod ihrer Mutter suchte sie deren Arzt in Innsbruck auf, um mehr über die Krankheit zu erfahren,
die ihr beide Elternteile genommen hatte. Dabei entdeckte der Arzt ein Ekzem auf ihrem Arm und riet
zu einer Nahrungsumstellung, verwies auf Bircher-
Benner. Der Ausschlag verschwand und –

Nun hatten ihre Kinder täglich einen Apfel zu essen,
„und über Nacht wurde aus dem Gulasch ein Kartoffel-
gulasch." Interessanter sei, fährt Hans Heimer fort, er
habe Briefe seines Onkels Walter aus dem Jahr 1914
gelesen. „Da hat er viel von der Erziehung der Kinder
gesprochen, und der Vegetarismus war schon zu jener
Zeit ein Thema. Was uns also die Mutter lehrte, hat
sie selber als junges Mädchen kennengelernt, und es

ist faszinierend für mich, wie diese Lehren durch die Generationen gehen."

Hans Heimer wollte ursprünglich Medizin studieren, wurde aber Technischer Zeichner. Er arbeitete zunächst für die Elektrizitätsgesellschaft in Manchester, wechselte dann zu einer Beraterfirma für Ingenieure. „Dort war ich dreißig Jahre – und ich wurde Chef der Filiale in Manchester. Der Hauptsitz der Firma befand sich in London." Bald kamen Unstimmigkeiten mit der Führung in der Zentrale auf, Hans Heimer verlor seinen Posten, musste sich nach einem neuen umschauen und fand ihn bei einem japanischen Großkonzern in London.

Mit einem Lächeln folgte Felix Heimer den Worten seines Bruders: „Ja, der Hans hat den Eltern gegenüber geäußert, dass er gern Mediziner werden wollte. Der Mensch denkt und Gott lenkt, und so wie das Schicksal es will, ist er nicht Mediziner geworden, sondern Ingenieur. Und ich wollte einen Grad in Physik und Mathematik erreichen, habe aber mein Studium abgebrochen. Und dann hat die Mutter gesagt, Felix, dein Bruder will nicht Mediziner werden, was denkst du, würdest du dich für die Naturheilkunde interessieren? Und so bin ich zur Naturheilkunde gekommen." Nach seinem Studium in Edinburgh eröffnete er eine Praxis, die er fünfzig Jahre lang führte.

„Als die Mutter in ein Altenheim in London gekommen ist, habe ich die Familienfotografien zusammengerafft. Die waren in Hunderten von Umschlägen, und ich habe wochenlang gearbeitet, sie sortiert und Alben angelegt." Er habe sich immer sehr für die Familiengeschichte interessiert, setzt Hans Heimer fort, „mag sein, weil ich selbst keine Kinder habe." Sein Bruder lacht auf, „ich habe keine Familie, ich habe eine Dynastie", sagt er und erzählt von seinen Kindern und Enkelkindern. Die seien auch der Grund gewesen, dass er sich vor gut drei Jahrzehnten wieder mit der deutschen Sprache beschäftigt habe. „Die Umstände waren so, die vielen Kinder, ich musste – ich konnte nicht genug verdienen, obwohl ich hart gearbeitet habe. Und da habe ich mir gedacht, ich muss noch eine andere Geige haben, noch mit einer anderen Geige spielen, und kam zum Entschluss, na, das ist ganz einfach, habe ich mir auf einmal gedacht, du musst die alte Sprache, die ich zu dieser Zeit ziemlich vergessen hatte, du musst Unterricht geben für Erwachsene in Deutsch. So kannst du zusätzliches Geld verdienen und zugleich dein Deutsch bereichern."

„Sprache macht das Leben, macht die Welt", fügt Hans Heimer an und, die Bibel sei ein Buch mit Mythen. „Am Anfang war die Welt, die Welt wurde nur durch Sprache formiert. Sprache gibt uns den Einblick, wie die Welt ist, aber wenn man nicht, wie soll ich sagen, die Fehler der Sprache begreift, dann versteht man nicht, wieso man falsche Ideen hat."

Dogmen lehnen beide ab, auch die Medizin gebärde sich oft als orthodoxe Kirche, sagt Felix Heimer, „sie besteht auf Prinzipien, die viele Zweifel aufkommen lassen. Ein Mediziner dagegen muss ein offenes Herz haben."

NS-Propaganda März 1938

Ein offenes Herz, das wünschen sich Hans und Felix Heimer auch für die Menschen in Israel, beide haben das Land mehrmals besucht, dort Verwandte getroffen. „Mir macht es viel Herzschmerzen, Israel – liebe deinen Nachbarn wie dich selbst, so steht es im Alten Testament, und mir tut es furchtbar weh, dieser schreckliche Zwiespalt zwischen Arabern und Juden." Felix Heimer pflichtet seinem Bruder bei, „der Araber ist ununterscheidbar vom Juden, es ist doch völlig egal, wo man geboren ist, welcher Religion man angehört."

Geboren wurden Hans und Felix Heimer in Wien, als Neunjährige mussten sie die Heimat verlassen. „Einmal sind wir als Pfadfinder durch die Ringstraße marschiert, wie stolz ich war, als wir in der Ringstraße gegangen sind mit den anderen." Hans Heimer schaut auf, sein Bruder kann sich nicht daran erinnern, aber es sei eine schöne Kindheit gewesen, bekräftigt er, „eine normale Kindheit. Der 11. März 1938, das war so ein Abbruchtag, danach war alles vorüber, alles. Ohne dass man sich das irgendwie ausmalen konnte, was da nun kommen wird."

„Also, ich möchte euch darauf aufmerksam machen", ergreift Hans Heimer das Wort, „dass der 11. März 1938 auch der Tag war, an dem wir unseren Geburtstag feierten." Und mit gedämpfter Stimme: „Ein nie zu vergessender Tag." Er denke oft an die letzten Monate in Wien, die Bestürzung der Eltern, die Fluchtpläne. „Wir wurden aus der Schule rausgeschmissen, mussten in eine andere gehen, in der nur Juden waren. Und wir hatten am Sakko eine kleine rot-weiß-rote Flagge – und wie jemand zu uns gesagt hat, gib das weg, du wirst geschlagen werden, wenn du das draufhast, da haben wir es heruntergenommen."

Die schlaflosen Nächte des Vaters. Der Weg zum Bahnhof.

Hans und Felix Heimer. Beide wissen mit Witz und Esprit zu unterhalten, sind weltgewandt, haben mehr als einmal Verantwortung übernommen, Patienten, Mitarbeitern und vor allem den Familien gegenüber. Und es ist auch bei ihnen die Konstellation des Sich-Erinnerns coram publico, die jene zutiefst verletzte Seite ihrer Biographien hervorkehrt und in Mimik und Gestik sichtbar macht.

Der Abschied von der Mutter.

„Ich erinnere mich noch genau, wie die Mutter heftig geweint hat", sagt Hans Heimer, „schrecklich geweint", fügt sein Bruder an, „heftig geweint", wiederholt Hans Heimer, Felix Heimer nickt in sich gekehrt: „Ja, heftig geweint."

***

Hans und Felix Heimer, die Erinnerung an den Freitod ihres Cousins Karl-Heinz Schwarz hatte ihnen während des Gesprächs offenkundig zugesetzt. Die Schwester von Karl-Heinz, Vera Adams, hatten sie in der Kindheit oft gesehen, als Vera die Sommerferien in Manchester verbrachte.

Als wir den Zwillingen erzählen, dass wir tags zuvor Dorli Neale besucht haben, erinnern sich beide an die Leiterin des Heims, in dem ihre Mutter den Lebensabend verbracht hatte. Bewusst herbeigeführte Treffen scheint es unter den Vertriebenen aber nicht gegeben zu haben. Zumindest nicht unter jenen, die im Kindesalter ihre Heimat verlassen mussten. Dass die Geschwister Ida, Ernst und Richard Schwarz auch in England in regem Austausch standen, versteht sich. Heimat wurde ihnen England nicht.

Heimat? Felix Heimer hatte gelacht, das sei doch dieser Film aus dem Jahr 1938, nicht? Eine Blut-und-Boden-Schnulze mit Starbesetzung. Heimat sei ein typisch deutscher Begriff, typisch deutsch. In der Nachkriegszeit habe er ihn bei einer Deutschlandreise wiedergetroffen, diesen Begriff, beim Schützenfest, im Männerchor. In Österreich sei das alles ein wenig gemütlicher, „ja, in Österreich ist Gemütlichkeit in allem, inklusive dem Begriff Heimat." Für ihn sei Heimat eher eine Art Sehnsucht, hatte Hans Heimer erwidert und von seinem dreimonatigen Aufenthalt in Chile erzählt, im Auftrag seiner Firma war er dorthin gefahren. „Ich habe derartig Heimweh gehabt und mich nach Europa gesehnt, ich bin ein Europäer, habe ich mir gedacht, das verbinde ich mit dem Begriff Heimat."

Manchester ist die letzte Station unseres Englandaufenthalts, wir fahren zurück nach Innsbruck, um die Reise nach Israel vorzubereiten. „Mir bleibt ja immer noch Israel, wenn ich gar nicht mehr weiß, wohin", hatte Felix Heimer gesagt. Bald werden wir auf eine weitere Cousine der Zwillinge treffen.

Die Blumen, die Liebe, das Schöne

Mit Judith Shomroni in Givat Shapira

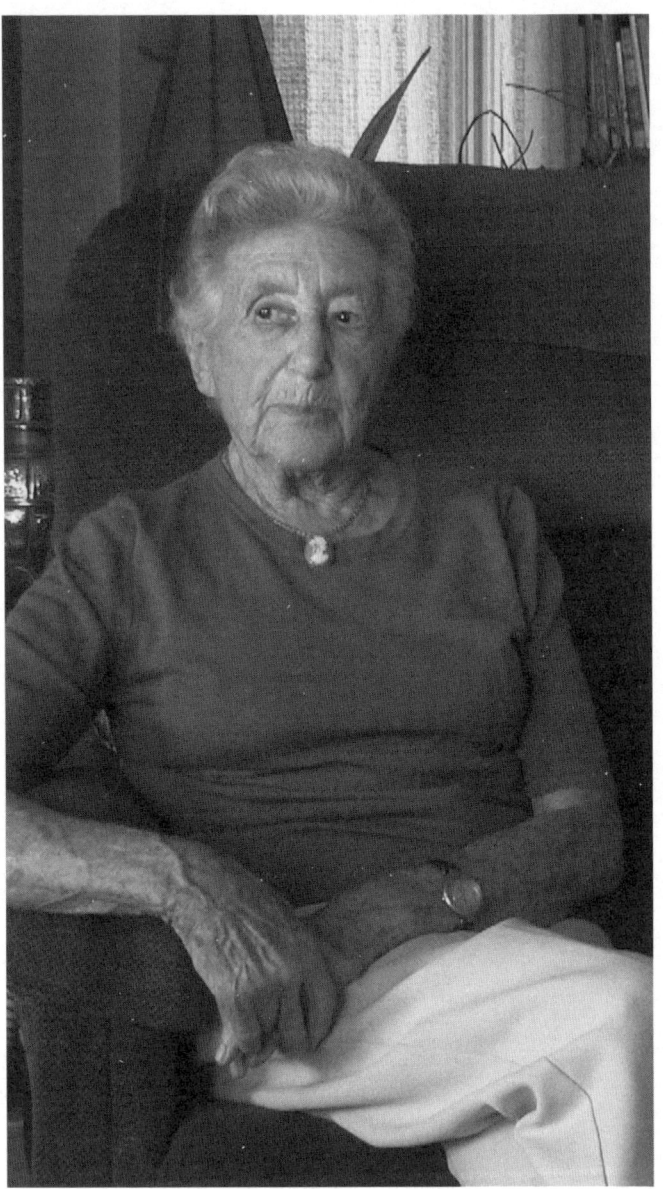

Schattenspendende Bäume. Orangen, Mandarinen, Feigen. Traubenstöcke, doch die machen viel Arbeit, ziehen zudem Bienen an. Judith Shomroni spricht gern über ihren Garten, nicht nur aus Stolz, sondern aus Dankbarkeit. „Die Natur und vor allem die Blumen haben mir über vieles hinweggeholfen in meinem Leben." Mehr als neunzig Jahre stecken ihr in den Gliedern, was sie nicht davon abhalten kann, im Garten tätig zu werden. Und sich hinters Steuer ihres Autos zu setzen. Bis vor kurzem noch fuhr sie zu Konzerten ins gut dreißig Kilometer entfernte Tel Aviv.

Auch im Hausinneren liebevolle Blumenarrangements, sie akzentuieren das Mobiliar, eine Biedermeiergarnitur, ein japanischer Paravent, ein Regal mit Büchern in deutscher Sprache und auf Serbokroatisch. Letztere hat ihr Mann gelesen, Emil Shomroni, 2009 ist er gestorben. Bis zu seiner Pensionierung als Veterinär lebten die beiden über fünfundvierzig Jahre lang in Rechovot, die Stadt am Rand des judäischen Hügellands beherbergt das Weizmann-Institut. Bereits vor der israelischen Unabhängigkeitserklärung waren sie nach Palästina gekommen, die klimatische Umstellung anfangs schwierig, aber man gewöhne sich daran. Unbestritten, der Hamsin, dieser trockene und alles eintrübende Wüstenwind, der das Thermometer auf vierzig Grad Celsius und mehr steigen lässt, macht ihr heute noch zu schaffen. Damit jedoch sei sie nicht allein in Israel.

Die Wohnung in Rechovot einfach, allerdings mit Garten. Während ihr Mann zur Arbeit ging, kümmerte sie sich um den Haushalt, zog drei Kinder groß. Und fing an, Blumen zu arrangieren, um ein wenig Natur ins Haus zu bringen. Aus diesem Hobby wurde ein Beruf. Nachdem sie mehrere Wettbewerbe mit ihrer Blumenkunst gewonnen hatte, gab sie bald Ikebana-Kurse im ganzen Land, wurde zu Ausstellungen eingeladen.

„Als mein Mann in Pension ging, sind wir hierhergezogen, haben zusammen mit der Tochter gebaut, sie wohnt im Haus nebenan." Erzählt Judith Shomroni, geboren als Erika Schwarz, 1918 in Innsbruck. Sie zeigt lächelnd auf eine Fotografie: Ihr Mann und sie vor dem Standesamt in Rom. 1947 die Hochzeit. „Aber kennengelernt haben wir uns schon viel früher."

1936 schicken Richard und Magda Schwarz ihre Tochter Erika auf die Hotelfachschule nach Wien. Dort trifft eines Tages auch ihr Zukünftiger ein, aus Zagreb kommend, er befindet sich auf Maturareise. Die beiden verlieben sich ineinander, fahren hinaus nach Schönbrunn, sie verbringen ein paar gemeinsame Tage, „ohne zu essen, ohne zu trinken, es war ja Jom Kippur."

Es vergehen Monate, ehe sie sich wiedertreffen. Der eine kehrt in seine Heimat zurück, inskribiert an der Universität. Die andere zieht nach Zürich, beginnt im Sanatorium von Maximilian Bircher-Benner ein sechsmonatiges Praktikum. In diese Zeit fällt die Weltausstellung von Paris, die Emil Shomroni besuchen will. Auf der Reise nach Frankreich hält er sich einen Tag in Zürich auf.

V.l.n.r.: Richard und Magda Schwarz mit ihrer
Tochter Erika und Verwandten in England 1946

„Und dann haben wir uns zehn Jahre nicht gesehen.
Ich wusste nicht, ob er lebt, und er wusste auch nicht,
ob ich lebe." Anfangs schreiben sie einander noch, der
Postverkehr läuft über das Rote Kreuz, doch mit dem
deutschen Balkanfeldzug 1941 reißt der Kontakt ab.

Von Zürich nach Innsbruck zurück, schöne Erinnerungen verbindet Judith Shomroni mit der Stadt,
insbesondere was das Familienleben betrifft: „Wir
haben jeden Tag gemeinsam gegessen, auf meinen
Vater gewartet, bis er vom Geschäft gekommen ist."
Richard Schwarz war Miteigentümer des Warenhauses *Bauer & Schwarz*. „Mit dem Firmenauto hat er uns
oft mitgenommen", zu Kundenbesuchen in den Dör-
fern rund um Innsbruck.

Abendstimmung in Shomronis Garten (rechts Horst Schreiber)

Mit ihrem um zwei Jahre jüngeren Bruder Victor verbringt sie eine sorgenfreie Jugend. Es habe ihnen an nichts gemangelt, betont sie wiederholt. Als wollte sie sich entschuldigen für den Wohlstand, den sich ihre Familie erarbeitet hatte. Und sie erzählt vom Elternhaus, von der „schönen Wohnung, mit dem hübschen Balkon und dem herrlichen Garten, in dem wir immer sehr viele Freunde hatten und Fußball spielten". Berichtet von Ausflügen in die Umgebung von Innsbruck, von einem Sommerurlaub in Riccione, von einem anderen in der Normandie. Und ein Dienstmädchen fällt ihr wieder ein, mit dem der Vater recht streng ist, wenn ein Glas nicht seinen Vorstellungen von Sauberkeit entspricht. Streng auch die Mutter, ihr obliegt die Erziehung, „da hat sich der Vater wenig eingemischt." Der ist eher fürs Musikalische zuständig. Richard Schwarz kann ganze Opernarien auswendig absingen, er spielt Violine, seine Kinder begleiten ihn am Klavier, als Trio treten sie bei jüdischen Festen auf. „Beethoven, Mozart, Brahms, Grieg, Mendelssohn natürlich."

Ein Leben mit allem, was bildungsbürgerlich dazugehört. Theaterbesuche – „und mein Vater hat mich, ich war ziemlich jung, in die Oper ausgeführt, Lohengrin, das hab ich nie vergessen." Wagner und Wolfram von Eschenbach auf der Bühne, Benachteiligungen in der Schule. Ein Gefühl des Ausgeschlossenseins. Aber der grassierende Antisemitismus stärkt die Familienbande. Wie auch die Religionszugehörigkeit, sie schweißt die Innsbrucker Jüdinnen und Juden zusammen. „Wir haben uns ja fast alle gekannt." Sie tritt einer zionistischen Jugendbewegung bei, zwei Tanten wandern nach Palästina aus. „Für mich war das damals überhaupt kein Thema."

„Und dann sind die Deutschen einmarschiert in Österreich. Meine Eltern waren gerade in Wien, mein Vater hat für das Geschäft Einkäufe getätigt, meine Mutter ist mit ihm gefahren. Sie haben alles storniert, in derselben Nacht." Richard und Magda Schwarz reisen umgehend nach Tirol zurück. „Und wir haben besprochen, was jetzt geschehen soll. Mein Vater hat gesagt, wir werden irgendwo in die Berge gehen und uns dort verstecken. Meine Mutter war absolut dagegen, kommt nicht in Frage, wir bleiben keine Sekunde länger, als es sein muss."

Die Tochter flieht Ende März 1938 nach Paris, verdingt sich als Au-pair-Mädchen. Da sie in der Schule mehrere Jahre Französischunterricht gehabt hatte, gelingt es ihr in kurzer Zeit, die Sprachkenntnisse zu vertiefen, was sich später als Glück erweisen wird – in England. Im Wissen, dass ihre Eltern und ihr Bruder bei einem Verwandten in Manchester Zuflucht gefunden haben, verlässt sie Paris, um ihre Familie wiederzusehen.

Sie arbeitet zunächst als Französischlehrerin an einer Privatschule, mit Kriegsbeginn muss sie diese Stelle aufgeben. Sie bewirbt sich als Putzfrau, wird gefragt, ob sie auch kochen könne. „Natürlich musste ich ja sagen, sonst hätte man mich nicht genommen." Und da sie vom Kochen wenig Ahnung hat, ruft sie jedes Mal ihre Mutter an, wenn die Arbeitgeber außer Haus sind. Von denen wird sie nur angesprochen, wenn etwas von ihr erwünscht wird. Heute sieht sie das als wichtige Erfahrungen an, „ich war es von Kindheit an gewöhnt, mich bedienen zu lassen, nun lernte ich die andere Seite kennen." Der zeitliche Abstand relativiert manches, aber sie sagt es durchaus im Ton der Überzeugung. Einen anderen würde sie sich angesichts des millionenfachen Mords auch nicht gestatten.

Nach eineinhalb Jahren als Haushaltshilfe macht sie eine Ausbildung zur Kindergärtnerin und arbeitet als solche für das englische Gesundheitsministerium bis zum Kriegsende. Richard und Magda Schwarz können weder Tochter noch Sohn finanziell unterstützen,

Die Villa Magda in der Falkstraße 18,
in der Judith Shomroni ihre Kindheit verbrachte

ihnen ist vom einstigen Vermögen nichts geblieben.
„Wir mussten bescheidener leben, meinem Bruder und
mir hat das gut getan." Und den Eltern? „Die waren ja
schon nicht mehr jung, die haben das anders erlebt."

Das Elternhaus, die Villa Magda, in der Falkstraße
im Innsbrucker Stadtteil Saggen, dessen gründerzeit-
liche Villen heute unter Ensembleschutz stehen. Im
November 1938 werden einige männliche Bewohner
dieser Häuser Opfer brutaler Übergriffe und von
den prügelnden Rollkommandos der SS und SA in
sogenannte Schutzhaft genommen. Einer von ihnen
Richard Schwarz, ein anderer sein Sohn Victor.

„Ich war damals in Paris, habe erst später erfahren,
was passiert ist. Sie sind in den ersten Stock hinauf,

wo wir gewohnt haben. Meine Eltern hatten die Wohnungstür verriegelt", sie wurde aufgebrochen, „das hat eine Zeit lang gedauert. Und die Wohnung war ziemlich groß, das waren sieben oder acht Zimmer, und meine Eltern sind von einem Zimmer ins andere geflüchtet und haben immer wieder abgesperrt. Und die mussten immer wieder einbrechen, zum Schluss haben sie meinen Vater im Badezimmer gefunden und haben ihn geschlagen und verletzt. Und dann war es schon fünf Uhr früh und da ist ein anderer Mann gekommen und hat gesagt, ihr müsst Schluss machen, die Nachbarn hören schon, was vorgeht."

Im Haus wohnte auch ihr Großvater mütterlicherseits, der Siebzigjährige flüchtete mit einem Sprung aus dem ersten Stock in den Garten, blieb unverletzt. Seine Tochter berichtete nach dem Krieg: „Das Warenhaus und die Villa wurden uns weggenommen. Wir wanderten mit zwanzig Mark in der Tasche aus. Unsere Möbel durften wir mitnehmen. Mein Mann und ich waren dann als Dienstboten angestellt. Meinen Vater, Wilhelm Adler, wollten wir retten, hatten schon das Visum – da brach der Krieg aus." Wilhelm Adler wurde nach Riga deportiert und ermordet.

Als Judith Shomroni von den Konzentrationslagern erfährt, will sie an keinen Gott mehr glauben. „Ich habe mich von der Religion entfernt, für mich ist sie heute nicht wichtig." Mit ihren Kindern sprach sie über die Vergangenheit. Ein Sohn, der mittlerweile in Kanada lebt, „kann sich an Sachen erinnern, die ich ihm erzählt und die ich selbst schon wieder vergessen habe." Auch besuchte sie mit den Kindern ihre Geburtsstadt, sie standen vor der Villa Magda. „Wir konnten ja nicht hinein, aber ich habe ihnen gezeigt, wo ich als Kind gespielt habe." Und erst neulich lehrt sie einen Enkel Schach zu spielen, so wie es ihr einst vom Vater beigebracht worden war. „Die Wochenenden hatten wir stets zuhause verbracht, und wenn wir nicht im Garten herumtollten oder musizierten, wurde mit dem Vater Schach gespielt, immer Schach."

Nach Kriegsende strengen Richard und Magda Schwarz ein Rückstellungsverfahren an, Jahre der Demütigungen folgen. Am Ende Enttäuschung und Gewissheit, mehr als einmal vertrieben worden zu sein. Victor Schwarz beginnt ein Studium an der Universität von Manchester – und es hätte nicht viel gefehlt, dann wäre auch seine Schwester in England geblieben. Von ihrer großen Liebe erhält sie einen Brief, er habe geheiratet und sei mit Frau und gemeinsamer Tochter nach Palästina ausgewandert. „Dann, ein Jahr später hat er mir wieder geschrieben, dass seine Frau sich scheiden lassen will und dass er das sehr befürwortet."

Und so beginnen sie erneut miteinander zu korrespondieren. Da Emil Shomroni vor Abschluss seines Studiums einst aus Zagreb flüchten musste, will er es nun in Wien beenden. „Und er hat mir ein Treffen in Rom vorgeschlagen, um zu sehen, ob wir einander noch lieben." Sofort macht sich Judith Shomroni auf den Weg – „und nach vier Tagen haben wir geheira-

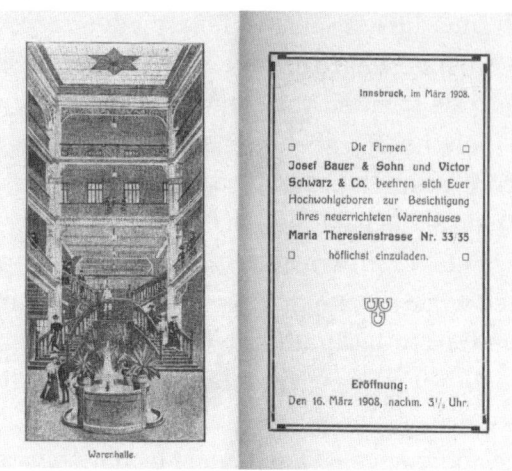

Innsbruck, im März 1908.

Die Firmen
Josef Bauer & Sohn und Victor
Schwarz & Co. beehren sich Euer
Hochwohlgeboren zur Besichtigung
ihres neuerrichteten Warenhauses
Maria Theresienstrasse Nr. 33 35
höflichst einzuladen.

Eröffnung:
Den 16. März 1908, nachm. 3½ Uhr.

Warenhalle.

Einladungskarte zur Geschäftseröffnung 1908

tet. Ich kannte ihn nicht wirklich, er mich nicht, aber wir waren zweiundsechzig Jahre verheiratet und es ist sehr gut gegangen."

Die Reise von Rom nach Wien über Innsbruck. Ob sie damals ausgestiegen seien, könne sie jetzt gar nicht sagen. Und ihre Eindrücke vom Nachkriegswien? „Wir haben uns nicht für das Leben derjenigen interessiert, die unser Schicksal verschuldet hatten. Und dass sie dafür verantwortlich waren, daran konnte wohl kein Zweifel sein."

In Wien bleiben sie sechs Monate, halten sich abseits. „Während mein Mann an seiner Doktorarbeit geschrieben hat, bin ich in die Umgebung von Wien hinaus, um ein paar Kartoffeln zu finden und Karotten."

Nach Abschluss des Studiums ein paar Tage bei der Familie in Manchester. „Dann sind wir direkt über

Kairo nach Palästina gefahren." Da Emil Shomroni schon zwei Jahre dort gelebt hat, bekommt auch seine Frau ohne Probleme das Einreisevisum.

Die erste Bleibe eine Einzimmerwohnung. Dann zieht das Paar in die Nähe von Haifa, nach Kirjat Tiw'on, auf einem Hügelrücken östlich des Karmelgebirges gelegen. Ihren gelernten Beruf als Kindergärtnerin darf Shomroni nicht ausüben, es mangelt ihr an Sprachkenntnissen. Sie engagiert sich ehrenamtlich für Neueinwanderer, gibt Englischunterricht, arbeitet mit tauben Kindern für die Society for the Protection of Nature. Zur Ruh kommt sie nicht: Am Leben geblieben zu sein, das wirft Fragen auf, für die es keine Antworten geben darf. Und zur eigenen Fluchtgeschichte die des Mannes. „Er hat sie mir erzählt, nicht nur einmal."

Emil Shomroni floh von Zagreb nach Ungarn, hielt sich ein Jahr lang versteckt und konnte als ehemaliger Leiter einer zionistischen Jugendbewegung Kontakt zu Gleichgesinnten in Istanbul aufbauen. Es gelang ihm, mit seiner Frau und dem Baby über Rumänien und Bulgarien die Türkei zu erreichen. Dort halfen ihm die Kontakte weiter, bezahlten ein Bahnticket, durch Syrien, den Libanon.

„Glück braucht der Mensch, vor allem wenn er verfolgt wird." Judith Shomronis Blick streift die Biedermeiergarnitur. Sie hat ihrem Schwiegervater gehört. Als der wie sein Sohn flüchten musste, vertraute er die Möbelstücke und den Paravent einem Museum in

Zagreb an. Nach dem Krieg erhielt er die Gegenstände zurück. „Die sind dann per Schiff zu uns gekommen, alles war zerrissen und zerfetzt, ich habe es zunächst selbst bedeckt mit einem billigen Stoff."

Auch der Schwiegervater wandert nach dem Krieg nach Palästina aus. In Zagreb war er ein bekannter Arzt gewesen, der sich im Ersten Weltkrieg um verwundete Soldaten verdient gemacht hatte. Das sicherte ihm und seiner Familie nach Einzug der Wehrmacht zunächst Privilegien, die keine waren, sondern nur vor einer sofortigen Überstellung in ein Lager feiten. Aber sie wurden letztlich zum Grund für Emil Shomronis erste Heirat. Auf Drängen des Rabbiners ehelichte er ein Mädchen aus einem Lager, um sie vor dem sicheren Tod zu bewahren. Ihre Schwester und Mutter wurden ermordet, ihr Vater beging daraufhin Selbstmord.

„Sie war noch so jung, achtzehn, und sie wollte nicht mehr leben, als sie vom Schicksal ihrer Familie erfuhr." Ein Arzt riet zu Nachwuchs, „wenn ihr ein Kind haben werdet, dann wird sie wieder leben wollen. Und so war es."

Die Last der Vergangenheit, auch eine sprachliche. „Ja. Deutsch hat man hier nicht gern gehört, Glücklicherweise konnte ich sehr gut Englisch." In der Erziehung der Kinder jedoch schlägt das Vokabular der eigenen Kindheit durch, „meine Kinder können alle ein bisserl Deutsch." Und sie selbst wisse sich heute mit jedem auf Hebräisch zu verständigen. Eine Zeitung,

Das Warenhaus Schwarz vor der Fusionierung
mit dem Betrieb der Familie Bauer

geschweige denn ein Buch zu lesen, das sei ihr aber
unmöglich. Ob sie als Kind gern gelesen habe? Sie
schüttelt den Kopf, abzuschwächen vermag das nichts.

Die Sprache das eine, die Sorge vor Anschlägen das
andere. „Es passiert nicht täglich etwas, natürlich, man
weiß nie. Und treffen kann es jeden." Als ihr Mann
seinen Militärdienst leistete: „Jedes Mal wenn er das
Haus verlassen hat – und ich habe ja nie gewusst, ob
er heimkehren wird. Die Blumen haben mir in vielerlei Hinsicht schon damals hinweggeholfen über die
Schwierigkeiten, die dieses Land hat. Auch später:
Wird das Kind zurückkommen? Das Blumenarran-
gieren hat mich auf andere Gedanken gebracht." Für
den Frieden braucht's zwei, davon sind und waren alle
in ihrer Familie überzeugt. Und sie erzählt von einer

guten arabischen Freundin, lacht, „sie ist Blumen-
händlerin." Religionszugehörigkeiten sind ihr ohnehin egal. „Für mich ist jeder Mensch zunächst ein
Mensch. Und jüdisch sein bedeutet für mich – Mensch
sein."

„Das ist ein schönes Bild. Genauso habe ich sie in Erinnerung, meine Eltern. Und das ist mein Bruder, er war
ein sehr schöner Mann." Sie legt die Fotos zurück auf
den Tisch. Jetzt im Alter denke sie wieder oft an die
Kindheit, „die war, ja die war ein schöner Anfang meines Lebens." Aber nun lebe sie seit über sechzig Jahren hier in Israel und mit Israel, das sei klar. Zuvor
acht Jahre in England. Ein weiteres Jahr in Frankreich. Auch wenn sie sich manchmal Sendungen auf
3sat ansieht, was in ihrer einstigen Heimat passiert,
berührt es sie kaum noch. Österreich ist fern.

„Die hat mein Mann aus Rom mitgebracht", sie
zeigt auf eine hübsche Gemme. Seine Bücher im Regal,
seine Keramikarbeiten im Haus und im Garten, auch
mit Holz hat er nach der Pensionierung kleine Kunst-
werke gestaltet. „Er war ein sehr schöner Mann", sagt
sie, tippt auf das Foto von Emil Shomroni. Sie schaue
auf ein schönes Leben zurück, reichhaltig nicht an
Geld, aber an schönen Erlebnissen, die Ehe, die Kinder, die Freundschaften.

Ihr Blick durch die Wohnung. Die Biedermeiergarnitur, der Paravent. Daneben auf einer Kommode,
mehr zur Ausstellung denn zur Benützung gedacht,
eine mehrbändige Ausgabe, Goethe. Aus Innsbruck?

Sie nickt. „Ja, an die Villa Magda, an die kann ich mich gut erinnern, an den schönen Garten."

***

„Ja, also der Abi Bauer lässt schön grüßen." Während des Gesprächs hatte Judith Shomroni einen Anruf erhalten, gebannt war ich ihren Worten gefolgt, sie hatte auf Hebräisch gesprochen, mit Abi Bauer, dem wir in ein paar Tagen begegnen werden. Die beiden sind annähernd gleich alt, Ende der 1910er-Jahre geboren. Neben den Geschäftsinteressen ihrer Eltern verbindet sie eine für Außenstehende kaum überschaubare Verästelung verwandtschaftlicher Beziehungen. Selbst Judith Shomroni gerät ins Straucheln, als wir ihr eine Fotografie zeigen, die uns Vera Adams mitgegeben hat. Sie erkennt darauf Abi Bauers Mutter, ihren eigenen Großvater, andere vermag sie weder Namen noch verwandtschaftlichen Graden zuzuordnen.

Dass wir ihre Cousine und deren Mann in Plymouth besucht haben, lässt Judith Shomroni in die Erinnerung abdriften. Leider, sie wisse nicht mehr, wann sie die beiden zuletzt getroffen habe. In Israel, nun erinnere sie sich, man habe Ausflüge miteinander unternommen, schön sei das gewesen. Ob wir uns auch schon etwas angesehen hätten in Israel? Wir seien erst gestern angekommen, erklären wir.

Acht Tage werden wir in Israel verbringen. Wenig Zeit, um ein Land zu sehen, dessen Bild von Medienberichten und Ressentiments überlagert ist. Letztere wurden schon in Blicken laut, als ich zum Innsbrucker Flughafen fuhr und dem Taxifahrer mein Reiseziel nannte.

Hier in Givat Shapira gibt es nicht viel zu besichtigen, aber im nahen Netanja, erfahren wir, befindet sich ein geschützter, neunhundert Jahre alter Maulbeerfeigenbaum, der in alten Schriften bereits oft erwähnt wurde. Während Judith Shomroni spricht, geht mein Blick noch einmal zur Goethe-Ausgabe: „Blumen sind die schönen Worte und Hieroglyphen der Natur, mit denen sie uns andeutet, wie lieb sie uns hat." Ich muss beinahe auflachen, der Klassiker hat wirklich für jede Situation eine Sentenz auf Lager.

Judith Shomroni begleitet uns vors Haus, wir sollen Abi Bauer schön von ihr grüßen, gibt sie uns noch mit auf den Weg. Wir versprechen es zu tun. Zuvor treffen wir einen anderen gebürtigen Innsbrucker.

Ein altes Schnapsservice
in Kirjat Tiw'on
Bei Abraham Gafni
zu Gast

Er träumt fast jede Nacht von seiner Großmutter. Er kneift die Augen zusammen, unterdrückt ein Seufzen. Als wollte ihm die Anspannung aus der Brust springen, er richtet sich auf, lässt sich wieder im Sessel zurückfallen. Vor wenigen Minuten noch war er ein anderer, beim Essen, zu dem er mit seiner Frau einlud, hier in sein Haus in Kirjat Tiw'on im Norden Israels. Ganz der charmante Gastgeber war er, für jeden Scherz zu haben, aus seinen dynamischen Bewegungen sprach körperliche Fitness. Er ist nicht groß, aber gelangt möchte man von ihm keine bekommen, als ehemaliger Amateur-Boxer wüsste er mit Treffsicherheit aufzuwarten. Nach dem Essen hatte er sich eigens umgezogen, ein frisches Hemd fürs Interview, die Haare noch einmal gekämmt.

Abraham Gafni, als Erich Weinreb geboren, im August 1928 in Innsbruck. Er hat viel erlebt, auch in den Jahren nach der Flucht, Dinge, über die er nicht sprechen will und kann, aus Überzeugung für Israel, aus Liebe. Mit ähnlicher Beharrlichkeit tritt er seit Jahren als Zeitzeuge an, berichtet bereitwillig über die Vertreibung aus Österreich, ohne Scheu. Und es ist auch jetzt nicht Scheu, die ihn packt, wenn er erzählt, wer ihm jede Nacht in Träumen begegnet.

Früh verlor Abraham Gafni seine Mutter, „ich war ungefähr fünf oder fünfeinhalb Jahre alt. Meine Mutter war das zweite Mal verheiratet und sie war sehr krank, ich glaube, sie war krank, seit ich drei Jahre alt war. Und da lebten wir eigentlich bei den Großeltern."

Gafnis Großeltern, Wolf Meier und Amalia Turteltaub, stammten aus Galizien. Ihre Heimat galt Mitte
des 19. Jahrhunderts als das Armenhaus der Monarchie und litt unter ökonomischer Rückständig-
keit. Als 1867 eine Bestimmung in Kraft trat, die es
Jüdinnen und Juden erlaubte, sich in anderen Teilen
des Habsburgerreichs niederzulassen, Wohnort und
Beruf zu wählen, setzte erwartungsgemäß eine große
Auswanderungswelle ein. Wie viele suchten auch die
Turteltaubs zunächst in Wien nach neuen Perspektiven, ließen sich hernach in Salzburg nieder, um
schließlich in Innsbruck ein Geschäft zu eröffnen, in
der Defreggerstraße 12, *Waren Kredithaus Fortuna*
hieß es. Jeden Tag hatte Abraham Gafni seinen Großvater dort besucht, „das Geschäft war ja im Parterre
und wir haben im ersten Stock gewohnt. Wir, das sind
mein Bruder und meine kleinere Schwester, eigentlich mein Stiefbruder und meine Stiefschwester, aber
wir waren wie richtige Geschwister, weil ich keinen
anderen Vater kannte als den zweiten Mann meiner
Mutter. Bei den Großeltern waren auch immer alle
Onkel und Tanten und Cousinen. Da war das ganze
Familienleben, immer."

Höhepunkte des geselligen Zusammenseins bildeten musikalische Einlagen, „wir hatten ein Klavier",
Lieder wurden zum Besten gegeben, Arien aus Opern,
„alle haben gesungen, nur die Großmutter nicht, die
Großmutter war beschäftigt." Stets fand sie eine Arbeit
im Haushalt, kümmerte sich um familiäre Belange,

Abraham Gafni (rechts) mit seinen Geschwistern Poldi und Gitta. Im Hintergrund sein Stiefvater und seine Großmutter

auch die Erziehung oblag ihr, während der Großvater den Geschäften nachging.

Seine früheste Kindheitserinnerung? „Die Beschneidung. Das hat sehr wehgetan." Gafni lächelt verschmitzt, nun ist wieder Kraft in seinen Bewegungen, gestenreich erzählt er von seinen Erlebnissen im Kindergarten. Die Kindergärtnerin eine Nonne, sie habe zu ihm gesagt, er müsse nicht mitbeten, wenn er das nicht wolle. „Aber ich habe mitgebetet, war kein Problem. Ich habe alles gemacht, was die anderen Kinder auch machten." Dabei seien seine Großeltern sehr religiös gewesen. „Jeden Freitagabend ging ich mit dem Großvater in den Tempel, den man heute Synagoge nennt, aber am Sonntag war ich mit meinen Freunden in der Kirche. Und so war das an allen Feiertagen, ich hatte alles doppelt, die jüdischen Feiertage und die christlichen."

Nach dem Kindergarten in die Schule, Gafni ist der einzige jüdische Schüler in der Klasse, zwei seiner Mitschüler wohnen im gleichen Haus wie er, in der Defreggerstraße. Nur gute Erinnerungen habe er an die Schulzeit. Nach dem Unterricht vertreibt er sich die Nachmittage beim Spielen mit Gleichaltrigen, „alle meine Freunde waren Christen." Mit ihnen pflügt er den Garten hinterm Großelternhaus um, „Schützengraben und Krieg haben wir gespielt." Oft gehen sie auch in den nahen Park, irgendwer hat immer einen Fußball unterm Arm. Und viel und gern gelesen habe er, Max und Moritz, Struwwelpeter, noch heute könne er ganze Passagen aus diesen Büchern auswendig aufsagen.

Von der antisemitischen Stimmung in Innsbruck vor dem deutschen Einmarsch hatte er nichts bemerkt, auch fühlte er sich nicht von ihr betroffen: „Ich habe alle Lieder auswendig gekannt und sie haben mir gut gefallen, diese Marschlieder. Außerdem habe ich nie irgendwie jüdisch ausgeschaut, war ja blond. Daher konnte ich auch nach dem Anschluss noch alles machen. Wenn die Juden beispielsweise irgendein Geschäft nicht betreten durften, ich konnte das tun bei meinem Aussehen." Und so erledigte er für die Familie Einkäufe, gefürchtet habe er sich dabei nie, „vielleicht war ich einfach zu jung, um Angst zu haben."

An den Tag des Einmarsches kann er sich vage erinnern. Er sei als Kind schon sehr erstaunt gewesen, dass über Nacht die ganze Stadt mit Hakenkreuzfahnen beflaggt wurde. „Nicht an jedem Haus hing eine Hakenkreuzfahne, nein, an jedem Fenster!" Und noch genau weiß er, wie die Fensterscheiben des großväterlichen Geschäfts beschmiert wurden und braune Horden aufmarschierten, um zu skandieren: „Wer bei Juden kauft, ist ein Volksverräter. Und Ähnliches."

Auch in der Schule waren die Auswirkungen der nationalsozialistischen Machtübernahme umgehend zu spüren: „Wir haben einen neuen Lehrer bekommen, am ersten Tag hat er die Liste der Schüler vorgelesen. Und dann gelangt er zu meinem Namen, sagt, da haben wir ja so eine kleine Judensau, komm her, und hat mich gleich geschlagen." Dass seine Mitschüler gelacht haben, während er verprügelt wurde, macht er ihnen nicht zum Vorwurf. „Wir waren Kinder. Und was hätten sie schon tun sollen?" Wesentlich schmerzhafter als die Schläge war für ihn ohnehin: „Ich hatte über Nacht keine Freunde mehr."

Da er die Schule nicht mehr besuchen darf, verbringt er nun sehr viel Zeit in der Wohnung der Großeltern. Auch geht er oft stundenlang im Hof auf und ab oder streut durch die Stadt, macht Besorgungen für seine Familie. Mit den zwei einstigen Schulkameraden, die im gleichen Haus wohnen, hat er noch eine Zeit lang Kontakt, bald reißt er ab. An besondere Einschränkungen für seine Familie kann er sich zwar nicht erin-

Historische Ansicht, Blick in die Defreggerstraße,
in der Abraham Gafni seine Kindheit verbrachte

nern, aber – „Es ist jeden Tag schwieriger geworden,
in dieser Stadt zu leben."

Unmittelbar nach dem „Anschluss" wird das Geschäft unter kommissarische Leitung gestellt, kurz
darauf gelöscht, zu wenig profitabel ist es den NS-
Behörden. Deren Druck nimmt massiv zu, den Gau
„judenfrei" zu machen, ist ihr vorrangiges Ziel. Dabei
dienen die „Arisierungen" wie die Aufkündigungen
der Mietverträge dazu, die jüdische Bevölkerung zum
Verlassen der Stadt zu zwingen. Da ihr die Zwangsenteignung zu langsam vorangeht, bittet die Innsbrucker
„Arisierungsstelle" Adolf Eichmann in die Stadt. Der
wiederum lädt die noch in Innsbruck verbliebenen
Jüdinnen und Juden im Gestapoquartier vor, um seinem Vorhaben Nachdruck zu verleihen.

„Es ist alles so schnell gegangen, die Monate verflogen – und dann kam die Kristallnacht." Abraham Gafni lehnt sich zurück, seine Mundwinkel zucken, entschuldigend hebt er dann die Hände: „Bei uns zuhause war es nicht so arg wie bei anderen, weil man hat niemand erschlagen. Wir sind aufgewacht, denn da war großer Lärm, die Nazis, ihr Geschrei, ich versuchte mich zu verstecken, irgendwie, ach, es war nicht so leicht damals für mich." Die Wohnung wird verwüstet, die Schläger poltern durch die Zimmer, attackieren die Familie. „Ich glaube, sie sind zweimal gekommen, in der Nacht und dann in den frühen Morgenstunden wieder. Meinen Großvater, meinen Onkel, eine Cousine und einen Großonkel, die haben sie alle ..."

Gafnis Großvater, sein Onkel, eine Cousine und ein Großonkel werden in Schutzhaft genommen. Einige Tage nach dem Pogrom werden sie wieder entlassen, Wolf Meier Turteltaub bemüht sich eilends darum, die Familie in Sicherheit zu bringen. Eine Emigration nach Argentinien wird erwogen, wo ein Bruder von Gafnis Großvater lebt. Alle Pläne zerschlagen sich, „und man hat uns sowieso ausgewiesen, nach Wien."

Die letzten Stunden in Innsbruck, der Weg zum Bahnhof: „Der Zug ist nach Mitternacht abgefahren. Großmutter, Großvater und wir Kinder waren in einem Coupé und wir haben durch das Fenster geschaut und ich erinnere mich, meine Großmutter hat gesagt: Schaut gut auf Innsbruck, wer weiß, ob ihr das noch einmal sehen werdet." Am darauffolgenden Morgen kommt die Familie in Wien an, bezieht eine kleine Hinterhofwohnung im zweiten Bezirk. „Ich weiß nicht, wer das arrangiert hat, aber ich kann mich an die Adresse erinnern: Rembrandtstraße 28, dritte Stiege, zweiter Stock. Toilette draußen, so war es."

Plötzlich anschwellender Fluglärm, so schnell er gekommen ist, verzieht er sich im Nachmittag. Gafni blickt zum Fenster, lächelt: „Wir sind hier ganz in der Nähe vom Militärflugplatz. Und das geht manchmal den ganzen Tag so, eine Maschine nach der anderen. Wir haben uns daran längst gewöhnt."

Er selbst hat auch beim Militär gedient, zunächst bei den illegalen Verbänden. Nach der Gründung des Staats Israel arbeitete er für viele Jahre bei der Handelsmarine. Er blickt auf eine erfolgreiche berufliche Karriere zurück, ihren Anfang nahm sie mit einer Lehre als Kühlschranktechniker. Spricht er über diese Zeit, entspannen sich seine Gesichtszüge und voll Stolz berichtet er von seinen drei Töchtern, „vielfacher Großvater bin ich", er lacht, „und seit kurzem sogar Urgroßvater."

Abermals donnert eine Maschine übers Haus, Gafni zeigt in jene Richtung, in der sich der Flugplatz befindet. „Das Militär", sagt er, „schon bei meiner Ankunft in Palästina spielte es eine Rolle. Wir lagen vor dem Hafen, bewaffnete Soldaten kamen an Bord, Engländer. Und dann durften wir runter vom Schiff."

In Wien begleitete Gafni seinen Großvater von einem Konsulat ins andere. Doch der Wunsch, die Familie zusammenzuhalten und gemeinsam zu fliehen, er scheiterte. „Eines Tages hat der Großvater mich und meinen Bruder, die Schwester konnte nicht mitkommen, sie war noch zu jung, an die Donau gebracht. Dort sind wir an Bord des Donaudampfers Helios gegangen. Es waren viele Menschen auf dem Schiff, gut sechzig Kinder, ich gehörte zu den jüngeren. Die meisten von ihnen waren mit Eltern oder zumindest einem Elternteil. Mein Bruder und ich jedoch waren allein." Daher gab es zunächst Probleme, überhaupt an Bord zu gelangen. Aber endlich erbot sich eine Frau, Gafni und seinen Bruder bei der Flucht in Obhut zu nehmen.

Im Mai 1939 die Donau hinab bis Rumänien, dann auf ein Frachtschiff. „Mit dem sind wir nach Palästina."

An den Abschied von den Großeltern kann sich Abraham Gafni nicht erinnern. Generell sei ihm damals nicht zu Bewusstsein gekommen, was der Schritt bedeutete, den er und sein Bruder tun mussten. Daher habe er auch nie an einen Abschied gedacht. „Wir fahren halt weg, das habe ich empfunden, mir schien das Ganze eher wie eine Abenteuerfahrt, kann ich sagen. Mein Bruder und ich sind den ganzen Tag auf dem Schiff herumspaziert, haben uns die Gegend angeschaut, das war sehr interessant und jeden Tag etwas anderes."

Die Frage, ob er sich nicht gefürchtet habe ohne Großeltern oder andere Verwandte auf dem Schiff, verneint er. Dazu habe sich keine Gelegenheit geboten: „Das Schiff war so voll, man war nie allein, nicht bei Tag und bestimmt nicht bei Nacht, man war immer in Gesellschaft." Außerdem hatte er eine Aufgabe zu

Abraham Gafni mit Bruder Poldi kurz nach der Ankunft in Palästina

erfüllen, der Zehnjährige, er musste auf seinen um zwei Jahre jüngeren Bruder Poldi aufpassen.

Dass die beiden ohne Begleitung nach Palästina fliehen, erstaunt auch den Vertreter der jüdischen Gemeinde, der nach der Ankunft die Personalien der Vertriebenen aufnimmt: „Mit wem bist du gekommen, hat er mich gefragt. Und da sage ich: mit meinem Bruder, der stand hinter mir, der war damals einen Kopf kleiner als ich. Aber er wollte mir nicht glauben. Und da haben die älteren Passagiere ihm beteuert: Die Kinder sind wirklich alleine gekommen."

Die Flüchtlinge werden mit Bussen in diverse Unterkünfte gebracht. Zuletzt bleiben Gafni und sein Bruder über. „Da hat der Busfahrer gesagt, die zwei Kinder nehme ich bei mir zuhause auf. Und so hat es begonnen. Das war unsere erste Pflegefamilie. Bei der

Die beiden Brüder in der Mitte des Bildes

blieben wir allerdings nur einige Tage." Danach kommen die beiden in die Nähe von Haifa – und werden getrennt: „Das war ein großes Problem. Mein kleiner Bruder und ich, wir standen auf der Straße mit anderen Kindern, vielleicht acht oder zehn an der Zahl. Frauen kamen, die sich bereitgefunden hatten, Kinder aufzunehmen. Und ich kann mich genau erinnern, da waren zwei Freundinnen und die eine zeigt auf mich und sagt: Ich nehme den kleine Blonden. Und da hat mein Bruder angefangen zu weinen. Da hat sie gefragt: Warum weinst du denn? Er: Das ist mein Bruder. Sagt die andere: Dann nehme ich dich, wir wohnen nebenan."

Von einer Familie zur anderen, von einer Trennung in die nächste. Dennoch reißt der Kontakt zwischen ihnen nie ab. Auch Sprachprobleme gab es keine, „als Kind lernt man schnell", schon nach wenigen Monaten habe er sich recht gut auf Hebräisch verständigen können. Lediglich an die neuen Schulbedingungen muss er sich gewöhnen. „In Innsbruck war alles viel strenger." Und er erzählt vom Jordantal, wo er bei einer Familie in einem kleinen Dorf lebte. „In der Schule gab es einen einzigen Lehrer, zwei Klassen in einem Zimmer. Und der Lehrer pendelte während des Unterrichts zwischen den Schulstufen hin und her, verteilte Aufgaben an die Jüngeren, wendete sich wieder den Älteren zu." Nach dem Jahr Dorfleben geht es zurück in die Stadt, kommt Gafni in ein Kinderheim in Jerusalem.

Anfangs erhält er aus der Heimat viele Briefe von den Großeltern, er solle auf Poldi aufpassen, heißt es darin, und er dürfe nicht aufs Beten vergessen. Er habe das damals nicht so ernst genommen, „das ist eben der Unterschied zu dem, was ich heute denke und fühle." Er habe ein paar Worte zurückgeschrieben, „und ehrlich gesagt, ich kann mich nicht entsinnen, dass ich mir irgendwie Sorgen gemacht oder Angst gehabt hätte, dass etwas mit meinen Großeltern passieren könnte. Ich war fest davon überzeugt, es würde sich alles wieder wenden, das wäre jetzt nur ein Moment, und bald wären wir wieder alle zusammen."

Jahrelang weiß er nichts vom Schicksal der Großeltern. Auch nichts von dem seiner kleinen Schwester Gitta. Vier Jahre ist sie alt, als er mit Poldi an Bord der Helios geht. Wie seine Großeltern Wolf Meier und Amalia Turteltaub wird sie später von Wien nach

Hochzeit Abraham und Zipora Gafni 1951

Riga deportiert und dort ermordet. Diejenigen, die daran Schuld tragen, sind längst tot, sagt Gafni und kann nicht begreifen, dass es in Österreich so lange gedauert hat, bis man sich der Vergangenheit stellte. „Gewiss", erklärt er, „die Schuldigen hätten sich selbst beschuldigen müssen." Viele von ihnen blieben in ihren Ämtern und Funktionen, machten Karriere im Nachkriegsösterreich.

Ein Vierteljahrhundert nach der Vertreibung aus seiner Geburtsstadt hat er Innsbruck in Begleitung seiner Frau das erste Mal wiedergesehen. Er kam noch oft, so gern er aber Tirol besuche, er freue sich nach ein paar Tagen auf seine Rückkehr nach Israel. Dort befindet sich auch der alte Schrank aus der Innsbrucker Wohnung. Einiges an Mobiliar sei damals transportbereit gewesen, geblieben ist ihm nur der

Abraham Gafnis Großmutter

Kasten – „und das alte Schnapsservice der Großeltern."
Aus dem Haus in der Defreggerstraße, auf dessen Fassade ein Andreas-Hofer-Bild prangt.

Erich Weinreb, im Alter von zehn Jahren bekommt er
einen neuen Namen. Rasch lebt er sich ein in Palästina, findet seine berufliche Erfüllung, sein familiäres
Glück. Nun schaut er auf, zeigt hinüber zum Tisch,
„es ist noch genügend da", sagt er und lacht: „Früchte,
wer möchte etwas zu trinken?" Vor wenigen Minuten
war er ein anderer, wollte ihm die Anspannung aus
der Brust springen und musste doch dort bleiben als
Teil der eigenen Geschichte. Von seiner Großmutter
hatte er erzählt, an jedes ihrer Worte könne er sich
erinnern, an ihre Gesten, an ihren Blick, ihr Lächeln.

„Die Großmutter. Was hat sie gesagt? Sie hat zum Beispiel, am Freitag, gibt es bei uns Juden, da werden die Kerzen angezündet und ein Gebet gesprochen, da hat sie wortwörtlich auf Jiddisch, ich sage es jetzt auf Deutsch: Drei Engel sollen uns beschützen, der erste soll uns lehren, dass wir niemanden brauchen, der zweite soll uns speisen und der dritte soll uns den richtigen Weg weisen. Ja, das hat die Großmutter gesagt, sehr gläubig war sie. Der Großvater auch, ein ernster, strenger Mann. Aber die Großmutter, alles, alles was, ich erinnere mich an alles, jedes Wort. Und ich sage noch heute, die Großmutter hat dies und jenes gesagt, so wie sich viele an die Mutter erinnern, wenn sie – und die Großmutter, sie war für mich die Mutter."

***

Wir sitzen noch lange mit Abraham Gafni bei Tisch, unterhalten uns über Alltäglichkeiten, die steigenden Preise, das Wetter. Mit jedem Wort kehrt die Normalität zurück, das Belanglose auch, zu schätzen lernt man es. Freilich, in Gafni hat die Zeit des Nationalsozialismus tiefe Spuren hinterlassen, eine Verengung seiner Biographie auf diese frühe Lebensphase wird ihm allerdings nicht gerecht. Es würde ihn auf einen Opferstatus reduzieren, die eigene Lebensgeschichte, die selbst gestaltete, bliebe außen vor. Er weiß zahlreiche Anekdoten zu streuen aus jenen Jahren bei der Handelsmarine, auch seine Erlebnisse als Kühlschranktechniker kommen in unserem Gespräch nicht zu kurz, Gafni ist ein glänzender Unterhalter. Und er ist stolz auf sein Land, an dessen Aufbau er mitgewirkt hat. In seinem Sinn meint Heimat vielleicht mitgestalten, partizipieren, sich selbst beheimaten.

Scheu vor der Vergangenheit kennt Gafni so wenig wie vor der Gegenwart, selbstbewusst korrigiert er das in Europa vorhandene Bild von Israel. Keineswegs sei es so, dass jeder in Israel jeden in Palästina hasse. „Das ist völliger Unsinn", wirft er über den Tisch, es gebe gute Juden und gute Araber und eben weniger gute auf beiden Seiten. In seiner Stimme schwingt dabei etwas mit, das nur verstehen kann, wer schon einmal in Israel war und sich mit den dort Heimischen unterhalten hat. Und als wollte es Gafnis Tonfall bestätigen, donnert abermals ein Militärflugzeug über uns hinweg.

Es ist bereits später Abend, als wir uns auf den Rückweg nach Tel Aviv machen. Wir fahren an Chadera vorbei, eine der ältesten jüdischen Ortsgründungen im heutigen Israel. Bald schon taucht Netanja auf, die Erinnerung an das Gespräch mit Judith Shomroni. Gut fünfzehn Kilometer vor Tel Aviv muss ich unweigerlich an Michael Graubarts Vater denken, wir passieren Herzlia, benannt nach Theodor Herzl. In zwei Tagen werden wir die gleiche Strecke wieder zurückfahren, durch die Scharonebene, die israelische Mittelmeerküste entlang, zur nächsten Begegnung.

Es ist ein Paradox
Zu Besuch bei
Peter Gewitsch
in Haifa

Wenn er spricht, hat man das Gefühl, er würde aus einem Buch lesen, das er über Jahrzehnte in sich hineingeschrieben hat und dessen erstes Kapitel nach Wien führt, ins Rudolfinerhaus. Dort wird Peter Michael Gewitsch geboren, im Jahr 1928. Zehn Jahre später muss er mit seinen Eltern in Triest an Bord der Galilea, Fahrtrichtung Haifa. Hier hatte sein Großvater Isidor Gewitsch ein Haus gebaut, er war 1934 ausgewandert.

Bereits einen Tag nach Schuschniggs Vorführung auf dem Berghof am 12. Februar 1938 setzt sich Gewitschs Vater mit Isidor Gewitsch in Verbindung, um die Ausreise der Familie voranzutreiben. „Wir müssen weg, hier blüht uns nichts Gutes, hat mein Vater gesagt", erinnert sich Peter Gewitsch. „Mein Vater war ein alter Zionist und mein Großvater einer der ersten Zionisten Wiens und ein persönlicher Freund von Theodor Herzl." Gewitsch sinkt ins Sofa zurück, neben ihm sitzt seine Frau Eva geb. Mayr, auch sie eine Heimatvertriebene. Die beiden bewohnen ein Appartement in einem Altenheim in Haifa.

Mit der Eisenbahn nach Triest. Die Familie muss einige Tage warten, ehe das Schiff ablegt. Wie viele Zwischenhalte es auf der Fahrt gegeben hat, weiß Gewitsch nicht mehr genau zu sagen. Vielleicht auf Zypern, bestimmt aber in Jaffa. Von dort dann nordwärts. „Am Nachmittag des 4. Juli, gegen vier, halb fünf sind wir im Hafen von Haifa angekommen." Der Großvater hat Vorsorge getragen, die zur Einreise benötigten Zertifikate besorgt. Erst mit der Ankunft vollzieht sich der Bruch zum bisherigen Leben zur Gänze.

Peter Gewitschs Mutter Helene wurde in Innsbruck geboren. Ihr Vater, Michael Brüll, war in den 80er-Jahren des 19. Jahrhunderts aus Mähren nach Tirol gekommen, wo er als gelernter Tischler behände einen Betrieb aufbaute. Binnen weniger Jahre gehörte das Möbelhaus Brüll mit angeschlossener Tischlerei zu den wirtschaftskräftigsten Unternehmen der Stadt. Und war mehr als ein ökonomischer Faktor: Im Möbelhaus Brüll wurde Synagoge gehalten, bald galt der Firmensitz als erste Anlaufstelle jüdischer Zuwanderer. Helene Gewitschs Mutter Nina Brüll geb. Bauer war Tochter jener Kaufmannsfamilie, die mit den Schwarz das bis 1938 größte Warenhaus Westösterreichs besaß. Bis zu ihrer Hochzeit mit Robert Gewitsch lebte Helene in Innsbruck, nach der Heirat zog sie nach Wien.

Allein aufgrund seines Namens wusste Peter Gewitschs Vater bei seiner Zukünftigen von Anfang an für Sympathie zu sorgen. Stammte doch deren Vater aus Jevíčko, heute eine tschechische Stadt in Mähren, zu Zeiten der Habsburgermonarchie war sie zum größten Teil deutschsprachig geprägt und hieß Gewitsch.

Robert Gewitsch, gebürtiger Wiener, war gelernter Jurist. Nach seinem Studium arbeitete er zunächst in einer Bank, wurde später Rechts- und Finanzdisponent bei einem Großunternehmen und beklei-

Peter Gewitsch mit seinen Eltern

dete dort eine verantwortungsvolle Position. Diese ermöglichte einen Umzug von der Wiener Josefstadt nach Döbling, in die Döblinger Hauptstraße 57. „Hinter diesem Haus war ein Garten, in dem der Nachbarssohn – der Sohn vom Hausmeister – und ich sehr viel zusammen gespielt haben." Ein paar Schritte entfernt, in der Osterleitengasse, lebte Fritz Molden. Auch an die elterliche Wohnung kann sich Peter Gewitsch erinnern: „Es gab ein Kinderzimmer, ein Speisezimmer, ein Schlafzimmer, eine Veranda und das Dienstmädchenzimmer – also ein kleines Kabinett." Hier wohnte man zur Miete, keineswegs in einer Villa, wie Gewitsch betont, aber die Kindheit sei eine sorgenfreie gewesen.

Daran änderte auch die Einschulung nichts. Gewitsch hatte keinerlei Probleme im Unterricht, war ein sehr guter Schüler. Früh zeigte sich seine Vorliebe fürs geschriebene Wort, er las viel, am liebsten die Zeitungen der Erwachsenen. Nur hinsichtlich der Musikalität haperte es bei ihm, im Gesangsunterricht wurde er wiederholt vom Lehrer aufgefordert: „Ah, Gewitsch. Gewitsch, sing nicht mit." Und das ganz zum Verdruss der musikalischen Mutter, die gerne auf dem Klavier in der Döblinger Wohnung musizierte. Sie war strenger als der Vater, was Gewitsch mit einem Augenzwinkern auf ihre Tiroler Herkunft zurückführt. „Kinder haben zu gehorchen und nicht zu fragen, sondern zu machen, was man ihnen sagt. Das war die Einstellung meiner Mutter. Der Vater war liberaler."

Liberalität auch in religiösen Belangen. Gefeiert wurden die Hauptfeste, die jüdischen Speisegesetze seien schon dann und wann mal umgangen worden, sagt Gewitsch. „Dabei habe ich, mit Ausnahme des Sohns vom Hausmeister, nur jüdische Freunde gehabt." Wie sie teilte er die Faszination für die laufenden Bilder. Jedes Mal wenn ein Shirley-Temple-Film vorgeführt wurde, bat er seine Mutter, ihn ins Kino mitzunehmen. Das befand sich in unmittelbarer Nähe der elterlichen Wohnung, eines der wenigen, die es damals in Döbling gab. Nach dem Krieg, bei einem Besuch in seiner Geburtsstadt, traf Gewitsch einmal Fritz Molden wieder. „An der Ecke war ja das Ideal Kino", sagte Molden zu ihm und er darauf: „Herr Molden, vergessen Sie nicht, es ist über dem Eingang gestanden: Ideal Tonkino." Und Molden antwortete: „Ja, ja, ganz richtig, Sie erinnern sich genau."

In die Volksschule in der Pyrkergasse hatte Gewitsch es ebenfalls nicht weit. Wie seine Mitschüler trug er das Abzeichen mit der Aufschrift *Seid einig*. Ein Lehrplan ganz auf Vaterlandsliebe abgestimmt, die Kinder wurden auf Dollfuß eingeschworen, nach dessen Ermordung auf Schuschnigg, „und wir haben uns alle als große österreichische Patrioten gefühlt." Bis zu jenen Tagen im März 1938. „Da war plötzlich keine Rede mehr von Österreich. Bereits in der ersten Zeichenstunde nach dem ‚Anschluss' wurde gelehrt, wie man eine Hakenkreuzfahne zeichnet. Und im Gesangsunterricht wurde das Horst-Wessel-Lied eingepaukt." An der Einstellung der Klassenkameraden brauchte sich wenig zu ändern, sie waren schon zuvor nicht philosemitisch. „Interessanterweise hat sich ihre Reaktion ja nicht augenblicklich in Gewalt gegen uns gerichtet." Wenige Monate später musste Gewitsch die Schule wechseln, kam in die Pantzergasse. „Dort waren wir, jüdische Kinder, wir saßen da, brav und still. Aber es gab keinen Unterricht mehr. Der blieb den sogenannten arischen Schülern vorbehalten."

Woran er sich sonst noch erinnern könne? An die Schulwanderungen durch Wien in der Zeit vor der Hitlerei, von einer Sehenswürdigkeit zur nächsten, botmäßig dem Lehrer hintendrein und aufmerksam bei seinen Erläuterungen über die große Geschichte Österreichs. Und dass sein Vater, der im Ersten Weltkrieg für den Kaiser an der Westfront gestanden war, gleich nach dem „Anschluss" seine Offizierspistole in einem Gebüsch des Währinger oder Döblinger

Parks hat verschwinden lassen, um keine zusätzlichen Scherereien mit den braunen Horden zu provozieren.

Der letzte Tag vor der Flucht? „Nichts Besonderes." Mit Kindern im Garten der Döblinger Wohnung, Gewitsch teilte ihnen mit, dass er am nächsten Tag wegfahren werde. „Wir haben uns über den Weltmeisterschaftskampf im Schwergewicht unterhalten, Schmeling gegen Joe Louis. Und die anderen haben alle gesagt, der Schmeling wird siegen, der Schmeling wird siegen."

Schmeling hat den Kampf bekanntlich schon in der ersten Runde verloren.

In Sicherheit. Was nun? Man ist auf finanzielle Unterstützung durch Isidor Gewitsch angewiesen, doch dessen Mietshaus wirft wenig ab. Der Vater arbeitslos, er versucht Hebräisch zu lernen und Fuß zu fassen, was die Mutter nicht schafft, sie kann sich in Haifa nicht einleben. Auch Peter Gewitsch wird die Sprache zum Problem. In Wien war er ein guter Schüler, nun muss er eine Klasse wiederholen, „das war für mich eine Art Trauma", sagt er noch heute. Er hat einen kleinen Kreis von drei, vier Freunden, Kinder deutschsprachiger Eltern. Dadurch fallen sie auf, was er als sehr unangenehm empfindet. Hänseleien bestimmen diese ersten Schulwochen, er trägt sommers eine Lederhose aus den Tagen vor der Flucht, „und dafür wurde ich ganz gut verspottet." Er bittet seine Eltern, ihm neue Hosen zu kaufen, doch sie lehnen mit Hinweis auf die momentane Geldnot ab.

Im Alter von siebzehn Jahren erklärt er dem Vater, dass er die Schule verlassen möchte. Er setzt seinen Willen durch, tritt mit der sechsten Mittelschulklasse aus und beginnt in einer Bank zu arbeiten. Sein umfangreiches Wissen, das Gesprächspartnern oft die eigenen Grenzen aufzeigt, ist autodidaktischen Ursprungs. Seine Kenntnisse packt er in eine Sprache, die sich druckreif nennen lässt. Er spricht in einem Duktus, wie man ihn aus der Presse der frühen 1930er-Jahre kennt, verwendet ab und zu aus der Mode gekommene Begriffe. So sagt er: Seine Mutter habe herumtibuliert, als er zum Militär eingezogen wurde, doch er habe in keinster Weise mit ihren Bemühungen kooperiert.

Anfang 1948, zwei Monate nach dem UN-Beschluss über die Teilung Palästinas, tritt er seinen Militärdienst an. Der Israelische Unabhängigkeitskrieg beginnt, Gewitsch nimmt an zahlreichen Kampfhandlungen teil. „Ich hatte das Gefühl, nicht allein für das Recht des jüdischen Volkes auf ein eigenes Land einzutreten, für mich war es auch ein Zeichen an alle Minderheiten, sich nicht von Mehrheiten unterdrücken zu lassen."

Zwei Jahre dauert der reguläre Militärdienst, dann dient Gewitsch weitere dreiunddreißig Jahre in der Reserve. Er arbeitet wieder in der Bank, auch sein Vater hat eine Anstellung gefunden, als Buchhalter in einer Getreidefirma. Doch die Eltern hält es nicht in Israel, sie kehren 1956 nach Österreich zurück, nach Innsbruck. Gewitsch besuchte bereits zwei Jahre

Peter Gewitsch bei einer Veranstaltung
der Gesellschaft Israel-Österreich in Haifa 2010

zuvor seine Geburtsstadt. „In Wien, 1954, habe ich
doch eine sehr starke innere Bindung an die Stadt
empfunden. Und so leistete ich damals den Eid – ich
habe ihn bis heute gehalten –, es dürfen niemals wieder sechzehn Jahre vergehen, bis ich Wien wieder-
sehe." Mitte der 1950er-Jahre hat er sogar Pläne, Israel
zu verlassen, kündigt bei der Bank. Doch dann lernt er
seine Frau Eva kennen. Die gebürtige Pressburgerin
kam erst nach dem Krieg nach Palästina, überlebte die
nationalsozialistischen Schreckensjahre als Flüchtling in Belgien, in Lagern. Sie will Israel nicht mehr
verlassen. „Und so sind wir geblieben. Es war unser
gemeinsamer Entschluss", betont Gewitsch. Wie ernst
ihm mit einer Rückkehr gewesen sein muss, zeigt sein
Antrag auf Ausstellung eines österreichischen Passes

Peter Gewitsch und seine Frau Eva auf der MS Deutschland 2006. Gefeiert wurde der 80. Geburtstag von Eva Gewitsch.

im Jahr 1957. Das Procedere sei mühsam gewesen, so wie vieles in der Nachkriegsgeschichte seines Geburtslands kein Ruhmesblatt. Aber letztlich haben er und seine Frau die Dokumente erhalten.

Mit den Eltern steht er zunächst in schriftlichem Kontakt. „Kostspielige Auslandsreisen konnten wir uns nicht leisten." Mit seiner Frau kauft er eine Wohnung in Haifa, benötigt dazu ein Darlehen. Sobald es die finanziellen Möglichkeiten jedoch erlauben, sind beide oft in Europa, in Pressburg, in Wien oder in Innsbruck. Sich wie seine Eltern in Tirol ansässig zu machen, das hatte Peter Gewitsch nie vor. „Ich wollte nach Wien. Oder nach London."

Er fühle sich als Europäer und gerate dabei in einen Zwiespalt, sei er doch auch überzeugter Israeli. Wobei man ihm den Israeli äußerlich nicht ansehe. „Wenn ich zum Flughafen komme und die Sicherheitsbeamten beginnen ihre Routinefragen, werde ich zuerst auf Englisch angesprochen. Man hält mich stets für einen Touristen, der jetzt auf dem Rückflug ist. Und erst wenn ich auf Hebräisch sage: Mit mir können Sie hebräisch sprechen, ich bin aus Haifa, dann" –

In Israel versuchte Gewitsch eine Annäherung an die Religion. Er ging oft in die Synagoge, feierte den „Sederabend" zu Pessach, hielt sich dabei an die vorgegebenen Speisegesetze. Doch die liberale Erziehung der Eltern hatte Spuren hinterlassen. Eine gänzliche Ablehnung der Religion löste aber deren wiederholter Missbrauch durch machtpolitische Interessen aus, von denen Gewitsch sich früh distanzierte. Ungebrochen blieb seine Neugier für das kulturelle Leben, zahlreiche Theater- und Konzertbesuche standen in den 1960er- und 1970er-Jahren auf dem Programm. Auch das Kino kam nicht zu kurz.

Bis zu seiner Pensionierung arbeitete er für das traditionsreichste israelische Kreditinstitut, die Bank Leumi. Sie war aus der 1902 von Theodor Herzl mit anderen Mitgliedern der zionistischen Bewegung in London gegründeten *Anglo Palestine Company* hervorgegangen. Gewitsch bekleidete zuletzt das Amt eines stellvertretenden Direktors in der Zentrale in Haifa, er ging in Frühpension, im Alter von sechsundfünfzig Jahren. Danach engagierte er sich ehrenamtlich in verschiedenen Organisationen, unter anderem in der Gesellschaft Israel-Österreich. Ihr Ziel: die Aufrechterhaltung der Verbindung zu Österreich mittels Vorträgen, Lesungen und Diskussionsrunden. Auch im Verband der Einwanderer aus Mitteleuropa war Gewitsch jahrelang aktiv, der Verband ließ das Heim errichten, in dem Eva und Peter Gewitsch heute leben.

„Ich habe verschiedene Sachen aus Österreich, hier in der Wohnung." Peter Gewitsch erhebt sich vom Sofa, er wirkt jetzt noch größer als zuvor an der Rezeption des Heims, wo er auf den Besuch aus Österreich wartete, der ihm mit vielen Fragen in den Ohren liegen würde. Er schiebt die Brille zurück, streicht sich über den Kopf und führt lächelnd in einen anderen Bereich des Appartements. „Das ist unsere sogenannte österreichische Wand." Zu sehen sind die Kriegserinnerungsmedaille des Vaters und andere Verdienstzeichen, Lithographien, Fotos – „und das ist das Wappen der Monarchie."

Jeder Gegenstand erzählt eine Geschichte, wird zum Kapitel eines Buches, aus dem Gewitsch geduldig vorliest, befragt man ihn zu seinem Leben. Sich selbst spart er dabei aus, was ihm genommen wurde, verschweigt er. Dass er gerne Jus studiert hätte, ist ihm gerade mal einen Nebensatz wert.

Was er an sich selbst für typisch österreichisch halte? „Ziemlich viel", antwortet er prompt. Und spricht dann über den aus einer jüdischen Prager Familie stammenden Hans Kelsen, der zu den bedeutendsten Rechtswissenschaftlern des 20. Jahrhun-

Peter Gewitsch in der Hofburg, Empfang beim
Bundespräsidenten anlässlich der Verleihung des
Goldenen Verdienstzeichens der Republik
Österreich und des Silbernen Ehrenzeichens für
die Verdienste um die Republik Österreich

derts zählt. Kelsen ist einer der drei Professoren, die
auf dem Doktordiplom seines Vaters zu finden sind.
„Und diese drei Professoren haben doch eine gewisse
Einstellung geprägt, was Recht und Gerechtigkeit ist,
und sich dafür eingesetzt, die Rechte der Minderheit zu wahren. Das halte ich für meinen Erbteil aus
Österreich. Zum Beispiel." Und nach einer längeren
Pause fügt er schmunzelnd an: „Und die Vorliebe für
die österreichische Küche. Aber leider bin ich Diabe-
tiker und die wunderbaren Rezepte – aber nein, ich
hab viel aus Österreich, sehr viel mitbekommen an
der Gestaltung meines Charakters."

Eines von 25 Musterzimmern in einem Werbeprospekt
des Möbelhauses Brüll

An den politischen Verhältnissen in Österreich zeigt
er sich nach wie vor interessiert, vermöge Wahlkarten
gibt er sein Votum ab. Und wann immer er es schafft, besucht er das Land, aus dem er vertrieben wurde. Mittlerweile hat er eine stärkere Bindung zu Innsbruck als zu
seiner Geburtsstadt. Beide Elternteile liegen in Innsbruck begraben, die Mutter stirbt 1980, der Vater überlebt sie um vier Jahre. „Das Grab meiner Eltern ist ein
Familiengrab, meine Großeltern sind hier begraben
und die meisten ihrer Kinder, Söhne und Töchter."
Bis zu ihrem Tod wohnen die Eltern im Stammhaus
der Familie Brüll, in der Anichstraße, wo Michael Brüll

einst sein prosperierendes Möbelgeschäft betrieb. Dieses Haus kennt Gewitsch seit Kindheitstagen, besonders die Holztreppen haben sich ihm eingeprägt und die Türen mit den alten Messingbeschlägen. „Meine Mutter hat mir erzählt, sie habe als Kind gern Süßigkeiten im Geschäft Daler, ein Haus weiter, gekauft, sie war sehr vernascht." Kürzlich sei er bei einem Innsbruckbesuch an diesem Geschäft vorbeigegangen, „in dem heute noch Süßigkeiten verkauft werden, also gut hundertzehn Jahre, nachdem meine Mutter dort als Kind Stammkundin war."

Auch von der Familie Brüll weiß er viel zu erzählen, von seiner Cousine Ilse Brüll, die im Alter von siebzehn Jahren in Auschwitz ermordet wird, von ihren Eltern, die das KZ Theresienstadt überleben und nach der Befreiung jahrelang um Rückerstattung des arisierten Besitzes kämpfen müssen. Als dies endlich gelungen ist, arbeitet Peter Gewitschs Vater im Möbelhaus mit, engagiert sich in der Kultusgemeinde und wird deren Präsident.

Es ist Abend geworden, Peter Gewitsch hat wieder am Sofa Platz genommen. Er schaut zum Fenster hinaus, der Wüstenwind trübt das Licht ein und verweigert einen Blick aufs Meer. Er sei froh, in Israel leben zu dürfen, das Land gewährleiste ihm die Sicherheit, dass Juden sich nicht als Verfolgte oder geduldete Minderheit sehen müssten. „Es ist ein Paradox, wenn ich das sage: Israel ist meine Heimat und in Österreich fühl ich mich zuhause."

Seine Herkunft holt ihn zuweilen unversehens ein. Einmal will er sich auf der Straße eine Notiz machen, zieht aus seiner Tasche ein Blatt Papier, hat jedoch keinen Stift. Also fragt er einen Passanten: Pardon, haben Sie eine Feder? „Das sind vier Worte auf Hebräisch. Schaut der mich an und fragt auf Hebräisch zurück: Sagen Sie, sind Sie aus Wien?"

***

Ist Sprache Heimat? Die Frage drängt sich nach einem Gespräch mit Peter Gewitsch auf. Leicht sagt es sich, ich bin in den Worten zuhaus, wenn diese nicht an etwas anknüpfen, das man verloren hat.

Vor dem Treffen mit Gewitsch nützten wir die Gelegenheit, uns Haifa anzusehen, nach Jerusalem und Tel Aviv die drittgrößte Stadt Israels, in ihrem Großraum leben gut sechshunderttausend Menschen. Nicht weit ist es von hier nach Beirut, nach Damaskus.

„Die wollen uns hier nicht", diesen Satz hört man oft in Israel, Peter Gewitsch sagte ihn nicht, doch die angespannte Lage in Nahost wird in seinen Gesten sichtbar. An Israel missfalle ihm ebenso einiges, doch er habe es sich zum Motto gemacht, seine Kritik an Israel nicht außerhalb der Landesgrenzen zu verlautbaren. Über Österreich informiere er sich über die Botschaft, „alle paar Tage schickt sie mir den sogenannten Auslandspressebericht", und so wisse er, „was sich in Österreich abspielt", Verdrießliches mitunter.

Kurz nach unserer Ankunft in Israel vor ein paar Tagen erkundigte sich der Concierge des Wohnblocks am Stadtrand von Tel Aviv, noch ehe er uns das Appartement zeigte, gemeinplatzverdächtig, aber wahr, bei der Begrüßung nach dem Wetter in Wien. Verlängerung der Geschichte nennt einer dieses Land, ein anderer spricht vom Erbe der Shoa. Peter Gewitsch hatte vorhin gesagt, er sei immer und gern bereit, über die Vergangenheit zu sprechen. Er kennt Menschen, auch hier im Altenheim, die würden uns bestimmt nicht empfangen.

Auf dem Rückweg kommen wir erneut an Caesarea vorbei, und Vera Adams' Worte klingen mir in den Ohren, ihre Begeisterung für den alten römischen Hafen. Auch ihre Gründe, warum sie Israel wieder verlassen hat, fallen mir ein – und plötzlich schwirren mir die Sätze von Dorli Neale durch den Kopf. „Israel is my home. It isn't my home. But it could be my home." Michael Graubart war nie in Israel, aber seine jüngste Tochter wolle das Land besuchen, Österreich nicht. Dort wurde auch jener Mann geboren, den wir von Judith Shomroni schön grüßen sollen.

Völlig aus der Bahn geworfen ins Unbekannte

Mit Abi Bauer in Tel Aviv

Was seine schönste Kindheitserinnerung sei? „Das Brandjoch." So kurz angebunden ist Abi Bauer nicht immer. Manchmal nimmt er auch die Beantwortung einer weiteren Frage gleich vorweg. Wie denn die Wohnung ausgesehen habe und – „Sieben Zimmer. Müllerstraße 9."

Abi Bauer ist eine faszinierende Persönlichkeit. Bei ihm weiß man nie, woran man gerade ist, womit er einen und sich selbst als Nächstes überrascht. Er sprüht vor Witz und Traurigkeit zugleich, versteht es, seinen Worten bei unverändert stoischem Blick eine plötzliche Wendung zu geben, indem er sie durch eine kleine Variation der Satzmelodie mit Zynismus auflädt. Er entfernt sich, ist nah, braucht seine Stimme dazu nicht zu erheben, Abi Bauers Körpersprache suggeriert Anwesenheit, die auch eine Abwesenheit sein könnte.

Als Achtzehnjähriger flieht er im Sommer 1938 nach Palästina und bleibt in der Fremde, weil er erkennen muss, es gibt kein Zurück. Und doch spaziert er täglich durch Innsbruck, folgt dabei einem Stadtplan, den er in Gedanken aufgeschlagen hat. Seine Wege führen vorbei am Warenhaus *Bauer & Schwarz*, für das sein Großvater Josef Bauer in den 1870er-Jahren den Grundstein gelegt hatte, für das sein Vater Isidor Bauer als Mitgesellschafter haftete, nach seinem Tod übernahm Abi Bauers Mutter die Anteile. Seine Wege führen vorbei an den Geschäften, Häusern und Wohnungen ehemaliger Freunde, naher und entfernter Verwandter, Schwarz, Brüll, Mayer, Smetana, Hohenberg, Namen, die für den wirtschaftlichen Aufschwung Innsbrucks am Anfang des 20. Jahrhunderts stehen. Wer es 1938 nicht rechtzeitig schaffte, sich ins Exil zu retten, wurde wie sein Cousin Willi Bauer entweder in Innsbruck ermordet oder in einem Todeslager, wie seine Tante Flora Bauer in Treblinka.

Abi Bauers Wege führen auch in die grünen Tage, in die Umgebung von Innsbruck, die er jugendlang mit dem Fahrrad erkundet hat, nach Ellbögen, Lans oder Igls. Er erinnert sich an viel, was ihm das Leben nicht leichter macht. Aber um wie vieles schwieriger ist es ihm, die Erinnerung zu verdrängen. Sie lässt sich so wenig unterdrücken wie Tränen.

„Ich hab geweint. Man soll das ja nicht zeigen. Was denken da die anderen, die fragen sich doch – was ist denn das für ein Soldat?" Seit 1940 dient Abi Bauer in der britischen Armee, „die Engländer waren Besatzungsmacht in Palästina. Und als der Krieg ausbrach, haben sie junge Leute aufgenommen." Bei den deutschen Angriffen auf Haifa ist er bei der Luftabwehr, 1943/44 setzt seine Einheit auf Zypern über, von dort nach Italien. Udine, vier Monate in Venedig, Tarvis, Vorbereitungen für den Marsch nach Norden.

Am Brennerpass. Viele Gedanken gehen Bauer durch den Kopf: der 18. Juli 1938, als ihn Gestapobeamte hier aus dem Abteil holten, sein Gepäck durchwühlten. Drei Züge waren bereits durchgewinkt worden, und er wurde immer noch vernommen. Mit dem

Abi Bauers Vater Isidor Bauer wenige Monate vor
seinem Tod im Jahr 1920

nächsten Zug könne er weiterfahren, gab sich ein
Beamter im Tiroler Dialekt jovial.

Von den Nazidienern ist keiner mehr zu erblicken,
die Passstraße hinab, es ist später Nachmittag, und
dann der Moment, als plötzlich der Gebirgszug auf-
taucht, der den nördlichen Stadtrand von Innsbruck
überragt. „Da hab ich den Tränen freien Lauf gelassen."
Sieben Jahre nach seiner Flucht sieht er die Nordkette wieder, 1936 war er aufgestiegen auf das Brandjoch, eine der vielen Bergtouren, die er unternommen
hatte im Karwendel, in den Dolomiten, in den Ziller-
taler und Ötztaler Alpen.

Zwischen Inn und Nordkette, das Nachtlager in der
Höttinger Au. Am nächsten Morgen zieht die Truppe

weiter, durch Deutschland bis in die Niederlande. 1946 wird die Garnison aufgelöst und Bauer kehrt nach Jerusalem zurück. Zuvor, Weihnachten 1945, verbrachte er noch ein paar Tage in Innsbruck, wo er im November 1919 als Adolf Bauer geboren wurde.

„Für mich war sie die Schönste", sagt Abi Bauer über seine Mutter und: „Ich habe es ihr nicht leicht gemacht, bin ein ziemlicher Lausbub gewesen. Sie hat versucht streng zu sein, im Grund genommen war sie aber sehr nachsichtig." Paula Bauer hat ihren Sohn alleine großzuziehen, Abi Bauer ist zwei Monate alt, als sein Vater an der Spanischen Grippe stirbt. Seine um viele Jahre älteren Geschwister Arthur und Regina wohnen nicht mehr zuhause.

Abi Bauer weiß seine Mutter auf Trab zu halten. „Sie wollte, dass ich Klavier lerne, und hat mir die abscheulichste Klavierlehrerin gebracht. Da hab ich gesagt, Mutti, die Frau gefällt mir nicht." Dafür liest er gern, und klar, vorzugsweise Bücher, die seine Mutter nicht schätzt. „Karl May war so verpönt, und der war mir der Liebste von allen, die hab ich gefressen, diese Bücher. Und es gab solche Hefteln, die waren ja noch verpönter, Tom Shark, der König der Detektive." Die Lektüre versteckt er unter dem Kopfpolster oder in einem Lehrbuch, „und meine Mutter hat geglaubt, ich lerne jetzt die Schulaufgaben, und dabei habe ich Tom Shark gelesen."

Als Dreizehnjähriger entdeckt er die Religion für sich, will frommer sein als alle anderen. „Jeden Morgen habe ich die Gebetsriemen umgeschnallt und von meiner Mutter verlangt, sie solle einen koscheren Haushalt einführen." Paula Bauer muss in jenen Tagen gerade verreisen und willigt im Wissen um die Sprunghaftigkeit des Sohnes ein, nach ihrer Rückkehr umgehend seinem Wunsch nachzukommen. Und tatsächlich ist Abi dann längst „Sozialdemokrat oder Kommunist oder irgendetwas Ausgefallenes. Aber, einige Zeit war ich sehr gläubig."

Nach der Volksschule besucht er fünf Jahre das Gymnasium, alsdann die Innsbrucker Gewerbeschule, lässt sich zum Tischler ausbilden. In den Familienbetrieb einzutreten, hatte er nie vor, er möchte Innenarchitekt werden. Daher zieht es ihn 1937 an die Kunstgewerbeschule nach Wien. Dort erlebt er die Märztage 1938, berichtet, indem er die Angst mit Sarkasmus überspielt: „Ich wollte meine Verwandten besuchen, bin plötzlich auf eine Absperrung gestoßen. Was ist los? Der Führer kommt, da bin ich auch im Spalier gestanden, eine Viertelstunde vergeht, ah, da ist er schon. Da habe ich ihn gegrüßt und er hat mich zurückgegrüßt, keine fünf Meter von mir. Ja so, nicht jeder hat das erlebt."

Abi Bauer darf „mit Müh und Not" das Schuljahr beenden, im Juni eilt er nach Innsbruck, ein Wort bestimmt die Gespräche zuhause: Weg! Sein Bruder Arthur, bis 1933 Kapellmeister in Bremen und mit Hitlers Machtübernahme entlassen, ist bereits nach Palästina ausgewandert: „Und das hat uns das Leben gerettet, weil die Mutter konnte er ja anfordern, so

Abi Bauers Mutter Paula Bauer

hat man das genannt." Seine Schwester Regina, mit dem Sohn des Innsbrucker Rabbiners verheiratet, verfügt seit 1935 über die Einwanderungsrechte. „Und für mich haben sie erreicht, dass sie mich in Jerusalem in eine bezahlte Kunstschule eingeschrieben haben. Dadurch erhielt ich ein Zertifikat." Da aber die Ausreisebewilligung auf sich warten lässt, verbringt er die letzten Tage vor der Flucht alleine in Innsbruck.

Bozen, Venedig, „völlig aus der Bahn geworfen ins Unbekannte." Mit dem Schiff nach Ägypten, über die Sinai-Halbinsel, am 1. August 1938 kommt Abi Bauer in Palästina an. Noch im selben Jahr tritt er der Hagana bei, besucht die Schule in Jerusalem. Er lebt mit seinem Bruder, dessen Frau und seiner Mutter in einer Dreizimmerwohnung. Er habe sich gut eingelebt, auch schnell die Sprache erlernt, was er auf seinen Militärdienst zurückführt.

Wie ging es der Familie finanziell? „Schlecht. Grad noch das Minimum."

Daran ändert sich so rasch nichts. Nach seinem Kriegseinsatz in Europa verdingt sich Bauer als Bauzeichner und Tischler. Als Ende Mai 1948 die israelischen Streitkräfte gegründet werden, tritt er ihnen bei und bleibt achtzehn Jahre bei der Armee. „Jeder sieht, was er sehen will", sagt er rückblickend auf diese Zeit und auf die Kämpfe um Jerusalem. Aber er sei seiner Überzeugung nachgekommen, nicht einem falschen Pflichtgefühl.

Abi Bauer beugt sich etwas vornüber, er sitzt mit dem Rücken zum Fenster, im Hintergrund ist das Mittelmeer zu sehen, es grenzt an den kilometerlangen Strand von Tel Aviv mit seinen unzähligen kleinen Snackbars, Liegestühlen und Sonnenschirmen. Hier feiert man Tag und Nacht das Leben unweit der lärmenden Straßen und Gassen, in denen es selten ein Durchkommen gibt, hupende Autokolonnen zu jeder Tageszeit. Bauer lebt seit vielen Jahren in Tel Aviv, er kennt die Stadt, deren pulsierendes Temperament einzigartig ist in Israel. Und er kennt das Land, nach Quittierung des Militärdiensts arbeitete er dreißig Jahre lang als diplomierter Fremdenführer. Diese Tätigkeit füllte ihn aus, brachte die von ihm gewünschte Abwechslung – und er hatte endlich keine Vorgesetzten mehr. Davon erzählte er bei einem Essen vor dem Interview, in einem unscheinbaren Lokal an einer Tankstelle am Stadtrand von Tel Aviv. Arabische Küche, ein paar Scherze mit dem Wirt, Bauer ließ groß auftischen, fühlte sich sichtlich wohl. Und es zeigte sich, was ihm so viel Freude gemacht hatte an seinem Beruf: die offene Begegnung mit anderen, die Möglichkeit, Situationen nach eigenem Gutdünken zu gestalten, zu kommunizieren. Auch Gruppen aus Österreich, sogar aus Tirol, habe er geführt, das sei schön gewesen.

Er spricht Hebräisch und Englisch, aber Deutsch sei nun mal seine Muttersprache, daran lasse sich nichts ändern. Genauso wenig wie an der Tatsache, dass er als Jude geboren ist. „Ob Tiroler oder nicht Tiroler, was heißt das schon, man kann es sich nicht aussuchen." Ebenso klar seine Haltung zur Religion: „Ich bin Zyniker." Was rein gar nichts an seiner Einstellung zu Israel ändere, warum auch? Als Israeli definiert er einen, der in Israel Staatsbürger ist.

„Für meine Mutter war es am schwierigsten, sie lernte nur ein paar Brocken Hebräisch und" – Paula Bauer verbringt ihren Lebensabend in Israel, mittellos, hadernd mit der österreichischen Nachkriegspolitik. Das seit 1947 laufende Rückstellungsverfahren ist mit Demütigungen verbunden, zieht sich über Jahre hin und endet erst 1959. Dies erlebt Abi Bauers Mutter nicht, sie stirbt am 10. August 1957 in Jerusalem. Nach Österreich kehrte sie nie zurück, sie wollte nicht, hinzu kamen körperliche Probleme. Im

November 1956 bewilligte ihr der Hilfsfonds für NS-Opfer mit Wohnsitz im Ausland eine Unterstützung von fünfzehntausend Schilling. Die Auszahlung war in zwei Raten vorgesehen. Aufgrund ihres Alters und ihrer angeschlagenen Gesundheit bemühte sich Paula Bauer um eine rasche Anweisung des Restbetrags. Sie müsse ein Erholungsheim aufsuchen, wandte sie sich an den Hilfsfonds. Antwort wie Betrag blieben aus, „bin darüber sehr enttäuscht und traurig", hielt die Achtzigjährige dazu fest und urgierte ein weiteres Mal.

Nach Paula Bauers Tod erbittet ihre Tochter Regina zur Deckung der Heimkosten die im Juni zugesicherte zweite Betragshälfte. Nun kommt die Antwort aus Wien postwendend: Die Statuten sehen kein Erbrecht vor.

Wer die Heimat verliert, tauscht dafür zwei Fremden ein. „Ich habe mir das nie vorstellen können, nach Innsbruck zurückzukehren. Tirol war die zweite Fremde." Und Israel? Er kenne es nicht von Kindheit an.

Gut erinnert er jenen Abend als Soldat in Innsbruck: „Ich bin von der Höttinger Au zu Fuß in die Stadt, wollte nachsehen, ob noch wer da ist von der Familie – alle weg." Er gelangt in die Maria-Theresien-Straße, „und wen sehe ich da? Meine geliebte Klavierlehrerin."

Weihnachten 1945 trifft er den Sohn eines Cousins wieder, „und von da an waren wir die besten Freunde." Sieben Jahre später kommt er erneut in seine Geburtsstadt, unternimmt einige Bergtouren. Auch den Jüdi-

schen Friedhof sucht er auf, „nicht weil ich Fried-
höfe so gern hab, sondern weil meine Mutter sehr
scharf war auf diese Besuche und mich in der Kindheit immer hingeschleppt hat." Und er verbirgt seine
Verbitterung nicht, als er auf den Straßenausbau am
Innsbrucker Südring Anfang der 1980er-Jahre zu sprechen kommt. „Sie haben einfach die Gräber versetzt
und dabei manche vergessen. Unter anderem ist das
Grab meines Großvaters Josef Bauer verschwunden.
Und angeblich weil er gar nicht dort begraben war.
Aber ich habe heute ein Bescheinigung aus dem Aus-
zug einer alten Urkunde, dass er dort am Tag so und
so begraben worden ist."

Zweimal folgt er offiziellen Einladungen der Stadt,
mit gemischten Gefühlen, er begegnet seinesgleichen,
Davongejagten – „und jeder suchte etwas anderes."
Manches habe ihm nicht behagt am Auftreten der
Vertriebenen, er macht kein Hehl daraus, dass er die
eine oder andere ihrer Forderungen für überzogen
hielt. Er blendet dabei nicht aus, er überblendet eher,
tut dies mit seiner Vorstellung von Höflichkeit, hier
spricht der erprobte Fremdenführer aus ihm. Und er
scheint sich plötzlich selbst zu misstrauen: „Ja gut,
jeder hat zu dieser oder jener Zeit gefragt, wie war
das damals 1938, davor und die Jahre danach. Es ist
passé, für mich ist diese Sache die Vergangenheit, also
übermäßig beschäftige ich mich damit nicht."

„Das ist der Julius Bauer, Bruder von meinem Vater
und Vater von Willi Bauer. Das ist die Frau von Julius

Abi Bauer 1996

Bauer, die Flora." Abi Bauer hat zahlreiche Fotos zum
Interview mitgebracht. „Das ist meine Mutter beim
Butterkosten. Die Butter hat ein Bote gebracht, einmal im Monat ist er nach Innsbruck gekommen. Und
das sind Verwandte in Schweden. Was haben wir da
noch? Ah, verschiedene Sachen, leider wächst mir das
Ganze über den Kopf. Das ist mein Vater."

Ob ihm seine Mutter etwas erzählt habe über den
Vater? „Meine Mutter war keine große Rednerin. Das
war ihre Erziehung: Man muss nicht alles ausplap-
pern."

Schwarz, Brüll, Mayer, Smetana, Hohenberg. Allein
vierundvierzig Cousinen und Cousins hatte Abi Bauer.
Einblicke in einen kleinen Teil des Fotoarchivs, das
er in den vergangenen Jahrzehnten „zusammen-

gebastelt" hat. Und die Sammlung wächst. Erst vor wenigen Tagen hat er von „einem erstmals entdeckten Verwandten von der Bauer-Seite" Fotos erhalten. „Das muss ich erst verdauen", sagt er und: „Jedes Foto erzählt."

Erika Schwarz. Peter Gewitschs Mutter Helene. „Und das ist Ludwig Mayer, der Einsame, so hat man ihn geheißen." Der gebürtige Innsbrucker Mayer war im Ersten Weltkrieg Offizier, „und dann haben sie ihn in Auschwitz umgebracht, als Belohnung." Mit Mayers Sohn Heinz verband Abi Bauer eine lebenslange Freundschaft. Die beiden begegneten sich 1952 in Innsbruck wieder. Nach den „Nürnberger Rassegesetzen" galt Mayer als „Mischling 1. Grades", im August 1943 erfolgte seine Deportation ins KZ Buchenwald. Er erlebte die Befreiung des Lagers als Vollinvalide. „Und das ist Peppi Brüll, ebenfalls Offizier, hier wird er Kaiser Karl vorgestellt, in Pergine Valsugana. Der Giro d'Italia ist gestern dort vorbeigekommen, lauter Zufälle."

Vor Jahren hat Abi Bauer begonnen, die Fotos zu nummerieren, aber das sei eine endlose Arbeit. „So habe ich Millionen von Dingen, und ich kann mich nicht, ich kann kaum Ordnung schaffen."

„Ja, das ist die alte Heimat, und ich habe auch einen Reisepass." Vor einem Vierteljahrhundert beantragt er das Dokument. „Ich wollte nicht, dass man mir sagt, wir tun dir einen Gefallen, wenn wir dich hereinlassen."

Das Warenhaus *Bauer & Schwarz* bei der Eröffnung 1908
und im April 1938

Von den Enkeln seiner Mutter begleiten ihn zwei
auf den Reisen nach Innsbruck, „separat, in verschiedenen Jahren." Es habe ihnen gefallen, sie hätten die
Stadt eben ohne Gefühle betreten, seien mehr an der
Natur interessiert gewesen. Die jungen Verwandten
in Israel sprechen kaum noch Deutsch. Das Hebräisch hielt bald auch bei den Kindern seiner Geschwister Arthur und Regina Einzug. Abi Bauer selbst blieb
unverheiratet und kinderlos.

Das Hebräisch sei eine eigene Welt, sagt er, die
Buchstaben voneinander zu unterscheiden, schwierig,
oft gerate man ins Zweifeln. Beim Lesen würde ihn das
mitunter ermüden, „dann leg ich das Buch weg und lese
lieber wieder Karl May." Den könne man auch zehnmal
lesen. Und wenn er bei der Mutter noch so verpönt war.

Notizbuch, vermutlich ein Werbegeschenk

Die ehemalige Wohnung in der Müllerstraße, mehrmals geht er bei seinen Besuchen an ihr vorbei, hinaufblickend in den ersten Stock. Und einmal ergibt sich die Möglichkeit, die Kindheitsräume zu betreten – nichts mehr in ihnen erinnert an früher. „Sieben Zimmer", wiederholt er, „mittlerweile ist die Wohnung zweigeteilt."

Die Neugestaltung des einstigen Warenhauses? „Die Fassade war schön, man hätte sie restaurieren können, aber sie haben alles mit Gewalt abgerissen und das missfällt mir. Nach so vielen Jahren, die Amerikaner haben das Geschäft bombardiert, die Fassade ist stehengeblieben." Und er kramt erneut ein Foto hervor: „Das ist Viktor Schwarz, der hat die Fassade machen lassen." Ein Foto ums nächste gleitet ihm durch die Finger, „und wieder was anderes, und wieder – kein End, kein End", sagt er in sich gekehrt.

Ob man ihm etwas aus Innsbruck schicken könne, das ihn besonders freue? „Das Brandjoch", antwortet er. Das sei ein bisschen schwierig. „Versuchen Sie es." Und da ist ein lausbübisches Glitzern in seinen Augen.

***

Die Natur als Konstante im Heimatbegriff, auch bei Abi Bauer: Heimat, das sind die Berge. Wie ein Topos tauchen die Gipfel in den Erinnerungen auf, das Unverrückbare, „Schuldlose" als Metapher für das Vermisste. Noch Stunden nach dem Interview höre ich ihn sagen: „Wer die Heimat verliert" –

Die zweite Fremde. Abi Bauer spricht aus, was auch in den Gesprächen bei den anderen Begegnungen in England und Israel in unterschiedlicher Lautstärke aus den Sätzen tönte. Was nicht heißt, dass die Menschen, die wir trafen, ihrer alten Heimat brüsk den Rücken gekehrt haben, und was noch weniger bedeutet, sie hätten nicht ihre berufliche Erfüllung, ihr privates Glück, ihre neue Heimat in jenem Land gefunden, das ihnen vor dem Naziterror Zuflucht bot.

Einige Monate nach unserer Rückkehr aus Israel brechen Irmgard Bibermann, Horst Schreiber und ich erneut nach London auf. An der Kamera begleitet uns diesmal Christian Kuen. Anlass unserer Reise ist die Verleihung der Verdienstkreuze der Stadt Innsbruck an Vera Adams, Dorli Neale und: Vera Graubart, zu einem Gespräch mit ihr war es während unseres ersten Englandaufenthalts nicht gekommen. Die Zeremonie findet in der österreichischen Botschaft in London statt, das Gebäude am Belgrave Square ist das einzige, das der österreichischen Diplomatie im Ausland aus k.u.k. Zeiten erhalten blieb. Ein würdiger Rahmen, ein stimmiger vor allem. Er bringt den drei Vertriebenen etwas zurück, von dem ihre Eltern gesprochen haben, für das ihre Väter ins Feld gezogen sind, in Galizien, am Isonzo, in den Dolomiten. So erwirken die imperialen Räumlichkeiten unversehens eine Atmosphäre, die in Gesprächen und Reden nicht hervorzurufen ist.

Das Wiedersehen mit Vera Adams und Dorli Neale herzlich, auch das mit Vera Graubart, ich kenne sie seit einigen Jahren. Im Beisein ihres Cousins Michael Graubart hatten wir uns das erste Mal bei der Royal Festival Hall getroffen, über die Familiengeschichte gesprochen, über die Tragödie der Vertreibung, über den Verlust geliebter Menschen. Unmittelbar vor der Verleihung führten wir erneut ein Gespräch miteinander.

I never liked the cold

the cold

Mit Vera Graubart
im Gespräch

Sie komme nur noch selten nach London und habe sich nie vorstellen können, in dieser Metropole zu wohnen, sagt Vera Graubart und erzählt von St Albans, einer Kleinstadt gut fünfunddreißig Kilometer nördlich von Central London, wo sie seit vielen Jahrzehnten lebt. Nichts verrät ihre österreichische Herkunft, akzentfrei das Englisch, sie spricht es seit dem fünften Lebensjahr, erzwungenermaßen. Deutsch habe sie zunächst vergessen, vergessen wollen, sagt sie, denn die Sprache – erst kürzlich hörte sie Goethes *Erlkönig* in der Vertonung von Franz Schubert im Radio, das habe ihr sehr gefallen.

Vera Graubart ist eine zierliche Person, very british vielleicht, zumindest was ihre Kleidung betrifft, ihr Mantel, ihr Hut. Auch im Understatement erprobt, und mit ihrem Sinn für schwarzen Humor vermag sie zu verblüffen. Wie denn ihr Tagesablauf aussehe? „Well, I do everything at the wrong end of the day", antwortet sie trocken. Sie neigt den Kopf leicht zur Seite, setzt amüsiert fort: Ein bisschen den Haushalt führen eben, Freunde treffen, ins Theater gehen, Ausstellungen besichtigen. Zuweilen sogar in London. Sie lacht, Augen voll Lebenslust, ihre Bewegungen jugendlich flink, achtundsiebzig Jahre ist sie nun alt. Ja, auch nach London, dann fahre sie mit dem Zug in die Stadt, steige dort um in die Tube, manchmal allein – warum nicht? Geheiratet habe sie nie, „ich hatte immer ein bisschen Angst vor der Ehe." Dass eine solche als Modell bestehen könne, habe sie stets bezweifelt. Und wenn sie sich nun umblicke in ihrem

Bekanntenkreis, würde das ihren Bedenken doch fast Recht geben, nicht? „Aber ich habe einen sehr guten Freund hier in St Albans", fährt sie fort, „wir sind lediglich Freunde", fügt sie mit einem Lächeln hinzu.

Zum Interview treffen wir uns in der Londoner Wohnung ihres Cousins Michael Graubart, sie ist mit ihm in gutem Kontakt, wenngleich sich die beiden selten sehen. Was sie verbindet, ist neben der Vertreibung aus der Heimat im Kindesalter vor allem die Liebe zur Kunst. Während der eine sich früh der Musik verschrieb, fand die andere im Malen eine Möglichkeit, sich künstlerisch auszudrücken. „Ich glaube, das habe ich von meinem Vater mitbekommen", sagt Vera Graubart. „Er malte gern in seiner Freizeit. Und er war sehr musikalisch. Meine Mutter auch. Sie spielte Klavier, mein Vater die Violine."

Veras Vater, Richard Graubart, wurde in der Nacht vom 9. auf den 10. November von einem Rollkommando der SS in seiner Villa im Innsbrucker Stadtteil Saggen ermordet. Der gelernte Elektroingenieur und Kaufmann hatte mit seinen beiden Brüdern das Schuhhaus Graubart in Innsbruck geführt. Im Juli 1931 hatte er Margarethe geb. Hermann geheiratet. „Beide hatten wohl schon die eine oder andere Affäre hinter sich, es war höchst an der Zeit für eine Vermählung. Eine Mischehe kam für sie nicht in Frage und da bereits die meisten Jüdinnen und Juden aus Innsbruck – sie haben sich geliebt, unbestritten."

Gut drei Jahre nach der Hochzeit kommt Vera Graubart im Mai 1934 auf die Welt. Erinnerungen an ihre frühe Kindheit hat sie kaum. „Ich bin in den Kindergarten gegangen, das erzählte mir meine Mutter." Ob sie auch mit den Kindern aus der Nachbarschaft gespielt habe? Vera Graubart lächelt: „Es wären die Kinder des Nachbarn gewesen, ja, aber ich hätte sie möglicherweise verdorben, denn ich war eine Jüdin, und sie mussten mich loswerden am Ende." Doch das habe sie alles von ihrer Mutter gehört, könne sich selbst nicht daran erinnern. Sie sei sich ziemlich sicher, dass sie ihren Vater nie ins Schuhgeschäft begleitet habe, ihre Mutter sei oft dort gewesen, das ja. Ein Ausflug nach Igls kommt ihr nun in den Sinn und: „Morgens ging ich zwischen den Betten meiner Eltern auf und ab, abends las mir mein Vater aus Kinderbüchern vor und malte mit mir." Sonst könne sie wenig über ihren Vater sagen, kenne ihn nur aus den Worten ihrer Mutter. Lebensfroh und gesellig sei er gewesen, Romanzen nicht abgeneigt. Lange habe er nicht daran gedacht, sich zu binden, er wollte frei sein, das Leben in vollen Zügen genießen.

Richard Graubart wurde rücklings erstochen. Seine Leiche wies unterhalb des Schulterblatts eine fast vier Zentimeter breite, klaffende Wunde auf, die von einem SS-Dolch herrührte. „Ich höre immer noch, wie mein Vater plötzlich gellend aufschreit."

Keine drei Wochen sind seit dem Mord an Richard Graubart vergangen, da müssen seine Frau und seine

Tochter die Stadt verlassen. Sie werden nach Wien ausgesiedelt, finden dort Unterkunft in einem winzigen Zimmer in der Pension America im neunten Bezirk, Wien Alsergrund. Unweit von ihnen sind seit ihrer Zwangsübersiedlung Margarethes Eltern untergebracht, Alois und Wilhelmine Hermann. Sie mussten Tirol schon Ende Oktober verlassen, ihr Betrieb stand seit April 1938 unter kommissarischer Verwaltung.

Für die Tage in Wien hat Vera Graubart schemenhafte Bilder. Sie glaubt, mit ihrer Mutter einmal im Prater gewesen zu sein, von einem Spielzeugzug erzählt sie, und wie dieser in einen Tunnel einfährt. Was ihre Mutter unternommen habe und wo sie vorstellig wurde, um die Flucht aus Wien zu organisieren, erfährt Vera Graubart erst später. „Noch vor dem ‚Anschluss' hat meine Mutter in Innsbruck Frau Moore kennengelernt, eine Britin, der sie Deutschunterricht gab, sie wurde dafür in Englisch unterwiesen." Diese Bekanntschaft erweist sich als glückliche Fügung. „Frau Moore nahm Kontakt auf mit Gwen Lewis, die eine private Grundschule am Gordon Square in London leitete und sich bereiterklärte, mich während des Krieges als Pflegekind aufzunehmen."

Am 21. März 1939 begibt sich Vera Graubart mit ihrer Mutter zur Endstation der Stadtbahn Hütteldorf. „Es war der letzte Kindertransport, der von Wien abging. Ich denke, ich war seekrank, und mir kam die Schifffahrt sehr lange vor. Vier Stunden? Aber zum Glück musste ich im Hafen nicht wie so viele andere

Links: Vera Graubart mit ihren Eltern vor der Garage
in der Gänsbacherstraße 5, rechts: Vera Graubart mit ihrem
Vater im Garten

Kinder warten auf eine Familie, die mich aufnehmen
oder adoptieren wollte."

Die Ankunft ist ein Einzug ins Verstummen. „Ich
habe nicht mehr gesprochen." Tagelang, wochenlang.
In der Erinnerung dauert das Schweigen ein Jahr
lang an. Untergebracht wird sie am Gordon Square,
unweit des British Museum. „Auch dieser Teil der
Stadt wurde später schwer bombardiert. Und das war
der Grund, warum die Schule evakuiert wurde."

In London bemüht sich Gwen Lewis sehr um sie:
„Einmal ließ sie mir Badewasser ein, blaues Badesalz,
ich dachte, danach ins Bett gebracht zu werden. Doch
ich bekam ein Partykleid übergestreift und nahm an

Vera Graubart mit ihrer Mutter Margarethe

einer Feier teil. Gwen, eine Psychologin, ließ nichts unversucht, mich auf andere Gedanken zu bringen."

Im September 1939, kurz vor Ausbruch des Kriegs, gelang auch Margarethe Graubart die Flucht nach England. „Sie schaffte es mit dem letzten Flugzeug von Wien nach Zürich, wo sie einen Verwandten traf, der ihr ein Flugticket nach London besorgte." Margarethe Graubart hatte eine Arbeitsgenehmigung, die sie zu Hausarbeit befugte. Dennoch wurde sie wie viele andere Flüchtlinge aus dem Deutschen Reich als Enemy Alien eingestuft, musste sich also jede Woche einmal bei der Polizei melden.

Die Freude beim ersten Wiedersehen enorm. „Meine Mutter kam in die Schule am Gordon Square, rechts ihre Schwester Else, links Tante Oda – ich werde das Bild nie vergessen." Vera Graubart wurde erklärt, dass die Mutter nicht in der Schule wohnen könne und nicht weit entfernt untergebracht werde.

„Mein Deutsch, ja, ich hatte es vergessen. Leider vergessen, muss ich sagen. Und meine Mutter war ziemlich bestürzt darüber. Sie hat mir ein paar neue Wörter beigebracht. Erst viel später habe ich wieder Deutsch gelernt. Ich kann es sprechen – aber ich habe mehr Sicherheit im Englischen."

In Wien musste Margarethe Graubart ihre Eltern zurücklassen, Vera Graubart wird ihre Großeltern nie wiedersehen. Alois und Wilhelmine Hermann werden am 28. Oktober 1941 von Wien nach Łódź ausgewiesen. Von dort erfolgt die Deportation ins polnische Vernichtungslager Kulmhof.

Nach dem Krieg verschweigt Margarethe Graubart ihrer Tochter zunächst das Schicksal der Großeltern und hält alle Nachrichten und Bilder über die Konzentrationslager von ihr fern. „Diese Bilder wurden mir als Kind nicht gezeigt, auch den anderen Kindern in meiner Umgebung nicht. Erst später, als wir nach Österreich zurückkehrten, sprach meine Mutter mit mir über die Ereignisse. Und auch über die Nacht, in der mein Vater ermordet wurde. Ich erinnere mich an Gebrüll, Poltern im Treppenhaus. Und ich glaube, es war das einzige Mal, dass ich meine Mutter weinen sah, in jener Nacht."

Margarethe Graubart besuchte Innsbruck 1949 das erste Mal wieder. „Zum Glück hatte sie Freunde dort, sie kam bei der Familie Brüll in der Anichstraße unter. Unsere Villa in der Gänsbacherstraße war in einem liederlichen Zustand. Sie musste erst renoviert werden. Vorher wollten die französischen Besatzer die Schlüssel nicht herausrücken." Also kehrte Margarethe Graubart zunächst noch einmal nach England zurück. „Wir lebten in Burnham-on-Sea, bewohnten ein Einzimmerappartement. Ich ging in die Schule, ach, eine faule Schülerin war ich. Meine Mutter hat die Näh- und Flickarbeiten für die Familien zweier Mitschülerinnen von mir erledigt. Das war eine gute Zeit, ja, und wir haben viele gute Freunde gefunden."

Ihre Mutter beschreibt Vera Graubart als ruhige, willensstarke Frau: „Sie begab sich nicht gern in große Gesellschaft, zwei, drei Freunde reichten ihr." Sie selbst sei da ganz anders, eben nur eine halbe Graubart, komme eher nach dem Vater. Dass ihre Mutter 1953 wieder nach Innsbruck übersiedelte und das einstige Haus bezog? „Ja, ich weiß. Aber es ist ihre Geburtsstadt, es ist ihr Haus – und sie hatte eben Freunde dort. Und ich habe sie 1953 begleitet, es war meine erste Rückkehr nach Innsbruck. Ich stand vor der Villa, konnte mich nicht an sie erinnern, ging zum Schuhgeschäft, konnte mich nicht an es erinnern. Ich konnte mich an nichts erinnern. Nichts."

Wieder in England, tritt Vera Graubart der Women's Royal Air Force bei. Nach der Grundausbildung arbei-

Richard Graubart

tet sie im Büro der Kommandantur, später als Steno-
typistin für diverse Fliegergeschwader, schließlich
wird sie in Deutschland stationiert. Während dieser
Zeit verbringt sie Urlaubstage in Berlin und Heidelberg. Auch kommt sie 1956 für drei Wochen nach Innsbruck. In der Air Force habe sie eine großartige Zeit
gehabt, viele Menschen kennengelernt. Dabei sei sie
ihr bloß beigetreten, weil ihre Mutter in die Heimat
zurückkehrte. „Da hatte ich niemanden mehr in England, mit dem ich zusammenleben konnte. Und – kein
Geld für eine eigene Wohnung."

1957 verlässt sie die Armee. Gern würde sie in England eine Kunstschule besuchen, bleibt aber neun
Monate in Innsbruck. „Ich konnte mir damals vorstellen, wieder ganz nach Innsbruck zurückzuziehen.
Ein Freund meiner Mutter war Architekt." Er plant

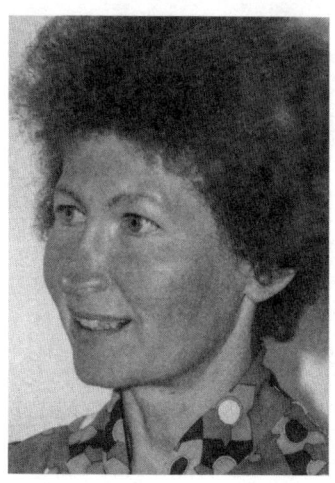

Vera Graubart „Myself, younger"

den Bau einer zweiten Garage auf dem Grundstück, eine Art Atelier für Vera. „Rasch erkannten wir, dass dieses Vorhaben nicht realisierbar war. Auch hatte ich das Gefühl, das kann noch nicht alles gewesen sein in meinem Leben, also bin ich zurück nach England, ging auf eine Kunstschule." Aufgrund ihrer Ausbildung bei der Air Force arbeitet sie dann aber einige Jahre als Sekretärin. In dieser Zeit pendelt sie oft zwischen Innsbruck und England. Kehrt sie in ihre Geburtsstadt zurück, unternimmt sie mit ihrer Mutter lange Wanderungen. Bei den Streifzügen hat sie einen Zeichenblock dabei, „ich habe mit Riesenfreude Landschaftsskizzen angefertigt." Die beiden verbringen Tage am Achensee, in Galtür und in den Südtiroler Dolomiten, sie unternehmen Reisen nach Frankreich, Italien und Spanien.

Sie reise immer noch gern, jetzt im Alter falle ihr das oft schwer. Von England aus sei sie oft mit dem Zug nach Innsbruck gefahren. „Da war ich jung, das hat Spaß gemacht. Über den Kanal, in Calais in einen Zug, mit Glück ein bisschen Schlaf in einem Liegewagen nach Zürich. Um fünf Uhr morgens kam ich dort an, ein warmes Croissant, einen Kaffee, und dann weiter nach Innsbruck." Meist traf sie in den Mittagsstunden in ihrer Geburtsstadt ein, wurde von ihrer Mutter abgeholt. Sie seien dann essen gegangen, „das Restaurant am Bahnhof war damals sehr gut. Und in der Bahnhofshalle gab es das wunderbare Kunstwerk von Max Weiler, sehr schön." Bestimmt habe sich mittlerweile auch in Innsbruck viel geändert. „Als ich die Stadt das erste Mal Anfang der 1950er wiedersah, war ich am Hafelekar. Habe hinuntergeschaut wie auf ein schönes kleines Bild mit all den Kirchtürmen, den Wiesen dazwischen, den Häusern, lieblich verstreut."

Ob sie denn etwas aus Innsbruck vermisse? „O ja, sicher tue ich das, die Wanderungen vor allem." Weder ihre Mutter noch sie hätten das Flachland je gemocht. Nein, als Österreicherin fühle sie sich längst nicht mehr. Ihre Heimat? „It is more England."

Und so wohnt sie seit vielen Jahrzehnten in St Albans, in einer Kleinstadt, deren Name auf den ersten christlichen Märtyrer Englands verweist, auf den heiligen Alban. Ihm zu Ehren wurde im 8. Jahrhundert die imposante St Albans Cathedral errichtet, das Stift war im Mittelalter eines der mächtigsten Klöster der Insel, hier entstanden die ersten Entwürfe für die

Magna Charta. Geschichtsträchtig ist St Albans ohnehin, römische Ausgrabungsstätten sind zu besichtigen, ein Glockenturm aus dem 15. Jahrhundert. Sie interessiere sich sehr für Architektur und Geschichte, für Politik weniger, für die österreichische seit dem Tod ihrer Mutter gar nicht mehr. „Ich weiß nicht einmal, wer zurzeit in Österreich Bundeskanzler ist."

1996 wurde die Villa in der Gänsbacherstraße verkauft. „Meiner Mutter hat das schwer zugesetzt, sie liebte ihre Geburtsstadt trotz allem, was passiert war. Doch ihr gesundheitlicher Zustand machte einen Verkauf nötig, sie zog zu mir nach St Albans."

Seit Ende der 1960er-Jahre litt Margarethe Graubart an Arthritis und Hüftproblemen, daher übersiedelte ihre Tochter für eineinhalb Jahre nach Innsbruck. „Da habe ich wieder angefangen, auf Deutsch zu denken."

Nach mehreren Operationen war Margarethe Graubart auf Krücken angewiesen. Dennoch war ihre Freude groß, als die Tochter zum Studium wieder nach England ging, um später an diversen Schulen zu unterrichten. „Als meine Mutter bei mir wohnte, habe ich die Lehrverpflichtung aufgegeben. Ich habe von Kindheit an viel Zeit mit meiner Mutter verbracht, nun noch mehr. Solange es ging, machten wir kleine Spaziergänge." Ab Oktober 2002 konnte Margarethe Graubart das Bett nicht mehr verlassen. Sie starb am 21. November 2002 im Alter von sechsundneunzig Jahren.

Vera Graubart mit ihrer Mutter Margarethe
Anfang der 1980er-Jahre

Ihre Mutter sei nicht religiös gewesen. Und sie selbst? „Ich wurde als Jüdin geboren, das ja. Und dann kam ich nach England, habe verschiedene Religionen kennengelernt, mich auch für sie erwärmt. Als ich nach St Albans zog, habe ich die Methodisten-Kirche besucht. Bald aber schon merkte ich – nein, mit den Religionen bin ich durch. Ich interessiere mich mehr für andere Dinge." Die Kunst, die Geschichte, die Architektur. „Und ich liebe Sprachen. I write a little bit in a Tagesbuch every day. I hope nobody ever finds it."

Auf Deutsch denkt sie nicht mehr. „Ich habe leider niemanden, mich in dieser Sprache zu unterhalten." Nicht nur aus Sätzen wie diesen spricht das Naheverhältnis, das Vera Graubart zu ihrer Mutter hatte.

Und ihre Bewunderung für deren Rückkehr in jenes Haus – „Was dort passierte, war eine Tragödie." Kein anklagender Ton in ihrer Stimme. „So viele Menschen wurden in jener Zeit ermordet. Und wie viele kehrten nicht aus dem Krieg zurück."

Nach dem Mord an Richard Graubart und der Vertreibung seiner Frau und Tochter bezog der Bürgermeister der Stadt Innsbruck eine der Wohnungen, die andere der Direktor der Stadtwerke.

„Ja, das Haus hat eine Geschichte – welches Haus hat keine? Als meine Mutter nach Innsbruck zurückkehrte, traf sie ihre beste Freundin aus Schulzeiten wieder. Die hatte einen Sohn, der bekam plötzlich eine Blinddarmentzündung, also wollte sie ihn ins Krankenhaus bringen. Und sie waren gerade auf dem Weg dorthin, als die Stadt bombardiert wurde, und der Sohn, er starb."

Nun wirkt Vera Graubart plötzlich müde, ihre Stimme ist leiser geworden und ihr Englisch vermag kaum noch zu kaschieren, dass sie für Momente ganz zurückgekehrt ist in die Stadt, in der sie geboren wurde. „Unter dem Haus befand sich ein Luftschutzkeller, den die Nazis benützten. Wir dachten daran, das verdammte Ding – it was ugly. Aber der Architekt sagte, wenn wir den Gewölbepfeiler herausnehmen, die Deckenstütze, dann stürzt das ganze Haus ein." Ein Lachen schickt sie diesem Satz nach, die Müdigkeit verschwindet aus ihrem Blick. Vera Graubart neigt den Kopf leicht zur Seite.

Sie sehe aus wie ihr Vater, hatte sie vorhin gesagt und: „Ich erinnere mich, wie ich auf seinen Schultern sitze – auf einer Rodel." Und nach kurzem Innehalten hatte sie in akzentfreiem Englisch und sehr trocken hinzufügt: „Was ich gehasst habe, denn ich mochte die Kälte nie, den Winter. Das hat sich bis heute nicht geändert."

***

Sie habe mehr Sicherheit im Englischen, hatte Vera Graubart gesagt. Wir fuhren gemeinsam zur Botschaft. Dort traf sie das erste Mal auf Vera Adams und Dorli Neale, sie unterhielt sich mit ihnen, auf Deutsch.

Nach der Zeremonie begleite ich Vera Graubart im Taxi zur Victoria Station, frage, was ihr das Verdienstkreuz bedeute. Sie werde es zur Tapferkeitsmedaille ihres Vaters aus dem Ersten Weltkrieg legen. „Für meine Mutter", mit diesen Worten hatte sie das Verdienstkreuz entgegengenommen, in Gedenken an ihre Eltern und Großeltern, womit sie auch im Sinn von Vera Adams und Dorli Neale sprach.

Wir verabschieden uns, ich sehe Vera Graubart noch eine Weile nach, sehe mich plötzlich selbst einen Bahnsteig entlanglaufen und in einen Zug einsteigen, der mich nach Plymouth führt. Ich entsinne mich meiner Neugier bei der Fahrt an die englische Südküste, denke an meine Skrupel: Mit der Erinnerung leben zu müssen, ist eines, sie sich zu vergegenwärtigen ein anderes. Mit den Gesprächen tauchen die Bilder von der Flucht wieder auf, vom Kindertransport, von der Ankunft in der Fremde. Die bereitwillige Weitergabe dieses Erfahrungsschatzes ist keine Selbstverständlichkeit, sie ist ein Geschenk, auch an die zukünftige Generation. Und während mir diese Gedanken durch den Kopf gehen, steige ich in Plymouth aus, in Haifa und Manchester, höre die Stimmen von Vera Adams, Michael Graubart, Dorli Neale und den Heimer-Zwillingen, von Judith Shomroni, Abraham Gafni, Peter Gewitsch, Abi Bauer und Vera Graubart.

Es ist keine Reise in die Vergangenheit, es ist eine durch die Gegenwart.

Der Autor dankt stadt_potenziale, erinnern.at und dem bm:ukk für die Unterstützung der Arbeit an diesem Buch. Ferner gilt sein Dank Roland Sila (Tiroler Landesmuseum Ferdinandeum) und Roland Kubanda (Stadtarchiv/Stadtmuseum Innsbruck).

Fotonachweis

Abi Bauer: S. 141, 144

Abraham Gafni: S. 105, 108, 115, 116

Bibliothek Tiroler Landesmuseum Ferdinandeum:
    S. 21 (rechts), 78, 94, 97, 133, 152

Dorli Neale: S. 51, 54, 57, 60

ECHO/Andreas Friedle: S. 10

Emir Handžo, Vinzenz Mell: S. 24, 28, 64, 84, 102, 120, 138

Hans Heimer: S. 15, 67, 70

Irmgard Bibermann: S. 88, 128

Kurt Schwarz: S. 18, 74, 75, 87

Maria Luise Stainer: S. 149

Michael Graubart: S. 39, 42

Michael Neale: S. 46

Österreichische Botschaft London: S. 156

Peter Gewitsch: S. 123, 129, 132

Stadtarchiv/Stadtmuseum Innsbruck: S. 112, 113, 151

Thomas Kleissl, Manfred Mühlmann/
    www.novemberpogrom1938.at: S. 91

Vera Adams: S. 21 (links)

Vera Graubart: S. 31, 34, 161, 162, 165, 166, 169

Christoph W. Bauer
Graubart Boulevard
296 Seiten, gebunden mit Schutzumschlag
€ 19.90
ISBN 978-3-85218-572-9

November 1938: Der jüdische Kaufmann Richard Graubart wird
in seinem Haus von einem Rollkommando der SS ermordet. Seine
Familie wird nach Wien ausgewiesen, von dort wird ihr – wie Graubarts Bruder Siegfried, einem führenden Mitglied der zionistischen
Bewegung – die Flucht ins Exil gelingen.

Auf der anderen Seite: Ein Innsbrucker Hotelierssohn und
Schilehrer, als SS-Hauptsturmführer einer der Täter. Nach dem
Zusammenbruch des Dritten Reichs vor Gericht gestellt, flieht er ins
Ausland. 1959 kehrt er nach Österreich zurück und wird nach nur
zweijähriger Haft als freier Mann entlassen.

Schnörkellos und leidenschaftlich begibt sich Christoph W. Bauer
anhand von Originaldokumenten, Briefen und Archivmaterialien auf
eine literarische Spurensuche durch die Lebens- und Leidenswege
der Familie Graubart und erzählt damit zugleich zwei exemplarische
Geschichten aus der jüngeren Vergangenheit Österreichs: Die
Geschichte der Täter und die der Opfer, die durch den Nazi-Terror
alles verloren haben: ihre Heimat, ihr Eigentum, ihre Familien –
und ihr Leben.

„*Eine sehr gelungene und lesenswerte literarische Spurensuche*"
Frankfurter Rundschau, Evelyn Adunka

„*Christoph W. Bauer gelingt mit Graubart Boulevard ein ebenso
spannendes wie nachdenkliches Buch über einen Mord an einem
Innsbrucker Kaufmann und die damit bleibenden, nie aufgeklärten
Fragen.*"
Die Furche, Christa Gürtler

www.haymonverlag.at

Wieviel Mutter braucht ein Kind?

Lieselotte Ahnert

Wieviel Mutter braucht ein Kind?

Bindung – Bildung – Betreuung:
öffentlich und privat

Mit Fotografien von Christian Thiel

Autorin: Univ.-Prof. DDr. Lieselotte Ahnert
Institut für Entwicklungspsychologie
und Psychologische Diagnostik
Universität Wien
Liebiggasse 5
A 1010 Wien

Wichtiger Hinweis für den Benutzer

Der Verlag und die Autorin haben alle Sorgfalt walten lassen, um vollständige und akkurate Informationen in diesem Buch zu publizieren. Der Verlag übernimmt weder Garantie noch die juristische Verantwortung oder irgendeine Haftung für die Nutzung dieser Informationen, für deren Wirtschaftlichkeit oder fehlerfreie Funktion für einen bestimmten Zweck. Der Verlag übernimmt keine Gewähr dafür, dass die beschriebenen Verfahren, Programme usw. frei von Schutzrechten Dritter sind. Die Wiedergabe von Gebrauchsnamen, Handelsnamen, Warenbezeichnungen usw. in diesem Buch berechtigt auch ohne besondere Kennzeichnung nicht zu der Annahme, dass solche Namen im Sinne der Warenzeichen- und Markenschutz-Gesetzgebung als frei zu betrachten wären und daher von jedermann benutzt werden dürften. Der Verlag hat sich bemüht, sämtliche Rechteinhaber von Abbildungen zu ermitteln. Sollte dem Verlag gegenüber dennoch der Nachweis der Rechtsinhaberschaft geführt werden, wird das branchenübliche Honorar gezahlt.

Bibliografische Information der Deutschen Nationalbibliothek

Die Deutsche Nationalbibliothek verzeichnet diese Publikation in der Deutschen National-bibliografie; detaillierte bibliografische Daten sind im Internet über http://dnb.d-nb.de abrufbar.

Springer ist ein Unternehmen von Springer Science+Business Media
springer.de

unveränderter Nachdruck 2011
© Spektrum Akademischer Verlag Heidelberg 2010
Spektrum Akademischer Verlag ist ein Imprint von Springer

11 12 13 14   5 4 3 2

Planung und Lektorat: Katharina Neuser von Oettingen; Imme Techentin
Redaktion: Regine Zimmerschied
Titelfotografie und alle anderen Fotografien: Christian Thiel
Satz: klartext, Heidelberg
Umschlaggestaltung: wsp design Werbeagentur GmbH, Heidelberg

ISBN 978-3-8274-2014-5

Inhalt

Vorwort IX

Danksagung XI

1 Von Anfang an auf Sozialkontakte eingestellt 2
1.1 Säuglinge: Was können und was brauchen sie? . . . 4
1.2 Wilde Kinder: Wenn der soziale Austausch fehlt . . 8
1.3 Ungeahnte Anpassung 13
1.4 Entwicklungswunder Mensch 15
1.5 Geteilte Aufmerksamkeit – Gemeinsame
Aktivität 20

2 Die Macht der Mutterliebe 24
2.1 Glücklich und beschützt 26
2.2 Babyblues und schwierige Zweisamkeit 30
2.3 Mit dem Baby im Dialog 36
2.4 Von Entenküken, Plüsch- und Drahtmüttern 40
2.5 Die Mutter-Kind-Bindung und ihre Nachhaltigkeit 43

3 Beziehungen verlässlich gestalten 48
3.1 Bindungsqualitäten unter der Lupe 50
3.2 Verfügbar und feinfühlig 55
3.3 Erziehungstraditionen, Lebensumstände
und hinreichend gute Mütter 60
3.4 Emotionen werden regulierbar 64
3.5 Selbstbilder entstehen 67

4 Wenn der Vater die Mutter ist 70
4.1 Männer als Väter 72
4.2 Vaterschaft im Schlepptau 76

4.3 Besonderheiten väterlicher Fürsorge   82
4.4 Die Vater-Kind-Beziehung   85
4.5 Vater-Mutter-Kind-Dynamik und Elternschaft.   87

5   **Vom Ursprung der Kinderbetreuung**   90
5.1 Vor langer Zeit   93
5.2 Ausschließlich mütterlich betreut   96
5.3 Multiple Betreuungssysteme   99
5.4 Auf der Suche nach der ursprünglichen Betreuung .   105
5.5 Unterstützungssysteme und ihre Wirkungen   109

6   **Bindungen an bezahlte Betreuungspersonen?**   114
6.1 Von Heimerzieherinnen und Kindermädchen.   116
6.2 Erzieher/innen und Tagesmütter in der Moderne. .   120
6.3 Bindungen in Familien- und Tagespflege   123
6.4 Beziehungsqualitäten neu bestimmen   125
6.5 Wie Kind und Kindergruppe Einfluss nehmen   131

7   **Aus Fehlern lernen**   136
7.1 Die Anfänge.   138
7.2 Von Kindern in Kinderhäusern   142
7.3 Frauen weg vom Herd.   146
7.4 Verschieden und doch gleich   149
7.5 Brennpunkt: Betreuungsqualität   153

8   **Entwicklungschancen – Entwicklungsrisiken**   158
8.1 Widersprüche überwinden   161
8.2 Immer wieder krank?   164
8.3 Wie Bindungen erhalten bleiben   166
8.4 Kommunikationsfreudig, aufgeweckt und schlau .   170
8.5 Unausgeglichen und aggressiv oder frech und
    entschlossen?   178

9   **Weg vom Rockzipfel: Was tun gegen
    Trennungsstress?**   184
9.1 Stressmuster bei kleinen Kindern.   186
9.2 Stressmuster bei beginnender Tagesbetreuung . . .   190

9.3 Wie Stress regulierbar wird. 194
9.4 Trennungsängste bei den Müttern 197
9.5 Sinn und Unsinn von Eingewöhnungsprogrammen. 200

10 Konfliktfeld Kindergruppe. 204
10.1 Wege der Verständigung 207
10.2 Selbstbehauptend und besitzergreifend 212
10.3 Dimensionen der Freundschaft. 216
10.4 Gruppenkinder – Kindergruppen 219
10.5 Unbeabsichtigte Entwicklungsanreize 221

11 Frühe Bildung auf dem Prüfstand 224
11.1 Mentale Konstruktionen der Wirklichkeit 226
11.2 Der Wahn um die Frühförderung. 231
11.3 Baby Einstein und die Medien 234
11.4 Wie Bildung und Bindung zusammengehen. 238
11.5 Lernfreude und Anstrengungsbereitschaft
erhalten 242

12 Wenn private Betreuung öffentlich wird 246
12.1 Strukturen der Lebenswirklichkeit 248
12.2 Die Güte der Anpassung. 251
12.3 Wie eine geteilte Betreuung ausbalanciert wird . 255
12.4 Wenn die Familie nicht funktioniert 259
12.5 Von der Elternarbeit zur Erziehungspartnerschaft. 263

Anmerkungen 269

Literatur 299

Namensindex 317

Sachindex 321

Für Wolfgang, Friedrich, Henriette und Marisa, ohne die
Bindung, Bildung und Betreuung
andere Bedeutungen für mich hätten.

Vorwort

In der Debatte um die Kinderbetreuung wird heute noch allzu oft die erwerbstätige Mutter der nicht erwerbstätigen gegenübergestellt und beide gegeneinander ausgespielt. Dabei geht es letztendlich nur um die Frage, ob Mütterlichkeit mit einer Erwerbstätigkeit überhaupt vereinbart werden kann, ohne dass sie dem Kind schadet. Aber woher kann man wissen, wie viel Mutter tatsächlich notwendig ist, um ein Kind optimal großzuziehen?

In diesem Buch wird diese Frage aus dem Blickwinkel des Kindes untersucht. Dazu müssen wir unsere eigenen Kindheitserfahrungen erst einmal beiseite legen, denn sie sind weitgehend verloren gegangen und wenig verlässlich. Um die Frühzeit der Entwicklung nachzeichnen zu können, brauchen wir die Kenntnisse, die durch entwicklungspsychologische, anthropologische und auch neurobiologische Forschung in den letzten Jahrzenten gewonnen wurden. Davon wird in diesem Buch ausgiebig Gebrauch gemacht. Altbekannte Tatsachen erscheinen dabei in einem neuen Licht, aber auch neues Wissen erlaubt überraschende Einsichten in die innere Welt der Säuglinge und Kleinkinder. Wir wollen untersuchen, welche grundlegenden Bedürfnisse die Kleinen haben und wie sie sich mit der Welt auseinandersetzen, in die sie hineingeboren wurden. Wir wollen verstehen, auf welche Weise die Erfahrungen von Mutterliebe und von Beziehungen zu anderen Personen die Entwicklung der Frühzeit prägen.

Damit begibt sich die Thematik dieses Buches in ein Spannungsfeld von Bindung, Bildung und Betreuung von Kindern. Dort können viele Personen einbezogen sein, vor allem, wenn eine öffentliche Betreuung in Anspruch genommen wird.

Seit mehr als drei Jahrzehnten haben sich Forscher aus vielen Ländern in den Dienst einer nüchternen, wissenschaftlich fundierten und am Wohl des Kindes orientierten Bewertung öffentlicher Betreuungsangebote gestellt. Auf dieser Grundlage besprechen wir Möglich- und Notwendigkeiten, wie diesen Kindern die bestmögliche, ihren individuellen Bedürfnissen entsprechende Bildung und Betreuung zuteil werden können. Weil es dabei auch darum gehen muss, private und öffentliche Betreuung angemessen auszubalancieren, wendet sich dieses Buch sowohl an Familien mit Klein- und Vorschulkindern als auch an Fachkräfte in sozial- und frühpädagogischen Arbeitsfeldern sowie an Kinderpsychologen und Kinderärzte und natürlich an alle, die Kinder und das Zusammenleben mit ihnen mögen und liebevoll gestalten möchten.

Lieselotte Ahnert   Berlin/Wien, März 2010

Danksagung

Ich möchte mich bei allen meinen Kollegen und Kolleginnen, Mitarbeitern und Mitarbeiterinnen bedanken, die über viele Jahre meine Forschung unterstützt, begleitet, organisiert, ausgewertet und diskutiert haben: Das sind die Mitarbeiter und Mitarbeiterinnen vom Interdisziplinären Zentrum für Angewandte Sozialisationsforschung (IZAS e.V.) in Berlin, dessen Vorsitzende ich von 1991 bis 2001 war. Das sind die Kollegen und Kolleginnen am National Institute of Health (NIH) in Bethesda/Washington, vor allem Michael Lamb, mit denen ich von 1996 bis 1999 besonders intensiv zusammengearbeitet habe. Es sind aber auch Studierende der Hochschule Magdeburg-Stendal.

Einige von ihnen haben mich an die Universität Köln und später sogar an die Universität Wien begleitet. Gerade in den letzten Wochen wollten die Gespräche über Bindung, Bildung und Betreuung mit ihnen, aber auch mit einigen der neuen Wiener Mitarbeiterinnen und Mitarbeiter nicht enden. Elena Harwardt, Tina Eckstein, Anne Milatz, Jenni Schneiderwind, Gregor Kappler, Barbara Supper und Hendrik Hasselbeck, aber auch Sophie Müller-Bauer und Lisa Schröder, Maike Gappa und Janine Pieper gilt mein besonderer Dank. Danken möchte ich auch der guten Moneypenny aus Köln für die vielen Ermutigungen und Camilla Hermann, die unersetzlich bei der Manuskripterstellung war.

1

Von Anfang an auf
Sozialkontakte eingestellt

Woher ich stamme? Aus meiner Kindheit stamme ich.
Antoine de Saint-Exupéry (1942)

Es ist bisher kaum jemandem gelungen, seine eigene Kindheit bis in die Säuglingszeit hinein zurückzuverfolgen. Erwachsene haben in der Regel keine Kindheitserinnerungen vor dem dritten Lebensjahr. Die frühen Gedächtniseinheiten sind entweder nicht zugänglich oder nur so bruchstückhaft, dass sie in kein zusammenhängendes Bild gebracht und erinnert werden können. Auf diesem Weg ist es damit unmöglich, die frühe Kindheit zu rekonstruieren. Man muss sie durch direkte Beobachtung an Säuglingen und Kleinkindern erschließen.

Die beste Voraussetzung für derartige Beobachtungen haben Personen, die mit dem Beobachtungskind vertraut und gleichzeitig kinderpsychologisch geschult sind. Tatsächlich gehen die ersten Abhandlungen über die Entwicklung von Säuglingen und Kleinkindern, ihr Verhalten und Erleben auf Kinderärzte und Psychologen zurück, die ihre eigenen Kinder beobachteten und detaillierte Tagebuchaufzeichnungen anfertigten. Eines der prominentesten Beispiele dafür ist das Forscherehepaar William und Clara Stern, die von 1900 bis 1918 über ihre drei Kinder Hilde, Günter und Eva Tagebuch geführt haben. Diese Aufzeichnungen bildeten sogar die Grundlage für ein Lehrbuch, das über Jahrzehnte zur Standardliteratur der Entwicklungspsychologie zählte. Für den Genfer Psychologen Jean Piaget erwiesen sich die Tagebuchaufzeichnungen der ersten beiden Lebensjahre seiner drei Kinder Jacqueline, Laurent und Lucienne ebenfalls als entscheidende wissenschaftliche Quellen. Sie prägten seine Vorstellungen darüber, wie sich Kinder die Lebenswirklichkeit erschließen und ihre Umwelt in eigenen mentalen Bildern konstruieren [1].

In den letzten Jahren hat man vor allem versucht herauszufinden, warum es nun gerade der menschliche Säugling von dem äußerst unreifen Neugeborenenstatus in nur wenigen Monaten zu einer erstaunlichen Entwicklung bringt. Diese Entwicklung ist selbst derjenigen weit überlegen, die Tierbabys durchlaufen, deren Fähig- und Fertigkeiten unmittelbar nach der Geburt weitaus fortgeschrittener sind. Heute kann sich die Kindheitsforschung einer Reihe faszinierender moderner Technologien bedienen, um dem Entwicklungswunder Mensch auf die Spur zu kommen. Videoaufnahmen, die selbst Augenbewegungen registrieren, versuchen heute die innere Welt der Säuglinge ebenso zu erschließen wie Reaktionszeitmessungen im Millisekundenbereich. Während Videokameras zumeist alles aufnehmen, damit es dann später auf die wichtigsten Beobachtungen reduziert werden kann, wählen kindgemäß gestaltete Experimente gleich einen reduzierten Beobachtungsbereich aus. Hierbei geht es dann gezielt um die Frage, welche Umgebungsmerkmale und Umgebungsreize aus dem wirbelnden und brausenden Durcheinander von Sinneseindrücken Babys überhaupt aufnehmen, welche davon ein besonderes Interesse bei ihnen wecken oder schnell zu Langeweile und Abwendung führen.

1.1 Säuglinge: Was können und was brauchen sie?

Menschen sind nach der Geburt allem Anschein nach äußerst schwache und nahezu hilflose Wesen. Sie werden offensichtlich zu einem sehr viel früheren Zeitpunkt als die Nachkommen jeder anderen Säugetierart geboren. Sie können nicht selbst essen, nicht selbstständig sitzen, sich nicht fortbewegen und nicht nach Gegenständen greifen.

Ein wesentlicher Zeitraum ihrer Frühentwicklung muss außerhalb des Mutterleibes stattfinden. Die unreif ausgebildeten Körper- und Verhaltensfunktionen führen dazu, dass die Nähe zu erwachsenen Betreuungspersonen eine äußerst wichtige Überlebensstrategie darstellt. Aktives Nachfolgeverhalten oder Anklammern an den Körper der Mütter – wie dies von den Babys der Menschenaffen bekannt ist – sind jedoch beim menschlichen Neugeborenen nur in rudimentärer Form vorhanden und kaum funktionstüchtig. Stattdessen werden die frühen Kommunikationstechniken als eine einzigartige (menschliche) Alternative angesehen, Nähe herzustellen und sie auch aufrechterhalten zu können.

Für diese lebenswichtige Kommunikation ist der menschliche Säugling von Geburt an mit herausragenden sozialen Fähigkeiten ausgestattet. Im Gegensatz zu den eher pessimistischen Bewertungen der Sehtüchtigkeit von Säuglingen hatte Robert Fantz von der Western Reserve University in Cleveland/USA schon in den 1960er Jahren festgestellt, dass die so hilflos wirkenden Babys durchaus in der Lage sind, ihre Umgebung differenziert wahrzunehmen. Dass ein Baby in bestimmten Entfernungen verschiedenste Formen, Farben und Kontraste akkurat wahrnehmen kann, hatte er bereits an zwei Monate alten Säuglingen nachgewiesen. Die Fortführung dieser Untersuchungen sollten jedoch den entscheidenden Durchbruch bringen: Neugeborene, die gerade mal zehn Stunden bis fünf Tage alt waren, wurden mit Mustern konfrontiert, unten denen sich auch Abbildungen von menschlichen Gesichtern fanden. Fantz verwendete neben den bereits erprobten Mustern einfache Strichzeichnungen von einem menschlichen Gesicht, wie auch Gesichtsvarianten, bei denen Nase, Mund und Augen verschoben und vertauscht worden waren. In einer bequemen Liegehaltung nahmen die Neugeborenen die Farb- und Formenkontraste in ähnlich akkurater Weise wie die Zweijährigen wahr. Sie blickten jedoch am aufmerksamsten auf das menschliche Gesicht und schauten am längsten hin, wenn dessen Normalvariante geboten wurde [2]. Es besteht seither kein Zweifel: Unter all den Formen, Farben und Kontrasten, aus denen die Reizflut unserer Umwelt besteht, erhält gleich nach der Geburt das menschliche Gesicht die größte Aufmerksamkeit.

Babys haben aber auch eine hohe Empfindlichkeit für bewegte Bilder, die sie Abläufe gut erkennen und rekapitulieren lassen. Höchst aufmerksam sind sie deshalb für die Mimik des menschlichen Gesichts. Babys werden zunehmend fähiger, das Gesicht ihrer Betreuungspersonen auszukundschaften, den emotionalen Ausdruck darin zu interpretieren und die Zuwendungs- und Betreuungsbereitschaft zu erfassen. Immer wieder haben Säuglingsforscher zeigen können, dass nur Gesichter in Bewegung ein soziales Lächeln beim Kind auslösen. Daraus folgt auch, dass Säuglinge in einem hohen Ausmaß irritiert sind, wenn ihre Mütter ein starres Gesicht anstelle der gewohnten Mimik zeigen, und dass ihr Wohlbefinden deutlich gestört wird, wenn ihre Mütter durch eine eigene psychische Erkrankung (z. B. Depression) in ihrer emotionalen Ausdrucksfähigkeit eingeschränkt sind [3].

Der Hörsinn eines Babys ist ebenfalls sozial bezogen ausgerichtet. Im Spektrum lautlicher Reize reagiert der Säugling besonders sensitiv auf die menschliche Stimme und bevorzugt gleich nach der Geburt die Stimme seiner eigenen Mutter. Säuglingsforscher gehen dabei davon aus, dass die mütterliche Stimme schon in der Schwangerschaft bekannt sein dürfte, da das Ungeborene bereits viele Wochen vor der Geburt über einen entwickelten Hörsinn verfügt. Schließlich können Babys schon von sieben Monaten an die verschiedenen Sinnessysteme (z. B. Sehen und Hören) so koordinieren, dass sie eine glückliche oder ärgerliche Stimme dem passenden Gesicht einer sprechenden Person zuordnen können [4]. Mit der hohen Empfindlichkeit für menschliche Laute lernen Babys zudem etwas ganz Entscheidendes in Vorbereitung auf den Spracherwerb. Sie stellen sich auf die Lautvariationen ihrer Muttersprache ein und beginnen, Laute auszusieben, die in ihrer Muttersprache nicht gebräuchlich sind. In langen Babbel-Monologen ahmen sie schließlich bevorzugt Laute nach, mit denen ihre Mütter kommunizieren.

Diese erstaunlichen sozialen Frühleistungen von Neugeborenen und Babys weisen mit Nachhaltigkeit darauf hin, dass die soziale Kommunikation und die Interpretierbarkeit von Kommunikationsangeboten zu den grundlegendsten Entwicklungsbedürfnissen des Kindes gehören. Diese Grundbedürfnisse treffen in der Regel auf eine hohe Pflegebereitschaft der Eltern, die für das Wohlbefinden des Säuglings sorgen und seine Entwicklung fördern wollen. Der Aufbau von sozialen Beziehungen zur Mutter und anderen Bezugspersonen wird deshalb in vielen Theorien über die Entwicklung von Kindern als vorrangigste Entwicklungsaufgabe für die ersten Lebensjahre betrachtet. Der Säugling kann sich vorerst nur recht global mit Lächeln, Vokalisieren und Schreien, aber auch aufmerksamem Interesse in die Beziehung einbringen. Wenn die Betreuungsperson in differenzierter Weise darauf reagiert, stellt sich schon nach wenigen Wochen die Interaktion mit dem Kind als ein hochkomplexes soziales System dar, bei dem sowohl die Betreuungsperson als auch das Kind auf die Signale des anderen wechselweise Bezug nehmen. In den vielen Wahrnehmungs- und Handlungszyklen, die dann entstehen, kann sich der Säugling immer wieder neu einbringen und die verschiedensten Kommunikationsmöglichkeiten ausprobieren, neue Handlungsmuster und vor allem seine Sprachfähigkeit entwickeln. Dabei wird nur zu deutlich, dass für diese Dynamik die Fähigkeit des Babys zum Lernen durch Imitation grundlegend ist.

1.2 Wilde Kinder: Wenn der soziale Austausch fehlt

Welche unschätzbare Bedeutung und Funktion der soziale Austausch in der Frühentwicklung hat, zeigt sich an den Schicksalen von sogenannten Wilden Kindern, von denen seit dem 14. Jahrhundert etwa 50 Fälle wissenschaftlich belegt sind [5]. Die historisch jüngeren Schicksale erzählen zumeist die Geschichten von einem Leben in extremster Isolation, wie dies von den beiden sechsjährigen Kindern Anna aus Pennsylvania und Isabelle aus Ohio in den USA berichtet wird, die seit ihrer frühesten Kindheit eingeschlossen leben mussten. Als man Anna 1938 fand, war sie nahezu verhungert, ausdruckslos, bewegungs- und aufmerksamkeitsunfähig sowie völlig apathisch. Im Laufe des ersten Jahres lernte sie, mühsam ein paar Schritte zu gehen, sich einigermaßen sauber zu halten und sich allein an- und auszuziehen. In dieser Zeit erkannte sie ihre Betreuungspersonen zunehmend besser und begann, den Sinn einfacher Aufforderungen zu verstehen. Nach über zwei Jahren fing sie an, wie ein Baby zu lallen, rief nach einem weiteren Jahr ihre Betreuungspersonen beim Namen und drückte ihre Wünsche mit ein paar einfachen Sätzen aus. Als Anna dann mittlerweile neun war, entsprach ihr Sprachstand dem eines zweijährigen Kindes.

Normalerweise geht der Spracherwerb weitaus schneller vor sich, geschieht nahezu unaufhaltbar und wie von selbst, ohne jede Anstrengung. Der passive Wortschatz liegt beim Zweijährigen schon bei 50 Wörtern, um innerhalb der nächsten Jahre auf einige Zehntausend anzuwachsen. Bereits innerhalb der ersten drei Jahre hat das normal entwickelte Kind das gesamte grammatikalische Regelsystem der Muttersprache erworben, sodass die Sätze immer länger und komplexer werden. Von diesem Sprachniveau aber war Anna viel zu weit entfernt, als dass sie es noch hätte aufholen können; sie starb 1942.

Im Kontrast zu Anna, machte Isabelle aus Ohio eine viel bessere Entwicklung nach ihrer Befreiung durch. Schon nach einer Woche bildete sie Laute, nach zwei Monaten erste Sätze, nach neun Monaten erzählte sie Geschichten und hatte bald darauf einen Wortschatz von etwa 2 000 Wörtern. Damit war sie befähigt, komplizierte Fragen zu stellen, und entwickelte Freude am Erkunden. Sie schien ein normales Kind geworden zu sein, „klug, fröhlich und unternehmungslustig" [6]. Diese Einschätzung stammt von dem Anthropologen Kingsley Davis, der die Unterschiede in Annas und Isabelles Entwicklung darin begründet sah, dass Isabelle nicht gänzlich ohne Sozialkontakte aufgewachsen war. Man hatte sie nicht allein, sondern zusammen mit ihrer taubstummen Mutter eingesperrt.

Mit einer selbst entwickelten Zeichensprache hatten sich Mutter und Tochter dann verständigt, sodass Isabelle zwar ohne Lautsprache, aber nicht ohne Sprache an sich und vor allem nicht ohne menschliche Kontakte aufgewachsen war. Die emotionale Zuwendung durch eine Person ist offenkundig sehr entscheidend für die weitere Entwicklung eines Kindes. Isabelles enorme Lernfortschritte in allen Entwicklungsbereichen nach ihrer Befreiung sind nur verständlich vor dem Hintergrund der Tatsache, dass sie ihre Gefangenschaft in einer engen Beziehung zu ihrer Mutter verbringen konnte.

Die historisch älteren Berichte über Wilde Kinder betreffen vorrangig Kinder, die zumeist als Findelkinder ausgesetzt wurden. Einige von ihnen wurden von Tieren adoptiert, wie Kamala und Amala, die 1920 in einer Wolfshöhle bei Midnapore in Indien im Alter von neun und zwei Jahren aufgegriffen wurden. Über Kamala gibt es eine wissenschaftliche Entwicklungsdokumentation (sie wurde 17, Amala nur knapp drei Jahre alt), die von dem deutschen Psychologen Arnold Gesell 20 Jahre später in einem Buch ausgeführt wurde [7]. Danach lief Kamala anfangs auf allen Vieren und lernte erst nach drei Jahren ohne

Hilfe auf zwei Beinen zu stehen. Wenn sie es eilig hatte, ließ sie sich jedoch immer wieder auf alle Viere hinab. Anfangs mochte sie sich nicht baden und waschen. Hitze und Kälte spürte sie nicht. Ihre Nahrung schlürfte sie zunächst nur aus Schalen am Boden und aß am liebsten rohes Fleisch, auch Aas, das sie schon von weitem roch. Sie stürzte sich auch gern auf Vögel, um sie zu verschlingen. In der Dunkelheit sah sie vorzüglich, strich nachts furchtlos draußen umher und stieß dabei regelmäßig einen schrillen Klageruf aus. Tagsüber lag sie dagegen eher teilnahmslos in einer Ecke. Sie war anfangs sehr menschenscheu, kratzte und biss und musste regelrecht gezähmt werden. Zunehmend ließ sie jedoch die Betreuerinnen an sich heran, begann Kontakt aufzunehmen und Sprache zu benutzen: Nach zwei Jahren sagte sie schließlich ein einfaches Wort, wenn sie Durst hatte. Nach vier Jahren verstand sie den Sinn von Fragen und benutzte selbst sechs Wörter. Nach sechs Jahren war ihr aktives Vokabular auf etwa 30 Wörter für einfache Alltagsdinge angewachsen, und nach sieben Jahren bildete sie Zweiwortsätze. Damit brachte es Kamala immerhin weiter als die meisten Wilden Kinder. Verglichen mit der normalen Sprachentwicklung verlief ihr Spracherwerb jedoch so ungewöhnlich langsam und ineffektiv, dass eine normale Sprachbeherrschung auch in ferner Zukunft nicht hätte erwartet werden können.

Kinder, die ihre Frühentwicklung in der Wildnis mit Tieren verbracht hatten, taten sich nach diesen Berichten besonders schwer, die menschliche Sprache zu erwerben. Überraschenderweise war es für sie auch fast unmöglich, menschliches Verhalten zu erlernen. Durch ihre dramatische Vergangenheit hatten sich offensichtlich bereits grundständige Köperfunktionen so verändert, dass dies schon allein einer Nach- und Neuentwicklung des menschlichen Sozialverhaltens entgegenstand. Bei nahezu allen bekannten Fällen von „Wolfsjungen und Hundemädchen" hatten die extremen Früherfahrungen den aufrechten Gang verhindert, das Verdauungssystem auf rohe Nahrung eingestellt, die Funktionstüchtigkeit der Sinne geschärft (Sehen, Hören, Riechen) oder geschwächt (Temperaturempfinden) und den Schlaf-Wach-Rhythmus verändert. Das Fazit all dieser Schicksale von Wilden Kindern läuft wohl insgesamt darauf hinaus, dass die Entbehrung menschlichen Umgangs kein ungebundenes und autonomes Wesen entstehen lässt und schon gar nicht den „Naturmenschen" hervorbringt, den man im 18. Jahrhundert noch gern verherrlichte, sondern ein in vielerlei Hinsicht tief und dauerhaft behindertes und verstörtes Wesen. Ohne Betreuung und soziale Kontakte durch andere Menschen wird aus einem Säugling offenbar kein richtiger Mensch.

1.3 Ungeahnte Anpassung

Weil die Wilden Kinder ihre nichtmenschlichen Verhaltensweisen kaum aufgeben konnten, wurde bei ihnen ein niedriges Intelligenzniveau, wenn nicht gar Schwachsinn vermutet. Winthrop Kellogg von der Indiana University in Indianapolis/USA war jedoch anderer Meinung. Immerhin hatten sich die Kinder intelligent genug gezeigt, um sich der Wildnis anzupassen. Dass sie die frühen Verhaltensprägungen nur schwerlich ablegten, könne auch daran liegen, dass der Einfluss der Umwelt eine enorme Bedeutung für die Herausbildung des Verhaltens habe. Im Jahr 1931 verfolgte Kellogg deshalb die Idee, das Schimpansenbaby Gua in seine Familie als vollwertiges Familienmitglied aufzunehmen. Gua, die zu diesem Zeitpunkt gerade sieben Monate alt war, sollte genauso behandelt werden wie der zehn Monate alte Sohn Donald. Wie Donald sollte sie geherzt, geküsst und im Kinderwagen gefahren werden, mit einem Löffel zu essen lernen und aufs Töpfchen gehen. Winthrop Kellogg hoffte mit dieser Studie nachweisen zu können, dass im Ergebnis einer solchen Fürsorge Gua die gleichen Verhaltensweisen wie Donald ausbilden würde [8].

Gua zeigte tatsächlich eine erstaunliche Anpassung an ihre menschliche Umgebung. Sie gehorchte besser als Donald, zeigte früh an, wenn sie zur Toilette musste, und verstand „Nein", „Schließ die Tür!" und „Wo ist deine Nase?" sogar stets ein paar Wochen früher als Donald; ihr Sprachverständnis begann jedoch bei ungefähr 130 Wörtern zu stagnieren. Donald erwies sich dagegen als der weitaus bessere Imitator. Er konnte Guas Futterruf perfekt kopieren und bat mit stoßartigen Keuchlauten von Zeit zu

Zeit um eine Banane. Die Studie erregte großes Aufsehen und wurde scharf kritisiert. Winthrop Kellogg wurde vorgeworfen, dass er einen Affen zum Menschen habe erziehen wollen und dabei einen Menschen zum Affen gemacht hat. Nach neun Monaten wurde die Studie deshalb abgebrochen. Donald sprach zu diesem Zeitpunkt gerade mal drei Wörter [9].

Schimpansenbabys lernen offensichtlich bestimmte Dinge ähnlich gut wie Menschenkinder. Durch einsichtiges Lernen können sie vieles aus ihrer Umwelt annehmen und Probleme lösen, deren Lösungsweg sie sogar selbst entwickeln. Die Entdeckung dieser erstaunlichen Fähigkeiten hatte bereits der Psychologe und Anthropologe Wolfgang Köhler gemacht, der kurz vor Ausbruch des Ersten Weltkrieges gefragt wurde, ob er Interesse an einem einjährigen Aufenthalt in der Anthropoidenstation auf Teneriffa hätte. Köhler befasste sich dort mit Schimpansen. Als er seine Rückkehr nach Deutschland plante, brach der Weltkrieg aus und zwang ihn, auf Teneriffa zu bleiben. In den folgenden Jahren führte Köhler deshalb dort seine Untersuchungen über Denkprozesse bei Schimpansen fort. Er interessierte sich vor allem dafür, inwieweit die Schimpansen intelligentes Verhalten von der Art eines Menschen haben. Köhlers bekannteste Arbeit behandelt die Anwendung von Werkzeugen. Beispielsweise sollten die Schimpansen beim Versuch, an eine in großer Höhe angebrachten Banane zu gelangen, Kisten aufeinanderstapeln und sich mit ineinandergesteckten Stöcken ein Werkzeug erstellen, mit dem die Banane erreicht werden konnte. Niemand hatte ihnen zuvor diese Lösungsmöglichkeit gezeigt. Aus einer Gruppe von neun Schimpansen gelang es dem Schimpansen Sultan nach mehr als einer

Stunde, endlich die kurzen Stöcke zusammenzubringen und dieses neue Werkzeug dann sofort zielführend einzusetzen. Sein Lösungsverhalten interpretierte Köhler als Lernen durch Einsicht, da Sultan Einsicht in ein Problem gezeigt hatte, das zu einem zweckgerichteten Folgeverhalten führte. Bis dahin hatte man angenommen, dass Tiere nur durch Versuch und Irrtum lernen und ein Lernergebnis erst durch immer wiederkehrende Übungen entsteht [10].

1.4 Entwicklungswunder Mensch

Trotz dieser erstaunlich menschennahen Denkleistung bestand für Köhler kein Zweifel, dass die Denkleistungen der Schimpansen im Allgemeinen weit hinter denen des Menschen zurückstehen. Handelt es sich dabei jedoch um flächendeckende Niveauunterschiede in sämtlichen Wissens- und Denkleistungen, oder betrifft dies nur jene, die für die menschliche Kultur notwendig sind? Finden sich die Unterschiede schon in der frühen Kindheit oder erst, nachdem ein Kind über mehrere Jahre auf seinem Weg der Erkenntnis begleitet und unterrichtet wurde?

Diese Frage beschäftigte ein Team um den amerikanischen Anthropologen Michael Tomasello vom Max-Planck-Institut für Evolutionäre Anthropologie in Leipzig [11]. In einer imposanten Studie wurden 106 Schimpansen in Uganda und der Republik Kongo, 32 Orang-Utans in Indonesien sowie 105 deutsche Kleinkinder untersucht. Während die Affen im Schnitt zehn Jahre alt waren, waren die Kleinkinder etwa 24 Monate alt. Jeder einzelne Termin, ob bei einem Affen oder einem Kleinkind, hatte nur

das eine Ziel: Es sollten ausgewählte Wissens- und Denkleistungen spielerisch überprüft werden. Die verwendeten
Testserien stammten zumeist aus bekannten Kleinkin-
dertests und waren in Voruntersuchungen für Menschenaffen ausprobiert und adaptiert worden, um sicherzustel-
len, dass sie sich bei Affen wie Kleinkindern angemessen
einsetzen ließen [12].

Im physikalischen Teil der Testserien wurde das Wissen
über die Dinge in Raum und Zeit sowie der Umgang mit
diesen grundsätzlichen Eigenschaften unserer Welt überprüft, die auch die Lebenswirklichkeit sowohl von Kindern wie Affen betreffen. Die Testsituationen sollten folgende Fragen beantworten: Haben Affen wie Kleinkinder
ein Verständnis dafür, dass Gegenstände auch existieren,
wenn man den Blick von ihnen abwendet? Wie präzise
können sich Affen wie Kleinkinder den Ort eines Gegen-
stands merken und einen möglichen Ortswechsel nachvollziehen? Wissen sie, dass Gegenstände nicht an zwei
Orten zu derselben Zeit sein können? Können sie mehrere
Gegenstände aufgrund ihrer Ähnlichkeiten und anhand
ihrer Mengen vergleichen? Und können sie schließlich die
Funktionalität verschiedenster Gegenstände entdecken,
wie dies in den Untersuchungen von Wolfgang Köhler
durch einsichtiges Lernen der Fall war?

Soziale Denkbezüge wurden in weiteren Testserien
gefordert. Derartige Leistungen sollte man auch von Affen
erwarten können, da sie als Sozialwesen par excellence in
sozialen Gruppen leben, kommunizieren, kooperieren und
gemeinsam Probleme lösen. Auch weiß man nur zu gut,
dass ihre Sozialbeziehungen keine Selbstverständlichkeiten
sind. Jedes Gruppenmitglied muss sie mitgestalten und
von einem anderen Artgenossen lernen können. Die Test-

aufgaben überprüften deshalb zunächst, wie es mit der Kommunikation bei Affen im Vergleich zu denen bei Kleinkindern steht. Wie wird beispielsweise einem anderen mitgeteilt, wo sich ein Gegenstand befindet? Inwieweit werden Handlungen und Problemlösungen tatsächlich von anderen gelernt und übernommen? Es wurde schließlich überprüft, inwieweit sich Affen wie Kleinkinder in die Denk- und Handlungswelt eines anderen hineinversetzen können. Um sinnvoll kooperieren und das eigene Handeln auf das Handeln anderer abstimmen zu können, ist es letztendlich wichtig zu erschließen, was der andere zu tun beabsichtigt.

Die Studie stellt einen Meilenstein in der Erforschung der mentalen Leistungen des Menschen mit Blick auf diejenigen seiner nächsten biologischen Verwandten dar, mit denen der Mensch immerhin 99 Prozent des Erbmaterials teilt. Die Kleinkinder, die erst zwei Jahre alt waren und folglich weder richtig laufen noch sprechen konnten, erfüllten die Testanforderungen über die physikalischen Eigenschaften der Umwelt auf dem gleichen Niveau wie die Affen, die bereits erwachsen und erfahren waren und sich mit den gegenständlichen und räumlichen Bedingungen ihres Lebensraumes schon über einige Jahre aktiv auseinandergesetzt hatten. Dass die Kleinen auch ohne ausgiebige Selbsterfahrungen von Raum und Zeit diese Denkleistungen parat haben, wird in moderner Säuglingsforschung immer wieder bestätigt und liegt vermutlich an dem Erbe der langen Menschheitsgeschichte [13]. Danach wissen offenbar bereits Neugeborene, dass sie in einer dreidimensionalen Welt leben. Sie können das zweidimensionale flache Bild, das auf ihre Netzhaut projiziert wird, in eine dreidimensionale innere Welt verwandeln. Babys zeigen nämlich, dass sie Entfernungen verstehen. Wenn man ihnen einen Ball zeigt, der so aussieht, als ob er schnell auf sie zukäme, dann schrecken sie zurück und halten schützend die Hände vors Gesicht.

Die Kleinen verstehen auch, wie sich die Größen von Gegenständen mit der Entfernung verändern können. Was passiert mit ihnen, wenn ein Ball gezeigt wird und derselbe Ball in doppelter Entfernung anschließend noch einmal? Das neue Bild auf der Netzhaut wird zwar nur halb so groß sein, aber die Kleinen werden ohne Schwierigkeiten feststellen, dass es sich um denselben Ball handelt. Wird ihnen dagegen ein Ball gezeigt, der doppelt so weit entfernt und auch doppelt so groß ist, werden sie begreifen, dass es ein anderer Ball ist, obwohl das Bild auf ihrer Netzhaut dieselbe Größe hat wie zuvor. Sie berechnen quasi automatisch, dass weiter entfernte Gegenstände kleiner aussehen. Warum sonst sollten sie sich mit der Zeit langweilen, wenn man ihnen immer wieder den gleichen Ball abwechselnd in der Nähe oder Ferne zeigt? Obwohl sich das Netzhautbild dann jedes Mal verändert, zeigen die Babys kein besonderes Interesse. Sie verhalten sich richtigerweise so, als sei der weiter entfernte Ball praktisch derselbe. Doch wenn sie aus der Ferne plötzlich einen großen Ball sehen würden, wären sie aufmerksam, obwohl sich damit die Größe des Bildes auf ihrer Netzhaut nicht verändert hätte. Damit ist nachgewiesen: Über das Bild auf der Netzhaut hinaus können Säuglinge und Kleinkinder einige grundlegende Ordnungsprinzipien ihrer Umwelt erkennen und sie richtig bestimmen, noch bevor sie sich in ihr selbstständig bewegen können [14].

Es gibt auch Gründe für die Annahme, dass Babys mit ungefähr einem Jahr verstehen, was die Bewegung von

Gegenständen bewirken kann. Wenn ein Spielzeugauto auf dem Boden rollt und an ein anderes Auto stößt, das nun seinerseits wegrollt, ist dies bereits für Babys ein gewohntes Ereignis und führt schnell zur Langeweile. Zeigt man ihnen jedoch einen nahezu identischen Vorgang, bei dem das erste Auto sich dem zweiten nur nähert und es *nicht* berührt, dieses aber dennoch wegrollt, kann das Kind vor Erstaunen den Blick nicht abwenden. Bereits zehn Monate alte Babys beobachten die zweite Szene länger als die erste. Das weist darauf hin, dass sie erkennen, wie komisch sie ist: Über Entfernung hinweg können sich Gegenstände normalerweise nicht bewegen, ohne dass sich beide vorher berührt haben. Das verletzt ein fundamentales Prinzip der physikalischen Eigenschaften unserer Welt. Babys wissen offensichtlich etwas darüber. Sie scheinen ganz unabhängig von ihrem eigenen Verhalten zu verstehen, wie die Gegenstände ihrer Umwelt aufeinander einwirken können [15].

Im Hinblick auf die sozialen Wissens- und Denkleistungen demonstrierten die Kleinkinder in Tomasellos Studie eine noch unvergleichlich größere Überlegenheit gegenüber den Affen. So ließen sie Fähigkeiten erkennen, die Affen erst gar nicht entwickeln: Sie konnten Handlungsabsichten und Handlungsfolgen im sozialen Geschehen unmittelbar verstehen. In fremde Handlungsabläufe konnten sie sich sogar sinnvoll einbringen und schienen damit zu wissen, was in den Köpfen anderer vor sich ging (sozial-kognitive Fähigkeiten). Wie haben die Kleinen diese Fähigkeiten in nur zwei Jahren ihrer eigenen beginnenden Entwicklung herausbilden können?

1.5 Geteilte Aufmerksamkeit – Gemeinsame Aktivität

Für die moderne Entwicklungspsychologie gibt es auf die Frage nach dem Vorhandensein sozial-kognitiver Fähigkeiten nur eine Antwort: Kinder sehen andere Menschen vom ersten Augenblick ihres Lebens ebenfalls als Menschen an. Wenn sie auf die Welt kommen, haben sie bereits tief verwurzelte Vorstellungen davon, auf welche Weise andere Menschen ihnen ähneln und sie selbst ihnen ähnlich sind. Dieses angeborene Wissen eines Neugeborenen ist jedoch nur *eine* von insgesamt drei Grundlagen der frühen sozialen Denkleistungen des Menschen. Eine ausgeprägte Lernfähigkeit und der soziale Austausch mit und über andere Menschen lassen bereits Säuglinge in vielfältigen Alltagssituationen erfahren, was es bedeutet, ein Mensch zu sein.

Wenn Babys mit ihrer Umgebung interagieren, lernen sie zunächst sehr viel über sich selbst. Sie erfahren etwas über ihre Handlungsmöglichkeiten wie auch über ihre Handlungsbeschränkung. Babys konzentrieren sich einerseits auf die dingliche Welt, greifen nach Gegenständen und untersuchen sie mit all ihren Sinnen immer wieder aufs Neue. Andererseits fasziniert sie die Interaktion mit anderen Menschen, mit denen sie Dialoge aufbauen und wechselseitige Gefühle ausdrücken. Wenn sie anfänglich mit den Gegenständen beschäftigt sind, ignorieren sie zumeist die Personen; wenn sie mit den Personen interagieren, ignorieren sie zumeist die Gegenstände.

Etwa ab dem neunten Lebensmonat verändert sich jedoch der Austausch eines Babys mit seiner Umwelt entscheidend. Das Baby scheint plötzlich in der Lage, seine Aufmerksamkeit auf einen Gegenstand und eine Person gleichzeitig zu richten. Babys blicken dann zum ersten Mal gezielt dorthin, wohin auch ein anderer blickt. Sie zeigen auf Gegenstände, auf die auch andere Menschen zeigen. Zunehmend versuchen sie, den anderen auf ihr eigenes Interesse für einen Gegenstand einzustellen und ihn dazu zu bringen, genau diesen Gegenstand zu beachten. Zwischen einem Baby und einem anderen Menschen herrscht plötzlich ein tiefes Verständnis. Wenn ein Kind auf etwas beharrlich zeigt und so lange in das Gesicht der anderen Person blickt, bis auch sie den Gegenstand anschaut, dann ist eine Ebene gefunden, auf der man in Augenhöhe kommuniziert. Werden die Gegenstände durch die andere Person mit Ermutigungen und positiven Gefühlen begleitet, wird das Baby diese Gegenstände ausführlich untersuchen. Werden sie als merkwürdig oder gar gefahrvoll kommentiert, werden sich die Kleinen kaum mit diesen Gegenständen beschäftigen. Babys begreifen damit nicht nur, was sie mit Gegenständen tun können. Sie finden auch heraus, welche Gefühle sie mit ihnen haben sollen, nachdem sie erfahren konnten, wie sich andere Menschen damit fühlen.

Durch die geteilte Aufmerksamkeit eines Kindes, gemeinsam mit einer anderen Person die dingliche Welt zu erkunden, ergeben sich bereits ohne Sprache Möglichkeiten der gezielten Kommunikation des Kindes mit anderen. Diese sichert die Teilnahme der Kleinen an der Kultur, in die sie hineingeboren wurden. Sie erfahren, dass etwas erfreulich und lohnenswert oder unerfreulich und gefährlich ist, so wie dies zumeist schon über vergangene Generationen hinweg bewertet wurde. Babys müssen deshalb ein solches

Generationswissen nicht erst neu entdecken; sie können es sich durch die Kommunikation mit anderen unmittelbar zunutze machen.

Jenseits des neunten Lebensmonats interessieren sich die Kleinkinder allerdings nicht nur für bestimmte Gegenstände oder Ereignisse ihrer Kultur und Personen, die diese Interessen mit ihnen teilen. Babys wollen mit einem anderen etwas zusammen machen und mit ihm ein gemeinsames Ziel verfolgen. Wenn der andere diese Tätigkeit stoppen und nicht mehr mitmachen will, dann sind es die engagierten Kleinen, die ihn festhalten und verpflichten wollen. Auch bestehen sie in der Regel darauf, dass so gespielt wird, wie es einmal vereinbart wurde. In diesem Prozess von geteilter Aufmerksamkeit und gemeinsamer Aktivität wollen Kleinkinder unmissverständlich mit einem anderen und mit den einmal vereinbarten Mitteln ein gemeinsames Ziel bis zu Ende verfolgen.

Was aber, wenn die andere Person andere Zielstellungen verfolgt? Wenn beispielsweise das Baby den heißen Wasserkessel anfassen, die Mutter es jedoch daran hindern will? Zwar richten Baby und Mutter die Aufmerksamkeit dann auf den gleichen Gegenstand, ihre Handlungsziele stehen jedoch in einem unmissverständlichen Kontrast. Andere Menschen können die Dinge eben anders betrachten als das Kind; zu dieser Erkenntnis kommen die Kleinen etwa mit anderthalb Jahren. Während ihnen zuvor derartige Unterschiede nicht bewusst waren, prüfen sie nun systematisch, in welchem Ausmaß ihre eigenen Ziele und Wünsche von denen ihrer Umwelt abweichen. Diese Überprüfungen enden im „schrecklichen zweiten Lebensjahr" [16] zumeist mit Wutanfällen, wenn Einschränkungen hingenommen werden müssen, obwohl die Kleinen ja nur mal austesten wollten, wie ein anderer auf ihre Handlungsmöglichkeiten reagiert.

Das Kind entdeckt dabei, wie unterschiedlich Menschen in der gleichen Situation handeln und fühlen können. Das Hineindenken in die Vorstellungen und Wünsche eines anderen ist grundlegend für das spätere Miteinander. Um sich positiv gegenüber einem anderen Menschen verhalten zu können, muss man sich jedoch nicht nur in ihn hineinversetzen und verstehen können, was er fühlt und denkt: Auch wenn man selbst nicht das Gleiche fühlt, muss man wissen, was zu tun ist, damit der andere sich besser fühlt. Mitfühlendes Verhalten ist den Kleinen nicht angeboren, es muss entwickelt werden. Die erziehende Umwelt kann ihnen dabei helfen, sofern sie nicht durch eigene soziale Konflikte belastet ist. Über Imitation lernt das Kind das richtige menschliche Verhalten für die jeweilige Situation. Babys können sich nur mithilfe von anderen Menschen einbringen. Aber durch diese Abhängigkeit stehen sie nicht schlechter, sondern besser im Einklang mit der Welt, in der sie leben. So erhalten Kinder ganz zielführend viel bessere Informationen über die Welt, als sie sich diese je selbst beschaffen könnten. Als Kinder sind wir darauf angewiesen, dass andere Menschen die Erfahrungen an uns weitergeben, die Hunderte von früheren Generationen gemacht haben.

2

Die Macht der Mutterliebe

... das ererbte Potenzial eines Säuglings (... kann ...) kein Säugling werden, wenn es nicht mit der mütterlichen Fürsorge zusammengebracht wird.

Donald Winnicott (1965)

Die Geburt eines Kindes stellt einen Wendepunkt in der Lebensgeschichte einer Frau dar. Mutterschaft ist unwiderruflich. Sie verändert eine Frau für immer und zwar in vielerlei Hinsicht: in Bezug auf ihre Lebenseinstellungen, Wertigkeiten, Entscheidungen und vor allem ihre Gefühle. Viele Mütter empfinden ihr Baby so sehr als Teil ihrer selbst, dass das Wohlergehen des Babys zu ihrem drängendsten Anliegen wird. Die Intensität dieses Gefühls treibt Mütter offensichtlich dazu, Tag und Nacht die Opfer zu bringen, die die Säuglingspflege verlangt. Mütter von Neugeborenen stellen normalerweise die eigenen Bedürfnisse hinten an, gehen rund um die Uhr dem Babygeschrei auf den Grund und betreuen das Baby trotz eigener dringender Schlafbedürfnisse auch nachts. Ist diese bedingungslose Hingabe einer Mutter das Ergebnis von Glaubensgrundsätzen, die einem gesellschaftlich definierten Mütterideal entspringen? Oder ist diese Hingabe naturgewollt und biologisch vielleicht sogar unterstützt?

Mutterliebe – die glücklicherweise auch bei nichtleiblichen Müttern vorkommt – ist auf jeden Fall der Ausgangspunkt für eine Beziehung, die für Neugeborene und Säuglinge nicht nur lebenswichtig, sondern auch lebensprägend ist. Der britische Kinderarzt Donald Winnicott hat dies als erster Wissenschaftler deutlich gesehen: Die Mutter habe eine fundamentale Funktion im Leben eines Kindes, für die ein Säugling besonders empfänglich und sensibel sei. Ohne sie könne es keine menschliche Zukunft für ihn geben [1]. Mütter betreuen in der Regel ihre Kinder im Verlauf der Frühentwicklung bedeutend zeitintensiver als in späteren Entwicklungsabschnitten und sind davon überzeugt, dass Investitionen in die frühe Betreuung für das Kind eine vielfach größere Bedeutung als ihre späteren Betreuungsleistungen haben. Was stützt diese Überzeugungen, und wie sieht die mütterliche Hingabe in den frühen Kinderjahren aus?

2.1 Glücklich und beschützt

Das Erlebnis Geburt löst Emotionen in jede Richtung aus. Bedingt durch den relativ großen Kopf des Kindes und das starre Becken der Mutter verläuft die Geburt zumeist zwar sehr schmerzhaft, ist andererseits jedoch mit überwältigenden positiven Gefühlen verbunden. Die hormonelle Umstellung, an der die verschiedensten Hormone während und nach der Geburt beteiligt sind, scheint die Mutter auf das Kind und die Aufnahme einer intensiven Fürsorge vorzubereiten. Für das Gefühl des Mutterglücks wird jedoch fast ausschließlich das Hormon Oxytocin verantwortlich gemacht, das mit der Geburt ausgeschüttet wird und schon beim Orgasmus für Glücksgefühle sorgt. Da es zudem hilft, die Gebärmutter nach der Geburt zurückzubilden und das Stillen in Gang zu setzen, wurde es lange Zeit fast ausschließlich für ein weibliches Hormon gehalten. In den letzten Jahren fand man jedoch heraus, dass Oxytocin viele verschiedene Effekte auf Verhalten und Physiologie des weiblichen wie männlichen Organismus hat. In seiner Eigenschaft als Neuropeptid (Botenstoff im Gehirn) kann Oxytocin viele wichtige regulatorische Zentren im Gehirn gleichzeitig koordinieren und dadurch sehr komplexe Wirkungsmuster erzeugen. So spielt Oxytocin beispielsweise eine zentrale Rolle beim Sozialverhalten und im sozialen Austausch. Es fördert die Zuwendung zu anderen Menschen und die Fähigkeit, den anderen emotional besser zu verstehen. Es steigert das Vertrauen und unterstützt Fürsorglichkeit. Oxytocin ist auch an der Kontrolle der Stressreaktionen beteiligt. Es befähigt nicht nur dazu, sich besser zu entspannen und andere Menschen an sich heranzulassen, sondern blockiert auch Ängste und hat eine generell stressabschirmende Funktion [2]. Kann man daraus ableiten, dass Wöchnerinnen und stillende Mütter im Vergleich zu anderen Frauen ein deutlich niedrigeres Stressniveau aufweisen?

Zwei viel beachtete und bislang einmalig gebliebene Studien haben tatsächlich überprüft, wie Stress auf stillende Mütter wirkt. Die eine der Studien kam aus der Biopsychologischen Forschungsabteilung der Universität Trier von Dirk Hellhammer, die andere aus dem Brain-Body-Zentrum der University of Illinois in Chicago/USA, das von dem Forscherehepaar Steve Porges und Sue Carter geleitet wird. In beiden Studien wurden Mütter an die Universitäten eingeladen, deren Babys gerade mal sechs bis 24 Wochen alt waren. Die Mütter unterzogen sich an beiden Universitäten demselben „Trierer Sozialen Stress-Test". Vor einer Kommission mussten sie Fähigkeiten im Kopfrechnen nachweisen und die freie Rede vorführen. Da derartige Anforderungen schnell als blamabel empfunden werden, wenn sie nicht gelingen, verursacht dieser Test zweifelsohne Stress. Das Stressniveau wurde dabei über die Cortisolausschüttung im Blut oder über Pulsschlag und Herzraten eingeschätzt.

In der Trierer Forschungsabteilung stillte die Hälfte der Mütter kurz vor dem Stresstest die Babys für 15 Minuten (*Stillgruppe*), während die andere Hälfte der Mütter ihre Babys schon fast zwei Stunden vorher gestillt hatte und nun vor Beginn des Stresstests die Kleinen noch 15 Minu-

ten auf dem Arm halten durfte (*Haltegruppe*). Die Ergebnisse der Studie waren überzeugend: Das Stressniveau der
Stillgruppe war bedeutend niedriger als das der Haltegruppe. Der Stressschutz der stillenden Mütter dauerte
allerdings nicht übermäßig lange an. Nach fast zwei Stunden waren ihre Cortisolwerte denen der anderen Mütter
angeglichen. Dennoch lässt dieser Mechanismus einige
Vorteile erkennen: (1) Die Mütter sind für die Stillzeit von
Außenreizen abgeschirmt und können ihre Aufmerksamkeit auf den Säugling richten, (2) eine mögliche Beeinträchtigung des Milchflusses durch Stress wird abgewendet
und schließlich (3) ist aufgrund der abgesenkten Cortisolwerte in der Muttermilch eine Stressbelastung des Kindes
auf diesem Weg ausgeschlossen [3].

Die Chicagoer Forschungsgruppe untersuchte ebenfalls
eine Gruppe von stillenden Müttern mit dem gleichen
Prozedere: erst Stillen – dann Stresstest. Darüber hinaus
wurden auch Mütter in die Studie aufgenommen, die nie
gestillt oder schon vor einiger Zeit damit aufgehört hatten.
Diese Mütter gaben ihren Babys die Flasche (*Flaschen-
gruppe*), bevor sie den Stresstest absolvierten. Auch musste
eine *Kontrollgruppe* von Frauen, die noch keine Kinder
hatten, den Stresstest durchlaufen. Im Vergleich der Stress-
werte aller Frauen zeigte sich auch hier, dass die Stillgruppe
die niedrigsten Stressreaktionen zeigte. Während die Kontrollgruppe erwartungsgemäß den größten Stress hatte,
waren überraschenderweise zwischen Still- und Flaschen-
gruppe kaum Unterschiede auszumachen [4].

Wie kann es sein, dass eine Mutter in den biologischen
Vorteil eines Stressschutzes kommt, die, anstatt zu stillen,
die Flasche hält? Die Biologin Kerstin Uvnäs-Moberg vom
Karolinska-Institut in Stockholm/Schweden hat darauf

nur eine Antwort [5]: Auch die Oxytocinausschüttung ist ein komplexer Prozess, der nicht nur über das Stillen in Gang kommt. Beispielsweise ist der Haut-zu-Haut-Kontakt von Mutter und Neugeborenen ebenfalls ein begünstigender Faktor. Wenn das Neugeborene auf die Brust der Mutter gelegt wird, führt ein angeborenes spontanes Verhaltensmuster dazu, dass das Kind sich zur Brust hin bewegt und mit dem Saugen beginnt. Schon durch diesen Hautkontakt steigen die Oxytocinwerte der Mutter an. Dabei steht die Menge des freigesetzten Oxytocins sogar im Zusammenhang mit der Anzahl der Handbewegungen, die das Baby macht. Steigen die Oxytocinwerte an, werden aber auch die Blutgefäße in der mütterlichen Haut so erweitert, dass eine erhöhte mütterliche Hauttemperatur das Kind dazu noch mit Wärme versorgt. Weiterhin halten Blickkontakte zwischen Mutter und Kind, wie auch der Austausch von Lauten und Signalen, das Oxytocinniveau aufrecht.

Bei diesen vielen Faktoren, die die Oxytocinausschüttung anregen und auslösen, genügen im Verlauf der Mutterschaft wahrscheinlich nur einige wenige Schlüsselreize, um die Oxytocinproduktion anzukurbeln, Glücksgefühle auszulösen und Stress erst gar nicht an die Mütter heranzulassen. Von daher kann Uvnäs-Moberg sehr gut nachvollziehen, dass die meisten Mütter Wohlbehagen allein schon dadurch empfinden, dass sie Blickkontakt mit dem Baby aufnehmen oder lediglich an das Baby denken. Mit diesen Überlegungen würde sich auch erklären lassen, warum das beschützte Mutterglück keine automatische Konsequenz allein aus einem normalen Geburtsverlauf und dem Stillverhalten ist, warum die Stressabschirmung im Verlauf der Mutterschaft über viele Wege aufrechterhalten werden und dann auch zeitlich relativ unbegrenzt wirken kann. Das ist eine gute Botschaft auch für all jene Mütter, denen der normale Geburts- und Stillvorgang – aus welchen Gründen auch immer – verwehrt geblieben sind.

2.2 Babyblues und schwierige Zweisamkeit

Auch wenn eine Geburt gut verlaufen, das Kind gesund, die Mutter glücklich und stressgeschützt ist, kann es nicht selten zu einem Absturz der Glücksgefühle in den sogenannten Babyblues kommen, der auch als „Heultage" bekannt ist. Heulattacken und Stimmungsschwankungen sind jedoch meist schon nach wenigen Tagen vorüber. Sollten die Beschwerden anhalten und sich auch noch verschlimmern, könnte es sich um eine schwerwiegende Depression handeln, die als postpartale Depression (Wochenbettdepression) bekannt ist. Während der Babyblues etwa bei 50 Prozent der Wöchnerinnen vorkommt, entwickelt immerhin noch etwa jede zehnte Wöchnerin eine Depression. Diese beginnt meist schleichend, langsam und unbemerkt und geht mit einer großen Müdigkeit einher. Manchmal sind die Mütter jedoch auch überdreht. Zwangsgedanken, das Kind nicht richtig versorgen oder nicht genug lieben zu können, Gefühle der Überforderung und der eigenen Wertlosigkeit, Reizbarkeit und Konzentrationsstörungen sind typische Symptome, die die Mütter durch den Tag begleiten. Ein auslösendes Moment ist die abrupte Hormonumstellung nach der Entbindung. Viele Frauen leben schon deshalb im psychischen Alarmzustand, wollen nur noch wachsam sein, stets ein Auge auf ihr Baby haben und seinen Bedürfnissen gerecht werden. Möglicherweise hat die Natur den Müttern aus diesem Grund eine erhöhte Sensibilität mitgegeben, die allerdings auch mit einer großen Verletzlichkeit verbunden ist.

Es ist jedoch schon verwunderlich, dass so viele Frauen nach einer Geburt einen Babyblues entwickeln oder gar eine Depression bekommen – egal ob sie ungewollt schwanger wurden oder es ein Wunschkind war; egal ob es sich um das erste oder ein weiteres Kind handelt. Nach Meinung des Ethnomediziners Wulf Schiefenhövel vom Max-Planck-Institut in Andechs, der die Geburtspraktiken der Eipo in Westguinea ausführlich studiert hat, kann es sich dabei nur um eine Fehlentwicklung in unserer Kultur handeln. Frauen, die ein Kind bekommen haben, können nirgendwo auf der Welt Tage in Irritation und Konfusion verbringen. Ihre dringendste Aufgabe sei die Sorge um den Nachwuchs. In der hiesigen Wöchnerinnenpraxis läge vieles im Argen, vor allem aber werde dem mütterlichen Körperkontakt zum Neugeborenen zu wenig Bedeutung beigemessen.

Schiefenhövel plädiert deshalb für ein Bedding-in, bei dem das Neugeborene mit seiner Mutter für die erste Zeit in einem gemeinsamen Bett schläft. In seinem Münchener Post-Partum-Projekt hatten damit nicht nur die Säuglinge eine bestens regulierte Nahrungsaufnahme, Schlaftiefe und körperliche Nähe zu ihren Müttern. Auch die Wöchnerinnen berichteten über ein weitaus besseres Wohlbefinden. Wöchnerinnen ohne Bedding-in, die sich viel mehr Körperkontakt zu ihren Neugeborenen wünschten, hatten dagegen eine signifikant höhere Babybluesrate im Vergleich zu Wöchnerinnen, die das Ausmaß an Nähe zu

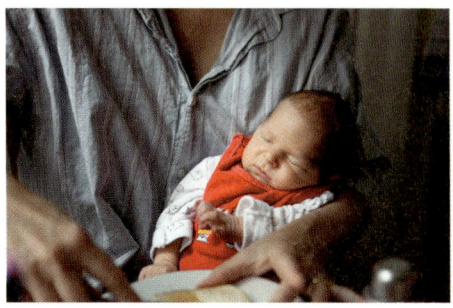

ihren Babys ganz in Ordnung fanden. Von daher kann Bedding-in ein wirkungsvoller Schutz vor einer Wochenbettdepression sein, und ist es nicht verwunderlich, dass beim Rooming-in (das Kinderbett steht neben dem Bett der Mutter), das Geburtskliniken heute schon standardgemäß für Mutter und Kind einrichten, Babyblues noch viel zu häufig auftritt [5].

Babyblues und Wochenbettdepressionen können durch weitere Faktoren verstärkt, aber auch abgebaut werden. Probleme in der Schwangerschaft, Konflikte mit dem Partner, ein traumatisches Geburtserlebnis, Stillschwierigkeiten und vieles mehr erhöhen das Risiko, einen Babyblues oder eine Wochenbettdepression zu bekommen. Auch ist die Verletzlichkeit, so wie sie die Wöchnerinnen nach der Geburt an sich selbst erleben, in unserer Gesellschaft absolut nicht gefragt und die Auseinandersetzung damit deshalb schwierig. Wenn diese Frauen einerseits schnell wieder funktionieren, andererseits aber auch die perfekten Mütter sein möchten, ist es kein Wunder, wenn viele von ihnen erst einmal in ein Loch fallen. Dies scheint vor allem dann zu passieren, wenn die eigenen sozialen Unterstützungssysteme versagen oder schon von vorn-

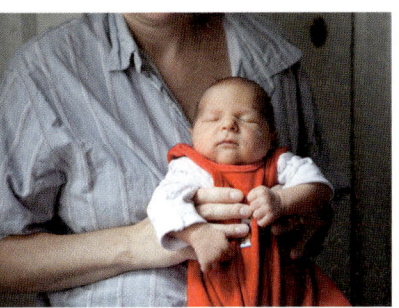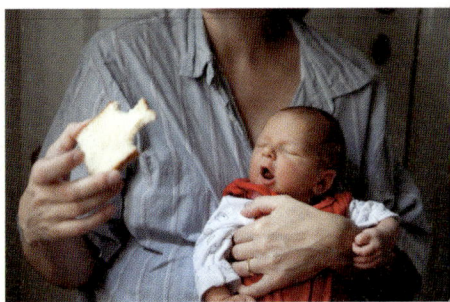

herein nicht zur Verfügung standen. Empathie und Unterstützung durch den Vater des Kindes und andere Personen haben damit nicht nur eine ausgesprochen positive Auswirkung auf das Mutter-Kind-System, sie sind eine weitere notwendige Schutzmaßnahme gegen Babyblues und Depressionen.

Pierre Budin, Begründer der Neonatologie und Direktor der Klinik La Charité in Paris, bemerkte als einer der Ersten, dass die Mutter-Kind-Beziehung nach der Geburt auf noch ganz andere Schwierigkeiten stoßen kann, nämlich, wenn das Baby zu früh auf die Welt kommt. Nachdem in seiner Klinik die Frühchen mit großen Anstrengungen gerettet und in gutem Zustand nach Hause geschickt wurden, wurden einige der Kleinen wenig später wieder eingeliefert. Die meisten der Babys hatten Gedeihstörungen. Zurückgekehrt zu der normalen Routinepflege in der Klinik nahmen sie wieder an Gewicht zu. Budin zog daraus den Schluss, dass die Mütter das Interesse an ihren Babys nicht entwickeln konnten, weil sie in die Pflege des Kindes nicht einbezogen worden waren und folglich die Bedürfnisse der Kleinen nicht kannten. Um die Babys vor Ansteckungen zu schützen, wurden rigide Isolations- und

Quarantänepraktiken vor allem für die Frühchen durchgeführt. Noch bis vor nicht allzu langer Zeit wurden sie von ihren Eltern weitgehend abgeschirmt und die Besuchszeiten deutlich eingeschränkt. Paradoxerweise führte erst der Mangel an ausgebildetem Personal und geeigneter Ausstattung in manchen Krankenhäusern der 1950er Jahre dazu, dass die Mütter nun selbst die Pflege und Fütterung ihrer Neugeborenen besorgen konnten, auch wenn das Kind zu früh geboren war. Die Infektionsraten erhöhten sich jedoch nicht, und die Überlebensquote der Babys war ausgezeichnet [6].

Wie wichtig der Mutter-Kind-Kontakt für das Gedeihen eines Neugeborenen von Anfang an ist, zeigen auch die Geschichten um die Propagierung des Inkubators (Brutkasten), der schon gegen Ende des 19. Jahrhunderts für Frühgeborene entwickelt wurde. Dieses Gerät ging als „Kinderbrutanstalt" um die Welt und wurde auf unzähligen Ausstellungen in Europa und den USA gezeigt. Um es in den Ausstellungspavillons möglichst realitätsnah präsentieren zu können, wurden aus den benachbarten Kliniken Frühgeborene angefordert, denen man ohnehin keine Überlebenschancen mehr gab. Die Mütter dieser Babys erhielten zwar freien Eintritt, wurden aber an der Betreuung ihrer Kinder nicht beteiligt. Während der Ausstellungswochen hatten sich einige dieser Babys so gut entwickelt, dass sie den Brutkasten verlassen konnten. Ihre Mütter wollten sie jedoch nicht zu sich nehmen und mussten dazu buchstäblich überredet werden. Ähnliche Störungen des Mutter-Kind-Systems berichten die Kinderärzte Marshall Klaus und John Kennell von der Case Western Reserve University School of Medicine in Ohio/USA aus den 1950er Jahren. Sie beobachteten auf ihrer

Frühgeborenenstation, wie merkwürdig manche Mütter ihre Babys betasteten, nämlich „wie die Hausfrau einen Kuchen, um herauszufinden, ob er fertig sei" [6].

Die Anthropologin Sarah Hrdy von der University of California in Davis/USA glaubt, dass in dieser zögerlichen Reaktion einer Mutter im Grunde genommen ein Entscheidungsprozess darüber abläuft, ob sie ihr volles Engagement einem Baby wirklich geben soll, dessen Überlebenschancen fraglich sind. Hrdy argumentiert, dass sich in der Menschheitsgeschichte gezeigt habe, dass eine Mutter ihre Energie gegen die Ressourcen aufrechnen muss, die ihr zur Verfügung stehen, um ihre Kinder aufzuziehen. Im Zweifelsfall muss sie die Zahl ihrer Kinder diesen Ressourcen auch anpassen. Die Mutter, die sämtliche Nachkommen mit der gleichen bedingungslosen Hingabe versorgt, sei kein Erfolgsmodell der Evolution. Sie riskiere, dass im Extremfall keines ihrer Kinder überlebt oder dass ihre eigenen Kräfte erschöpft sind, bevor sie auch nur eins davon durchbrächte. Nicht von ungefähr würden deshalb die hutzligen Gesichtszüge eines Frühchens in der Regel weniger Fürsorglichkeit auslösen als die rosigen Gesichter reifgeborener Babys. Für Hrdy ist dies die Erklärung dafür, dass auch noch heute Frühchen ein sehr viel höheres Risiko haben, dass sich ihre Mütter von ihnen distanzieren. Vor allem bei Müttern, die keine wesentliche Unterstützung für die künftige Betreuung dieser Babys in Aussicht hätten, kann die Betreuungsmotivation deutlich beeinträchtigt sein [7].

Diese Beobachtungen und Erklärungen unterstreichen noch einmal mehr die Notwendigkeit, für Mütter sofort nach der Geburt günstige Bedingungen zu schaffen, in denen der wechselseitige soziale Austausch zwischen Mutter und Kind unterstützt wird und sich das Mutter-Kind-System entwickeln kann. Viele junge Mütter sind heute in dieser Situation allein gelassen. Wegen berufsbedingter Ortswechsel mangelt es oft an den ursprünglich gewachsenen sozialen Kontakten. Großeltern, Verwandte und Freunde, die auch mal kurzfristig Unterstützung geben könnten, wohnen zu weit entfernt. Immer mehr Mütter sind in der Anfangszeit der Betreuung übermüdet und fühlen sich überfordert, wenn ihr Baby schreit und kaum zu beruhigen ist. Beratungsstellen für Eltern mit Schreibabys stellen dann fest, dass zwischen dem übermäßigen Schreien des Babys und der zunehmenden Unsicherheit der Mutter, das Baby nicht beruhigen zu können, ein enger Zusammenhang besteht. Um diesen Teufelskreis zu durchbrechen, könnten schon praktische Alltagshilfen dazu beitragen, den Schlafmangel zu beseitigen, damit die Mutter zu ihren eigenen Ressourcen zurückfindet.

2.3 Mit dem Baby im Dialog

Das Forscherehepaar Hanus und Mechthild Papoušek begann in den 1970er Jahren an der Universität München damit, die Mutter-Kind-Interaktionen von ihren frühen Anfängen an unter die Lupe zu nehmen. Mit präzisen Film- und Tonaufzeichnungen werteten sie die Dialoge von Müttern mit ihren wenigen Wochen alten Babys aus [8]. Zu Beginn des Dialogs überprüften danach die meisten Mütter zunächst den Wachheits- und Aufmerksamkeitszustand ihres Kindes. Wenn Augen und Hände geöffnet waren oder die Kleinen die Fäustchen geballt hatten und Laute von sich gaben, begann der Dialog. Die Mütter waren von da an nicht mehr wiederzuerkennen: Sie veränderten sofort ihr Verhalten und boten ihren Babys einige wenige, deutlich voneinander zu unterscheidende, aber auch sehr übertriebene Reaktionen an, die sie dann regelmäßig wiederholten. Für einen Außenstehenden mutete ihr Verhalten sehr befremdlich an; auf keinen Fall wollte man selbst so angesprochen werden. Für Babys schien dies jedoch die richtige Art des Dialogs zu sein. Da ihre Aufmerksamkeitsphasen flüchtig sind, schätzten die Mütter die Dialogbereitschaft der Babys aufgrund der zuletzt ausgesandten Babysignale immer wieder neu ein. Äußerst wichtig schienen dabei die Blickkontakte des Babys zu sein, auf die die Mütter gewöhnlich mit einer Grußreaktion antworteten. Dabei rissen sie die Augen weit auf, zogen die Augenbrauen nach oben und lächelten das Baby an. In der Regel brachten sie dabei ihr Gesicht zentral in das Blickfeld des Kindes und veränderten den Augenabstand auf eine Distanz von 20 bis 25 Zentimetern. Dies ist genau der Abstand, der der Sehfähigkeit des Säuglings entspricht! Und viele Mütter glaubten dabei nicht einmal, dass ihre Babys schon sehen konnten.

Während der Dialoge ahmten die Mütter auch die Laute ihrer Babys nach. Sie veränderten ihre Sprechweise, Mimik und Körperbewegung und wiederholten häufig Sprechmuster in gut unterscheidbaren Melodien. Die Sprache bestand aus einfachen und kurzen Äußerungen, die mit hoher Frequenz und melodiöser Aussprache vermittelt wurden. Auch diese „Ammensprache" passt optimal zu dem Auffassungsvermögen des Säuglings. Die hohe Stimmlage entspricht in etwa der des Kindes. Die melodiöse, langsam verzögerte Sprechweise kommt dem noch unterentwickelten Reaktionsvermögen des Babys entgegen. Die Ammensprache macht es möglich, dass das Baby die Sprachmelodie seiner Muttersprache, aber auch die Mimik seiner Mutter sorgfältig beobachten kann. Wenn diese Mimik dann imitiert wird und der Säugling mit einer eigenen Lautproduktion startet, entsteht das Wechselspiel, das sich zu einem immer länger werdenden Dialog mit der Mutter entwickelt.

Die Mutter-Kind-Dialoge der Frühzeit werden in lang anhaltende Blickkontakte eingerahmt, die dem gegenseitigen Kennenlernen nützen und vor allem dazu dienen, das Verhalten des anderen besser verstehen und deuten zu lernen. Das Gesicht der Mutter wird zum wichtigsten Reiz in der Wahrnehmung des Babys. Sein ausgeprägtes Interesse für das Blickverhalten der Mutter führt zu einem intensiven Blickaustausch. Dabei ziehen die weit offenen Pupillen des Babys wiederum die Mutter in den Bann. Mutter Natur hat offensichtlich mit den Pupillen für ein intensives nonverbales Kommunikationsmittel zwischen den Menschen gesorgt. Damit der Säugling die Struktur eines Dialogs über den Blickkontakt hinaus auch aufrechterhalten kann, muss er erkennen, dass es seine Aktion war, durch die die darauffolgende mütterliche Reaktion entstanden ist. Für diese Kopplung ist es äußerst wichtig, dass die mütterliche Reaktion prompt erfolgt. Verschiedene Forschergruppen haben herausgefunden, dass im frühen Säuglingsalter die Zeit, mit der die Mutter auf eine Handlung oder Äußerung des Kindes während des Dialogs reagieren sollte, weniger als eine Sekunde betragen muss [9]. Erfolgt die Reaktion verzögert, ist das Baby nicht in der Lage, die Reaktionen auf seine eigene Äußerung zu beziehen. Der Dialog ist an diesem Punkt dann unterbrochen und die mütterliche Reaktion erscheint dem Baby wie ein

neues Angebot. Es kann dann auch keinen Eindruck darüber gewinnen, inwieweit es Reaktionen bei einem anderen hervorrufen kann. Wenn ein Baby jedoch damit rech-
nen kann, dass die Mutter ihm sein Lächeln oder sein
Lallen mit Lächeln und Sprechen erwidert, lächelt und
lallt das Kind umso häufiger. Diese Selbstwirksamkeitser-
fahrungen sind für die kindliche Entwicklung unverzicht-
bar und deshalb von größter Wichtigkeit in der Betreuung
von Säuglingen.

Die charakteristischen Eigenschaften von Dialogen mit
Babys wurden in vielen Kulturen dieser Welt in ähnlicher
Weise entdeckt. Das Verhalten der Mütter ist dabei intuitiv und spontan, wird ohne langes Nachdenken gezeigt
und ohne Ermüdung über längere Zeit aufrechterhalten.
Es ist auf die Wahrnehmungs-, Lern- und Denkfähigkeiten des Säuglings abgestimmt. Weil Hanus und Mechthild Papoušek dieses Verhalten bei Vätern und anderen
Betreuungspersonen ebenfalls fanden, bezeichneten sie es
als „Intuitives Elternverhalten" und vermuten, dass es
angeboren ist. Es könnte bei der Evolution des Menschen
eine wesentliche Rolle als Überlebensvorteil gespielt haben,
weil eben nicht nur die Mutter befähigt ist, die sensorische,
kommunikative und mentale Entwicklung der Nachkommen optimal zu fördern. Allerdings ist das intuitive Elternverhalten leider auch sehr störanfällig bis hin zu seiner
völligen Hemmung, beispielsweise wenn Mütter in die
Wochenbettdepression kommen. Das kann bedeuten, dass
manche Eltern professionelle Hilfe brauchen, um zu diesen Intuitionen zurückzufinden.

2.4 Von Entenküken, Plüsch- und Drahtmüttern

Die intuitiv gestalteten Dialoge mit dem Baby sind grundlegend dafür, dass sich eine Beziehung entwickelt. Jede Erfahrung, die eine Mutter mit ihrem Kind teilt, führt sie beide näher zueinander und hilft dabei, sich verstehen und lieben zu lernen. Auch der einflussreiche Primatenforscher Harry Harlow beobachtete im Affenzentrum der University of Wisconsin-Madison/USA liebevolle Beziehungen der Affenmütter zu ihren Kindern. Als er in den 1950er Jahren eine Pflegestation für Affenbabys aufbaute, fielen ihm Äffchen ins Auge, die sich an die weichen Tücher klammerten, mit denen die Wände verhängt waren. Sie wickelten sich in den Baumwollstoff ein und schaukelten darin. Die kleinen Tiere erinnerten ihn stark an menschliche Kleinkinder und ihre Art, sich in ein Kissen zu kuscheln, wenn ihre Mütter sie abends ins Bett verabschiedeten. Harlow fing an, über die Mutter-Kind-Beziehung und die wunderbare Geborgenheit nachzudenken, die man fühlt, wenn man von der Mutter gehalten wird. Entgegen den gängigen Erziehungsauffassungen seiner Zeit war er von der grundlegenden Bedeutung der liebevollen Beziehung zwischen Mutter und Kind überzeugt. Damals hieß es, dass eine Zuwendung für die Erziehung von Kindern unnötig sei und dass Mütter, die ihre Kinder in den Arm nähmen und knuddelten, ihnen womöglich sogar schadeten, da dies nur zur Abhängigkeit erzöge. Kinder bräuchten diese Fürsorglichkeit nicht, da sich die Beziehung des Kindes zur Mutter hauptsächlich aus ihrer Funktion als Nahrungsquelle ergäbe.

Schon mehrere Jahre zuvor hatte der österreichische Biologe Konrad Lorenz mit seinen tierpsychologischen Studien an der Universität Wien bei Entenküken nachgewiesen, dass enge soziale Eltern-Kind-Beziehungen auch zustande kommen, ohne dass das Füttern dabei eine Rolle spielen muss. Lorenz war dabei, als ein Gänseküken aus dem Ei schlüpfte und seinen ersten Blick auf ihn in dieser Welt richtete. Das Küken entwickelte sofort eine Bindung an ihn und stieß verzweifelte Schreie aus, sobald er sich entfernte. Lorenz prüfte das gleiche Verhalten bei Vögeln verschiedener Arten und zeigte, dass Vogeljunge grundsätzlich dem Objekt folgen, das sie nach dem Schlüpfen zuerst erblicken. Er bezeichnete dieses Phänomen als Prägung und erlebte eine seltsame Zeit, in der ihm Scharen von jungen Gänsen auf Schritt und Tritt folgten. Die Vogeljungen verließen ihre leibliche Mutter, um stattdessen bei ihm zu sein, wenn er im See badete oder mit dem Boot spazieren fuhr [10].

Um ein eigenes Verständnis von der Natur der Bindung des Kindes zur Mutter zu erhalten, ließ Harry Harlow für die Aufzucht von Rhesusaffenbabys eine kuschelige Plüschmutter bauen, die mit flauschigen Polstern ausgestopft war und von einer Glühbirne erwärmt wurde. Außerdem wurde aus einem zylindrischen Metallkörper aus Drähten eine Drahtmutter hergestellt, die als Nahrungsquelle dienen sollte. In die Drahtmutter wurde deshalb eine Milchflasche eingebaut und gefüllt, während sich die Plüschmutter nur weich und warm anfühlte. Die Rhesusaffenbabys hatten nun die Wahl zwischen zwei künstlichen Ersatzmüttern: einem Muttertier aus Draht, das Nahrung spendete, und einer Plüschmutter, die Liebe und Trost spenden sollte. Sobald der Versuchsleiter das Affenbaby aus dem

Käfig frei ließ, trank es in aller Eile bei der Drahtmutter, um sich anschließend an die Plüschmutter zu klammern. Die Affenbabys flüchteten auch zu der Plüschmutter, wenn ein Spielzeugroboter in ihrer Nähe einen ohrenbetäubenden Lärm verursachte. Bei den Plüschmüttern verbrachten sie schließlich die meiste Zeit und zeigten damit, dass das Bedürfnis nach Zuwendung und Geborgenheit weitaus größer war als das nach Nahrung. Die Rhesusäffchen hatten letztendlich eine Beziehung zur Plüschmutter entwickelt, die die Funktion erfüllte, Gefühle emotionaler Sicherheit und Wohlbehagen zu erzeugen [11].

Diese Eigenschaften sind auch für die Mutter-Kind-Bindung beim Menschen charakteristisch. Menschliche Säuglinge zeigen ein Bindungsbedürfnis, für das sie tatsächlich ähnliche Verhaltensmuster mit auf die Welt bringen. Dem Phänomen der Mutter-Kind-Bindung widmete der Begründer der Bindungstheorie, der britische Kinderarzt John Bowlby, die gesamte Forschungstätigkeit seines Lebens [12]. Angeregt durch die Forschungen von Konrad Lorenz stellte John Bowlby erstmals Anfang der 1950er Jahre auch Überlegungen darüber an, ob ein biologisch angelegtes Verhaltenssystem der Bindung für die starke emotionale Beziehung zwischen Mutter und Kind verantwortlich sein könne. Die Anleihen aus dem Tierreich stießen freilich auf Skepsis. Die biologisch-genetischen Evolutionsgesetze von Charles Darwin hatten sich im Hinblick auf die Entstehung der Arten etabliert. Sie auch noch zur Erklärung menschlicher Verhaltensweisen heranziehen zu wollen, empfanden viele Sozialwissenschaftler der damaligen Zeit als inakzeptabel.

2.5 Die Mutter-Kind-Bindung und ihre Nachhaltigkeit

Bindung ist die Bezeichnung für eine enge emotionale Beziehung zwischen zwei Menschen. Die Bindung veranlasst ein Kind im Falle von Gefahr, Angst, Irritation und Schmerz bei einer erwachsenen oder älteren Person Beruhigung und Schutz zu suchen. Die primären (ersten/vorrangigen) Bindungen entstehen mit Bindungspersonen, zu denen das Baby den intensivsten Kontakt in den ersten Lebensmonaten hat. Es sind zumeist die Mütter.

Ähnlich wie bei Affenbabys bringt das menschliche Neugeborene Bindungsverhaltensweisen mit, die durch Anklammern an die Bindungsperson, durch Schreien, Rufen und Armeausstrecken sowie durch aktives Kriechen und Hinlaufen zur Herstellung einer Beziehung eingesetzt werden können. Weil jedoch genau diese Verhaltensweisen beim Menschenkind anfänglich recht unterentwickelt sind, nutzt das Baby versiertere Kommunikationstechniken, um mit den Betreuungspersonen in Beziehung zu treten. Es sind vor allem die Blickkontakte, über die Säuglinge versuchen, das Gesicht der Mutter zu lesen und ihre Zuwendungs- und Betreuungsbereitschaft zu bestimmen. Eine zentrale Bedeutung nimmt dann das Lächeln des Babys ein. Während es in den ersten Lebenswochen noch unwillkürlich entsteht und durch Hirnstammaktivitäten ausgelöst wird, wird es etwa mit dem dritten Lebensmonat bewusst im sozialen Austausch verwendet. Lächeln (und Lachen) des Kindes ermutigt die Betreuungsperson, sich emotional warm und stimulierend in den Dialog einzubringen. Dies verstärkt das Lächeln der Betreuungsperson wie auch sein Betreuungsengagement. Das Zusammensein wird als gegenseitig belohnend erlebt. Das Schreien des Babys aktiviert normalerweise ebenfalls das Betreuungsverhalten, ruft jedoch in der Regel starke Beunruhigung und Stress bei der Betreuungsperson hervor.

All diese Kommunikationstechniken bilden letztendlich die Plattform, von der aus die Bindung ihre Qualität entfalten kann. Später kann ein Kleinkind aufgrund der erstarkten motorischen Mobilität in Form von Nähesuchen und Kontakterhalten sein Bindungsverhalten viel effektiver auf die Mutter ausrichten. Ist das der Fall, hat sich eine sogenannte „sichere" Mutter-Kind-Bindung herausgebildet. Die Mutter ist die Bindungsfigur und wirkt dabei als Sicherheitsbasis. Ihre Nähe und Verhaltensweisen helfen dem Kind, Angst und Hilflosigkeit zu bewältigen. Fühlt sich ein solches Kleinkind dann sicher genug, um sich von der Mutter wegzubewegen und das nähere Umfeld zu erforschen, kann das Auftauchen eines Fremden allerdings sofort das Bedürfnis auslösen, den Abstand von der Mutter neu zu regulieren. Das Kind läuft zu seiner Mutter. Es hatte die mütterliche Sicherheitsbasis für eine Zeit verlassen, um nun zu ihr in den sicheren Hafen zurückzukehren. Dieser „Zirkel der Bindungssicherheit" – wie Bindungsforscher die Dynamik in der Mutter-Kind-Bindung nennen [13] – zeigt deutlich, dass das Bindungssystem nicht dazu eingerichtet wurde, dass ein Kind dauerhaft am Rockzipfel der Mutter hängt. Die Bindung soll die Kleinen mit dem nötigen Mut für eine eigenaktive Erkundung ausstatten und unter keinen Umständen der natürlichen Neugier im Wege stehen. Von der mütterlichen Sicherheitsbasis aus wird das Kind die Welt erkunden. Es wird dies in der Gewissheit tun, dass die Sicherheitsbasis auch dann noch zur Verfügung steht, sollte ihn der Mut verlassen. Zu derartigen Distanzregulationen sind jüngere Kinder natürlich weniger in der Lage. In diesem Fall muss die Mutter die Steuerung übernehmen, wie sie sie auch übernimmt, wenn das Kind die Gefahr überhaupt nicht spürt. Spielt das Kind beispielsweise in der Nähe einer Straße, wird die Mutter die Nähe des Kindes suchen, um eine größere Sicherheit herzustellen.

Sichere Bindungen werden demnach von beiden Seiten gemeinsam gestaltet und aufrechterhalten. Im günstigsten Fall werden Mutter und Kind sich insoweit einigen, dass dem Kind eine zufriedene Erforschung seiner Umwelt, die Loslösung von der Mutter und seine willkommene Rückkehr ermöglicht werden. Im Alter von etwa zwei Jahren lässt sich diese Dynamik in der Mutter-Kind-Bindung am deutlichsten beobachten: Das Kind macht eine Reihe von kleinen Exkursen innerhalb einer bestimmten Entfernung und kommt wieder zur Mutter zurück, wo es ihre Nähe sucht oder auch auf ihren Schoß will. Dann macht es sich wieder auf den Weg. Wenn die Kinder etwas älter und erfahrener sind, genügt schon ein unbesorgter mütterlicher Gesichtsausdruck, um ein neues Terrain zu untersuchen. Die Sicherheit, die es zum Erkunden braucht, kann sich das Kind dann über die Entfernung mit einem versichernden Blick von der Mutter einwerben.

Um die Dynamik in der Mutter-Kind-Bindung erklären zu können, hat John Bowlby die Existenz eines mental verinnerlichten Sicherheitssystems angenommen. Er nannte es das „Innere Arbeitsmodell", das im Gedächtnis gespeichert ist. Dieser Gedächtnisbesitz baut sich über die Bindungserfahrungen kontinuierlich auf. Jede neue Erfahrung stellt die alte Erfahrung auf den Prüfstand und bestätigt oder verändert sie. Arbeitsmodelle speichern zunächst, welche Ereignisse für das Kind erschreckend, irritierend und angstmachend sind und ob es sich durch Trost und Rückversicherung beruhigen lässt und dann frei für andere Aktivitäten wird. Bowlbys innere Arbeitsmodelle beziehen sich deshalb insbesondere darauf, wie die Bindungsbeziehung dem Kind hilft, seine negativen Gefühle loszuwerden. In Bowlbys inneren Arbeitsmodellen stehen stressreduzierende Maßnahmen im Mittelpunkt. Nähe, Trost und Beruhigung sollen dem Kind helfen, diese negativen Emotionen zu regulieren, Irritation und Ängste zu überwinden und zu einer positiven emotionalen Stimmungslage zurückzukehren. Es ist deshalb die Stressreduktion, die das Ziel verfolgt, dass das Kind seine emotionale Sicherheit wiedererlangt. Weil die zentrale Funktion der Bindungsbeziehung genau darin besteht, dem Kind ein Gefühl der Sicherheit zu vermitteln, sind Stressreduktion und Sicherheit in diesem Modell die wichtigsten Eigenschaften der Mutter-Kind-Bindung [14].

Denkt man jedoch nicht bei einer Bindungsbeziehung vor allem an Zuneigung und wie positive Gefühle gegenseitig gespiegelt und liebevolle Interaktionen ausgetauscht werden? Muss nicht gerade die Mutter-Kind-Bindung in Zusammenhang mit einer mütterlichen Fürsorge und Zuneigung gebracht werden? Der Evolutionspsychologe Kevin MacDonald von der California State University in Long Beach/USA hat deshalb vorgeschlagen, dem positiven Gefühlsaustausch in den Mutter-Kind-Beziehungen eine eigenständige Bedeutung zu geben, da ein bloßes Sicherheitssystem auch ohne warme zwischenmenschliche Gefühle auskäme. Ein Sicherheits- und ein Zuneigungssystem würden die Eigenschaften der Mutter-Kind-Beziehung am besten darstellen, weil beide Systeme dann den

Umgang mit den negativen wie den positiven Gefühlen beschreiben könnten [15]. Schließlich hat ein Forscherteam um Cathryn Booth von der University of Washington/USA erst unlängst vorgeschlagen, ein weiteres System hinzuzufügen, das die Unterstützungen benennt, die das Kind bei seinem Erkunden und seinen geistigen Auseinandersetzungen mit der Umwelt bekommt. Immerhin ermutigen Bindungspersonen die Erkundung des Kindes, wie sie auch seine Aktivitäten erleichtern und den Handlungsspielraum erweitern. Von daher beschreiben Unterstützungssysteme eine zusätzliche wichtige Funktion der Mutter-Kind-Bindung. Zuwendungs-, Sicherheits- und Unterstützungssysteme der Mutter-Kind-Bindung sind letztendlich für eine Entwicklungsbegleitung hervorragend geeignet, um dem Kind zu helfen herauszufinden, wie die Welt beschaffen ist und wie man darin seinen Platz findet [16].

Innere Arbeitsmodelle registrieren generell, wie die Beziehung eines Kindes zu seiner Bindungsperson innerhalb gewisser Entfernungs- und Verfügbarkeitsgrenzen bisher aufrechterhalten wurde. Es ist deshalb auch möglich vorherzusagen, wie in etwa die Beziehung künftig funktionieren wird und wie sich die Bindungsperson dabei verhält. Das Kind entwickelt darüber ein Selbstwertgefühl. Es erlebt, ob es Wert genug ist, dass sich jemand um seine Sorgen kümmert und bereit ist, sich einzusetzen. Dies ist einer der entscheidenden Gründe dafür, dass innere Arbeitsmodelle eine große Nachhaltigkeit auf die weitere Entwicklung eines Kindes ausüben. Erfüllen sie verlässlich ihre sicherheitsgebende Funktion, kann das Entwicklungspotenzial eines Kindes eine bessere Wirkung entfalten, als wenn dies nur eingeschränkt der Fall ist.

3
Beziehungen verlässlich gestalten

Die Mutter-Kind-Beziehung ... verlangt die intensivste Mutterliebe; und dennoch muss diese Liebe dem Kind helfen, sich von der Mutter weg zu entwickeln, um völlig unabhängig zu werden.
Erich Fromm (1955)

Viele junge Wissenschaftler und Studenten waren von John Bowlbys Ideen über die Bindungsbeziehungen des Menschen beeindruckt. Unter ihnen befand sich auch die Kanadierin Mary Ainsworth. Sie hatte an der St. George's School of Child Study der Universität in Toronto bei William Blatz promoviert und war aufgrund der beruflichen Aktivitäten ihres Ehemannes nach London gekommen. Mit William Blatz hatte sie an der Sicherheitstheorie gearbeitet, die besagt, dass Säuglinge und Kleinkinder Sicherheit und Vertrauen zu den Eltern entwickeln müssen, bevor das Kind bereit sei, sich in unbekannte Situationen zu begeben, in denen es dann allein zurechtkommen muss. Blatz vertrat die Ansicht, dass es unmöglich sei, Sicherheit ohne eine Vertrauensbeziehung zu entwickeln. Wenn ein Kind keine Sicherheit innerhalb der Familie erfahre, fehle ihm eine Sicherheitsbasis, auf die es seine Weiterentwicklung stützen könne [1]. Blatz war damit der erste Psychologe, der davon sprach, dass Kinder eine Sicherheitsbasis brauchen, von der aus sie die Welt erkunden können. Dieses Konzept sollte später in Ainsworth' Arbeit eine zentrale Position einnehmen. Mary Ainsworth hat das Sicherheitskonzept in systematischer Weise wissenschaftlich überprüft und in der Bindungstheorie so verankert, dass es zum Angelpunkt der Überprüfung der Qualität der Mutter-Kind-Bindung wurde. Dadurch hat dieses anfänglich kaum beachtete Konzept einen zentralen Platz in der Entwicklungspsychologie erhalten. Die Sicherheitsbasis ist heute kaum noch aus der psychologischen Beschreibung der verschiedensten menschlichen Beziehungen wegzudenken und spielt deshalb nicht nur eine zentrale Rolle in der Psychologie der Frühen Kindheit, sondern auch bei der Erforschung der sozialen und emotionalen Entwicklung des Menschen von der Geburt bis zu seinem Lebensende.

3.1 Bindungsqualitäten unter der Lupe

Als sich für Ainsworth an der Johns Hopkins University in Baltimore die Möglichkeit ergab, ein eigenes Forschungsprogramm zu entwickeln, hat sie alsbald eine sehr umfassende und aufwendige Studie in die Wege geleitet [2]. Im Rahmen dieser, später berühmt gewordenen, Baltimore-Studie entwickelte Mary Ainsworth mit Barbara Wittig auch eine Methode, um die Beziehungsqualität zwischen Mutter und Kind zu messen. Beide Forscherinnen waren davon überzeugt, dass Mutter und Kind in eine Situation gebracht werden müssen, die das Bindungsverhalten umfassend aktiviert. Wie in anderen Vorläuferstudien schon erprobt, dachten sie daran, kurze Mutter-Kind-Trennungen zu benutzen. Sie waren sich jedoch im Klaren darüber, dass das Protestverhalten des Kindes bei den Trennungen nicht ausreichen würde, um die Beziehungsqualität anzuzeigen. Danach sollten die Kleinen umso intensiver bei einer Trennung weinen und schreien, je stärker sie an ihre Mütter gebunden seien. Dies war jedoch eher eine Eigenschaft des kindlichen Temperaments als eine Eigenschaft der Beziehung des Kindes zu seiner Mutter.

Ainsworth hatte andere Vorstellungen darüber, wie sich eine Bindungsqualität in Trennungssituationen zeigen sollte. Sie war nicht nur interessiert, wie ein Kleinkind auf die Trennung von der Mutter, sondern wie es vor allem auf ihre Wiederkehr reagieren würde. Sie wollte beobachten, wie die Mutter ihre Rolle als Sicherheitsbasis in dieser fremden Situation ausübt und wie das Kind im Kontrast dazu eine fremde Person annimmt. Nach einigen Vorstudien entwickelten Ainsworth und Wittig die „Fremde Situation" aus einer Folge von acht Episoden, die das Bindungsverhalten des Kindes zunehmend herausforderten, jedoch nicht länger als drei Minuten dauerten [3]. Diese Episoden sind: (1) *Kennenlernen.* Ein Versuchsleiter führt Mutter und Kind in den Raum. Die Mutter trägt das Kind herum und zeigt ihm das Spielzeug. (2) *Gewöhnung.* Die Mutter setzt das Kind ab, setzt sich selbst in einen Sessel und gibt vor, ein Magazin zu lesen. Sie ist angehalten, dem Kind nur Zuwendung zu geben, wenn sie das Gefühl hat, dass es das braucht. (3) *Fremdkontakt.* Eine Fremde erscheint, grüßt die Mutter kurz, setzt sich auf einen zweiten Stuhl und fängt mit ihr ein Gespräch an, danach nimmt die Fremde Kontakt mit dem Kind auf. (4) *Erste Trennung.* Die Mutter verlässt den Raum. Die Fremde bleibt jedoch sitzen und versucht, das Kind zu trösten, wenn es in Stress gerät; sollte das Kind zu sehr in Stress geraten, wird die Episode verkürzt. (5) *Erste Wiedervereinigung.* Die Mutter spricht schon von außerhalb, öffnet dann die Tür, so dass das Kind sie auch hören und spontan darauf reagieren kann. Dann bleibt sie bei dem Kind, setzt sich auf den Boden und interessiert sich für die Spielsachen. Die Fremde hat unterdessen den Raum verlassen. (6) *Zweite Trennung.* Die Mutter verlässt wieder den Raum, nachdem sie dies angekündigt hat. Und diesmal ist das Kind ganz allein. Auch diese Szene wird gekürzt, wenn das Kind die Situation nicht aushält. (7) *Zweiter Fremdkontakt.* Die Fremde wird in den Raum geschickt, um Kontakt aufzunehmen und das Kind zu beruhigen. (8) *Zweite Wiedervereinigung*. Schließlich erscheint die Mutter, wartet an der geöffneten Tür und spricht zu dem Kind, damit es auf ihre Rückkehr abermals reagieren kann.

Immer wieder las Mary Ainsworth die Protokolle durch, die die Beobachter über die „Fremde Situation" angefertigt hatten. Sie war ganz besonders fasziniert von der Vielfalt des kindlichen Verhaltens, wenn die Mütter nach diesen kurzen Trennungen in den fremden Raum zurückkehrten. Nicht alle Kinder liefen sofort auf die Mutter zu und entspannten sich in ihrer Gegenwart. Einige der Kleinen waren überraschend ärgerlich. Sie wollten sofort Kontakt, wollten sich aber nicht ankuscheln oder an die Mütter schmiegen, nachdem sie von ihnen hochgehoben wurden. Stattdessen zeigten sie zwiespältige Gefühle und ärgerliches Strampeln. Andere schienen ihren Müttern nach der Rückkehr regelrecht aus dem Wege zu gehen und sie zu meiden, obwohl sie während ihrer Abwesenheit ganz traurig waren, geschrien und nach ihr gesucht hatten.

Systematische Analysen dieser unterschiedlichen Verhaltensweisen brachten zunächst drei grundständige Muster der Bindungsqualität zum Vorschein [2]; später kam auch noch ein viertes dazu. Ainsworth hatte Recht behalten: Die Sicherheitsbasis erwies sich als bestimmend für die Qualität der Bindung. Entscheidend war damit die Frage, ob und wie ein Kind seine Mutter bei der Wiedervereinigung als Sicherheitsbasis benutzt, um zu einer ausbalancierten Gefühlslage zurückzufinden. Die vier ermittelten Bindungstypen sind: *Sicher* gebunden, *unsicher-vermeidend* gebunden, *unsicher-ambivalent* gebunden und *desorganisiert*. Die desorganisierten Kinder ließen erkennen, dass sie ihre Mütter nicht nur wenig sicherheitsgebend empfanden. Die Mütter ängstigten sie sogar und verstärkten ihre negativen Gefühle. Dabei stellte sich heraus, dass desorganisierte Bindungen vorzugsweise bei psychisch kranken oder vernachlässigenden und misshandelnden Müttern vorkamen. Anstatt die Funktion einer Sicherheitsbasis auszuüben, waren diese Mütter zu einer Quelle der kindlichen Furcht geworden. Während der desorganisierte Bindungstyp heute die volle Aufmerksamkeit in der Klinischen Praxis für gestörte Mutter-Kind-Beziehungen erhält, gehören die restlichen drei Bindungstypen zur normalen Bandbreite der Bindungsbeziehungen, die ein Kind zu seiner Mutter entwickelt. Führt man die „Fremde Situation" durch, so sind es die sicher gebundenen Kinder, die bei ihrer Rückkehr zur Mutter laufen und ihre Arme hinstrecken. Sie wollen hochgenommen und von ihr getröstet werden. Sie lassen sich sofort regulieren und finden umgehend zu einem intensiven Spiel zurück. Hierbei zeigt die Sicherheitsbasis ihre volle Wirkung. Die unsicher-ambivalent gebundenen Kinder sind die zumeist ärgerlichen Kinder. Sie wollen einerseits den Kontakt mit der Mutter, lehnen ihn jedoch sofort ab und werden widerständig, wenn sie ihn bekommen: Ab und zu schlagen die Kleinen sogar nach ihren Müttern. Die unsicher-vermeidend gebundenen Kinder sind dagegen jene, die die Mütter in der Wiedervereinigung schlichtweg ignorieren, sich von ihnen abwenden und sich manchmal sogar von ihren Müttern buchstäblich entfernen.

Warum werden derartige Verhaltensweisen überhaupt als Bindungsverhaltensweisen eingestuft? Steht ein vermeidendes Verhalten nicht im Widerspruch zu einer Zuneigung, die man jemandem entgegenbringt? Mary Main von der University of California in Berkeley/USA ging dem

nach und kam zu dem Schluss, dass das Vermeidungsver-
halten eines Kindes durchaus im Dienst einer Bindungsbeziehung stehen kann [4]. Schließlich laufe ein ärgerliches
und widerständiges Verhalten Gefahr, dass die Bindungsperson die Beziehung abbricht. Da sei es doch vorteilhafter,
den Ärger gleich von vornherein zu verbergen, um die
Beziehungsbereitschaft der Bindungsperson aufrechtzuerhalten. Ärgerregulierungen gelängen jedoch dann am besten, wenn die Aufmerksamkeit verlagert und von ihr weg-
führen würde. In einigen „Fremden Situationen" waren
tatsächlich sehr merkwürdige Verhaltensweisen zu beobachten, die auf diese Strategien hinwiesen: Nach Wiederkehr der Mutter interessierten sich die Kleinen plötzlich
für Nebensächlichkeiten und wendeten den Blick von der
wichtigsten Person in ihrem Leben, der Mutter, ab. Sie
sahen durch ihre Mütter hindurch oder liefen sogar an
ihnen vorbei. Überraschenderweise erfüllten diese Verhaltensweisen tatsächlich den Zweck, die Mutter-Kind-Beziehung nicht infrage zu stellen, sondern die Beziehungsbereitschaft der Mutter sogar aufrechtzuerhalten. Die Mütter
glaubten, dass sie nicht vermisst worden waren, wenn sie
in den Raum zurückkehrten. Sie zeigten sich zufrieden
und gingen zur Tagesordnung über, sprachen und spielten
mit dem Kind, als wenn es zwischenzeitlich keine Trennung gegeben hätte.

Everett Waters präsentierte im Jahr 1985 ein weiteres
Verfahren für die Bewertung der Bindungsqualität, das er
mit Kathleen Deane an der State University of New York
in Stony Brook/USA entworfen und erprobt hatte [5].
Diese Methode des „Attachment-Q-Sort" hat die Bin-
dungsmessung aus den Untersuchungsräumen der Universitäten herausgeführt. Mit ihrer Hilfe wird nun in der

Lebenswirklichkeit von Mutter und Kind nach einer zwei-
bis dreistündigen Beobachtung eingeschätzt, wie gut sich
ein Katalog von 90 vorgegebenen Aussagen über gängige
Alltagssituationen auf ein beobachtetes Mutter-Kind-Paar
anwenden lässt. Die vielfältigen Funktionen einer Mutter-
Kind-Bindung im täglichen Leben werden dabei angesprochen: wie zuwendend und liebevoll die Kommunikation zwischen Mutter und Kind ist, wie verlässlich die
Sicherheitsbasis funktioniert, ob stressreduzierende Maßnahmen dem Kind helfen, negative Emotionen zu regulieren und zu einer positiven emotionalen Stimmungslage
zurückzukehren, ob das Erkundungsverhalten des Kindes
unterstützt und ermutigt wird und ob das Kind auch Hilfen erhält, wenn es an die Grenzen seiner eigenen Handlungsfähigkeit gerät. Studien, die die „Fremde Situation"
und den „Attachment-Q-Sort" zur Bewertung der Bindungsqualität einsetzten, kamen zu dem Schluss, dass
beide Verfahren das Sicherheitskonzept eines Kindes gut
erfassen. Sie bewerten die sicheren Mutter-Kind-Paare
zuverlässig, der „Attachment-Q-Sort" umfangreich und
großzügig, die „Fremde Situation" fokussiert und penibel.

3.2 Verfügbar und feinfühlig

Woher kommen die unterschiedlichen Bindungsqualitäten? Selbstverständlich kann ein Kind das Sicherheitskonzept am besten erwerben und aufrechterhalten, wenn
die Bindungsperson prompt und effektiv auf seine Signale
reagiert. Ainsworth und ihre Forschergruppe nahmen deshalb an, dass das Gefühl der Sicherheit dann garantiert
werden könne, wenn die Bindungsperson verfügbar sei

und angemessen reagiere. Andernfalls würden die Kleinen frustriert und verärgert sein. Dies könnte dann wiederum zu Vermeidungsstrategien und Ärgerreaktionen führen und die Beziehung verunsichern. Gemäß diesen Annahmen waren Verfügbarkeit und Angemessenheit von Müttern bereits in der Baltimore-Studie mit einem enormen Forschungsaufwand überprüft worden. Ainsworth' großer Mitarbeiterstab hatte die Kinder der „Fremden Situation" in ihren Familien mehrfach aufgesucht. Jedes Mutter-Kind-Paar wurde dabei alle drei Wochen jeweils über vier Stunden beobachtet, also 16 Mal während des ersten Lebensjahres des Kindes. Die Beobachtungen konzentrierten sich auf Situationen, die für die Bindungsentwicklung bedeutsam sind: Kommunikation, Körperkontakt, Spaziergang und Spielen. Aber auch beim Füttern, Windelnwechseln, Baden und Ins-Bett-Bringen wurden Mutter und Kind beobachtet. Insgesamt 70 bis 80 Beobachtungsstunden haben in jeder Familie aufgezeigt, wie die Mutter-Kind-Paare miteinander umgingen und wie ihre Beziehung funktionierte.

Ziemlich schnell wurde offensichtlich, welchen großen Einfluss das mütterliche Verhalten auf Befinden und Verhalten der Babys hatte. Die ersten Erkenntnisse über die Beeinflussbarkeit des Weinens lösten eine heftige Kontroverse aus. Entgegen der damals vorherrschenden Meinung, dass ein Säugling umso mehr weine, je mehr man darauf einginge, weil das Weinen dadurch nur belohnt würde, belegte die Baltimore-Studie genau das Gegenteil. Mütter, die prompt und einfühlsam auf das Weinen ihrer Babys schon in den ersten Lebenswochen reagierten, hatten in der Regel später Babys, die weniger weinten. Diese Kleinen bemühten sich stattdessen über differenziertere Lautäußerungen, ihre Bedürfnisse verständlich zu machen. So wichtig wie die Verfügbarkeit der Mutter ist, so wichtig ist jedoch auch die Angemessenheit ihres Verhaltens. Dies zeigte sich am eindringlichsten im Unterschied von Bindung und Abhängigkeit – ebenfalls eine kontroverse Debatte der damaligen Zeit. Babys, deren Mütter nur kuschelten und knuddelten, wenn es den Kleinen angenehm war, entwickelten nicht nur eine sichere Bindung. In vielen Alltagssituationen zeigten sie, wie unabhängig sie Nähe und Distanz zu ihren Müttern schon selbst bestimmen konnten. Einerseits genossen sie den Körperkontakt mit ihren Müttern und ließen sich von ihnen trösten, entfernten sich andererseits aber auch gern von ihnen, um auf eigene Entdeckungsreisen zu gehen. Dies stand im Kontrast zu Babys, die gegen ihre Bedürfnisse geknuddelt wurden, sich in Gegenwart ihrer Mütter eigentlich weniger wohlfühlten und aus diesem Grund Versuche unternahmen, sich von ihren Müttern zu entfernen. Die Kleinen waren jedoch emotional viel zu verspannt, um ihr Umfeld neugierig erkunden zu können, sodass sie dann doch zu ihren Müttern zurückkehrten und eigentlich nicht von ihnen lassen konnten.

Seit diesen Einsichten in die Dynamik der Mutter-Kind-Bindung zählen Verfügbarkeit und Angemessenheit zu den zentralen Eigenschaften einer feinfühligen Betreuung. Mit Feinfühligkeit ist gemeint, dass (1) eine Mutter den Signalen des Kindes gegenüber aufmerksam sein und sie bemerken muss, (2) sie ohne Verzerrung wahrnehmen und richtig deuten muss, (3) die Signale beantworten und in der Lage sein muss, sich in die kindliche Situation hineinzuversetzen, und (4) prompt auf die kindlichen Signale reagiert. Feinfühlige Mütter sind deshalb in der Regel für ihre Kleinen zugänglich und bemerken auch die feinen Mitteilungen, Signale, Bedürfnisse und Stimmungen ihrer Babys. Sie deuten richtig, was sie wahrnehmen. Eine feinfühlige Mutter kann ihr Verhalten mit dem Baby zeitlich gut abstimmen. Sie geht mit ihrem Baby auf eine Weise um, die ihre Betreuung angemessen erscheinen lässt. Im Gegensatz dazu bemerken Mütter mit geringer Feinfühligkeit wenig am Verhalten ihres Kindes, entweder weil sie das Baby ignorieren, zurückweisen oder seine Aktivitäten nicht gut wahrnehmen. Manchmal verzerren sie diese Wahrnehmung auch. Selbst wenn sie alles richtig wahrnehmen, haben sie oft Schwierigkeiten zu verstehen, was in ihrem Baby vorgeht. Mütter mit geringer Feinfühligkeit sind einfach nicht in der Lage, ihre Verhaltensweisen mit denen ihres Kindes in Einklang zu bringen. Im Umgang mit dem Baby sind sie zu langsam oder zu schnell. Auch kann ihr Betreuungsverhalten unangebracht sein und/oder verzettelt und unentschlossen wirken [6].

In der Baltimore-Studie stand die Feinfühligkeit der mütterlichen Betreuung im ersten Vierteljahr des Babys mit der gewachsenen Bindungssicherheit gegen Ende des ersten Lebensjahres im Zusammenhang. Danach hatten sehr feinfühlige Mütter *sicher* gebundene Kinder und weniger feinfühlige Mütter *unsicher* gebundene Kinder. Diese Feststellung ist jedoch in vielen Nachfolgestudien immer wieder relativiert worden, vor allem wenn die Mutter-Kind-Bindung jenseits des ersten Lebensjahres diskutiert wurde [7]. Einige Forscher waren der Meinung, dass sich ein Zuviel an Feinfühligkeit dann auch gegen eine *sichere* Mutter-Kind-Bindung richten könne. Nicht immer sei ein Mehr von einer guten Sache auch immer das Beste für die Beziehung zum Kind. Neben Wärme und Akzeptanz müsse es doch zumindest ein mütterliches Management und eine geschickte Kontrolle geben, bei der auch das Setzen von Grenzen möglich sei. Außerdem mag es vielleicht weniger wichtig sein, dass eine Mutter prompt reagiert, wenn ein Kind kein Säugling mehr ist. Dann müssen die Autonomiebestrebungen des Kindes respektiert und abgewartet werden, bis eine Zuwendung vom Kind eingefordert wird.

Muss die mütterliche Betreuung nicht doch noch weitere Eigenschaften haben, die zumindest genauso wichtig für den Bindungsaufbau wie die Feinfühligkeit sind? Sicherlich müssen in die mütterliche Fürsorge Erziehungsprinzipien eingehen, die sich den entwickelnden Kompetenzen und Bedürfnissen des Kindes mit zunehmendem Alter anpassen. Dazu gehöre die Achtung vor der Individualität und den zunehmenden Autonomiebestrebungen des Kindes. Es gehören dazu aber auch verbindliche Verhaltensorientierungen und Überlegungen, wie das Kind in die gemeinsame Lebensgestaltung frühzeitig einbezogen werden kann. Es ist ganz im Sinne der weiteren Entwicklung des Kindes, dass eine Mutter die wachsenden Kompetenzen ihres Kindes unterstützt und fördert und es nicht nur beim Wohlbefinden belässt. Das heißt aber auch, Konflikte aus- und Frustrationen ertragen zu können. Trotzreaktionen und Tobsuchtsanfälle sind bekannte Verhaltensweisen des Kleinkindes, die eher unangenehm, aber notwendig für die kindliche Entwicklung sind. Sie sind auf jeden Fall ein Anzeichen dafür, dass sich das Kind auf dem Weg zu seinem eigenen Ich befindet. Die Kleinen verhalten sich dann oft widersprüchlich. Dem Drang nach Selbstständigkeit steht plötzlich das Bedürfnis nach Geborgenheit entgegen. Das richtige Maß zu finden – einem

Kind einerseits Geborgenheit zu geben und es andererseits selbstständig werden zu lassen –, ist eine sehr feinfühlige Betreuungsaufgabe, die Mütter aus der konkreten Situation selbst ableiten müssen, ohne dabei das Kind zu überfordern. Unselbstständigkeit führt jedoch auf jeden Fall zu einer Abhängigkeit, die sich nachteilig auf die Mutter-Kind-Beziehung wie auch die weitere Entwicklung des Kindes auswirkt.

3.3 Erziehungstraditionen, Lebensumstände und hinreichend gute Mütter

Deutschlands bekannteste Bindungsforscher Klaus und Karin Grossmann starteten in Bielefeld im Jahr 1976 die erste Studie zur Mutter-Kind-Bindung, die außerhalb der USA durchgeführt wurde. In 50 Bielefelder Familien wurden die Kinder mit ihren Müttern für zwei Stunden beobachtet, als sie zwei, sechs und zehn Monate alt waren. Mit zwölf Monaten wurden die Kleinen mit ihren Müttern und mit 18 Monaten mit ihren Vätern in die „Fremde Situation" gebracht. Zur großen Überraschung der Grossmanns musste fast die Hälfte aller Kinder in der Bindung zu ihren Müttern als *unsicher-vermeidend* eingeschätzt werden, ohne dass den Beobachtern die Mütter beim Hausbesuch als wenig feinfühlend oder gar abweisend erschienen waren. Diese Einsicht stand im scharfen Kontrast zur Baltimore-Studie. Zwei Drittel aller Kinder waren dort als *sicher* gebunden aufgezeigt worden und die wenigen *unsicher-vermeidenden* Bindungen als Abweichung von der Norm abgetan. Die deutschen unsicheren Kinder, deren mütterliche Betreuung ganz in Ordnung schien, konnte man jedoch nicht so einfach als „unnormal" ansehen – hierfür waren es viel zu viele. Später sollte sich die Überzeugung herausbilden, dass diese unsicheren Bindungsbeziehungen ins normative Spektrum der Bindungsqualitäten gehören und keine Störungen sind [8].

Als die Grossmanns im Jahr 1982 von der Universität Bielefeld an die Universität Regensburg wechselten, begannen sie dort mit einer neuen Studie, der Regensburg-Studie. Die Regensburg-Studie zeigte einen wesentlich höheren Anteil an sicher gebundenen Kindern. Drei weitere Studien in Regensburg bestätigten dieses Ergebnis. Aber dies allein erklärt noch nicht, warum in Bielefeld alles anders war [9]. Mittlerweile gibt es sieben Studien zur Mutter-Kind-Bindung aus Berlin, zwei aus Osnabrück und eine aus Heidelberg. In all diesen Studien sind die sicheren Bindungen zwar am häufigsten zu finden, der Anteil an unsicher-vermeidenden Bindungsqualitäten ist jedoch nach wie vor hoch, wenn man einen weltweiten Vergleich unter den Bindungsstudien anstellt [10]. Die hohen Anteile von unsicher-vermeidenden Bindungen wurden deshalb als „typisch deutsch" gedeutet und auf eine Erziehung zur frühen Selbstständigkeit zurückgeführt. Deutsche Mütter scheinen in diesem Sinne fordernder als Mütter anderswo auf der Welt zu sein. Aber auch das schwankt von Region zu Region. Bekanntermaßen hat die Jahrhunderte andauernde Kleinstaaterei in Deutschland verschiedene Traditionen, Familienleitbilder und Erziehungspraktiken entstehen lassen, die insbesondere von religiösen Einflüssen geprägt wurden. In deutschen Regionen, die – im Gegensatz zu den katholisch etablierten

Gebieten – noch vor 200 Jahren unter massiven protestantischen und calvinistischen Einflüssen standen, wurden Wertevorstellungen von „Arbeitsamkeit, Mäßigkeit und Sparsamkeit" [11] ins Alltagsleben eingebracht und rational-pragmatisch auf eine protestantische Arbeitsethik ausgerichtet. Dies könnte ein Grund dafür sein, dass frühe Selbstständigkeit und autonomes Funktionieren zu zentralen Zielen in der Erziehung wurden. Die Studien in Berlin (ehemals Hauptstadt des Königreichs Preußen), in Bielefeld (ehemals Grafschaft Ravensberg; zu Preußen gehörig) und Heidelberg (ehemals Teil des lutherischen Kurfürstentums Pfalz) führen jedenfalls die Liste der *unsicher-vermeidenden* Bindungen an, während die Studien in Osnabrück (Teil des Fürstbistums Osnabrück) und Regensburg (Teil des Reichsstiftes Regensburg) sich durch einen hohen Anteil an *sicheren* Mutter-Kind-Bindungen auszeichneten [12].

Weitere Erklärungen für die Begünstigung unsicher-vermeidender Bindungsqualitäten von Mutter und Kind sind möglich, schaut man auf die sieben Berliner Studien, die zwischen 1982 und 1997 durchgeführt wurden – in einer Zeit, in der massive sozial-politische Veränderungen aufgrund der Wiedervereinigung Deutschlands stattgefunden haben, die bis in die Familien hinein wirkten. So wurde während der Wiedervereinigung von Berlin um das Jahr 1990 ein besonders niedriger Anteil an sicheren Bindungen gemessen, und zwar in Ost- wie Westberlin. Interviews mit den Eltern ließen den Eindruck entstehen, dass die vielen grundlegenden sozial-politischen Veränderungen – die hohe Arbeitslosigkeit im Ostteil, der Druck auf den Arbeitsmarkt und der Wegfall besonderer Vergünstigungen im Westteil – die Familien erheblich belasteten. Kein

Wunder, wenn das Kind aus dem Zentrum des Familiengeschehens gerückt und die Mutter-Kind-Beziehung distanzierter wurde. Derartige Lebensumstände können selbst potenziell feinfühlige Mütter so überlasten, dass ihre Feinfühligkeit nicht zum Tragen kommt [13]. Im prosperierenden Regensburg hatten dagegen im gleichen Zeitraum (1980–1992) die sicheren Bindungen von Studie zu Studie zugenommen.

Lebensumstände und Traditionen haben danach einen erheblichen Einfluss darauf, wie Mütter mit ihren Kindern miteinander umgehen. Es scheint, als könne sich eine perfekte mütterliche Fürsorge nur in einem perfekten Umfeld entwickeln. Donald Winnicott hat mit dem Begriff der „good enough mother" diesem Traum von einer perfekten Mutter allerdings eine Absage erteilt und dem idealisierten Bild die „hinreichend gute Mutter" entgegengestellt. Er wollte damit ausdrücken, wie dringend notwendig es im Alltag sein kann, die Abweichung vom Ideal einer perfekten Mutter akzeptieren zu lernen. Danach ist es zwar wichtig, dass eine Mutter die Bedürfnisse ihres Babys erfüllt und ihm Sicherheit gibt. Mit der Zeit sollte sie jedoch nur noch so gut wie nötig (und nicht möglich) reagieren, damit die Kleinen auch eigene Bewältigungs- und Sicherheitsstrategien ausprobieren können. Manchmal müsse die Mutter dann mit ihren eigenen Ängsten kämpfen, damit ihr Kleines in der konkreten Situation selbstständig erkennt und lernt. Die „hinreichend gute Mutter" würde den zunehmenden Ansprüchen des Kindes nach Autonomie jedoch gerechter werden. Ihre „imperfekte" Interaktion mit dem Kind wäre langfristig eine bessere als die perfekte, die sich allen kindlichen Wünschen ohne Grenzen hingibt. Darüber hinaus soll die Mutter auch für

sich selbst eine „gute Mutter" sein und auf ihre eigenen
Bedürfnisse achten. Niemandem nützt es, wenn sie überfordert und ausgebrannt ist. Dies bedeutet dann auch, dass
es wegen der konkurrierenden Bedürfnisse von Mutter
und Kind ab und an zu Konflikten kommen kann, die –
eventuell mit Unterstützung von weiteren wichtigen Personen aus dem Leben des Kindes – ausgetragen werden
müssen [14].

3.4 Emotionen werden regulierbar

Seit einiger Zeit machen die Tierlabors in den wichtigsten
Forschungsinstituten der Welt mit der Nachricht auf sich
aufmerksam, dass die Mutter-Kind-Beziehung nicht nur
einen unmittelbaren Einfluss darauf hat, wie Babys mit
Emotionen umgehen, sondern wie ihr Gehirn später
Schmerz und Stress verarbeitet. Allen voran hat der international renommierte Biologe Michael Meaney von der
MacGill University in Montreal/Kanada nachgewiesen,
dass Ratten, die als Jungtiere von Anfang an viel mütterliche Zuneigung erhielten, später ausgeglichener und
weniger ängstlich waren als Artgenossen, die keine Aufmerksamkeit bekamen. Dieser Sachverhalt erkläre sich
daraus, dass Stress im Gehirn bestimmte Hormone frei-
setze, die für kritische Situationen schnelle Reaktionen
ermöglichen, beispielsweise das Fliehen vor der Gefahr.
Auf Dauer benötigt das Gehirn jedoch einen Mechanismus, der diese Hormonausschüttung unter Kontrolle hält.
Während die Rattenmutter ihren Wurf ausgiebig leckt
und putzt, werden im Hippocampus des Babygehirns diejenigen Synapsen gebildet, die diesen Regulationsmecha-

nismus begründen. Unterschiede in der Stressverarbeitung von bemutterten und vernachlässigten Rattenbabys traten in Meaneys Studien bereits in der ersten Lebenswoche auf. Die Veränderungen blieben bis ins ausgewachsene Lebensalter bestehen [15].

Bei der Frage der Übertragbarkeit dieser Erkenntnisse auf die Funktionsweise des menschlichen Gehirns ist es wichtig zu wissen, dass die Funktionsprinzipien von Nervenzellen und Synapsen weitgehend identisch sind, wie sich auch der grundlegende Bauplan des Gehirns innerhalb der Säugetierarten gleicht. Meaneys Forschung bringt damit einen Nachweis dafür, dass die Zuneigung einer Mutter langfristige Umstellungen auch in der Funktion des menschlichen Babygehirns bewirken kann. Allan Schore von der David Geffen School of Medicine der University of California in Los Angeles/USA beschäftigt sich seit einigen Jahren mit derartigen Prozessen bei menschlichen Säuglingen und hält dies für möglich [16]. Gerade in den ersten Lebensmonaten entwickelt sich das Gehirn rasant: Es hat bei der Geburt ein Gewicht von etwa 400 Gramm, nach 24 Lebensmonaten wiegt es schon etwa 1 200 Gramm. Zwei Drittel des Gehirns sind damit nicht nur schlichtweg neu entstanden, sondern dabei Einflüssen aus der Umwelt mehr als zuvor ausgesetzt. Das bedeutet, dass sich die Hirnentwicklung in dieser Zeit vorrangig erfahrungsabhängig vollzieht und deshalb Früherfahrung einen Einfluss darauf haben muss, wie das Gehirn des Babys später funktioniert. Um die Funktionstüchtigkeit des kindlichen Gehirns verstehen zu können, untersucht Schore deshalb die Kind-Umwelt-Interaktion und vor allem die Mutter-Kind-Beziehung. Eine gute emotionale Abstimmung zwischen Mutter und Kind trage dazu bei, wichtige Schaltkreise im Gehirn herauszubilden, die dem Kind helfen, sich emotional zu stabilisieren.

Für Schore besteht der Sinn der frühen Bindung darin, die Organisation des Gehirns zu unterstützen, das über die Mutter „sozial konstruiert" würde. Die bestmögliche Früherfahrung sei deshalb die Bindungsbeziehung eines Kindes zu seiner Mutter. Die Mutter reguliere den kindlichen Stress und sei dadurch die Quelle der Sicherheit. Das Baby kann seine innere Aufregung noch nicht selbst steuern, es kann sich nicht selbst beruhigen. Dazu braucht es die Mutter oder eine andere engagierte Person, die seine Bedürfnisse erkennt und angemessen und prompt reagiert. Das kindliche Stresssystem ist zunächst nur so in der Lage, ein gutes Gleichgewicht zwischen den sympathischen Erregungsphasen und parasympathischen Entspannungsphasen aufrechtzuerhalten. Während die Mutter die Emotionen des Kindes steuert, werden emotionale Prozesse niederer primärer Hirnstrukturen (des Babys) von einem höheren sekundären Mechanismus (der Mutter) zu differenzierten emotionalen Zuständen ausgearbeitet. Die Entwicklung der Emotionsregulation ist von daher eine Entwicklung von einer externen zu einer internen Regulierung. In der Beziehung zwischen Mutter und Kind werden die kindlichen Emotionen für neuronale Schaltkreise vorbereitet, die später der selbstständigen Emotionsregulation des Kindes dienen [16].

Die Herausbildung der emotionalen Selbstregulierung ist von zentraler Bedeutung für die kindliche Verhaltensentwicklung, und es sieht so aus, als wäre sie eine der größten Leistungen in der Frühen Kindheit. Sollte ein Kind in seiner Beziehung zur Mutter so etwas wie Gefahr und Bedrohung anstelle von Sicherheit empfinden – wie dies bei der desorganisierten Bindung der Fall ist –, kann sich dies auf den Umgang mit Emotionen auch künftig negativ auswirken. Die frühe Emotionsregulation bildet das Reaktionsmuster für das gesamte Leben. Sie legt die Grundlage für die spätere Regulation von Emotion, Stress und Schmerz. Kommt das grundständige Reaktionsmuster nur unvollständig zustande, könnte später schon ein kleiner Stressauslöser den Heranwachsenden in einen körperlichen Alarmzustand versetzen und heftige Emotionen auslösen. Therapeuten, die emotionale Störungen behandeln, stellen dann immer wieder fest, dass derartige Panikattacken mit der augenblicklichen Situation kaum noch etwas zu tun haben und nur sehr schwer zu regulieren sind.

3.5 Selbstbilder entstehen

Eine *sichere* Mutter-Kind-Bindung bedeutet für die Kleinen allerdings nicht nur, dass in dieser Bindungsbeziehung ihre positiven Emotionen verstärkt und ihre unangenehmen Emotionen reduziert werden können. Die Mutter nimmt vor allem an all diesen Erfahrungen des Kindes Anteil und führt Gespräche, die sich durch ihre prompten und angemessenen Antworten auf die Mitteilungen ihres Kindes auszeichnen. Sie besitzt die Fähigkeit, diese Gespräche zu „reparieren", wenn Missverständnisse auftreten. Auf diese Weise lernt das Kind Gesprächsstrukturen kennen, aber auch wie es zu Abweichungen und Störungen kommt und wie sie beseitigt werden. Egal wie diese Gespräche ausgehen und welche Gefühle transportiert werden, die Kleinen fühlen sich in einer solchen Beziehungsatmosphäre angenommen und empfinden sich selbst als liebenswert. Eine grundständig positive Bewertung ihrer kindlichen Identität wird im Rahmen dieser Beziehung damit vorgenommen. Im Falle von unsicheren Bindungsbeziehungen fehlen diese Bewertung und Einbettung. Die unsichere Bindung zeichnet sich eben leider durch mangelnde Reaktionsbereitschaft der Mütter aus, den Dialog mit dem Kind zu strukturieren und die Emotionen zu regulieren. Folglich bleibt das Selbstbild der Kleinen unscharf und ist zumeist auch mit einer Reihe von negativen Gefühlen verbunden, da die Kleinen entwicklungsbedingt täglich an ihre eigenen Grenzen stoßen, die ihnen jedoch unklar sind und sie möglicherweise irritieren.

Sicher gebundene Kinder lernen außerdem in den Gesprächen mit ihren Müttern zunehmend, ihre Erfahrungen und ihr Selbst zu reflektieren. Sie beginnen dadurch, Kompetenzen und Gefühle von sich selbst zu verstehen und auszusprechen. Es ist deshalb verständlich, dass den sicheren Bindungserfahrungen ein besonderer Einfluss auf das Selbstbild des Kindes zugesprochen wird. Aufgrund der umfassenden Diskurse (hin- und hergehenden Gespräche) in sicheren Mutter-Kind-Beziehungen werden vor allem auch die negativen Emotionen angesprochen und von der Mutter aufgefangen und reguliert. Dies geschieht auf eine für das Kind vorhersehbare und strukturierte Weise. *Sicher* gebundene Kinder profitieren vor allem von dieser Art der Diskurse, wenn sie in Belastung geraten. Sie können dann selbst gezielt den Kontakt suchen und ein Gespräch anstreben. Das wiederum kann helfen, sich mit der Belastung auseinanderzusetzen. Auch wenn den Kleinen die Sprache noch nicht im vollen Umfang zur Verfügung steht, kann die Belastungsbewältigung gefühlsbezogen erfolgen und die Entwicklung psychischer Widerstandsfähigkeit (Resilienz) einleiten. Kindern mit sicheren Bindungserfahrungen gelingt es schon sehr früh, Resilienz selbst aufzubauen. Sie können sich selbstbewusst auf ihre eigenen Ressourcen besinnen und Fertigkeiten zur Selbsthilfe erarbeiten. Kinder aus *unsicheren* Bindungsbeziehungen müssen dagegen viele Herausforderungen weitgehend ohne Unterstützung angehen. Im Grenzbereich der Überforderung erscheinen die eigenen Fähigkeiten zwangsläufig in einem negativen Licht und wirken sich weniger positiv auf das Selbstbild aus. Da dies die eigentlichen Bewältigungsprozesse auch blockiert, wird bei den unsicher gebundenen Kindern Resilienz eher zögerlich entwickelt.

Je nachdem, wie Bindungspersonen in der Kindheit erlebt werden, etwa als vorhanden oder nicht vorhanden, zugänglich oder abweisend, schützend oder als Menschen, die die Rollen umkehren und nun von Kindern geschützt und versorgt werden möchten, bilden Kinder eine Vorstellung von sich selbst. In dieser Vorstellung figurieren sie sich ziemlich früh schon als liebenswerte Person oder als eine, die nicht liebenswert ist und sich jede Liebe mühsam erschmeicheln oder erstreiten muss. Auch zweifeln sie an ihren eigenen Fähigkeiten und Fertigkeiten, da ihnen die Ermutigung zur Nutzung eigener Ressourcen fehlt. Wer das Glück hat, in einem normal guten Zuhause mit liebevollen Eltern aufzuwachsen, hat immer auch die Möglichkeit, Hilfe, Trost und Schutz zu finden. So stark prägen sich seine Erwartungen und werden so oft bestätigt, dass er künftig der Welt mit Vertrauen begegnet und potenziell gefahrvolle Situationen selbst oder mithilfe von anderen bestehen kann [17].

4

Wenn der Vater
die Mutter ist

*Die Botschaft Christi war klar: Mann und
Frau waren gleich und hatten gegenüber ihren
Kindern die gleichen Rechte und Pflichten.*
Elisabeth Badinter (1980)

Der aktive Vater, der sich in die Kinderbetreuung partnerschaftlich einbringt, scheint bei der heutigen Generation der Väter eine Selbstverständlichkeit zu sein. Väter schieben Kinderwagen, tummeln sich auf Spielplätzen, sind im Tierpark und überall dort anzutreffen, wo Kinder sich wohlfühlen, nehmen mit den Kleinen aber auch Arzttermine oder andere eher unangenehme Aufgaben wahr. Neben den traditionellen Familienvätern gibt es Väter in vielen Varianten: Wochenend- und Pendelväter, Hausmänner und Alleinerziehende, aber auch Stief-, Adoptiv- und Pflegeväter. In den letzten Jahren sind immer mehr Männer zu einem Kind gekommen, das von einem anderen Mann stammt, der sich wiederum einem bereits vorhandenen Mutter-Kind-Paar angeschlossen oder eine neue Familie gegründet hat. Was und wie ein Vater ist, entwickelte sich schon in den 1980er Jahren zu einer Frage, die die biologische Vaterschaft in den Hintergrund treten ließ, während die soziale Vaterschaft an Bedeutung gewann. So sahen es jedenfalls Ross Parke an der University of California und Michael Lamb an der University Utha in den USA, als sie die Vaterforschung in der Psychologie ins Leben riefen [1, 2]. Nicht biologische Verhaltensmechanismen, sondern soziale Konventionen prägen demnach die Väterlichkeit unserer Zeit. Sollten deshalb die vielen Vätervarianten der Gegenwart wirklich alle vergleichbar sein?

Einig sind sich selbst Biologen und Anthropologen darüber, dass die Zeugung eines Kindes den Mann nicht allein zum Vater bestimmt. Das reproduktive Verhalten beim Menschen ist auch in der modernen Biologie erst dann vollständig beschrieben, wenn die Zeugung nicht als abschließende, sondern beginnende Investition in die

Nachkommen angesehen wird. Die aufwendige Betreuung des menschlichen Nachwuchses erfordert schließlich eine Fürsorge, die nicht nur auf die Mutter begrenzt bleiben kann, wenn sie erfolgreich sein will. Mit großer Wahrscheinlichkeit ist dies der Grund dafür, dass die eher polygam (mehrpartnerschaftlich) veranlagten Primatenvorfahren des Menschen ganz allmählich ihre Neigung zugunsten ihres monogamen (partnerschaftlichen) Verhaltens veränderten [3]. In der Menschheitsgeschichte standen die Väter den Müttern allerdings niemals nur in einer Art Entlastungs- oder Ersatzfunktion zur Seite. Sie entwickelten einen eigenständigen Beitrag im Umgang mit den Nachkommen und zeigten damit, dass die Vaterrolle keine Kopie der Mutterrolle ist.

4.1 Männer als Väter

Zu allen Zeiten ist in den unterschiedlichsten menschlichen Kulturen der Vaterschaft eine Rolle zugewiesen worden, die als Lebens- und Überlebensressource der Nachkommen verstanden wurde. Wie aber verstehen Männer heute diese Rolle, und welche Bedeutung hat dabei das eigene Kind für das väterliche Engagement? Um diese Fragen zu beantworten, hat ein Team um den Soziologen Greer Fox von der University of Tennessee/USA umfangreiche Interviews mit Männern durchgeführt, die in ihren Familien mit den eigenen oder aber mit angenommenen Kindern zusammenlebten [4]. In zahlreichen Telefonaten wurden diese Männer danach gefragt, wie sie Väterlichkeit für sich bestimmen und wie sie ihre väterliche Verantwortung mit den anderen Verantwortungen in ihrem Leben abgleichen würden. Neben diesen sozialen Aspekten wurden aber auch die biologischen Verhältnisse der Vaterschaft angesprochen. Die Väter wurden gebeten zu erzählen, wie ähnlich das eigene Kind ihrem Aussehen und Verhalten sei und wie sicher sie ihre Vaterschaft empfänden. Schließlich wurde ihnen eine Liste von gängigen Alltagssituationen aus dem Zusammenleben mit Kindern vorgelegt, aufgrund derer sie ihr eigenes Verhalten beschreiben sollten. Später schätzte dann das Fox'sche Forschungsteam jeden Vater danach ein, wie empathisch, durchgreifend, einlenkend und emotional beteiligt er sich seinem Kind gegenüber darstellte. Die Studie wies insgesamt nach, dass das Vaterverhalten mit den sozialen und biologischen Angaben im Zusammenhang stand, die die Männer über ihre Vatersituation mitgeteilt hatten. Die sozialen Aspekte der Vaterschaft dominierten allerdings erheblich gegenüber den biologischen. So waren finanzielle Absicherung sowie die Erziehung und Bildung des Kindes überaus wichtige Schwerpunkte im Leben dieser Männer, und zwar unabhängig davon, ob es sich dabei um das eigene oder ein angenommenes Kind handelte. War das väterliche Verantwortungsgefühl hoch ausgeprägt, gingen die Väter mit dem Kind empathisch und emotional beteiligt um. Die väterlichen Verhaltensqualitäten konnten damit weder aus der Frage abgeleitet werden, ob es sich um den leiblichen Vater handelte, noch, wie sicher er sich seiner Vaterschaft war.

In unseren modernen Gesellschaften ist es allerdings für viele Männer nicht leicht, ihre soziale Rolle als Väter zu konkretisieren. Von Anbeginn der Vaterforschung hat es deshalb immer wieder Versuche gegeben, diese Vielfalt zu typisieren: Historisch gibt es zunächst das Urbild des *patri-*

archalen Vaters, der als „Hausherr" einer Haushaltsgemein-
schaft vorstand und das Zusammenleben einer Gemeinschaft organisierte, zu der nicht nur Frau, Kind(er) und
weitere Familienangehörige, sondern auch die Hausange-
stellten gehörten. Jenseits dieser väterlichen Allmacht in
den Familien einer gesellschaftlichen Oberschicht hat sich
der *traditionelle* Vater etabliert, der seine väterliche Verantwortung ebenfalls vornehmlich in der Sicherung des
Lebensunterhalts der Familie sah und sich wenig um die
Kinder kümmerte. Auf der Grundlage familiensoziolo-
gischer Forschung werden heute immer noch Vaterbilder
verwendet, die eine Ernährerrolle hervorheben [5]: der *traditionelle* Ernährer, der die Versorgungsfunktion fast ausschließlich wahrnimmt, wie auch der *moderne* Ernährer,
der über die Versorgungsfunktion hinaus einige Aktivitäten zumindest auf die Zukunft des Kindes ausrichtet
und wichtige Entscheidungen in dessen Leben (Schuleintritt, Studienbeginn usw.) trifft. Diese Ernährerrollen werden heute eher zu Auslaufmodellen erklärt und in Kontrast
zu moderneren Vaterbildern gesetzt. So entwickelt der
reflexive Vater seine Vaterrolle aus den eigenen Kindheitserinnerungen heraus, die er als Erfahrungen in den Familienalltag einbringt. Ihm wird deshalb ein gegenwartsbezo-
genes Vaterverhalten zugeschrieben, das sich zum Ziel
setzt, eine eigenständige Väterlichkeit zu entwickeln. Für
den *ganzheitlichen* und *egalitären* Vater hat die Väterlichkeit darüber hinaus noch einen emotionalen Wert, der sich
im Bemühen um eine intensive Vater-Kind-Beziehung
ausdrückt. Die *egalitäre* Vaterschaft zeichnet sich durch
eine partnerschaftlich geteilte Mitgestaltung des Familien-
lebens aus und wird hier mit hohem Engagement und Verantwortung ausgeübt, das beim *generativen* Vater außer-

dem in das erweiterte Familiennetz hineinreicht und sogar generationsübergreifend unter Einbezug der Großeltern gestaltet wird.

Der Vater wird in all diesen Modellen als Gestalter und Fortentwickler des Familiensystems betrachtet, der zu bestimmten Zeiten Veränderungen in der Familie durchführt, die sich wiederum auf die Eltern-Kind-Beziehung und die Entwicklung des Kindes auswirken. Psychologische Studien haben deshalb bei der Typisierung von Vätern vor allem deren Verantwortung für Familie und Kind in den Mittelpunkt gestellt und die *familienorientierten*, die *neuen* und die *eigenständigen* Väter präsentiert. Beim *familienorientierten* Vater ist das väterliche Verantwortungsgefühl hoch; beim *eigenständigen* Vater niedrig ausgeprägt, da seine väterlichen Karriere- und Eigeninteressen einer Kind- und Familienorientierung im Wege stehen. Folgt man diesen Vätern jedoch entlang der Entwicklung ihrer Kinder, so wird offensichtlich, wie sehr sich deren Vorstellungen von Väterlichkeit auch verändern können. Durch den unmittelbaren Einfluss des Kindes kann das Vaterdasein eine familienbetonte Note bekommen und der *eigenständige* Vater sich beispielsweise in einen *familienorientierten* wandeln [6].

Die Vielfalt nebeneinander existierender, inhaltlich verwobener und sich über die Zeit verändernder Vaterschaftsmodelle lassen ein übergreifendes Leitbild vom modernen Vater nur recht mühsam entstehen. Seit den 1990er Jahren nimmt jedoch die Zustimmung zu ganzheitlichen, egalitären und auch generativen Vorstellungen über Väterlichkeit zu. Von daher orientiert sich das neue Leitbild auf die aktive Vaterschaft, in die Verantwortung und Zeit investiert wird. Leider zeigen einige aktuelle Meinungsbefragungen an jungen Männern eine nach wie vor traditionelle Betonung der Tätigkeitsschwerpunkte von Mann und Frau. Danach will fast die Hälfte der Männer die klassische Aufgabenteilung beibehalten, wonach „der Mann arbeiten geht" und „die Frau die Kinder versorgt". Bei der anderen Hälfte der befragten Männer setzt zumeist der Rückgriff auf diese althergebrachten Vorstellungen spätestens dann ein, wenn das erste Kind geboren ist. Dann zeigt sich eben auch, ob die Gesellschaft den Männern faire Chancen für die Wahrnehmung einer aktiven Vaterschaft eingeräumt hat. In der derzeitigen Arbeitsmarktsituation wird allzu oft eine möglichst lange Anwesenheit am Arbeitsplatz mit hoher Arbeitsmotivation gleichgesetzt und an künftige Karrierechancen gebunden. Kein Wunder, wenn die jungen Väter nach der Geburt des Kindes sogar noch länger arbeiten als zuvor und ein Vereinbarkeitsproblem zwischen Familie und Beruf jetzt zunehmend auch für Männer besteht [7].

4.2 Vaterschaft im Schlepptau

Wie sehr die Geburt eines Kindes auch ihr Leben verändern wird, können sich Männer in der Regel kaum ausmalen. Bereits während der Schwangerschaft konzentrieren sie jedoch ihre Sorgen auf Frau und Kind, auf die Geburtssituation und das spätere Familienleben und wie sie dies alles unter Kontrolle bekommen werden. Befragungen von deutschen Männern durch die Forschungsgruppe um Wassilios Fthenakis am Bayerischen Staatsinstitut für Frühpädagogik in München haben wiederholt gezeigt, dass der werdende Vater sich umso weniger belastet fühlt, je mehr Verantwortung um das werdende Kind von der künftigen Mutter übernommen wird. Je mehr die Frau die Elternschaft zu ihrem Projekt macht, desto positiver erlebe der Mann dann auch die Vaterschaft [8]. Immer wieder wird davon berichtet, dass werdende Väter an sich selbst Anzeichen beobachten, die auch ihre schwangeren Partnerinnen entwickeln. So wie bei werdenden Müttern werden hinter den veränderten Befindlichkeiten der werdenden Väter vergleichbare Hormonveränderungen vermutet, die als Couvade (Männerwochenbett) bei einigen Naturvölkern sogar große Aufmerksamkeit erhalten [9].

Eine Forschergruppe um Anne Storey und Kathrin Wynne-Edwards von der Queen's University in Kingston/Kanada hat in den letzten Jahren das Couvade-Syndrom ernsthaft in den Blick genommen. Sie untersuchte Paare, die erstmals Eltern wurden. Die werdenden Eltern wurden zu verschiedenen Zeitpunkten vor und nach der Geburt des Kindes nach ihrem Wohlbefinden befragt, und es wurde ihnen Blut abgenommen, um die wichtigsten Hormone zu messen. Dabei ging es um Testosteron/Estradiol (männliches/weibliches Geschlechtshormon), Cortisol (Stresshormon) und Prolactin (Milchproduktionshormon). Einige Männer hatten über den Schwangerschaftsverlauf hinweg tatsächlich ähnliche Beschwerden wie ihre Partnerinnen und gaben damit zu, unter den verschiedensten Anzeichen von Couvade zu leiden: Sie nahmen an Gewicht zu, litten an Hungerattacken, wie sie normalerweise für schwangere Frauen typisch sind, und unterlagen Stimmungsschwankungen. Kurz vor der Geburt fand man bei ihnen erhöhte Konzentrationen von Cortisol im Blut, aber überraschenderweise auch Prolactin, das normalerweise mit der Milchbildung von werdenden Müttern in

Zusammenhang steht und deren Pflegeverhalten ankur-
belt. Interessanterweise hatten diejenigen Väter, die über
mehrere Couvade-Anzeichen berichteten, auch höhere
Cortisol- und Prolactinwerte. Nach der Geburt fielen sie
durch besonders niedrige Testosteronwerte auf. In zwischen-
zeitlichen Testsituationen, in denen sie Filmausschnitte
von Neugeborenen anschauten und ihrem Geschrei ausgesetzt wurden, reagierten sie hormonell ebenfalls besonders
empfindlich. Insgesamt bestätigt die Studie, dass eine
angehende Vaterschaft durch die Schwangerschaft der
Partnerin deutlich beeinflusst sein kann. Anthropologen
glauben, dass hinter diesem Einfluss ein althergebrachter
Funktionsmechanismus steckt, der mit der Schwangerschaft der Frau gleichzeitig die väterliche Fürsorge in Gang
setzt [10].

Die künftige Vaterschaft nimmt demnach schon in der
vorgeburtlichen Zeit ihren Ausgangspunkt. Das Erlebnis
der Geburt, der Anblick des neugeborenen Kindes und die
allerersten Körperkontakte sollten beim Aufbau der Vaterschaft entscheidend sein. Laut deutschen und österreichischen Statistiken ist immerhin die überwältigende
Mehrzahl der Väter (etwa 90 Prozent) heute bei der Geburt
dabei. Allerdings zeichnen Berichte aus anderen Teilen
Europas ein Bild darüber, wie Väter die Geburt wirklich
erleben. Nach einer britischen Studie fühlten sich 57 Prozent der Väter lediglich durch die an sie herangetragenen
Erwartungen dazu gedrängt, die Geburtsklinik mit ihren
Frauen aufzusuchen. Sie selbst hatten dem Ereignis eher
distanziert gegenübergestanden und fürchteten eine Ein-
buße in ihrer späteren Sexualität. Während der Geburt
fühlten sie sich sehr unwohl, sahen sich nur im Wege stehend oder in eine nebensächliche Rolle gedrängt. Unter

den Geburtsschmerzen ihrer Partnerinnen litten sie und waren auch nicht davon überzeugt, in irgendeiner Weise etwas zu ihrer Milderung beigetragen zu haben. 22 Prozent der Männer wollten definitiv nie wieder eine Geburt erleben [11].

Schon Anfang der 1980er Jahre hatte eine Studie auf sich aufmerksam gemacht, die das Geburtserleben in seiner Auswirkung auf die Väterlichkeit erforschte. Zu diesem Zweck wurden 100 Väter etwa zum Zeitpunkt des ersten Geburtstags ihrer Kinder ausführlich interviewt. Vier unterschiedliche Vätergruppen fanden sich: Geburtsbegleitende Väter, von denen einige die Geburt bewusst begleitet, die anderen sich eher dazu genötigt gefühlt hatten, wie auch Väter, die die Geburtsbegleitung von vornherein abgelehnt, und solche, bei denen überlappende Termine dies verhindert hatten. Alle Väter berichteten über ihre aktuelle Teilnahme an der Säuglingspflege, inwieweit sie windelten, die Nahrung bereiten konnten und den Kinderwagen schoben. In Auswertung dieser Berichte ließ sich feststellen, dass die Geburtsbegleitung – ob gewollt, ungewollt oder verhindert – kaum etwas mit dem aktuellen Vaterverhalten und auch nichts mit der Einstellung dieser Väter zu ihren Kindern zu tun hatte [12].

Noch aufschlussreicher sind in diesem Zusammenhang die Forschungsarbeiten des Familienpsychologen Horst Nickel von der Heinrich-Heine-Universität in Düsseldorf, der sich in den 1980er und 1990er Jahren mit dem Übergang zur Elternschaft beschäftigte und dabei Väter untersuchte, die sich zu einer Geburtsbegleitung schon bald entschieden und diese auch durchgehalten hatten. Nickel stellte eine spontane Begeisterung der Väter nach der Geburt beim Anblick des Neugeborenen und eine tiefe

Zuneigung zu ihm fest. Über diese Anziehungskraft des Neugeborenen berichteten allerdings auch Väter, die keine Geburt miterlebt hatten. In Nickels Studie waren manche Väter jedoch nicht nur bei der Geburt dabei, sondern hatten gemeinsam mit ihren Partnerinnen schon die Vorbereitungskurse besucht. Nickel ließ auch diese Väter mit Vätern vergleichen, die an keinem der Vorbereitungskurse teilgenommen hatten, aber auch über keinerlei anderweitige praktische Erfahrungen im Umgang mit einem Kind verfügten. Sie alle wurden nach ihren Eindrücken über die Geburt und über ihre Kontakte zum Neugeborenen befragt, sie mussten ein Entwicklungstagebuch im ersten Dreivierteljahr des Babys führen und wurden bei ihrer Säuglingspflege videografiert. Im Ergebnis der Studie schienen sich die vorbereiteten Väter mehr als die unvorbereiteten Väter zu ihren Babys hingezogen zu fühlen und berichteten nachdrücklich davon, emotional berührt gewesen zu sein. Während die vorbereiteten Väter viel häufiger das Baby an sich drückten und herzten, waren unvorbereitete Väter im Umgang mit ihren Babys deutlich unsicherer und vorsichtiger und berührten die Kleinen nur an einzelnen Körperteilen. Vorbereitete Väter zeigten im Vergleich zu unvorbereiteten Vätern einfach insgesamt mehr Einfühlungsvermögen bei der Säuglingspflege und eine größere Herzlichkeit [13].

So sollte man annehmen, dass die Geburtsvorbereitung ein wichtiger Schritt im Hinblick auf die künftige Väterlichkeit ist. Nickels Studie verweist jedoch auf die Kurzlebigkeit dieser Effekte. Die Unterschiede der vorbereiteten und unvorbereiteten Väter im Umgang mit ihren Babys nahmen schon innerhalb weniger Wochen rapide ab. Auch spielte es für die Väterlichkeit später keine Rolle mehr, ob die Väter die Kleinen regelmäßig windelten und fütterten oder sich eher weniger beteiligten. Entscheidend für den tatsächlichen Betreuungseinsatz war vielmehr die Einstellung der Mutter. Wenn sie ihrem Mann die Kompetenz absprach, das Baby angemessen betreuen zu können, dann rührte der Vater kaum einen Finger. Er hätte von seinem eigenen Geschick wahrscheinlich noch so überzeugt sein können – war seine Frau davon nicht angetan, kam er nicht zum Zuge. Ehe Väter zu Störenfrieden im Mutter-Kind-System werden, lassen sie sich demnach nur insoweit in die Betreuung des Kindes einbeziehen, wie die Mutter dies auch zulässt [14]. Leider werden die Väter auch außerhalb der Familie oft als die unerfahrenen Betreuer ihrer Kinder angesehen. Väter berichten dann, dass es in den Kindereinrichtungen gern gesehen wird, wenn sie die Kleinen abholen oder am Elternabend teilnehmen. Bei diesen Gelegenheiten wolle man ihnen dann jedoch zeigen, wo es lang ginge und wie sie noch bessere Väter werden können. Sie würden dann zuweilen auch geringschätzig behandelt und sollen einen muttergerechten Zuschnitt verpasst bekommen.

Ein Mann darf jedoch Mann bleiben, auch wenn er Vater ist. Mit der Teilnahme an einem Vorbereitungskurs für werdende Mütter, mit einer Geburtsbegleitung und der Beteiligung an der Säuglingspflege erwerben sie lediglich Einsichten in ein sich entwickelndes Mutter-Kind-System, in das sie sich künftig einbringen können. Diese Einsichten allein machen Männer jedoch nicht automatisch zu fähigen Vätern. Die Vaterschaft muss unter Ausnutzung der Besonderheiten als väterliche Fürsorge gestaltet werden. Dabei muss eine Väterlichkeit zustande kommen, die sich mit der Lebenswirklichkeit von Kindern auseinandersetzt, und zwar auf eine andere Weise, als sie die Mütter bieten können.

4.3 Besonderheiten väterlicher Fürsorge

Mit Ausnahme des Stillens gibt es kaum Hinweise, dass Frauen darauf vorbereitet sind, der befähigtere Elternteil zu werden. In Reaktion auf ein schreiendes Kind steigen sowohl bei Frauen als auch bei Männern Herzschlag, Blutdruck und Hauttemperatur, während sie bei einem lächelnden Baby unverändert bleiben. Diese grundlegenden Verhaltensparameter erbringen demnach keine Unterschiede zwischen Müttern und Vätern. Mütter wie Väter verfügen auch über ein annähernd gleiches intuitives (unbewusstes) Handlungswissen für den Umgang mit Säuglingen. Väter gehen jedoch einfach anders mit ihnen um, und zwar schon von den ersten Lebenstagen an. Während die Mütter einen engen Körperkontakt halten und sich emotional beschützend mit dem Baby beschäftigen, beobachtet man bei den Vätern viel mehr Nachahmung und Grimassenschneiden sowie visuelle Stimulation. Ein Kind braucht zwar auch später die beschützende Zuwendung, es braucht aber auch Möglichkeiten, den Erkundungsdrang ausleben und sich mit Rivalität und Aggressivität konstruktiv auseinandersetzen zu können. Diesen Teil der Vermittlung übernimmt meistens der Vater.

Väter verwenden einen wesentlichen Teil ihrer Zeit fürs Kind aufs Spielen. Sie spielen dann überraschender, unvorhersehbarer und herausfordernder als Mütter. Selbst im

Umgang mit Säuglingen sind Väter oft wesentlich ungestümer als die Mütter. Sie vollführen die waghalsigsten Spielchen mit ihnen, werfen sie in die Luft und bringen sie mitunter in geradezu bedrohliche Situationen. Nicht von ungefähr werden diese risikoreichen Situationen Kamikaze-Spiele (selbstverletzende Spiele) genannt. Das Baby scheint jedoch zu wissen, dass ihm nichts passieren kann; schließlich fängt der Vater es immer wieder auf. So verlieren die Kleinen das Unbehagen vor Höhe und Geschwindigkeit. Ohne sich dessen bewusst zu sein, führen ihre Väter sie an das Erleben der Schwerkraft und der schnellen Bewegungen heran. Väter erzeugen damit Stimulationszyklen, die rasant und dramatisch sind, weil sie unaufhörliche Wechsel zwischen Ruhe und Aufregung enthalten. Von daher können Kinder von ihren Vätern Verhaltensweisen lernen, die sie nur bei ihren Vätern finden.

Während die Mütter die innere Gefühlswelt des Kindes regulieren, steuern Väter des Weiteren das Erkundungsverhalten, das Kinder brauchen, um mit den Anforderungen der Umwelt später eigenständig zurechtzukommen. Dabei lehren sie ihnen auch, wie man Konflikte besser bewältigt. Öfter als die Mütter ermutigen sie die Kleinen, Ungewohntes auszuprobieren, und muten ihnen von Anbeginn mehr zu. Sie heben beispielsweise ein Kind wieder auf ein Dreirad, nachdem es gestürzt ist, und zeigen ihm, wie man konstruktiv mit Misserfolgen und Stress umgeht. Sie lehren die Kleinen, Frustrationen hartnäckiger auszuhalten, und fördern dabei die Anstrengungsbereitschaft auch beim Lernen.

Väter unterscheiden im Umgang mit ihren Kindern außerdem stark nach dem Geschlecht. Während in den Augen der Mütter alle Babys Kinder sind, differenzieren

Väter sehr früh zwischen Söhnen und Töchtern. Die Spielaktivitäten mit den Töchtern sind sanfter, vorsichtiger und unterstützender. Ihre Weiblichkeit wird hervorgehoben und bezeichnet. Die Väter sind wilder und direktiver im Spiel, aber auch strenger in der Disziplin mit ihren Söhnen. Sie setzen dabei seltener Spielzeug ein und wollen eher die körperlichen Aktivitäten des Kindes stärken. Gern stellen sie sich beim Herumtollen selbst zur Verfügung. Insgesamt gesehen sind die Väter für die Geschlechtsrollenfindung des Kindes von großem Wert. Vor allem brauchen Jungen ein väterliches Modell, um ihr Selbstbild vollständig zu entwickeln. Aber auch bei Mädchen ist die Rollenfindung sehr viel schwieriger und unvollständiger, wenn die väterliche Unterstützung für ihre eigenen weiblichen Orientierungen entfällt.

Väter sind weder schlechtere noch bessere Mütter. Sie gehen einfach anders mit ihren Kindern um. Aus all den Unterschieden kann jedoch der Schluss gezogen werden, dass Väter für die körperliche und psychische Entwicklung des Kindes sehr wichtig sind. Während die Mütter emotionale Zuwendung und Mitgefühl repräsentieren, können Väter Modelle für aktives Erkunden, Konflikt- und Pro-

blemlösen sein. Sie treten dem Kind eher als Spielpartner und Herausforderer entgegen und präsentieren sich gern als Lehrer und Mentor des eigenen Könnens. So ergänzen die Väter das mütterliche Modell und verhelfen ihren Kindern zu einem reichhaltigen Menschenbild [15].

4.4 Die Vater-Kind-Beziehung

Kinder entwickeln bedeutsame Beziehungen zu ihren Vätern. Zu diesem Schluss kamen bereits die Familienpsychologen Rudolph Schaffer und Peggy Emerson von der University of Strathclyde in Glasgow/UK, die in den 1960er Jahren beobachteten, dass schon die einjährigen Babys in ihren Studien eine Bindung zu ihrem Vater entwickelt hatten. Sie protestierten, wenn der Vater sie verließ, und taten dies auch bei Vätern, die sich kaum an ihrer täglichen Pflege beteiligten [16]. Anders als bei der Mutter-Kind-Bindung spielt offensichtlich die Verfügbarkeit der Bindungsperson eine untergeordnete Rolle beim Bindungsaufbau zwischen Vater und Kind. Ähnliche Beobachtungen machte Karin Grossmann, als sie 1977 die zweijährigen Kinder der Bielefelder Längsschnittstudie in der „Fremden Situation" mit ihren Vätern beobachtete. Ihr fiel im Vergleich zur „Fremden Situation" mit den Müttern außerdem auf, wie dicht die Väter bei den Kleinen blieben, wenn die Kinder den fremden Raum erkundeten. Sie ermutigten das Kind auch deutlich mehr als ihre Mütter, das vorhandene Spielzeug zu benutzen, und präsentierten sich selbst dabei als exzellente Spielpartner. Die Spielsituationen, die von Vater und Kind in dieser Studie zusätzlich aufgenommen wurden, bestätigten diesen Eindruck. Sollten dies vielleicht die Eigenschaften sein, die die Vater-Kind-Bindung begründeten?

Es sollten einige Jahrzehnte ins Land gehen, um sich dieser Frage erneut zuwenden zu können. Vor einigen Jahren wertete Karin Grossmann mit Heinz Kindler die umfangreichen wissenschaftlichen Aufzeichnungen aus, die den Umgang der Bielefelder Väter mit ihren Kindern über viele Jahre hinweg dokumentieren. Dabei hatten sie sich erneut mit dem väterlichen Verhalten im Spiel beschäftigt und bemerkt, wie die Besonderheiten des Vaters hier besonders zum Tragen kamen. Bei der Beurteilung der väterlichen Spielaktivitäten und seiner Eigenschaften fielen Grossmann und Kindler zwei Komponenten ins Auge: eine *gewährende* und eine *herausfordernde* Komponente der väterlichen Zuwendung. Aktives Fördern und vertrauensvolles Gewährenlassen sollten sich dabei abwechseln, damit das Kind auch selbstständig aktiv werden konnte und nur im Bedarfsfall die Unterstützung des Vaters einfordern musste. Diese Art des feinfühligen Verhaltens mit den Kleinen prägte noch im Alter bis zu 22 Jahren die Vater-Kind-Bindung. Je feinfühliger der Vater mit seinem Kind schon in den frühen Jahren gespielt hatte, desto sicherer ging der junge Erwachsene dann auch mit weiteren emotionalen Beziehungen um [17].

4.5 Vater-Mutter-Kind-Dynamik und Elternschaft

Für die Qualität des väterlichen Verhaltens sind Partnerbeziehung und eheliche Zufriedenheit jedoch ebenfalls sehr entscheidend. Unzufriedene Ehemänner sind einfach auch die schlechteren Väter. Dies gilt auch für Ehefrauen und Mütter, aber bei Vätern ist dieser Zusammenhang weitaus ausgeprägter. Die Wirkung von Vätern auf die Entwicklung der Kinder ist von daher nur schlecht erklärbar, wenn man nicht auch die Mutter und die Familie einbezieht. Viele junge Paare betrachten die Geburt ihres ersten Kindes als einen Höhepunkt in der Entwicklung ihrer Beziehung. Leider wendet sich jedoch die Partnerschaft der Eltern eher zum Schlechten, wenn das Kind dann da ist. An der Universität Heidelberg hat dies jedenfalls in den 1990er Jahren Gabriele Gloger-Tippelt in einer Studie nachgewiesen und damit gleichzeitig vorausgegangene internationale Studien bestätigt. Nach der Geburt ihres ersten Kindes erlebten die untersuchten Paare eine starke Abnahme von wechselseitiger Zärtlichkeit und Glück im Vergleich zu Paaren, die im gleichen Untersuchungszeitraum kinderlos geblieben waren. Überraschenderweise hatten dabei die Mütter wie die Väter insbesondere die ersten drei Monate nach der Geburt vergleichbar belastend erlebt [18].

Aus diesen Beobachtungen ergibt sich eine neue Sicht auf den Vater als Teil einer Triade (Dreierbeziehung), die aus Vater, Mutter und Kind besteht. Gefragt werden muss, was der Vater machen kann, um die Partnerschaft nach der Geburt des Kindes konstruktiv umzustellen und zu helfen, dass sich die Familie weniger problematisch konstituiert. Der Angelpunkt bleibt dabei allerdings das Kind. Beobachtet man junge Säuglinge in einer Dreiersituation mit ihren Eltern, kann man zweifelsfrei feststellen, dass sie bereits ihre Aufmerksamkeit zwischen beiden Eltern teilen können. Wenn man einen Elternteil bittet, für einen kurzen Moment mimisch wie zu Stein zu erstarren, dann wenden sich die Säuglinge mit einem interessierten Blick dem anderen Elternteil zu und zeigen damit, dass sie solche komplexen Situationen handhaben können.

Die Qualität einer familiären Triade wird allerdings maßgebend durch die Eltern bestimmt und dadurch, wie sie sich in ihrer Funktion als Eltern sehen. Wenn der Vater sich für eine ebenso wichtige Person im Leben seines Babys wie die Mutter hält und von der Mutter auch für eine solche Person gehalten wird, zeigt sich, dass das Baby akzeptieren kann, wenn er in Abwesenheit der Mutter einspringt. Während der Trennung von der Mutter kann das Baby das emotionale Gleichgewicht gut regulieren und spielt nachher umso freudiger und ausgeglichener mit beiden Eltern. Kinder, die die Trennungen emotional nicht gut verkraften und den Vater „übersehen", klammern sich bei der Rückkehr der Mutter umso mehr an sie und können schon gar nicht den triadischen Austausch mit den Eltern wieder aufnehmen.

Wenn es jedoch so ist, dass Eltern die Triade bestimmen, müsste sich die Qualität der Triade bereits bestimmen lassen, bevor das Kind überhaupt geboren ist. Es müsste möglich sein herauszufinden, wie Mütter und

Väter ihre künftigen Familienbeziehungen nach der Geburt des Kindes sehen und gestalten wollen (triadische Fähigkeit der Eltern). Diese Fragen verfolgte Kai von Klitzing, Kinder- und Jugendpsychiater am Universitätsklinikum in Leipzig, mit einer Gruppe von werdenden Eltern. Diese wurden dahingehend befragt, inwieweit sie bereits das werdende Kind als ein drittes Element in ihre eigene Beziehungswelt einbeziehen und inwieweit sie akzeptieren können, dass das Kind eine Beziehung zum anderen Elternteil haben wird. Nachdem das Kind geboren war, konnte man die Dreiersituationen beobachten und bewerten, wie gut die Triade nun tatsächlich funktionierte. Es zeigten sich klare Zusammenhänge zwischen der triadischen Fähigkeit der Eltern vor der Geburt des Kindes und der Qualität der Triade mit dem Kind. Eine gut funktionierende Triade war durch eine große Flexibilität und innere Bezogenheit von Mutter, Vater und dem Baby gekennzeichnet, bei der das Baby den Vater wie die Mutter gleichwertig annahm und akzeptierte [19].

Mit diesen Erkenntnissen eröffnen sich neue Perspektiven für ein familienbezogenes Verständnis der Väterlichkeit. Es zeigt sich, dass der Vater auf die Entwicklung des Kindes Einfluss nehmen und seine Väterlichkeit entwickeln kann, wenn ihn die Mutter in die Erweiterung der Mutter-Kind-Beziehung aufnimmt, was die Väter dann auch dringend einfordern müssen. Es schadet den Müttern, wenn sie von vornherein alles besser machen wollen und den Vater ausgrenzen. Es schränkt die frühe emotionale Entwicklung des Kindes ein und behindert die Ausbildung einer aktiven Vaterschaft.

5

Vom Ursprung der Kinderbetreuung

Die Ausnutzung von Möglichkeiten, die durch brachliegende „Strukturen von gestern" geboten werden, erscheint oft geradezu genial.
Konrad Lorenz (1983)

Geschichte und Gegenwart der Betreuungssituation für Kinder auf den fünf Kontinenten der Welt lassen ein vielgestaltiges Bild entstehen, das von einer ausschließlich mütterlichen Betreuung über Betreuungsformen im Verwandten- und Bekanntennetzwerk bis hin zur Betreuung in öffentlichen Kindereinrichtungen reicht. Die Variationen sind besonders groß, wenn es um den mütterlichen Betreuungsanteil geht. Angesichts der Überzahl von multiplen Betreuungsarrangements scheint dabei eine ausschließlich mütterliche Betreuung nur eine Variante, wenn nicht sogar ein Grenzfall zu sein. Für das hohe Ausmaß an nichtmütterlicher Betreuung wurden in der Vergangenheit immer wieder wirtschaftliche Gründe geltend gemacht, auch wenn die Oberschicht in vielen Ländern zusätzliche Kinderbetreuung (z. B. durch Kindermädchen) aus ganz anderen Gründen in Anspruch nahm.

Aus Agrargebieten ist beispielsweise bekannt, dass die Kinder zumeist in der Betreuung von Geschwistern, Verwandten oder Nachbarn gelassen wurden, während die Mütter auf den Feldern arbeiteten. Während des wirtschaftlichen Aufschwungs der 1960er und 1970er Jahre in den USA und Europa, der zunächst zu einem Arbeitskräftemangel führte, wurden öffentliche Betreuungsangebote zur Verfügung gestellt, um die Frauen vermehrt auf den Arbeitsmarkt zu bringen. Betreuungsmöglichkeiten im Verwandtenkreis waren durch Veränderungen in den Familienstrukturen und das Verschwinden der Drei-Generationen-Haushalte dann schon kaum mehr vorhanden. Zusammenhänge von gesellschaftlich ökonomischen Erfordernissen und öffentlicher Kinderbetreuung waren in den sozialistischen Ländern Osteuropas ebenfalls offensichtlich, und wirtschaftliche Gründe sind auch für das Entstehen der israelischen Kibbuzim (Kinderhäuser) verantwortlich [1].

Mit der öffentlichen Betreuung in den modernen industrialisierten Ländern geht es heute um ganz andere politische Fragen: Soll man die Chancengleichheit der Frau in Beruf und Gesellschaft verfolgen? Will man Kinderbetreuung als gesellschaftlich relevante Aufgabe ansehen und öffentliche Betreuung bedarfsgerecht anbieten? Soll man öffentliche Betreuung bereits für den Bildungsweg der Kinder nutzen? Die ehemals ökonomischen Notwendigkeiten werden damit durch andere Bedürfnisse ersetzt, denen sich die öffentliche Kinderbetreuung heute stellen muss. Es rücken mit großer Nachdrücklichkeit die Entwicklungsbedürfnisse und -erfordernisse des Kindes in das Zentrum der Debatte. Man fragt sich jedoch, ob die bisherigen Betreuungsangebote diesen Erfordernissen überhaupt schon gerecht werden.

Aber welche sind die wirklichen Entwicklungserfordernisse des Kindes? Evolutionsbiologische Überlegungen führen zu der Einsicht, dass die grundlegenden Entwicklungserfordernisse menschheitsgeschichtlich dadurch begründet wurden, dass das Überleben der Nachkommen gesichert werden musste. Dafür mussten entsprechende Verhaltensmuster und -motive entwickelt und etabliert werden, die in die Kinderbetreuung eingeflossen sind. Die ursprünglichen Kinderbetreuungspraktiken sind von daher unter Bedingungen entstanden, unter denen sich der Mensch schlechthin entwickelt hat. Sie müssten mit der Erforschung der Wiege der Menschheit nachzuzeichnen sein.

5.1 Vor langer Zeit

Die Wiege der Menschheit steht in Afrika. Sie wurde nahe dem Hadar-Fluss im Afar-Gebiet von Äthiopien aufgefunden, als in den Jahren 1973 bis 1977 dort insgesamt 250 hominide Fossilien entdeckt wurden. Die vulkanischen Tuff- und Geröllschichten hatten die Reste der Urmenschen dort hervorragend erhalten. Im Spätsommer 1973 nahm die erste Internationale Afar-Forschungsexpedition ihre Arbeit auf, der sich auch der junge Donald Johanson von der Case Western Reserve University in Cleveland/USA angeschlossen hatte. Zuerst schien alles nach dem bekannten Schema einer Feldforschung abzulaufen: wochenlange geologische Aufzeichnungen, Sammeln und Registrieren von fast 6000 Fossilien der verschiedensten Wirbeltierarten. Dann endlich fand Johanson ein ungewöhnliches Skelett, das eine Kombination von affen- und menschenähnlichen Charakteristiken enthielt und sich alsbald als ältester Fund der Menschheitsgeschichte herausstellen sollte. Die Beckenknochen verwiesen darauf, dass es sich um eine Frau handeln musste; ihre Weisheitszähne deuteten auf ein Lebensalter von etwa 25 Jahren hin. Während der weiteren Bestimmung des Skeletts erschallte immer wieder der Beatles-Song *Lucy in the Sky with Diamonds* aus dem Kassettenrecorder des Ausgrabungslagers. Von da an ging der Sensationsfund der Afar-Senke mit dem Namen Lucy in die Geschichte der Paläontologie ein.

Lucy lebte vor ungefähr 3,2 Millionen Jahren. Ihr Skelett zählt heute mit einer 40-prozentigen Vollständigkeit zu den besterhaltenen Skeletten eines frühen Vorfahren des Menschen (*Australopithecus afarensis*). Lucy hangelte keineswegs mehr von Baum zu Baum; an ihrem Skelett lassen sich Anpassungen an den aufrechten Gang nachweisen. Gemäß einer Computermodellierung war sie sogar in der Lage, so schnell wie der heutige Mensch zu laufen. Lucys Hände waren beweglicher als die eines Affen. Sie stellte jedoch noch keine Werkzeuge her, benutzte aber wahrscheinlich passende Steine als Hilfsmittel [2].

Aus den Australopithecinen entwickelten sich die ersten Vertreter der Gattung *Homo* (*Homo habilis/Homo erectus*). Nachweise ihrer Existenz finden sich in Zentralafrika, aber auch in Südostasien und Lateinamerika. Das Alter dieser Funde zeigt an, dass vor 1,8 Millionen Jahren die Gattung *Homo* schon weit über Afrika hinaus verbreitet war. Begleitfunde lassen dabei auf Lebensräume schließen, die aus grasbewachsenen Savannen mit Wasserläufen und Seen sowie aus tropischen Regenwäldern bestanden. Die Frühmenschen lebten in kleinen Rundhütten und ernährten sich von Pflanzen und Früchten. Sie konnten aber auch Steinwerkzeuge herstellen. Tierknochen mit Schnittspuren lassen darauf schließen, dass sie Fleisch vom Knochen trennten und infolgedessen auch gejagt haben müssen. John Bowlby nannte diese Lebenswelt der Frühmenschen die „Umgebung der evolutionären Angepasstheit", weil sie bestimmte Körper- und Verhaltensfunktionen entstehen ließ, die uns auch heute noch als Menschen auszeichnen. Wie aber hat Lucy ihre Kinder großgezogen? Welche generellen Kinderbetreuungspraktiken mussten entwickelt und an diese Umgebung adaptiert werden, um die Nachkommen erfolgreich aufzuziehen?

Weil der Mensch immerhin etwa 90 Prozent der Menschheitsgeschichte ein Leben in Jäger-und-Sammler-Gemeinschaften geführt hat, sollten sich diese grundlegenden Verhaltensmuster in noch heute existierenden Jäger-und-Sammler-Gemeinschaften besser nachweisen lassen als beim Menschen der modernen Welt, dessen Lebensweise durch den Fortschritt von Wissenschaft und Technik der letzten 300 Jahre stark verändert und deutlich überformt worden ist. Mit Rückgriffen auf archaische Lebensweisen, die heute noch existieren, muss man dennoch vorsichtig sein. Sie sind nur dann sinnvoll, wenn Jäger-und-Sammler-Gemeinschaften beobachtet werden können, die nicht bereits in Stammeshierarchien und Kasten organisiert sind, sondern dem urgemeinschaftlichen Zusammenleben gleichkommen. Danach darf es in diesen Gemeinschaften keine ungleichen Besitzverhältnisse geben; das Teilen der gemeinschaftlich erzeugten Produkte muss zur täglichen Lebenspraxis gehören, in der alle Mitglieder als gleichwertig angesehen werden.

In den letzten Jahren haben Anthropologen Naturvölker aufgefunden, die sowohl jagen und sammeln als auch diese Kriterien tatsächlich erfüllen: Es sind die !Kung San im Norden Botswanas, die Ache in den Regenwäldern des Amazonas der Ostregionen Paraguays, die Aka im Norden von Kongo-Brazaville sowie die Efe, die in der nordöstlichen Region des Ituri-Gebiets von Zaire leben. Ihre Lebensweise wurde mit modernen Beobachtungstechniken sowie akribischen Zeitanalysen beschrieben; dabei wurde auch die Kinderbetreuungspraxis unter die Lupe genommen.

5.2 Ausschließlich mütterlich betreut

Die !Kung San leben in einem ungefähr 900 Kilometer großen Gebiet Afrikas, an der Grenze zwischen Namibia und Botswana. Als der kanadische Anthropologe Richard Lee diese Kultur aufsuchte, um ihre Lebensweise für ein Forschungsprojekt der University of California in Berkeley/USA zu studieren, fand er eine archaische Jäger-und-Sammler-Gemeinschaft vor, die aus zehn bis 30 Mitgliedern starken Camps bestand. Später kehrte er in dieses südwestliche Gebiet Afrikas noch wiederholte Male zurück, um sich eingehend mit der Kinderbetreuung dieses Stammes zu beschäftigen [3].

Bei den !Kung werden alle Mitglieder in das Gemeinschaftsleben einbezogen. Die Männer sind exzellente Jäger. Und obwohl das Jagen einen zentralen Stellenwert in der Gemeinschaft hat, wird der Hauptteil der Nahrung durch Pflanzen und Früchte bestimmt, die vor allem durch die Frauen gesammelt werden. !Kung-Frauen bekommen ihre Kinder völlig unbeobachtet und allein im Busch, fernab von allen Camps. Niemand soll die hochschwangeren Frauen begleiten und bei der Geburt unterstützen. Geburt und Mutterschaft sind der zentrale Bestandteil des Lebens einer jeden !Kung-Frau. Sie betrachtet es als ihr Vorrecht, einem Neugeborenen das Weiterleben zu gewähren oder es mit seiner Nachgeburt zu begraben; die Größe der Nachkommenschaft hängt damit von ihrer Entscheidung ab. Auch die Kinderbetreuung liegt in den ersten drei bis vier Lebensjahren fast ausschließlich bei den Müttern, deren Kinder eine enge Bindung an sie entwickeln. Während dieser Zeit tragen die !Kung-Frauen die Kleinen in einem speziellen Tragetuch, das die Arme und Beine des Kindes freihält. Die Kinder verbringen damit etwa 70 Prozent ihrer Zeit im engen Körperkontakt mit ihren Müttern. Blick- und Körperkontakte sind dabei ebenfalls durchgehend gewährleistet; gestillt wird nach Bedarf.

Das Betreuungsnetzwerk der !Kung ist gut ausgebaut, wird aber erst wirksam, wenn das Kind ungefähr drei Jahre alt ist. Dann werden die Kleinen von den Großeltern, anderen Verwandten oder von anderen in der Gemeinschaft lebenden Personen zunehmend mit betreut, vor allem wenn die Mütter auf Nahrungssuche sind. Obwohl die Väter ihre Kinder durchaus lieben, übernehmen sie nur selten Betreuungsverantwortung. Auch ältere Geschwister werden kaum mit der Betreuung jüngerer Kinder beauftragt. Generell stellen Kinder in der Gemeinschaft der !Kung einen so außerordentlich hohen Wert dar, dass jeder Erwachsene eine Verantwortung ihnen und der Gemeinschaft gegenüber empfindet. Eine nahezu lückenlose Kinderbetreuung ist damit den ganzen Tag über gesichert.

Eine ausschließliche Betreuung durch die Mutter in den ersten Lebensjahren erfahren auch die Kinder der Ache, die auf einem ganz anderen Kontinent, im Osten Paraguays im Regenwald des Amazonas, groß werden. Als der Anthropologe Kim Hill von der University of New Mexico/ USA deren Lebensweisen in den 1970er Jahren studierte, waren die Ache ausschließlich Jäger und Sammler. Wie die !Kung lebten sie von der Jagd und sammelten Insekten, Früchte und Honig. Sie lebten in Camps, die aus bis zu 50 Mitgliedern bestanden, alles untereinander teilten und gleichrangige Beziehungen pflegten [4].

Hill berichtete, dass die Ache-Kinder ihr erstes Lebensjahr fast ausschließlichen im Körperkontakt mit ihren

Müttern verbringen. Sie werden von ihnen in Schlingen getragen, nach Bedarf gestillt und schlafen nachts im mütterlichen Schoß. Ache-Säuglinge werden kaum abgesetzt und niemals länger als ein paar Sekunden allein gelassen. Im zweiten Lebensjahr verbringen die Kleinen 40 Prozent des Tages am mütterlichen Körper und 48 Prozent in unmittelbarer mütterlicher Nähe. Bei den Streifzügen durch den Wald sitzen sie dann schon auf den Tragekörben ihrer Mütter. Im Alter von drei bis vier Jahren sind es noch immer 76 Prozent des Tages, die die Ache-Kinder am Rockzipfel ihrer Mütter hängen. Erst etwa mit dem fünften Lebensjahr beginnt die vorsichtige Ablösung.

Ache-Kinder hinken ihrer Entwicklung in der Regel sowohl motorisch als auch mental deutlich hinterher, da sie in den ersten Lebensjahren zwar viel Körperstimulation, jedoch wenig weitere Anregungen erhalten. Sie beginnen spät zu laufen und zeigen nur zögerlich Interesse an einer eigenen Erkundung ihrer Lebenswirklichkeit. Die Ache-Frauen ziehen bis zu acht Kinder groß und können offensichtlich eine optimale Betreuung allein kaum sicherstellen. Im Kontrast dazu sind die Kinder der !Kung sehr gut entwickelt. Die !Kung-Frauen bekommen im Durchschnitt nur drei Kinder in Geburtsabständen von drei bis vier Jahren. Von daher muss die !Kung-Mutter jeweils nur ein Kind bei sich tragen, das zwischen sechs Kilogramm (Neugeborenes) und zwölf Kilogramm (dreijähriges Kind) schwer ist, während weitere Kinder dann schon allein laufen können und auch abgestillt sind. Dieses Vorgehen scheint der ohnehin körperlich herausfordernden Lebensweise der Jäger und Sammler äußerst angepasst, vor allem weil die Mütter mit der Frühbetreuung der Kinder auf sich allein gestellt sind. Es wäre für sie überfordernd, den ganzen Tag zwei Kinder gleichzeitig tragen und sich zudem um mehr als drei Kinder angemessen kümmern zu müssen. Außerdem lehrt das Alltagsleben der !Kung, dass die so begrenzte Kinderzahl die !Kung-Gemeinschaft nur insoweit vergrößert, als ihre Versorgung auch gewährleistet bleibt [5].

Der Müttermythos in den westlichen Industriestaaten der 1970er Jahre profitierte in einem ungeahnten Ausmaß von diesen Berichten über Lebensweise und Kinderbetreuung bei den Naturvölkern. Der intensive Mutter-Kind-Kontakt und die extreme Hingabe der Gemeinschaft, die vor allem die Kinder der !Kung-Gemeinschaft erfahren, ließen das Bild einer idealen frühen Kindheit entstehen. Weil sich das menschliche Bindungsverhalten erst durch soziales Lernen entwickelt und festigt, schienen der kontinuierliche Körperkontakt zwischen Mutter und Kind und der beständige Blickwechsel zwischen ihnen einen hervorragenden Beitrag zur Entstehung der Mutter-Kind-Bindung zu leisten. Der Kinderwagen wurde weggestellt, das Tragetuch eingeführt. Bowlbys evolutionsbiologisches Konzept der Bindung wurde durch diese anthropologischen Studien nicht nur untermauert, sondern bestimmte gleichzeitig die ausschließliche Betreuung durch die Mutter zur ursprünglichen Form der Kinderbetreuung, die in der Menschheitsgeschichte verankert zu sein schien.

5.3 Multiple Betreuungssysteme

Diese Sichtweise steht jedoch im Widerspruch zu neueren Überlegungen, wie sie von der renommierten Anthropologin Sarah Hrdy stammen. In ihren Vorlesungen an der

University of California in Davis/USA hat sie immer wieder argumentiert, dass eine exklusive Betreuung des Kindes durch die Mutter kein Modell hat sein können, das die menschliche Evolution so erfolgreich gemacht hat. Die großen Geburtsabstände der !Kung hätten nicht ausgereicht, um die Anzahl von Kindern großziehen zu können, die die heutige Verbreitung der Menschen ausmacht. Auch die große Kinderschar der Ache hätte die Kompetenzentwicklung des Menschen nicht so weit nach vorn bringen können. Nach Hrdy müssen es multiple Betreuungssysteme gewesen sein, die es unseren Vorfahren erlaubten, ihre Nachkommen so erfolgreich aufziehen und gleichzeitig bessere Lebensbedingungen in neuen Lebensräumen erschließen zu können [6].

Vielfältige Betreuungsunterstützungen durch die Gemeinschaft reduzieren den Aufwand der mütterlichen Betreuung: Während sich zusätzliche Betreuungspersonen um die vorhandenen Kinder kümmern, können Mütter in relativ kurzen zeitlichen Abständen weitere Kinder zur Welt bringen, ohne dass die bereits geborenen unter ihrer reduzierten Zuwendung mental verkümmern. Warum Mütter schon vor langer Zeit begonnen haben könnten, zusätzliche Personen für die Betreuung ihrer Kinder zu gewinnen und sich darauf zu verlassen, mag an der ausgeprägten menschlichen Fähigkeit liegen, die Signale eines Kindes intuitiv richtig deuten und darauf angemessen reagieren zu können. Es ist auch dem Menschen eigen, verschiedene Rollen flexibel übernehmen und ein fremdes Kind wie das eigene betreuen zu können. Andererseits haben selbst Säuglinge von den frühen Anfängen an die Fähigkeit, nicht nur eine fremde Person anzunehmen, sondern sogar auf die verschiedensten Personen und ihre unterschiedlichsten Interaktions- und Betreuungsformen ohne Irritation zu reagieren. Die Funktionstüchtigkeit von multiplen Kinderbetreuungspraktiken im Verlauf der Menschheitsgeschichte lässt sich danach genauso stichhaltig begründen wie die der exklusiven Betreuung eines Kindes durch seine Mutter. Kein Wunder, dass multiple Betreuungssysteme alsbald bei weiteren Jäger- und-Sammler-Gemeinschaften in Zentralafrika ebenfalls entdeckt wurden. Sie wurden insbesondere bei den Efe- und den Aka-Pygmäen untersucht.

Wiederholte Beobachtungen bei den Aka machten Barry Hewlett von der Washington State University/USA weltbekannt. Schon als Student zog es ihn nach Kongo-Brazaville, wo die Aka in Camps von etwa 20 bis 35 Mitgliedern leben. Anders als bei sonstigen Jäger-und-Sammler-Gemeinschaften, in denen die Männer das gesamte Jahr über jagen und die Frauen Früchte und Pflanzen sammeln, sind bei den Aka alle Mitglieder gleichzeitig in die Versorgungsleistungen der Gemeinschaft einbezogen. Dabei spielt die Jahreszeit eine große Rolle: In der Trockenzeit wird maßgeblich gejagt, in der Regenzeit werden Früchte und Pflanzen gesammelt. Den Rest des Jahres verbringen die Aka in unmittelbarer Nähe der Dörfer des Ngandu-Stammes, wo sie beim Ackerbau helfen. Dessen Erträge ernähren sie etwa zu 50 Prozent. Wenn die Aka der Feldarbeit den Rücken kehren und im Regenwald ihre archaische Lebensweise aufnehmen, sind Männer wie Frauen und Kinder täglich unterwegs. Der Lagerplatz wird bis zu 18-mal im Jahr gewechselt. Jede Aka-Familie hat für die Jagd ein Fangnetz gefertigt, das zusammen mit allen anderen Netzen des Camps nach bestimmten Regeln ausgelegt und in das das Wild hineingetrieben wird.

Die Geburt eines Aka-Babys findet außerhalb der Camps statt. Meistens hilft eine ältere Frau bei der Geburt, säubert das Neugeborene und trägt es in das Lager zurück, noch bevor die Mutter eintrifft. Der Säugling wird dann von der Mutter gestillt. Schon wegen der hohen Geburtenrate von 6,3 Geburten pro Aka-Frau ist eine Betreuungsunterstützung durch die Gemeinschaft allgemein notwendig. Die Betreuungspraktiken der Aka variieren jedoch erheblich, da sie sich der jahreszeitlich und lokal verändernden Lebensweise anpassen müssen. Während der Strapazen auf der Jagd und der langen Märsche durch den Wald sind beispielsweise andere Aka-Frauen, Mütter und Kinder kaum in der Lage, darüber hinaus noch Betreuungsunterstützung zu leisten. Es sind deshalb die Väter, die die Kinder tragen und mit ihnen dabei eine enge Beziehung entwickeln [7]. Hewlett begleitete die Aka auf ihren Streifzügen durch den Regenwald und war auch mit ihnen zusammen, wenn sie die Waldcamps aufbauten und sich niederließen; er lebte sogar mit ihnen im Dorfcamp, wenn die Feldarbeit anstand. Im Hinblick auf die Kinderbetreuung interessierte ihn, unter welchen Umständen und von wem die Kinder mit welchem zeitlichen Ausmaß getragen, gehalten und gestillt wurden sowie die Anzahl der Betreuer und das Ausmaß des Betreuerwechsels.

Während der Jagd blieben die Kinder fast ausschließlich, mit etwa 90 Prozent der Zeit, bei ihren Müttern, die sie in einer Schlinge linksseitig am Körper trugen. Hatte die Gemeinschaft dann das Waldcamp errichtet, sank der mütterliche Betreuungsanteil rapide ab. Die Aka-Mütter kümmerten sich um die ein bis vier Monate alten Säuglinge noch etwa 51 Prozent, um die acht bis zwölf Monate alten Kleinstkinder noch 45 Prozent und um die 13 bis 18

Monate alten Kleinkinder noch 32 Prozent der Tageszeit. Noch geringere mütterliche Betreuungszeiten wurden im Dorfcamp ausgewiesen. Die anderen Frauen der Aka-Gemeinschaft waren hier besonders gefordert. Da die Säuglinge traditionsgemäß nicht abgelegt werden, wurden sie durchschnittlich 7,3-mal pro Stunde einer anderen Frau übergeben; im Durchschnitt zählte Hewlett sieben betreuende Personen für ein Kind. In diesem multiplen Betreuungssystem erwiesen sich jedoch die eigenen Mütter neben den Vätern nicht nur als die weitaus verlässlicheren Betreuungspersonen, sondern auch als diejenigen, die die Bedürfnisse des Kindes nach umgehender Nahrung, sicherem Transport und emotionaler Unterstützung an besten bedienten. Infolgedessen wandten sich die Kinder in irritierenden und angsterzeugenden Situationen vorrangig an ihre Mütter und Väter und bestimmten sie damit zu ihren Bindungspersonen [8].

Die extensivsten multiplen Kinderbetreuungspraktiken, die überhaupt jemals bei einem Naturvolk beobachtet werden konnten, wurden allerdings von den Efe aus Zaire in Zentralafrika berichtet. Für diese Überraschung sorgte eine Forschergruppe um Edward Tronick von der Harvard University in Boston/USA, als sie in den 1980er Jahren ihre Beobachtungen in die Öffentlichkeit brachte [9]. Wie alle Jäger und Sammler leben auch die Efe in Camps, die als Lebensmittelpunkt der Gemeinschaft dienen. Die Männer gehen mit Pfeil und Bogen auf die Jagd, die Frauen sammeln Früchte, Nüsse und Honig. Alle Aktivitäten mit und um die Efe-Neugeborenen ließ Tronick sofort nach der Geburt minutiös registrieren, da die Kinderbetreuung bereits von der ersten Lebensstunde an äußerst komplex war. Das Neugeborene wurde in einer umfänglichen Gemeinschaft von Efe-Frauen sofort versorgt, getragen und gestillt beziehungsweise durch Saugenlassen an der Brust beruhigt, während sich die Mutter von der Geburt ausruhte. Die betreuenden Frauen waren sowohl kinderlos als auch Mütter mit eigenen Kindern, die das Neugeborene und das eigene Kind unter Umständen gleichzeitig stillten. Bei den Efe wird die Muttermilch in den ersten Tagen als absolut wertlos eingeschätzt und sieht naturgemäß tatsächlich auch sehr wässrig aus. Efe-Neugeborene werden deshalb grundsätzlich von einer Frau gestillt, die manchmal sogar aus einem anderen Camp kommen muss, wenn eine Amme in der eigenen Gemeinschaft nicht zur Verfügung steht. Nur den Risikobabys mit Untergewicht und erhöhter Irritierbarkeit wichen die eigenen Mütter nicht von der Seite und praktizierten damit die exklusive mütterliche Betreuung. Sie blieb jedoch die Ausnahme- und nicht die Regelbetreuung der Efe-Kinder.

Die Forschungsgruppe hielten die kleinsten Einzelheiten im Leben der Efe-Kinder fest. Es ging ihr um die Zeit, in der das Efe-Baby getragen, in den Schoß gelegt, gestillt wurde und infolgedessen Körperkontakt mit der Mutter oder den Betreuerinnen hatte, die Anzahl der Betreuerinnen, das Ausmaß des Betreuerwechsels, der als stündliche Transferrate in die Ergebnisse der Studie einging, und schließlich die Latenzzeit, innerhalb derer das Efe-Baby beruhigt wurde. Im Ergebnis zeigte sich, dass Efe-Babys bereits in den ersten Lebenswochen weniger als 50 Prozent der Zeit mit ihren Müttern verbrachten; im Einzelfall waren es nur bis zu 20 Prozent. Die vielen Efe-Frauen wechselten im Durchschnitt fünfmal innerhalb einer Stunde, da die Kleinen von Arm zu Arm wandern und nicht abgelegt werden. Jedes der beobachteten Babys

hatte durchschnittlich 14,2 unterschiedliche Betreuerinnen. Dass die Efe-Kinder durch diesen hohen nichtmütterlichen Betreuungsanteil kaum gestresst und irritiert
waren, führte Tronick auf die ausgesprochen kurzen
Latenzzeiten von zehn Sekunden zurück, mit denen die
kindlichen Quengelsignale beruhigt wurden.

Nach dem ersten halben Jahr aber übernahmen die vielen Efe-Frauen nur noch bestimmte Betreuungsfunktionen
(z. B. Spielen oder schlechthin Beaufsichtigen) und dies
auch nur unter bestimmten Bedingungen (z. B. wenn sie
bei ihrer Arbeit gestört werden konnten). Die Efe-Mutter
hatte nun zunehmend die Aufgabe, sich um Wohlbefinden und Gesundheit, aber auch um die Entwicklung des
Kindes zu kümmern. Die mütterliche Spielzeit war tagsüber jedoch überraschenderweise nicht ausgeprägter als
die der anderen Frauen. Aber in den Nächten, die das Efe-
Kind nur noch mit der Mutter verbrachte, wurde intensiv
gespielt, ausgiebig erzählt und gesungen. So erhielt die
Efe-Mutter eine Sonderstellung im Rahmen des multiplen
Betreuungssystems. Dies führte schließlich dazu, dass die
Kinder es zunehmend ablehnten, von anderen Frauen
gestillt oder getröstet zu werden. Sie erwarteten dies jetzt
von ihren Müttern, zu denen sie eine Bindung entwickelt
hatten [10].

5.4 Auf der Suche nach der ursprünglichen Betreuung

Einblicke in die Kinderbetreuungspraktiken von Jäger-
und-Sammler-Gemeinschaften, die auch heute noch
archaisch leben, sind wichtig, um zu verstehen, wie die

Kinderbetreuung der Frühmenschen in der Umgebung evolutionärer Angepasstheit ausgesehen haben könnte. Der Nachweis für den Universaltyp einer ursprünglichen Form der Kinderbetreuung konnte jedoch nicht erbracht werden. Dazu waren die beobachteten Betreuungspraktiken zu verschieden. Sowohl die ausschließliche Betreuung durch die Mutter wie auch die multiple Betreuungsunterstützung durch zusätzliche Personen dienten jedoch alle denselben fundamentalen Zielen: das Überleben des Kindes zu sichern sowie seine Funktionstüchtigkeit in der Gemeinschaft zu entwickeln.

Das beschwerliche Leben der Jäger-und-Sammler-Gemeinschaften in Savanne und Regenwald erfordert den Schutz des Kindes vor den Gefahren der Wildnis. Die hohe Kindersterblichkeit verlangt danach, die kindliche Immunität gegen Erkrankungen zu verbessern, Dehydration (Flüssigkeitsmangel) zu vermeiden sowie die körpereigene Temperatur der Kleinen möglichst schnell zu stabilisieren. Die beobachteten Betreuungspraktiken wirken diesen Gefahren entgegen: Ausgiebiges Stillen wendet Dehydration ab, und das Vermeiden von Bodenkontakten wirkt einer übermäßigen Keimbelastung des kindlichen Organismus entgegen. Die ausgeprägten Tragezeiten beziehungsweise die hohen Transferraten der Säuglinge von Person zu Person mobilisieren die kindliche Physiologie und wirken sich auch auf die Regulation der Körpertemperatur positiv aus.

Die besondere Sozialstruktur der Jäger und Sammler erfordert zudem die Herausbildung einer ausgeprägten sozialen Feinfühligkeit. Die engen Beziehungen, die in diesen Gemeinschaften gelebt werden, wo man vertrauensvoll kooperiert und teilt, erfordert ein Miteinander, das weitgehend unbelastet von Gruppenkonflikten und Aggressionen sein muss. Die Kinderbetreuung scheint schon sehr frühzeitig auf diese Sensibilität in der Gemeinschaft vorzubereiten: Die Kleinen sind immer in der Nähe einer Betreuungsperson, Stresssignale werden mit geringer Latenz beantwortet, gestillt wird zu jeder Zeit und zumeist auch in Reaktion auf kindlichen Stress. Die Kleinen werden kaum eingeschränkt und schon gar nicht gemaßregelt. Körperkontaktbezogene und affektive Zuwendungen bestimmen den sozialen Austausch.

Für die Umsetzung dieser Betreuungsziele gibt es nun diese Variabilität in den Kinderbetreuungspraktiken, die von der alleinigen mütterlichen bis hin zur multiplen Betreuung reicht. Der Variabilität sind jedoch Grenzen gesetzt. Diese Grenzen legen wiederum allgemein feststehende Betreuungsprinzipien offen: Das Zusammenspiel von einer intuitiven mütterlichen Fürsorge und den angeborenen kommunikativen Verhaltensmustern des Säuglings führt im Laufe der Frühentwicklung zu einer sehr spezifischen Beziehung, der Bindung zwischen Mutter und Kind. Dies hat zur Folge, dass die Mütter auch in multiplen Betreuungssystemen eine zentrale Funktion beibehalten beziehungsweise erwerben. Das funktioniert auch, wenn ihr Betreuungsanteil weniger als 50 Prozent der Tageszeit umfasst. Auf der anderen Seite ist es gerade die sicherheitgebende Bindungsbeziehung, die das Kind befähigt und ermutigt, die soziale Umwelt zu erobern und in den Austausch mit weiteren Menschen zu treten. Die Kleinen stellen mit ihren interaktionsregulierenden Fähigkeiten für andere Erwachsene eine hochgradige Attraktivität dar. Kein Wunder, dass dann eine vertraute Gemeinschaft von Erwachsenen auch eine hohe Bereitschaft zur

Mitbetreuung zeigt. Selbst bei der ausgeprägten mütterlichen Betreuung der !Kung und Ache entstanden erweiterte Sozialkontakte für ein Kind.

Die hiesigen Vorstellungen über eine exklusive mütterliche Betreuung, bei der die volle Aufmerksamkeit dem Kind gilt und alles andere im Alltag unterlassen wird, sind für die Jäger-und-Sammler-Gemeinschaften ohnehin unrealistisch. Vielmehr ist hier die mütterliche Betreuung gleichwertig in andere Alltagsaktivitäten einzubetten. Doch brauchen die Kleinen Anregung und nicht nur Beaufsichtigung, sodass die Mitbetreuung durch andere Personen insbesondere bei ausschließlich mütterlicher Betreuung eine wichtige Funktion erhalten muss. Beispielsweise ist aus den Entwicklungsvorsprüngen der !Kung-Kinder gegenüber den Ache-Kindern durchaus zu schließen, dass sich hier die gut organisierte Mitbetreuung beim jungen !Kung-Kind entwicklungsfördernd auswirkt. Bei den Ache funktionierte die Mitbetreuung nur insoweit, als dass das Kind sie selbst einfordern muss. Leider haben aber dann nur sozial aufgeschlossene und befähigte Kinder den Vorteil, von den erweiterten Entwicklungsimpulsen zu profitieren, während der Rest zurücksteht.

5.5 Unterstützungssysteme und ihre Wirkungen

Hohe mütterliche Betreuungsanteile garantieren nicht mit Notwendigkeit eine bestmögliche Entwicklung für das Kind. Vor allem sind es isolierte Mutter-Kind-Situationen, die sich eher negativ auf die Betreuungsmuster auswirken. Eine der bekanntesten Studien zu diesem Thema hat bereits 1981 Susan Crockenberg an der University of California in Davis/USA durchgeführt. Im Mittelpunkt stand die Frage, wie sich die mütterliche Fürsorge unter bestimmten Bedingungen auf die Bindungsqualität auswirkt. Crockenberg verfolgte die Entwicklung von Kindern von Geburt an und studierte vor allem die Unterstützung, die die Mütter durch den Vater des Kindes, Großeltern und andere Verwandte, ältere Kinder, Freunde und Nachbarn in dieser Zeit erhielten. Das Ergebnis war überzeugend: Je besser die Mütter unterstützt wurden, desto besser waren auch Fürsorglichkeit und Bindungsqualität. Selbst wenn das Baby ein schwieriges Temperament hatte, leicht zu irritieren und häufig unzufrieden war und auch oft quengelte, ließen sich die unterstützten Mütter nicht aus der Ruhe bringen und schafften es vielfach, die Situation zu harmonisieren. Demnach können Mütter, die sich unterstützt fühlen und auch unterstützt werden, ihre eigene Fürsorglichkeit offensichtlich besser entfalten und sich besser auf die Reaktionsmuster des Babys einstellen, als wenn sie mit der Betreuung des Kindes gänzlich allein gelassen werden [11].

Die Mitbetreuung eines Kindes kann in unserer westlichen Welt Facetten haben, die über die Verwandtenunterstützung hinausgehen. Aber selbst bei bedarfsgerechten öffentlichen Betreuungsangeboten, so wie sie in einigen europäischen Ländern zur Verfügung stehen, spielen verwandtschaftliche Beziehungen in der Kinderbetreuung eine große Rolle. Oft werden die Kinder schon am frühen Nachmittag von den Großeltern oder anderen Verwandten aus den Kindereinrichtungen abgeholt beziehungsweise von ihnen mit betreut, wenn die Einrichtungen in die Sommerpause gehen. Fragt man Mütter jedoch nach

der idealen Mitbetreuung für ihre Kinder, wird vor allem der Wunsch nach Betreuung durch die Großeltern laut. Großeltern gelten als besonders engagiert in der Enkelbetreuung.

Überlegungen darüber, warum und wie die Fürsorglichkeit gegenüber Kindern etwas mit dem Verwandtschaftsgrad zu tun haben könnte, stellte Harald Euler von der Universität in Kassel in den Mittelpunkt einer seiner Forschungsarbeiten. In den 1990er Jahren führte er Studien zur Betreuung von Kindern im Verwandtennetz durch und formulierte von vornherein ganz unterschiedliche Erwartungen an das Betreuungsengagement aller vier Großeltern eines Kindes (diskriminative Fürsorglichkeit). Euler wollte damit eine bekannte evolutionäre These zum Reproduktionsverhalten des Menschen prüfen, nach der bei einem Enkel von der Tochter die Gewissheit über die eigene Abstammung größer ist als die des Enkels von einem Sohn. Bei einer Befragung von etwa 1 800 Probanden fand Euler tatsächlich den Nachweis für eine diskriminative Großelternfürsorge: Unabhängig von Alter, sozialer Situation und vor allem davon, wie weit entfernt die Großeltern von ihren Enkeln lebten, gab es in der Regel eine

definierte Rangfolge großelterlicher Betreuung. Danach führte die Großmutter mütterlicherseits die Rangreihe an und ist damit diejenige Betreuungsperson, die sich am intensivsten um ihre Enkel kümmert. Es folgt der Großvater mütterlicherseits, die Großmutter väterlicherseits und der Großvater väterlicherseits [12].

Wenn die verwandtschaftlichen Ressourcen jedoch bereits erschöpft sind oder nur noch eingeschränkt zur Verfügung stehen, es aber auch kaum öffentliche Betreuungsangebote gibt, beginnen Mütter ihre Betreuungsprobleme in abenteuerlicher Eigeninitiative zu lösen. Dies hat das Meinungsforschungsinstitut GFM-GETAS in Hamburg in einer breitangelegten Studie im Jahr 1988 in Westdeutschland herausgefunden. Über 2 500 Familien bildeten dabei eine repräsentative Auswahl von Familien der alten Bundesrepublik, in denen mindestens ein Kind im Alter von null bis unter sechs Jahren groß wurde. Die Familien füllten Fragebögen aus und wurden gebeten, Tagebücher darüber zu führen, wie viel Zeit das Kind in welcher Betreuung und mit welchen Personen verbringt. Danach verbrachten vor allem Kinder unter drei Jahren besonders fragwürdig ihren Tag.

Obwohl die mütterliche Betreuung für Säuglinge und Kleinkinder in diesen Jahren in der Öffentlichkeit immer wieder als die einzig richtige dargestellt wurde, wurden damals nur rund 42 Prozent der unter Dreijährigen ausschließlich in ihren Familien betreut; davon 14,8 Prozent ausschließlich von ihren Müttern. Rund 44 Prozent der Kinder unter drei wurden im Wochenverlauf regelmäßig von anderen Personen mit betreut. Primär handelt es sich hierbei um eine Großelternbetreuung, die vor allem von den Großmüttern mütterlicherseits geleistet wurde. Aber auch Kindermädchen, Tagesmütter und institutionelle Kindereinrichtungen wurden anstelle der Großeltern in Anspruch genommen. Der Rest (14 Prozent) erfuhr eine Kombination von drei oder mehr dieser unterschiedlichen Betreuungsangebote pro Woche, die Hälfte davon wanderte sogar zu fünf und mehr Betreuungsorten.

Wie lange aber halfen diese zusätzlichen Kräfte aus? Kindermädchen, Tagesmütter und Kindereinrichtungen betreuten ungefähr 20 bis 25 Stunden in der Woche. Selbst Großeltern oder andere Verwandte und Nachbarn oder Freunde, die sich bei jedem zehnten Kind in der Studie engagierten, reichten an dieses Stundenvolumen nicht heran. Bei fast der Hälfte der Kinder, die durch Tagesmütter, Kindermädchen oder in einer Einrichtung betreut wurden, sprangen auch noch Großeltern ein, sodass die zusätzlichen Betreuungszeiten auf etwa 40 Wochenstunden anstiegen [13].

Diese multiplen Betreuungsarrangements haben selbstverständlich einen eigenen Charakter. Anders als in den Jäger-und-Sammler-Gemeinschaften, bei denen in einer vertrauten und überschaubaren Gemeinschaft die Betreuungspersonen vielfach wechseln, sind die Betreuungsarrangements unserer Kultur weitaus komplexer organisiert. Sie können durch zu große Verschiedenheit in den Betreuungskontexten, Betreuungsabläufen und Betreuungsregeln die kindliche Anpassung unangemessen herausfordern. Sie müssen deshalb im Sinne der Kinder ganz entschieden problematisiert werden. Diese Art der Kinderbetreuung ist zudem aufgrund ihrer Komplexität recht störanfällig und in ihrer Qualität anzuzweifeln, vor allem wenn es sich um zeitweilig improvisierte Betreuungsarrangements handelt.

Problematisch erscheint auch die Extremgruppe der ausschließlich durch Mütter betreuten (Einzel)-Kinder. Gibt es Verengungen im sozialen Erfahrungsraum des Kindes, oder schaffen es die Mütter, Anregungen durch andere Kinder, außerfamiliäre Ereignisse und Ähnliches selbst zu organisieren? Muss ein wechselseitiges Ausgeliefertsein von Mutter und Kind mit entsprechender Stresssymptomatik befürchtet werden? Gibt es Möglichkeiten für das Kind, alternative Verhaltensweisen und Wertorientierungen von anderen Erwachsenen (und Kindern) zu erfahren? Die archaischen Kinderbetreuungspraktiken lehren uns: Die kindliche Entwicklung erfordert zwar eine starke Mutterfigur, die ein hohes Engagement mitbringt, das Kind in seiner Entwicklung zu begleiten. Diese Konstellation muss jedoch als offenes System so funktionieren, dass weitere Entwicklungsimpulse Eingang in das Mutter-Kind-System finden können.

6

Bindungen an bezahlte Betreuungspersonen?

*Und wenn eine Mutter ihr Baby einem Kinder-
mädchen völlig überlässt, sollte ihr klar sein, dass
in den Augen ihres Kindes das Kindermädchen die
wirkliche Mutter sein wird und nicht Mammi.*

John Bowlby (1958)

Selbstverständlich gehen Kinder bedeutsame Beziehungen auch zu fremden Personen ein, sollten sie maßgeblich und lang anhaltend an ihrer Betreuung beteiligt sein. Weltweit übernehmen bezahlte Personen heute Kinderbetreuung in einer Familie oder bieten Betreuungsarrangements an, die als Einzel- oder Gruppenbetreuung außerhalb der Familien organisiert sind. Um die Betreuung eines fremden Kleinkindes jedoch übernehmen und in der Abwesenheit der Eltern tatsächlich fortführen zu können, ist es nicht nur wichtig, die Betreuungspraxis zu kennen, die die Kleinen bisher gewöhnt waren. Es ist vor allem wichtig, eine Beziehung zu entwickeln, die die fremde Betreuungsperson zu dem ihr anvertrauten Kind braucht, damit ihre Betreuungsmaßnahmen akzeptiert werden. Kinder unterhalten zu ihren Eltern eine ganz besondere, einzigartige Beziehung, die ausschlaggebend dafür ist, wie sie sich auf eine neue Situation und Betreuungsperson einstellen. Sind die Eltern abwesend, sind kleine Kinder dem Einfluss der Situation im vollen Umfang ausgesetzt, die sonst von den Eltern vermittelt wurde. Eine neue Betreuungsperson muss deshalb erst erschließen, wie sie diese Vermittlungsfunktion übernehmen kann. Indem sich das Kleinkind jedoch auf diese Vermittlung einlässt, kann es im Rahmen seiner Bedürfnisse und Aktionen auch angemessen geführt werden. Von Seiten der neuen Betreuungsperson setzt die Übernahme der Vermittlungsfunktion die Fähigkeit und Bereitschaft voraus, das innere Erleben eines Kleinkindes zu teilen und sich auf seine innere Welt einzustellen. Bei Eltern wird dies als selbstverständlich angesehen, bei bezahlten Betreuungspersonen jedoch des Öfteren bezweifelt. Es stellt sich deshalb immer wieder die Frage, ob es wirklich sein kann, dass eine bezahlte Person ein völlig fremdes Kind wie ein eigenes betreut. Ist eine fremde Betreuungsperson tatsächlich imstande, den hohen Betreuungsaufwand zu leisten, den eine Kleinkindbetreuung erfordert, und wie nachhaltig wirkt sich diese Betreuung auf die kindliche Entwicklung aus?

6.1 Von Heimerzieherinnen und Kindermädchen

Wie wichtig gut gestaltete Beziehungen in der Kinderbetreuung sind, zeigen schon die klassischen Beobachtungsstudien aus den Kinderheimen der Nachkriegszeit Europas. Noch in den 1950er Jahren gehörte es zur gängigen Praxis, Säuglinge und Kleinkinder zwar ausreichend zu ernähren, sie jedoch aus hygienischen Gründen in ihren Kinderbettchen sauber und gleichzeitig auch getrennt voneinander zu halten. In der täglichen Tristesse entbehrten die Kleinen einen anregungsreichen Alltag, der sie geistig verkümmern ließ und ihren Bewegungs- und Erkundungsdrang behinderte. Die entstandene Deprivation (Entbehrung) führte zu psychopathischen und affektlosen Persönlichkeiten noch über die Kindheit hinaus. Auch auf den Kinderstationen der Krankenhäuser der damaligen Zeit war es unüblich, neben den gesundheitlichen Problemen auch auf die mentalen und sozialen Bedürfnisse der Kinder einzugehen. Gerade dann, wenn die Kinder Anregungen und Zuwendungen am meisten brauchten, wurden sie oft am wenigsten beachtet oder sogar gefühl- und verständnislos behandelt. Auf lange Krankenhausaufenthalte und Heimunterbringungen folgten deshalb spürbare mentale, sprachliche und motorische Entwicklungsverzögerungen [1].

Wie nachhaltig sich mangelhafte Betreuungsbedingungen selbst auf die Gewichtsentwicklung von Kindern auswirken können, hat die renommierte Ernährungswissenschaftlerin Elsie Widdowson von der University of Cambridge/UK nachgewiesen [2]. Eigentlich wollte sie während ihres dreijährigen Aufenthalts im Nachkriegsdeutschland lediglich die Ernährungsbedingungen in einem deutschen Kinderheim untersuchen, das die zwei Einrichtungen „Vogelnest" und „Bienenhaus" unterhielt. Sie ließ deshalb zunächst das Gewicht der Kinder in regelmäßigen Abständen messen. Nach sechs Monaten wurde die Essenversorgung durch Zugabe von Marmelade und Orangensaft verbessert, allerdings nur im „Vogelnest". Widdowson erwartete, dass die „Vogelnest"-Kinder im Vergleich zu denen im „Bienenhaus" nun an Gewicht zulegen würden. Überraschenderweise fand sie jedoch das Gegenteil: Die Gewichtsentwicklung der Kinder im „Vogelnest" (normalerweise eine monatliche Zunahme um 1,4 Kilogramm) begann zu stagnieren, während die im „Bienenhaus" plötzlich anzog. Nach vielen umfangreichen Recherchen stellte Widdowson fest, dass sich im Verlauf ihrer Studie die Betreuungssituation der Kinder verändert hatte. Weil die Leiterin Frau Weiss vom „Vogelnest" das Kinderheim verlassen hatte, wurde Frau Schwarz vom „Bienenhaus" ins „Vogelnest" versetzt, und zwar genau zu der Zeit, in der dort das Essensangebot verbessert wurde. Im Gegensatz zu Frau Weiss war Frau Schwarz jedoch eine äußerst verbitterte Person, die ihre Einrichtung mit außergewöhnlicher Härte leitete und sich durch grobes Verhalten gegenüber den Kindern auszeichnete. Durch ihre Versetzung weg vom „Bienenhaus" hatte sich die Atmosphäre dort schlagartig so entspannt, dass auch ohne ein verbessertes Essensangebot die Kinder an Gewicht zunahmen. Die „Vogelnest"-Kinder litten dagegen unter dem schlechten Beziehungsklima und fürchteten Frau Schwarz. Eine Ausnahme bildeten lediglich die sechs Lieblingskinder, die Frau Schwarz ins „Vogelnest" mitgebracht hatte. Diese hatten sich schon im „Bienenhaus" besser als alle anderen entwickelt, fielen jedoch aufgrund des großzügigeren Essensangebots im „Vogelnest" nun durch eine zweifach verbesserte monatliche Gewichtszunahme (2,8 Kilogramm) auf. Widdowson hatte mit dieser Studie in unbeabsichtigter Weise den Nachweis erbracht, dass die Beziehungsqualität in der Betreuung von Kindern die mit Abstand gesündeste Kindernahrung ist [2].

In den 1970er Jahren interessierte sich Helen Rubenstein von der Tufts University in Boston/USA für das Engagement in bezahlter privater Kinderbetreuung. Sie untersuchte die Betreuungsmuster von Kindermädchen und verglich sie mit denen der Mütter der sechs Monate alten Babys dieser Studie. Nach mehrfachen Beobachtungen von Müttern und Kindermädchen bei ein und demselben Baby stellte Rubenstein fest, dass die Mütter weitaus feinfühliger und stimulierender als die Kindermädchen mit den Kindern umgingen. Die Mütter waren vor allem gesprächiger, spielfreudiger und ausdrucksvoller im Umgang mit ihren Kleinen und wussten weitaus zielführender, auf das Quengeln ihrer Babys zu reagieren. Das Betreuungsverhalten der Kindermädchen verbesserte sich jedoch deutlich mit der Dauer ihrer Anstellung. Schon nach fünf Monaten sprachen sie die Kleinen viel angemes-

sener an, kommunizierten und spielten vielfältiger mit
ihnen. Vor allem aber hatten sie gelernt, emotional aus-
drucksstärker auf die Kinder einzugehen und die Beziehung mit ihnen lebendiger zu gestalten. Offensichtlich
bildet sich eine gute Fürsorge um fremde Kinder erst mit
zunehmender Betreuungserfahrung und wachsender Vertrautheit der Beziehung heraus [3].

Selbstverständlich kann eine professionelle Ausbildung
dazu beitragen, dass sich fremde Personen auf die innere
Welt eines Kindes besser einstellen können und im
Umgang mit ihnen schon von vornherein angepasster
sind. Fritz Goossens von der Universität in Amsterdam hat
vor einigen Jahren das Verhalten von Müttern im Spiel mit
ihren Kindern mit dem Verhalten der betreuenden Erzieherin verglichen. Zu diesem Zweck ließ er die Erzieherin
sogar in einem Extraraum der Kindereinrichtung nur mit
dem Kind spielen, von dem er bereits eine Spielsituation
mit der Mutter videografiert hatte. Die Erzieherinnen
überzeugten mehrheitlich durch eine äußerst angemessene
und kreative Bezugnahme auf das kindliche Kommunika-
tions- und Spielverhalten und ließen das Verhalten der
Mütter mit besseren Qualitätsbewertungen weit hinter
sich. Auch wenn Goossens später nachwies, dass derartige
erzieherische Fähigkeiten im Rahmen einer Gruppenbetreuung nur eingeschränkt zum Tragen kommen, ließ die
Studie den Schluss zu, dass die elterliche Betreuung nicht
immer optimal ist [4]. Eltern können bereits durch eigene
Kindheits- und Lebenserfahrungen in ihrem Betreuungsverhalten ungünstig geprägt sein oder merkwürdige Erzie-
hungsmaßnahmen aufgrund von Hinweisen durch
schlechte Ratgeber entwickelt haben. Dadurch kann der
Umgang mit dem Kind unangemessen überformt sein,

sodass Eltern nicht notwendigerweise und in jedem Fall die besseren Betreuer ihrer Kinder sein müssen.

6.2 Erzieher/innen und Tagesmütter in der Moderne

Von den vielen Möglichkeiten, bezahlte Personen in der Betreuung von Säuglingen, Kleinkindern und Vorschulkindern einzusetzen, stehen im heutigen Europa vorrangig Erzieher/innen und Tagesmütter zur Verfügung. Während die Erzieher/innen in einer außerfamiliären Einrichtung Kinder aus unterschiedlichen Familien betreuen, bieten Tagesmütter in ihrem eigenen familiären Umfeld und manchmal auch gemeinsam mit den eigenen Kindern eine Betreuung an. Befragungen von Eltern nach einer gewünschten außerhäuslichen Betreuung für ihre Kinder zeigten, dass die Tagespflege wegen der familialen Umgebung, des geringeren Infektrisikos, der intensiveren Zuwendung der Betreuungsperson und der größeren Flexibilität der Betreuungszeiten für Babys und Kleinstkinder bevorzugt werden. Eltern von Klein- und Vorschulkindern dagegen schätzen die professionellen Kompetenzen von Erzieher/innen, ihre pädagogische Arbeit im Austausch mit weiteren Kolleg/inn/en einer Einrichtung und die beruflichen Reflexionen mit pädagogischen Fachberater/inne/n, die die frühen Bildungsziele in kindgerechten pädagogischen Programmen umzusetzen versuchen. Während die Betreuungssituation in der Tagespflege derjenigen in einer Familie ähnelt, folgt die Betreuung in einer Kindereinrichtung einer pädagogischen Programmatik. Diese ist jedoch verbunden mit einer Tagesablaufgestaltung und -strukturierung, die ausgesprochen kontrastierend zum Familienalltag des Kindes sein kann, auch wenn Kindereinrichtungen bemüht sind, über altersgemischte Gruppen so etwas wie eine „Familienähnlichkeit" zu begründen. Aus den Bildungsplänen vieler Kindereinrichtungen geht jedoch deutlich hervor, dass die offensichtlichen Kontraste zwischen Familie und öffentlicher Betreuung wahrgenommen und in Ergänzung zur familiären Erziehung sowie in Vorbereitung auf den späteren Bildungsweg produktiv genutzt werden.

Im Juli 1999 erarbeitete die Weltorganisation für Frühkindliche Erziehung (OMEP) in Ruschlikon/Schweiz globale Leitlinien darüber aus, wie die Kinder des 21. Jahrhunderts in öffentlichen Kindereinrichtungen aufwachsen, betreut und gefördert werden sollen. Kleine Kinder zu betreuen und zu erziehen, wird dabei als eine der wichtigsten und anspruchsvollsten Aufgaben des neuen Zeitalters angesehen, für die eine bestimmte Ausbildung, aber auch eine entsprechende Eignung vorliegen muss. Die OMEP-Leitlinien zielen schwerpunktmäßig (1) … auf eine *moralisch-ethische Haltung*, mit der eine Erzieherin oder ein Erzieher das Kind, seine Kultur und die familiären Sitten respektieren sowie die Bereitschaft zeigen muss, Anwältin beziehungsweise Anwalt für die Kinder und ihre Familien zu sein, im Namen des Kindes zu handeln und für den Schutz des Kindes einzutreten; (2) … auf ein *professionelles Wissen*, mit dem eine Erzieherin oder ein Erzieher die körperliche und psychische Entwicklung sowie die Entwicklungsdynamik des Kindes verstehen muss, um dieses Wissen im täglichen Umgang mit den Kindern einzusetzen, die pädagogischen Zielstellungen den kindlichen Bedürfnissen anzupassen und dafür Raum, Zeit sowie eine Vielzahl von Lernmaterialien geschickt zu nutzen; (3) … auf eine *hohe Bereitschaft*, das Fachwissen stetig zu erneuern, es in der pädagogischen Praxis zu reflektieren und mit den Kolleg/inn/en sowie den Familien wirkungsvoll auszutauschen, (4) … auf eine *persönliche Eignung* von Erzieher/inne/n, die Fürsorglichkeit, Einfühlungsvermögen, Empathie und Wärme in den Mittelpunkt einer Beziehungskultur in den Kindereinrichtungen der Zukunft stellen [5].

Für Tagesmütter gibt es (noch) keine internationalen Leitlinien. Während in Ländern wie Dänemark und Finnland Tagesmütter eine eigenständige Berufsgruppe mit ähnlichen Anforderungsprofilen wie diejenigen der Erzieher/innen dieser Länder bilden, ist die Situation in Deutschland uneinheitlich. Es gibt jedoch einen deutlichen politischen Willen, die Tagespflege in Deutschland von einem bislang eher informell organisierten zu einem öffentlich kontrollierten Betreuungsangebot zu entwickeln und dabei auch die vielen derzeitigen Tagesmüttervarianten zu vereinheitlichen [6]. Im Ergebnis einer nationalen Befragung unter der Federführung des Deutschen Jugendinstituts in München lassen sich gegenwärtig die folgenden Tagesmüttergrundtypen unterscheiden: (1) die *Traditionellen*, die auf der Grundlage ihrer durch den Ehemann finanziell abgesicherten Lebenslage Betreuungsleistungen fast unentgeltlich im Nachbarschafts- und Bekanntenkreis erbringen; (2) die *Pragmatischen*, die in eigener Elternzeit eine Tagespflege anbieten, um eine unterbrochene Erwerbstätigkeit zu überbrücken; (3) die *Berufsorientierten*, die die Tagespflege als eine langfristige Erwerbsperspektive ansehen und zumeist sogar aus diesem oder einem verwandten Berufsfeld stammen und als Erzieher/innen, Kinderpfleger/innen und Sozialpädagog/inn/en ausgebildet sind, sowie (4) die *Perspektivlosen*, die eine Kinderbetreuung vorrangig wegen eigener Arbeitsmarktprobleme anbieten [7]. Von den europäischen Ländern beeindruckt vor allem Finnland, wo es gelungen ist, eine derartige Vielfalt in den Motiven und Qualitäten von Tagespflegeangeboten in einem öffentlichen Tagespflegesystem zu vereinheitlichen. Selbst in den dünn besiedelten Gebieten des nördlich gelegenen Landesteils Oulu gibt es eine funktionierende Infrastruktur von Beratungs-, Vermittlungs- und Vernetzungsstellen für Tagesmütter wie Eltern. Fachliche Aufsicht und überprüfbare Regelungen für die Betreuungsqualität wie auch Qualifizierungsmaßnahmen spielen dabei die entscheidende Rolle, bei der auch die persönliche Eignung der Tagesmütter für den Umgang mit Kindern bewertet wird [8].

6.3 Bindungen in Familien- und Tagespflege

National wie international gibt es nur wenige Einblicke in die tatsächliche Arbeit von Tagesmüttern. Eine systematische Dokumentation einer Familienpflege liegt uns jedoch in Form von Tagebuch-, Tonband- und Filmaufzeichnungen durch James und Joyce Robertson vor. Sie richteten in den 1970er Jahren in ihrer Londoner Wohnung eine eigene Tag-und-Nacht-Betreuung für vier Kleinkinder im Alter von 17 bis 28 Monaten ein, als deren Mütter wegen der Geburt eines weiteren Kindes in ein Krankenhaus mussten. Joyce Robertson interessierte sich zunächst für die Frage, wie gut sie die Bedürfnisse der Kleinen erschließen und wie schnell sie die Funktion der Ersatzmutter erlernen würde. Vor Aufnahme eines jeden Kindes orientierte sie sich deshalb an den Gepflogenheiten der bisherigen Betreuung und sprach mit den Eltern über Eigenheiten, Reinlichkeits- und Essgewohnheiten, Schlafmuster und Trostmittel. Joyce Robertson tat alles, um den Kindern die neue Umgebung so durchschaubar wie möglich zu vermitteln und die Fremdheit von vornherein so in den Grenzen zu halten, dass die Kleinen sie tolerieren konnten und nicht überfordert wurden. Die neue Umgebung war den Kindern durch vorangegangene Besuche bereits bekannt gemacht worden. Mit Beginn der Familienpflege brachten die Kleinen dann außerdem ihre eigenen Decken, Spielsachen und Plüschtiere mit. Vertraute Nahrung und Versorgung sowie unveränderte Alltagsregelungen, aber vor allem feinfühlige Reaktionen auf die Bedürfnisse der Kinder, die aus den Kenntnissen über den bisherigen Umgang mit dem Kind abgeleitet wurden, ließen diese Betreuung zu einer beispielgebenden Familienpflege werden [9].

Auch die heutigen Tagesmütter garantieren in der Regel eine überschau- und vorhersagbare Betreuung, wenn sie die Absprachen mit den Eltern über die Betreuung des Kindes detailliert führen. Diese Absprachen werden dann ohnehin von ihnen selbst umgesetzt, da in der Regel keine andere Person zu ihrer Unterstützung zur Verfügung steht. Insofern liegen in der Tagespflege günstigere Voraussetzungen für den Beziehungsaufbau mit einem Kleinkind vor, wenn man dies mit dem Erzieher/innen-Team einer Kindereinrichtung unmittelbar vergleicht. Für Tagesmütter wie Erzieher/innen stellt sich jedoch die Frage, wie sie ihre Betreuungstätigkeiten so ausrichten können, dass sichere Bindungsbeziehungen entstehen. Wie bei einer Betreuung durch die Mutter ist auch hier die Feinfühligkeit grundlegend. Feinfühlige Betreuungspersonen sind für Kinder zugänglich und bemerken die feinen Mitteilungen, Signale, Bedürfnisse und Stimmungen der Babys. Sie sind in der Lage, diese Signale richtig zu interpretieren sowie prompt und angemessen darauf zu reagieren. Feinfühligkeit setzt Interaktionen in Gang, die als gegenseitig belohnend und emotional positiv empfunden werden. Wenn sich Tagesmütter um jedes einzelne Kind genau in dieser Weise kümmern, müssten sich auch sichere Bindungsbeziehungen entwickeln können. Haben sie jedoch kein Interesse und ignorieren die Babys oder nehmen ihre Aktivitäten nicht ernst, entstehen bestenfalls unsichere Bindungsbeziehungen. In den wenigen Studien zur Tagespflege konnte tatsächlich gezeigt werden, dass die Qualität der Tagesmutter-Kind-Beziehung von der individuellen Zuwendung der Tagesmutter zum Kind abhängt. Der Bindungsaufbau ist damit den Vorgängen ähnlich, die aus der Mutter-Kind-Beziehung bekannt sind. Die Beziehung zu einer Tagesmutter entsteht jedoch relativ unabhängig von den familiären Beziehungserfahrungen des Kindes, sodass Tagesmütter kaum von den bisherigen sicheren Bindungserfahrungen ihrer Sprösslinge profitieren können. Sie müssen sich eine eigene Bindung zu dem Kind erarbeiten, da diese Beziehung durch die Erfahrungen ausgebildet wird, die das Kind in der Tagespflege macht [16].

6.4 Beziehungsqualitäten neu bestimmen

Wie aber können Erzieher/innen in einer Kindereinrichtung diesen Anspruch der Feinfühligkeit erfüllen und zu

Bindungspersonen werden? Ist dies im Rahmen einer Gruppenbetreuung überhaupt möglich, wenn die Kinder nicht nur einer, sondern mehreren Betreuungspersonen anvertraut werden? Richtig ist, dass die in diesem Beruf Ausgebildeten die Signale eines jeden einzelnen Kindes wahrnehmen und interpretieren werden. Allerdings werden sie nicht immer in der Lage sein, stets prompt und angemessen zu reagieren. Unter Beachtung der Gruppe ist eine Auswahl zu treffen, und unter Umständen können nur die wichtigsten Bedürfnisse einzelner Kinder bedient werden.

Ob Erzieher/innen in einer Kindereinrichtung zu Bindungspersonen überhaupt werden können, war ein Forschungsanliegen, mit dem sich Mark Cummings vom National Institut of Child Development and Health in Bethesda/Washington als einer der Ersten beschäftigte. Unter den vielen Erzieher/innen-Kind-Beziehungen, die er in öffentlichen Kindereinrichtungen beobachtete, entdeckte er tatsächlich viele mit bindungsähnlichen Eigenschaften. Dies hatte man bis dahin nicht für möglich gehalten, da das Bindungskonzept ausschließlich an Mütter beziehungsweise einer mutterähnlichen Ausnahmeperson geknüpft war. Beim morgendlichen Bringen der Kinder in die Einrichtung war Cummings jedoch aufgefallen, dass die Kinder mehr positive Affekte zeigten und kaum ihren Müttern nachfolgen wollten, wenn sie von Erzieherinnen empfangen wurden, die sie bis dahin immer betreut hatten. Während des Tages wandten sie sich ihnen häufiger zu und beachteten kaum Erzieherinnen, die nur sporadisch in der Gruppe arbeiteten. Die Kinder weinten auch in Anwesenheit der sie stabil betreuenden Erzieherinnen weniger und ließen sich schneller von ihnen beruhigen. Stabil betreuende Erzieherinnen schienen damit tatsächlich eine sicherheitsgebende Funktion erfüllen zu können und zu Bindungspersonen zu werden, deren Nähe vom Kind auch eingefordert wurde [10].

Als wir vor ein paar Jahren in unserer eigenen Forschung mit dieser Thematik begannen, wollten wir wissen, ob sich der Bindungsaufbau eines Kindes zu einer Erzieherin auch systematisch nachvollziehen lassen würde. Es war kaum etwas darüber bekannt. So führten wir in drei Berliner Einrichtungen eine Eingewöhnungsstudie mit einjährigen Kindern durch und begannen mit der Erfassung der Bindungsqualität zu den Müttern, für die wir die „Fremde Situation" einsetzten, noch bevor die eigentliche Krippenbetreuung begann. Die Eingewöhnungsphase war bereits organisiert, die zuständige Erzieherin für das jeweilige Kind bekannt. So wurde es möglich, diese Erzieherinnen gezielt in die „Fremde Situation" einzubeziehen. So spielten sie mit Enthusiasmus die „Fremde" für ein Kind, das sie alsbald näher kennenlernen und betreuen sollten. Als wir nach fünf Monaten wissen wollten, ob die Kinder diese fremden Personen zu ihren Bindungspersonen bestimmt hatten, beobachteten wir Erzieherin und Kind noch einmal in der „Fremden Situation". Dieses Mal trat die Erzieherin in der Rolle der Mutter auf, während die Fremde aus unserem eigenen Forschungsteam stammte [11]. Der Wandlungsprozess einer ehemals vollkommen fremden Person zu einer Bindungsperson wurde zu einer aufregenden Debatte in unserem Team. Im Ergebnis des Vergleichs der ersten „Fremden Situation" mit der zweiten stellten wir fest, dass einige Kinder eine freudige Erwartung an die Zuwendung der Erzieherin ausgebildet, Freude an körperlichen Kontakten zu ihr entwickelt hatten und eine Blickkontaktstrategie einsetzten, um sich bei der Erzieherin rückversichern zu können, wenn entferntes Terrain erkundet wurde. Die Kleinen hatten damit innerhalb weniger Wochen tatsächlich ein Verhalten ausgebildet, das auf eine neue Sicherheitsbasis ausgerichtet war [12].

Aus unseren heutigen Forschungserfahrungen können wir sagen, dass diese Art des Bindungsaufbaus zu einer Erzieherin nur typisch für Kleinkinder ist. Sind die Kinder älter, werden weniger körpernahe Mittel gebraucht, um die Erzieherin als eine vertrauensvolle Person anzunehmen [13]. Von daher erschien es uns wichtig, bei weiteren Untersuchungen über Erzieher/innen-Kind-Beziehungen ein breiteres Konzept der Beschreibung von Bindungsbeziehungen zu verwenden, das eine größere Vielfalt von Bindungseigenschaften abdeckt. Wir verwendeten nun häufiger den „Attachment-Q-Sort", der Bindungseigenschaften im Einzelnen wie folgt darstellt: (1) *Zuwendung.* Eine liebevolle und emotional warme Kommunikation ist die Grundlage einer Bindungsbeziehung, bei der das Kind und die Erzieher/innen Freude am Zusammensein und an einer gemeinsamen Interaktion haben. (2) *Sicherheit.* Die zentrale Funktion einer sicheren Bindungsbeziehung ist jedoch, dem Kind ein Gefühl der Sicherheit zu vermitteln. Kinder spielen intensiver und erkunden ihre Umwelt aufgeschlossener, wenn die Erzieher/innen selbst bei diesen eigenaktiven Tätigkeiten des Kindes verfügbar bleiben. (3) *Stressreduktion.* Befindet sich das Kind in einer misslichen Lage, wird es Trost und Unterstützung suchen. Mit dem Ziel, den Stress zu mildern, helfen Erzieher/innen dem Kind, vor allem seine negativen Emotionen zu regulieren, Irritation und Ängste zu überwinden und zu einer positiven emotionalen Stimmungslage zurückzukehren. (4) *Explorationsunterstützung.* Das eigenständige Erkunden kann sich insbesondere dann entwickeln, wenn das Kind bei Unsicherheiten und Angst zu den Erzieher/innen zurückkehren oder sich rückversichern kann. Eine Erzieher/in wird in besonderer Weise dieser Funktion gerecht, wenn sie/er auch gleichzeitig zu neuem Erkunden ermutigt. (5) *Assistenz.* Gelangt das Kind bei schwierigen Aufgaben an die Grenzen seiner Handlungsfähigkeit, braucht es zusätzliche Informationen und Unterstützung. Besteht eine sichere Erzieher/innen-Kind-Bindung, wird das Kind diese Hilfen vorrangig bei dieser Bindungsperson suchen und diese von ihr auch akzeptieren. Eigenschaften von Zuwendung, Sicherheit, Stressreduktion, Explorationsunterstützung und Assistenz sind in jeder einzelnen Erzieher/innen-Kind-Bindung in unterschiedlichem Maße ausgeprägt. Sie bestimmen die individuellen Besonderheiten in einer jeden Beziehung und damit auch die Ausprägung einer *sicheren* Erzieher/innen-Kind-Bindung [14].

Diese breitere Beschreibung von Bindungsbeziehungen ist selbstverständlich auch auf die Bindungen der Kleinen zu ihren Müttern anwendbar. Diese Anwendbarkeit kann jedoch keinesfalls die substanziellen Unterschiede verdecken, die zwischen Erzieher/innen-Kind- und Mutter-Kind-Beziehungen existieren. Letztere unterliegt anderen Entstehungsbedingungen und hat andere entwicklungspsychologische Funktionen. Kinder, die an ihre Mütter sicher gebunden sind, entwickeln *nicht* notwendigerweise sichere Erzieher/innen-Kind-Bindungen. Ursprünglich hatte es Überlegungen darüber gegeben, wie bestimmte Bindungsvorerfahrungen des Kindes den Bindungsaufbau mit den Erzieher/inne/n steuern könnten. Danach war zum einen vermutet worden, dass Kinder mit *sicherer* Mutter-Kind-Bindung abermals eine sensitive Betreuung erwarten und ihr eigenes Verhalten helfen würde, Feinfühligkeit auch bei einer fremden Betreuungsperson auszulösen, während *unsicher* gebundenen Kindern kaum ein aktiver Beitrag beim Aufbau einer neuen Beziehung zugetraut wurde. Zum anderen gab es für unsicher gebundene Kinder völlig andere Überlegungen. Danach sollten nun gerade deren Vermeidungsstrategien bewiesen haben, wie flexibel ihr Verhalten ist. Deshalb könnten sie die Chance ergreifen, nach einer neuen Bindungsbeziehung unter den Erzieher/inne/n zu suchen, die besser als die mütterliche sei. Während es deshalb nach der ersten Vermutung für das sicher gebundene Kind wahrscheinlicher ist, sichere Bindungsbeziehungen neu einzugehen, sollte dies nach der zweiten Überlegung eher für das unsicher gebundene Kind gelten. Beide Vermutungen haben sich jedoch nicht bestätigt.

Auch wurde immer mal wieder davon berichtet, dass Kinder ein und derselben Kindergruppe zu denjenigen Erzieherinnen ähnliche Bindungscharakteristiken aufwiesen, die gemeinsam diese Gruppe betreuten. Sollte das Bindungsmuster zwischen zwei Menschen nicht ein spezifisches sein, da es doch durch die Erfahrungen entsteht, die diese zwei Menschen miteinander machen? Wie kann deshalb eine Bindungsqualität vorrangig mit einer Gruppenzugehörigkeit des Kindes verbunden sein und weniger von der jeweiligen Betreuungsperson abhängen, mit der die Bindung eingegangen wurde? Diesen paradoxen Beobachtungen konnte Carollee Howes von der University of California in Los Angeles/USA eine weitere hinzufügen. Da die Fluktuation von Erzieherinnen in den USA aus den verschiedensten Gründen überwältigend hoch ist, wollte sie die Veränderungen in den Erzieherinnen-Kind-Beziehungen in der öffentlichen Betreuung beobachten und deren Auswirkung auf die Entwicklung der Kinder untersuchen. Zu diesem Zweck ließ sie immer wieder die gleichen Kinder in ihrem ersten, zweiten und dritten Lebensjahr beobachten. 72 Prozent der Kinder erlebten in dieser Zeit einen Betreuerwechsel. Wie erstaunt war jedoch das Forschungsteam, als es feststellte, dass sich die Bindungsqualität eines Kindes zu seiner Erzieherin auch dann kaum veränderte, wenn sie ersetzt werden musste. Howes führte dieses Ergebnis auf eine allgemeine Bindung des Kindes „an die Einrichtung" zurück, die es möglich machen könnte, dass ein Kind die guten Erfahrungen mit der einen Erzieherin auf die nächste überträgt [15].

6.5 Wie Kind und Kindergruppe Einfluss nehmen

Andere Erklärungen sind jedoch auch denkbar. So könnte sich eine Erzieher/innen-Kind-Beziehung gleich etwas allgemeiner herausbilden. Angesichts der Gruppenbetreuung könnte die Erzieher/innen-Kind-Bindung eher durch ein gruppenorientiertes als ein auf das einzelne Kind zentriertes Erzieherverhalten hervorgebracht werden. Diese These wurde zum Startpunkt für eine großangelegte Analyse über sämtliche internationale Studien, die sich bis dahin mit Erzieher/innen-Kind-Beziehungen befasst hatten. Wir fanden 40 Studien, die von 1977 bis 2005 in den verschiedensten europäischen Ländern, aber auch in Israel und den USA durchgeführt wurden und insgesamt fast

3 000 Erzieher/innen-Kind-Paare einbezogen. Neben der Einschätzung der Qualität der Erzieher/innen-Kind-Bindung wurde in diesen Studien das allgemeine Erzieherverhalten im Rahmen einer Gruppenbetreuung gewertet, so wie es sich im Engagement und in der Geschicklichkeit von Erzieher/inne/n ausdrückt, ein gutes Gruppenklima für die Kinder zu entwickeln. Gleichzeitig wurde jedoch auch der individuelle und feinfühlige Umgang der Erzieher/innen zu einzelnen Kindern bewertet [16]. Im Ergebnis der Analyse dieser 40 Studien zeigte sich, dass die Bindungssicherheit des Kindes zu mindestens einer seiner Erzieher/innen eher mit ihrer professionalisierten Erziehertätigkeit für Kindergruppen als mit der summarischen Individualbetreuung einzelner Kinder zusammenzuhängen scheint. Sichere Erzieher/innen-Kind-Bindungen entstehen danach in jenen Kindergruppen, in denen die Gruppenatmosphäre durch ein empathisches Erzieherverhalten bestimmt wird, das gruppenbezogen ausgerichtet ist. Die wichtigsten sozialen Bedürfnisse eines jeden einzelnen Kindes müssen dabei unter der Einbeziehung der Anforderungen der Gruppe zum richtigen Zeitpunkt bedient werden. Die Balance zwischen der allgemeinen Betreuung einer Kindergruppe und der individuellen Reaktion auf die Bedürfnisse eines jeden einzelnen Kindes muss allerdings in der täglichen Arbeit durch die Erzieher/innen immer wieder neu bestimmt werden.

Die Analyse der 40 Studien hat ein weiteres erstaunliches Ergebnis hervorgebracht: Sichere Bindungsbeziehungen der Erzieher/innen zu den Mädchen traten weltweit häufiger als zu den Jungen der gleichen Kindergruppe auf. Dies war eine große Überraschung, da sich in der frühpädagogischen Praxis noch immer die Auffassung findet, dass Erfahrungen, die Kinder in geschlechtsgemischten Kindergruppen machen, weitaus weniger geschlechtstypisierend einengend sind, als dies innerhalb einer Familie der Fall sein kann. Von daher werden geschlechtsbezogene Zusammenhänge in der frühpädagogischen Ausbildung und Praxis auch noch heute weitgehend ausgeklammert. Erzieher/innen messen den geschlechtstypischen Unterschieden im Verhalten der Kinder nur wenig Bedeutung bei. Sie glauben, alle Kinder gerecht und damit gleich zu behandeln. Dies bestätigt auch eine aktuelle Studie aus unserer eigenen Forschung, bei der wir Erzieherinnen baten, drei Kinder aus ihrer Gruppe zu benennen, „zu denen sie sich besonders hingezogen fühlen" (sogenannte *Nahe Kinder*), und drei Kinder, „die sie in ihrer Funktion als Erzieherin kaum in Anspruch nehmen würden" (sogenannte *Ferne Kinder*). Im Ergebnis dieser Befragung wurden keinerlei Geschlechtsunterschiede sichtbar, obwohl wir angenommen hatten, dass deutlich mehr Mädchen in der Gruppe der *Nahen Kinder* und deutlich mehr Jungen in der Gruppe der *Fernen Kinder* zu finden wären. Wir beobachteten jedoch die benannten Kinder auch mit ihren Erzieherinnen. Die Beziehungen der Mädchen zu der befragten Erzieherin konnten durch weitaus bessere Beziehungsqualitäten beschrieben werden als die zu den Jungen bei der gleichen Erzieherin. Mehr noch: Die *Fernen* Mädchen galten dabei sogar als noch sicherer gebunden als die *Nahen* Jungen der gleichen Erzieherin [17].

Da die Bindungssicherheit des Kindes von der gruppenbezogenen Empathie der Erzieher/innen abhängt, gewinnen natürlich gruppendynamische Faktoren an Bedeutung. Interessanterweise wird die Dynamik in Kleinkindgruppen spürbar durch das Geschlecht der Kinder beeinflusst. Die Auseinandersetzung mit dem eigenen Geschlecht ist schon bei Kleinkindern zentral und wichtig für die Identitätsentwicklung. Bereits Kleinkinder sind an Informationen interessiert, die ihr eigenes Geschlecht bestätigen und Geschlechtsunterschiede bekräftigen. Die Kinder orientieren sich damit an Verhaltensweisen ihres Geschlechts und richten auch ihr eigenes Verhalten danach aus [18]. Dies wiederum hat zur Folge, dass Kindergruppen in Untergruppen zerfallen, die gleichgeschlechtlich sind. In diesen Untergruppen entwickeln sich spezifische Subkulturen. Die Subkultur der Jungen wird durch ein Dominanzverhalten geprägt, das durch Balgen und sportliche Wettkämpfe errungen wird und soziale Hierarchien der Akzeptanz und Beliebtheit entstehen lässt. Mädchengruppen weisen dagegen eher partnerschaftliche Strukturen auf, die ein prosozial und empathisch ausgerichtetes Miteinander anstreben. Gefühle von Verbundenheit und Interesse an Kommunikation sind charakteristisch für die Subkultur der Mädchen. Mädchen werden darüber hinaus im Vergleich zu den Jungen auch schon im Kleinkindalter als emotional besser reguliert und ausgeglichener angesehen. Jungen gelten hingegen als aktiver, auch risikobereiter und aggressiver sowie emotional deutlich schlechter balanciert [19].

Diese geschlechtstypischen Subkulturen in den Kindergruppen wirken sich zweifellos *verstärkend* auf die Asymmetrie in den Beziehungen zu Erzieherinnen aus. (Ob diese Aussage auch für Erzieher zutreffen würde, entzieht sich unserer Kenntnis, da es weltweit kaum Erzieher in der Frühpädagogik gibt, mit denen man diese Prozesse überprüfen könnte.) Es ist offensichtlich, dass das kooperative und sozial zugängliche Verhalten in den Mädchengruppen den Aufbau von sicheren Erzieherinnen-Kind-Beziehungen erleichtert. Mädchen verringern damit auch den Aufwand, den es braucht, um eine Beziehung zu entwickeln und aufrechtzuerhalten. Hingegen kann das Verhalten der Jungen die Erzieherin eher zu Maßnahmen veranlassen, die durch Reglementierungen geprägt sind. Dies wiederum hat zur Folge, dass die Jungen ihre Bedürfnisse und Interessen als verkannt ansehen und sie noch intensiver in die geschlechtseigene Untergruppe verankern. Jungen sind dann nicht nur weniger als Mädchen an einer Beziehungsgestaltung zu ihren Erzieherinnen interessiert, sondern beschäftigen sich auch lieber innerhalb ihrer Jungengruppe, deren Einfluss deshalb weiter zunimmt. Die pädagogischen Programme bleiben dann wirkungslos und fordern dazu auf, über geschlechtersensitive Früherziehung in Kindereinrichtungen neu nachzudenken.

7

Aus Fehlern lernen

… wir heben die trautesten Verhältnisse auf, indem wir an die Stelle der häuslichen Erziehung die gesellschaftliche setzen.

Karl Marx und Friedrich Engels (1848)

Öffentliche Betreuungsangebote werden vor dem Hintergrund einer bestimmten Gesellschaft und eines bestimmten Zeitgeistes bereitgestellt. Ihre Ziele und Funktionen können nur aus diesem Blickwinkel verstanden werden. Keine heutige Kindereinrichtung wird die europäische Tradition der Anfänge kopieren wollen – auch nicht aus nostalgischen Gründen –, wie es auch unsinnig ist zu glauben, dass mit dem Ausbau der Kinderbetreuung der Kinder unter drei Jahren in Deutschland die Krippenlandschaft der DDR wiederbelebt werden soll. Ein Rückblick auf vergangene Kinderbetreuungsvarianten kann jedoch äußerst lehrreich sein, wenn es um die Fragen geht, welche gesellschaftliche Funktion eine öffentliche Betreuung für Kleinkinder haben soll, wie sie umzusetzen ist und wie sie sich auf die Kleinen auswirkt. Während der letzten 150 Jahre zeichnet sich auf diesem Gebiet ein grundlegender Wandel ab. Während die öffentliche Betreuung anfänglich durch ökonomische Faktoren motiviert war und in Form von Service- und Pflegeformaten angeboten wurde, wurde sie später auf die Bildung und Erziehung der Kinder ausgerichtet und mit Erziehungs- und Lehrformaten angereichert. Die Service- und Pflegefunktion konzentrierte sich darauf, die Kinder gut zu ernähren, hygienisch zu betreuen und zu pflegen. Entwicklungsverzögerung, -stillstand und -behinderung blieben dabei jedoch nicht aus. Von daher wurden Stimulations- und Anregungsprogramme zwingend notwendig. Die daraus entstandenen Erziehungs- und Lehrformate sind auch noch heute in der frühpädagogischen Praxis wiederzufinden, die von der Fröbel'schen Tradition über die Montessori-Pädagogik bis hin zur Reggio-Pädagogik reichen.

Doch wenn es um die Betreuung von Kindern unter drei Jahren geht, fragen sich Experten zunehmend, ob derartige Betreuungs- und Bildungsprogramme auch für dieses frühe Alter entwicklungsangemessen sind. Lassen das impulsive Handeln kleiner Kinder, ihr magisches und unlogisches Denken und ihre egozentrische Sicht auf die Welt einen reflektierten Umgang mit diesen Angeboten überhaupt zu? Welches sind die Betreuungsformen und Betreuungsstrategien, die dem frühkindlichen Erfahrungsraum entsprechen? Mit einem Rückblick auf die Kleinkindbetreuung von einst können unangemessene Betreuungspraktiken aus der Diskussion um eine gute Betreuungsqualität heute bereits ausgeklammert werden. So ein Rückblick hilft auch, das Interaktionsgefüge (den sozialen Austausch) und die Beziehungsgestaltung in öffentlichen Einrichtungen zu bewerten und die vorhandenen Erziehungs- und Lehrformate mit entwicklungsangemessenen Beziehungs- und Lernformaten zu verbinden.

7.1 Die Anfänge

Die öffentliche Betreuung für Kinder hat ihre Wurzeln in der Armenfürsorge und den sogenannten Kinderbewahranstalten. Die Gründung der ersten europäischen Einrichtung für eine Tagesbetreuung von Säuglingen und Kleinkindern in Chaillot, einem Vorort von Paris, wird auf das Jahr 1844 datiert und war eine Reaktion auf die Missstände in der Säuglingsfürsorge und Frühbetreuung in Frankreich. Öffentliche Einrichtungen für die Tagesbetreuung von Kindern haben danach eine rasche Verbreitung über ganz Europa gefunden: Wien 1849, Mailand

1851, Dresden 1851 und Basel 1870. Hier betreuten „Aufsichtsdamen" nur stundenweise die Kinder. Ihre Arbeitsweise war weitgehend darauf orientiert, möglichst rationelle und hygienische Betriebsabläufe zu entwickeln. Betreuungskonzepte, die die Bedürfnisse der Kinder in den Blickpunkt rückten, wurden diesen Zielen schnell geopfert. Die Entwicklungsgeschichte der Pouponnière ist hierfür ein besonders beeindruckendes Beispiel. Jules Delbruck, der Gründer der ersten europäischen Krippenbewegung, hatte die Pouponnière für das Füttern der Kleinkinder entworfen. Diese Vorrichtung bestand aus einem halbkreisförmigen Tisch, um den ein ebenfalls halbkreisförmiges Laufgitter mit Unterteilungen so angeordnet war, dass die Kinder um den Tisch platziert werden konnten, um gemeinschaftlich am Essen teilzunehmen. Delbruck wollte damit den frustrierenden Einzelabfertigungen der Kinder beim Essen ein Ende bereiten. Aufgrund zunehmender Personaleinsparungen wurde die Pouponnière jedoch alsbald zu einem Instrument der speditiven Abfertigung. Das Essen wurde von einem Teller und Löffel reihum verabreicht und die Kleinen damit in einem reibungslosen Betriebsablauf diszipliniert. Das Füttern wie auch andere Pflegeabläufe konkurrierten mit Tätigkeiten in Küche, Garten oder Wäscherei, die sehr beliebt waren und von denen die Aufsichtsdamen dann von Zeit zu Zeit entspannt in die Kindergruppe zurückkehrten. Es fehlte eben auch an der Erkenntnis, dass ein Kind stabile Bezugspersonen zu seiner gesunden Entwicklung braucht [1]. In der Folgezeit begründete die anhaltend hohe Kindersterblichkeit immer mehr hygienische Maßnahmen, die die Erkrankungshäufigkeit auf ein Minimum reduzieren sollten, jedoch eine streng geregelte Betriebsordnung entstehen ließen, die sich gegen die sozialen Bedürfnisse der Kinder richtete. In einer Kindereinrichtung der damaligen Zeit war es undenkbar, dass Kinder verschiedener Altersgruppen zusammengeführt wurden. Voneinander getrennte Betreuungseinheiten ließen zwischen verschiedenen Kindergruppen kaum Kontakte entstehen. In den Säuglings- und Kleinkindgruppen wurde mehr Distanz sogar zwischen den einzelnen Kindern gefordert. Ihre Betten mussten weit auseinanderrücken, sodass eine gegenseitige Berührung kaum möglich war. In manchen Einrichtungen sollten sogar zusätzliche Trennwände vermeintliche Tröpfcheninfektionen verhindern. Aus hygienischen Gründen wurden selbst die Eltern aus den Kindereinrichtungen ausgesperrt. Sie mussten die Kinder an einer Reinigungsschleuse abgeben und wurden nicht in die Gruppenräume gelassen. So war das Interaktionsgefüge zwischen den Eltern und Betreuerinnen wie auch zwischen den Kindern kaum entwickelt und verkümmerte.

Auch war man davon überzeugt, dass kleine Kinder vor allem Ruhe brauchen. Und je ruhiger ein Kind gehalten würde, desto braver und zufriedener würde es später sein. Erst nach dem ersten Lebensjahr sollte die eigentliche Erziehung beginnen. Frühe Gewöhnung an ein regelmäßiges Leben und „schonende Unterdrückung kindlicher Launen" wurden als die wichtigsten Grundsätze einer erfolgreichen Erziehung angesehen. Eine der zielführenden Maßnahmen war die Gewöhnung an eine Zeitordnung. Hierbei spielten strikte Ernährungsregimes eine große Rolle, mit denen Ernährungszeiten und -pausen festgelegt und durch Maßnahmen zur Sauberkeitsgewöhnung ergänzt wurden. Betreuungskonzepte, nach denen mit „pädagogisch richtigen Grundsätzen der Geselligkeits-

und Tätigkeitstrieb der Kinder befriedigt" und „Aufsichtsdamen mit Erfindungsgeist ... weder Müßiggang noch
Langeweile" aufkommen lassen sollten, wurden schon
nach kürzester Zeit in das Gegenteil verkehrt. In den
1910er Jahren galten Empfehlungen wie: „Überlassen Sie
den Säugling sich selbst und hüten Sie sich davor, durch
immer neue Reize seine Ansprüche zu steigern. Bedenken
Sie dies auch bei der Auswahl der Spielsachen. Wenn Sie
das Kind oft auf den Arm nehmen, schaukeln oder ihm
einen Schnuller geben, wenn es schreit, wird es schnell die
Annehmlichkeit dieser Dinge empfinden und immer und
immer wieder so lange schreien, bis seine diesbezüglichen
Wünsche erfüllt sind. Zu warnen ist auch davor, sich zu
viel mit einem Säugling zu beschäftigen und ihm Kunst-
stückchen beibringen zu wollen. Die frühzeitige Entwicklung des zarten Gehirns ist von Übel. Und ein frühreifes
und altkluges Kind zu haben, rächt sich oft im späteren
Leben. Man lasse den Kindern möglichst viel Freiheiten
und nörgle nicht an Kleinigkeiten herum" [2].

Trotz dieser Fehlorientierungen wollte die öffentliche
Betreuung von einst zum körperlichen Wohl des Kindes
und seiner psychischen Entwicklung beitragen. Sie wollte
den Müttern in Bezug auf Ernährung, Pflege und Erziehung des Kindes ein Vorbild sein und die künftige Generation besser auf die Mutterschaft vorbereiten. Schließlich
verstanden sie sich als eine Art Mütterschule und Bera-
tungsinstanz, vor allem für Problemfamilien. Den Kindereinrichtungen von einst war es auch tatsächlich gelungen,
die Kinder mit Nahrung und Kleidung zu versorgen
und eine bessere körperliche Entwicklung zu sichern. Den
Entwicklungsbedürfnissen der Kinder konnten sie jedoch
weder mental noch sozial oder emotional entsprechen [3].

7.2 Von Kindern in Kinderhäusern

Eine besondere Art der Kinderbetreuung wurde schon wenige Jahre später in Israel in den sogenannten Kibbuzim (Plural von Kibbuz) eingeführt. Kibbuz ist die hebräische Bezeichnung für eine kollektive Siedlung, die zumeist auf dem Land gegründet wurde. Heute gibt es noch über 270 Kibbuzim in Israel, deren Mitgliederzahl noch etwa drei Prozent der israelischen Gesamtbevölkerung ausmacht.

Die ersten Kibbuzim wurden etwa 40 Jahre vor der Staatsgründung Israels von jungen, meist aus Osteuropa stammenden Zionisten errichtet. Sie waren nicht nur gekommen, um den Boden ihrer alten Heimat wieder urbar zu machen, sondern auch, um eine neue Lebensform zu finden. Gemeinschaften von 200 bis 900 Mitgliedern teilten in einem Kibbuz Arbeit und Besitz und proklamierten die Gleichheit aller Mitglieder sowie die Gleichstellung der Geschlechter. Die Prinzipien des Kibbuz beruhten auf einer kollektivistisch-sozialistischen Ideologie der gegenseitigen Hilfe und sozialen Gerechtigkeit. Sie wandten sich gegen Individualismus und sahen in der Familie einst die Gefahr, dass sich ihre Mitglieder nicht ausreichend mit der Gemeinschaft identifizieren könnten. Die traditionellen Kibbuzim stellten deshalb „die Eltern" aller dar, vor allem aber der Kinder. Den biologischen Eltern wurde eine umfassende Erziehung ihrer Kinder in Bezug auf die späteren Belange des Lebens im Kibbuz abgesprochen. Ihre Betreuungsaufgaben wurden merklich reduziert. Es war das erklärte Ziel der Kibbuzim, die Kinder in und für die Gemeinschaft heranzubilden. Außerdem wurden immer wieder die Schriften Sigmund Freuds herangezogen, um auf Risiken der Eltern-Kind-Bezie-

hungen aufmerksam zu machen und den Entwicklungs-
vorteil darzustellen, den ein Aufwachsen der Kinder in
einer Distanz zu den Eltern hat. Man sprach dabei von
Konfliktvermeidung in der Eltern-Kind-Beziehung und
wie gut es sei, Erziehungskonflikte auf ausgebildete Erzieherinnen übertragen zu können [4].

Alle Kinder wurden in Kinderhäuser untergebracht, in
denen sie versorgt und im kollektiven Geist erzogen wurden. Sie blieben dort auch über Nacht. Täglich von 16 bis
20 Uhr konnten die Eltern ihre Kinder nach Hause nehmen oder diese Zeit anderweitig mit ihnen verbringen. So
pendelten die Kinder zwischen Kinderhaus und Elternhaus hin und her. Obwohl die Familie eine Freizeitfunk-
tion erfüllte, sollten sich die Kinder heimischer im Kinderhaus fühlen, wo sie ihr Essen bekamen, spielten, schliefen,
ihre persönlichen Sachen aufbewahrten und ihre Freunde
hatten. In der Regel brachten die Eltern ihr Kind dort
auch zu Bett. In der Nacht aber gab es Aufsichtspersonen,
die über Monitore und durch regelmäßige Rundgänge die
schlafenden Kinder überwachten, die in Schlafräumen für
drei bis vier Kinder untergebracht waren.

Trotz Geschlechtergleichstellung war die Betreuung der
Kinder im Kibbuz Frauensache; und zwar die gemeinsame
Angelegenheit von Müttern und Metaplot (Erzieherinnen
im Kinderhaus; Plural von Metapelet). Eine Beteiligung
der Väter wurde jedoch generell großgeschrieben. Da die
Elternzeit von Müttern und Vätern partnerschaftlich
wahrgenommen wurde, waren die Kibbuz-Väter in die
Kinderbetreuung mehr einbezogen als Väter, die mit ihren
Familien außerhalb der Kibbuzim lebten. Die Schlafpraktiken der Kibbuzim galten jedoch später als eine besonders
heimtückische Methode, den elterlichen Einfluss insge-

samt marginal zu halten. Als sich in den 1990er Jahren die traditionellen Kibbuzim langsam veränderten, gehörten die Schlafpraktiken zu den ersten Maßnahmen, die abgeschafft wurden [5].

Avi Sagi von der University of Haifa/Israel hat über viele Jahre mit seinem Team die Betreuungsmuster der Kibbuz-Kinder und ihre Folgen für die kindliche Entwicklung untersucht. Eine erste Frage richtete Sagi auf die Beziehungsqualität dieser Kinder zu ihren Eltern. Er ließ zu diesem Zweck einjährige Kibbuz-Kinder mit ihren Müttern in der „Fremden Situation" beobachten und verglich danach zwei Gruppen von Kindern: Die einen schliefen in Kinderhäusern (traditionelle Kibbuz-Kinder), die anderen wurden dort nur noch tagsüber betreut und gingen zum Schlafen nach Hause (moderne Kibbuz-Kinder). Nur 48 Prozent der Kinder aus der traditionellen Kibbuz-Gruppe, aber 80 Prozent der modernen Kibbuz-Gruppe hatten eine *sichere* Mutter-Kind-Bindung und dies, obwohl sich Kinder und Mütter in beiden Gruppen sehr ähnelten: Die Kinder hatten ähnliche Temperaments- und Verhaltenscharakteristiken und waren deshalb vergleichsweise ängstlich, irritierbar und stimmungslabil oder zugänglich, aufgeschlossen und freundlich. Ihre Mütter waren in einem ähnlichen Alter und mit ähnlicher Ausbildung, beruflicher Belastung und Engagement und zeigten sich vergleichbar sensitiv im Spiel mit ihren Kindern. Wenn man bedenkt, dass sich die sichere Mutter-Kind-Bindung besonders gut herausbildet, wenn die Mütter ihren Kindern in angstmachenden und unsicheren Zeiten beistehen, ist das Übermaß an *unsicheren* Mutter-Kind-Bindungen bei den traditionellen Kibbuz-Kindern kein Wunder. In den unruhigen Nächten im Kinderhaus waren die Mütter nicht verfügbar, und kaum jemand anders hat sie feinfühlig ersetzen können.

Die Kibbuz-Kinder wurden von Sagi und seinem Team auch mit ihren Metaplot in der „Fremden Situation" beobachtet. Später stellte sich heraus, dass die Metapelet-Kind-Bindung kaum etwas mit der Mutter-Kind-Bindung zu tun hatte. Die Kinder hatten die Beziehungen zu ihren Betreuerinnen auf der Grundlage ihrer Erfahrung im Kinderhaus aufgebaut. Ihre Erfahrungen mit den eigenen Müttern spielten dabei kaum eine Rolle. Auch zeigte sich, dass die Metapelet-Kind-Beziehung dazu tendierte, eine *unsichere* Bindungsbeziehung zu sein. In derartigen Beziehungen erwarten die Kinder kaum Nähe und Körperkontakt und lassen sich auch wenig von ihren Betreuerinnen trösten; sie suchen jedoch den sozialen Austausch mit ihnen, beachten Anweisungen und lassen sich führen [6, 7]. Als die Kinder dann im Kindergarten betreut wurden, spielten ihre Beziehungserfahrungen mit den Metaplot eine wichtige Rolle. Sie waren sogar wichtiger als die Erfahrungen, die die Kleinen mit ihren Müttern hatten. Die Kindergartenkinder mit den ehemals *sicheren* Metapelet-Kind-Bindungen galten als selbstbewusster und zielorientierter und standen den neuen Bildungsangeboten viel aufgeschlossener gegenüber als Kinder mit Erfahrungen von *unsicheren* Bindungen zu den Metaplot. Dies unterstreicht, wie bedeutsam die Beziehungsmuster beim kindlichen Lernen in öffentlicher Betreuung sind.

7.3 Frauen weg vom Herd

So wie im östlichen Nachkriegseuropa sollte auch in Ostdeutschland eine völlig andere und „menschlichere" Gesellschaft entstehen, die die soziale Gleichheit ihrer Mitglieder und die Gleichberechtigung von Mann und Frau gewährleisten. Das gesellschaftliche Leben wurde dabei als zentraler Lebensbereich betrachtet, an dem alle Mitglieder teilnehmen sollten, um die gesellschaftlichen Herausforderungen annehmen und die eigene Persönlichkeit entfalten zu können. Da Hausarbeit nur „dumm und demütig" machen würde [8], wurde auch bei den Frauen ein berufliches Engagement mit ihrer Persönlichkeitsentwicklung eng verbunden. Selbst Mütter mit Kleinkindern wurden in der DDR gering geschätzt, wenn sie keiner Arbeit nachgingen. Die ausschließliche Familienbetreuung eines Kindes galt ohnehin als kleinbürgerlich; von ihr wurden nachteilige Wirkungen auf die spätere kindliche Sozialentwicklung erwartet. Die bedarfsgerechte Bereitstellung öffentlicher Betreuungsangebote wurde damit im Osten Deutschlands zu einem zentralen sozialpolitischen Merkmal und gipfelte in einem flächendeckenden, staatlich organisierten und subventionierten Kinderbetreuungssystem: ganztägig, ganzjährig und kostenlos. Mit etwa 7 700 Krippen für 350 000 Kinder kurz vor dem Zusammenbruch der DDR rangierte die öffentliche Betreuung für Kinder unter drei Jahren in internationalen Übersichten an erster Stelle.

Bei Gründung der DDR im Jahr 1949 gab es bereits 73 Krippen für etwa 1 500 Kinder. Mit den miserablen Wohnverhältnissen und den Ernährungsmängeln der Nachkriegssituation konfrontiert, war die öffentliche Betreuung zunächst auf die körperliche Pflege und medizinische Betreuung der Kinder ausgerichtet. Die Kindereinrichtungen hatten jedoch auch beschäftigungspolitische Zielsetzungen; galt es doch, die Kriegsschäden schnellstmöglich zu beseitigen und die neue Gesellschaft aufzubauen. Ohne die Frauen und ohne Schichtarbeit ging dies allerdings nicht. Für Säuglinge und Kleinkinder waren deshalb auch Wochenkrippen selbstverständlich. Noch in den 1960er Jahren dominierten die Wochenkrippen- vor den Tageskrippenangeboten in Regionen, in denen es eine industrielle Großproduktion, wie beispielsweise im heutigen Bundesland Sachsen, gab. Die zunehmende Diskussion über die Folgen lang anhaltender Trennungen eines Kleinkindes von der Mutter wurde als „verbrämter ideologischer Angriff auf die Gleichberechtigung der Frau" gewertet [9]. Wegen der offensichtlichen Entwicklungsbeeinträchtigungen bei Kindern in Wochenkrippen wurden diese jedoch rapide abgebaut und immer mehr Tageskrippen aufgemacht. Als in den 1960er Jahren der „umfassende Aufbau des Sozialismus und die Herausbildung des allseitig entwickelten sozialistischen Menschen in der DDR" propagiert wurden, erhielt auch die öffentliche Betreuung für Kinder unter drei Jahren einen Bildungsauftrag. Die Krippen der DDR wurden zur ersten Stufe im sozialistischen Bildungssystem erklärt [10].

Während das anfängliche Betreuungsmodell noch ganz in der Tradition der europäischen Krippenentwicklung mit ihren rationellen Betriebsabläufen stand, musste dringend eine Alternative entwickelt werden, die den neuen Bildungs- und Erziehungsansprüchen standhalten sollte. Dieses Betreuungsmodell orientierte sich nun nachhaltig auf die Kind-Kind-Beziehungen in den Kindereinrich-

tungen. Erklärt wurde dies mit dem sozialen Grundbe-
dürfnis des Menschen, das das „Einbezogen-Sein in das
geordnete Leben einer sozialen Mikrogruppe" notwendig
machen würde [11]. Anders als in den Kibbuzim wurde
die öffentliche Betreuung in der DDR als familienergän-
zende und nicht familienersetzende Betreuung betrachtet.
Die Kombination aus der kindlichen Elternbindung und
den erweiterten Beziehungen des Kindes zu anderen
Erwachsenen und Kindern in der Kindereinrichtung
wurde aber erst dann als entwicklungsfördernd gewertet,
wenn das Zusammenspiel von öffentlicher Betreuung und
Familie stimmte. Danach sollten Tagesabläufe und Tages-
anforderungen in Familie und Krippe eine größtmögliche
Übereinstimmung aufweisen. Man war vor allem davon
überzeugt, dass eine rhythmisierte Alltagsstruktur für die
kindliche Entwicklung notwendig sei. Feste Zeiteintei-
lungen, klare Ordnungsstrukturen und Regelmäßigkeit in
den Betreuungsabläufen sollten einen Orientierungsrah-
men für das Kind entstehen lassen, der zu Hause wie in der
Krippe die gleichen Merkmale aufweisen müsse. Für das
Kernstück des Betreuungsmodells, das Curriculum (Bil-
dungsprogramm), wurde die „Führungsrolle" der Erzieherin gefordert. Ihre Arbeit war auf die sogenannten Beschäf-
tigungen ausgerichtet, in denen die Kleinen systematisch
unterwiesen wurden und dabei Lernaufgaben in Teil-
schritte zerlegen und einüben sollten [12]. Diese Hyper-
trophie (Übersteigerung) der pädagogischen Führung ist
von Hans-Dieter Schmidt, Entwicklungspsychologe an
der Humboldt Universität Berlin, zu Recht scharf kritisiert
worden; sie hat jedoch bedauerlicherweise die Frühpädagogik der DDR in den letzten 20 Jahren ihrer Existenz
dominiert. Die Betreuungspraxis war danach einfach zu

einseitig und mechanisch auf bestimmte Fähigkeiten und Fertigkeiten ausgerichtet, versperrte die Sicht auf die kindlichen Lernprozesse und erschwerte einen individuellen Zugang zu den Kindern [13]. Es war notwendig geworden, moderne kleinkindpädagogische Ansätze für ein neues Betreuungsmodell zu entwerfen. Das dritte Betreuungsmodell ist in Fachkreisen mit großer Resonanz aufgenommen worden, konnte sich jedoch aufgrund der politischen Veränderungen seit 1989 in Deutschland nicht mehr etablieren [14].

7.4 Verschieden und doch gleich

Als wir unsere eigene Forschung zu den Betreuungs- und Beziehungsmustern von Kleinkindern in Ostberlin begannen, wurden die Kinder noch traditionsgemäß in jahrgangsweise zusammengestellten Kindergruppen geführt. Die Erzieherinnen hatten die Führungsposition inne und verstanden sich selbst kaum als Bindungspersonen. Und wie verstanden sich die jungen Mütter? Die öffentlichen Betreuungsangebote hatten sie mit großer Selbstverständlichkeit angenommen und in ihre Lebensmuster integriert. Hatte diese Betreuungspraxis auch ihre mütterlichen Qualitäten beeinflusst? Mit dieser Frage begannen wir noch vor dem politischen Umbruch, im Frühjahr 1989, Mütter von einjährigen Kindern in Ostberlin, Osnabrück und Moskau zu konfrontieren. In dieser Studie interessierte uns, ob die Betreuungsvorstellungen der ostdeutschen denen der russischen Mütter ähneln würden, da sie den gleichen kollektivistisch-sozialistischen Doktrinen ausgesetzt waren. Oder würden die ostdeutschen Mütter denen der westdeutschen Mütter ähneln, mit denen sie über Jahrhunderte eine Kultur teilten? Wir entwickelten zunächst einen Fragebogen, der vier verschiedene Betreuungsorientierungen mit den folgenden Schwerpunktaussagen erfasste. Jede Aussage musste dabei mit trifft zu/trifft nicht zu beantwortet werden: (1) Inwieweit die frühe Kindheit als etwas Belastendes wahrgenommen wird (*Aussage 37:* „Ich bin froh, wenn mein Kind sauber und unabhängig geworden ist"); (2) inwieweit sich die Mütter kompetent fühlten (*Aussage 80:* „Ohne eine Anleitung darüber, wie ich mein Baby behandeln muss, würde ich manchmal nicht wissen, was ich tun sollte"); (3) inwieweit das Baby im Familienalltag unkompliziert mitgeführt werden kann (*Aussage 74:* „Es kann schwierig sein, das Kind in alltäglichen Routinen, wie Zubereitung von Essen, Besuchen und Einkäufen einzubeziehen") und (4) inwieweit sich die Mütter um das kindliche Wohlbefinden sorgen (*Aussage 38:* „Mein Baby tut oft gefährliche Dinge, sodass ich es ständig beobachten muss").

Im Ergebnis dieser Befragung fanden sich im Vergleich von deutschen und russischen Müttern kontrastierende Auffassungen darüber, wie Familienalltag und Säuglingsbetreuung zusammengehen könnten und welche eigenen Kompetenzen dabei zu entwickeln seien. Keinerlei Unterschiede gab es bei den deutschen Müttern. Danach waren die mütterlichen Vorstellungen über die Betreuung ihres Babys im Osten nicht anders als im Westen Deutschlands. Unschwer war dieser Studie deshalb zu entnehmen, dass lang anhaltende und kulturell geprägte Betreuungspraktiken einen größeren Einfluss auf die Ostberliner Mütter hatten als Einflüsse, die durch neue kollektivistisch-sozia-

listische Ideologien in dem historisch recht kurzen Zeitraum von 40 Jahren ausgelöst werden sollten [15].

Bei unserer weiteren Erforschung der Beziehungsent-
wicklung von Krippenkindern ist uns ein außerordentlich
glücklicher Umstand zugute gekommen: Noch vor der
deutschen Wiedervereinigung hatten unsere Forschergruppen in Ostberlin und Hellgard Rauh mit ihrem Team
an der Freien Universität in Westberlin jeweils eine Forschungsstudie mit nahezu identischem Untersuchungs-
design durchgeführt. Entdeckt wurde dies bereits 1988, als
wir die ersten Ergebnisse der Ostberliner Studie auf einer
kleinen Konferenz in Neubrandenburg (Mecklenburg-
Vorpommern) vorstellten, zu der auch Rauh eingeladen
war. Mit großem Erstaunen stellten wir fest, dass in beiden
Studien die „Fremde Situation" mit der Mutter vor Krippenaufnahme und mit der jeweiligen „Eingewöhnungser-
zieherin" des Kindes einige Monate später durchgeführt
worden war. Als die Ostberliner Erzieher/innen nach der
Wiedervereinigung Berlins Weiterbildungsprogramme
durchliefen und neu lizensiert wurden, war die Neugier
auf die Veränderungen so groß, dass wir in Ostberlin noch
eine weitere Studie gemacht haben.

Vergleichende Analysen der Mutter-Kind-Bindungen in
diesen Berliner Studien von getrennter und vereinter deutscher Lebenswirklichkeit erbrachten interessanterweise
keine Unterschiede im Ausmaß *sicherer* Mutter-Kind-Bindungen. *Unsichere* Bindungsmuster unterschieden sich
jedoch in Ost und West systematisch: Bei den Ostberliner
Mutter-Kind-Paaren dominierten *unsicher-vermeidende*,
bei den Westberliner *desorganisierte* Bindungsbeziehungen. Diese Unterschiede reflektierten vermutlich verschiedene Trennungsängste und Zwiespältigkeiten im Zusam-

menleben mit Kindern sowie verschiedene Erwartungen an die öffentliche Betreuung. Eltern, die sich schlecht bewertet fühlen, wenn sie Krippen in Anspruch nehmen, die wegen möglicher Entwicklungsrisiken verunsichert sind, die eigentlich auch die Erziehungsverantwortung nur ungern teilen wollen, waren im Westen eher als im Osten zu finden. Von daher waren die gehäuften *desorganisierten* Mutter-Kind-Bindungen im Westen keine Überraschung. Im Kontrast dazu erlaubte das soziale Klima den Eltern im Ostberlin der Vorwendezeit, sich sowohl um Kinder als auch um eigene Bedürfnisse zu kümmern. Die vielen *unsicher-vermeidenden* Mutter-Kind-Bindungen legen allerdings nahe, dass die Kinder zu früh in die Ablösungs- und Selbständigkeitsentwicklung gedrängt worden sein könnten, um ihnen die öffentliche Betreuung zu erleichtern. Mit anderen Worten: Während die Westberliner Mütter im Widerspruch zur gängigen öffentlichen Meinung gegenüber Kinderkrippen standen und diese Ambivalenz sich in desorganisierten Bindungsbeziehungen niederschlug, entstanden die vermeidenden Bindungsmuster in den Ostberliner Mutter-Kind-Paaren wahrscheinlich durch überhöhte Selbständigkeitsforderungen, die die Kinder „fit" für die Krippe machen sollten.

Diese Berliner Studien lassen aber auch aufschlussreiche Einblicke in die Bindungsbeziehungen eines Kindes zu seinen Erzieher/innen zu. In den Westberliner wie Ostberliner Krippen vor der Wende konnten wir uns von den Einstellungen und dem Engagement der Erzieher/innen überzeugen, eine gute pädagogische Arbeit zu liefern. Allerdings waren die Unterschiede in ihren pädagogischen Ausrichtungen offensichtlich: Die mütterliche Betreuung war der Maßstab in den Westberliner Krippen, konfliktarme Kind-Kind-Beziehungen war der Maßstab in den Ostberliner Krippen. Während die einen individualisierte Erzieher/innen-Kind-Beziehungen anstrebten, galten sie im Interaktionsgefüge des Krippenalltags im Osten eher als hinderlich. Demzufolge waren auch die Unterschiede in den Bindungsbeziehungen besonders groß. Da eine Bindungsbeziehung in Ostberliner Krippen gar nicht vorgesehen war, reagierten die Kleinen ihren Erzieherinnen gegenüber sogar gehäuft mit *desorganisiertem* Bindungsverhalten. Erst im Zuge von Weiterbildungsprogrammen, und nachdem sie am Ende eines 100-Stunden-Programms des Berliner Senats neu bestätigt wurden, waren die Ostberliner Erzieher/innen nach der Wende beziehungsbezogen ausgerichtet. Offensichtlich konnten sie eine Neubestimmung ihres Berufsverständnisses vornehmen. Dies führte zu einer effizienten Verbesserung der Erzieher/innen-Kind-Bindungen. Das heißt, die sicheren Bindungsbeziehungen wurden in dem Maße entwickelt, wie sie aus den Westberliner Krippen bekannt waren [16].

7.5 Brennpunkt: Betreuungsqualität

Die Qualität einer öffentlichen Betreuung richtig zu bemessen, ist ein schwieriges Unterfangen, da sie sehr unterschiedlich von denen wahrgenommen wird, die sie betrifft: die Eltern, die Erzieher/innen und die Kinder. Die Qualität einer Einrichtung mag sich aus der Sicht von Eltern, die auf bestimmte Öffnungszeiten sowie gute Erreichbarkeit der Kindereinrichtung angewiesen sind, anders darstellen als für die dort tätigen Erzieher/innen und betreuten Kinder. Die NAEYC (National Association

for Education of Young Children) hat jedoch schon vor einiger Zeit das Kind in das Zentrum der Qualitätsdiskussion gestellt und die „Angemessenheit von Betreuungspraktiken in Bezug auf die Entwicklung der Kinder" als das zentrale Bewertungsmerkmal der öffentlichen Betreuung vorgeschlagen. Dies ist jedoch eine recht globale Definition für eine Betreuungsqualität, die bewertet werden will. Von einem frühpädagogischen (Wie soll „angemessene" Betreuungspraxis aussehen?) wie entwicklungspsychologischen Standpunkt (Was soll sie für die Kinder leisten?) braucht man dafür einige weitere Merkmale.

Thelma Harms und Richard Clifford von der University of North Carolina in Chapel Hill/USA haben als erste Wissenschaftler „Betreuungsqualität" für Kindereinrichtungen wie für die Tagespflege messbar gemacht [17]. Nach ihren Maßstäben wird von einer angemessenen Betreuung erwartet, dass sie die soziale und emotionale Anpassung sowie intellektuelle Entwicklung des Kindes unterstützt und ein Beziehungsklima schafft, das kindliches Lernen fördert. Betreuungsqualität setzt gute materielle Ausstattung voraus, wird konzeptionell überlegt sowie individuell durchgeführt und ist durch einen posi-

tiven sozialen Austausch zwischen den Kindern sowie den Kindern und ihren Erzieher/inne/n charakterisiert. Danach kann Betreuungsqualität auf verschiedenen Ebenen als Struktur-, Orientierungs- und Prozessqualität betrachtet werden. Unter *Strukturqualität* werden die materielle Ausstattung, die Räume, aber auch Größe und Zusammensetzung der Kindergruppen, der Erzieher-Kind-Schlüssel sowie die Ausbildung und berufliche Erfahrung der Erzieher/innen verstanden. Mit den letzteren Merkmalen hängt die sogenannte *Orientierungsqualität* eng zusammen, die sich darauf bezieht, mit welchen Vorstellungen, Werte und Überzeugungen und mit welchem Bild vom Kind die Erzieher/innen ihre Arbeit machen. Die *Prozessqualität* umschreibt dagegen den Alltag in einer öffentlichen Betreuung. Sie bezieht sich auf das gesamte Interaktionsgefüge und die Erfahrungen, die die Kinder in Kindereinrichtungen oder Tagespflege machen. Die Prozessqualität bewertet, wie Erzieher/innen im Alltag agieren und reagieren, wie sie fachliche Entscheidungen über die Auswahl und Bereitstellung von entwicklungsangemessenen Materialen treffen, wie sie die Bildungsinhalte planen und wie sie vor allem über ihre Arbeit reflektieren. Neben den Interaktionen zwischen den Erzieher/inne/n und Kindern gehören aber auch die Interaktionsprozesse in den Kindergruppen sowie der Austausch zwischen den Erzieher/inne/n und Eltern dazu.

Wolfgang Tietze von der Freien Universität Berlin konnte mit seinem Forschungsteam zeigen, dass die Prozessqualität nur zu einem bestimmten Prozentsatz von der Strukturqualität bestimmt wird. Wenn es um die Betreuung von Kindergartenkindern geht, besteht ein großer Gestaltungsspielraum durch die Erzieher/innen, die Qualität ihrer Arbeit selbst in die Hand zu nehmen. In zwei Kindergartengruppen kann dasselbe pädagogische Konzept (Orientierungsqualität) oder derselbe Erzieher-Kind-Schlüssel (Strukturqualität) gegeben sein und dennoch kann die Qualität des Prozessgeschehens ganz unterschiedlich ausfallen: Je nachdem wie gut Erzieher/innen die Beziehungen zu ihren Kindern entwickeln, können sie das Kind zielführend unterstützen, die richtigen Impulse setzen und damit im Sinne der kindlichen Entwicklung wirken [18]. Bei einer Betreuung von Kleinkindern sieht dies jedoch anders aus. Hohe Betreuungsqualität setzt hier Betreuungsbedingungen voraus, die Interaktions- und Dialogformen zulassen, die den Entwicklungserfordernissen dieser Altersgruppe entsprechen [19]. Insbesondere Kinder, die jünger als 18 Monate alt sind, sind auf einen gut abgestimmten sozialen Austausch mit wenigen Erzieher/inne/n angewiesen. Dass diese Kleinen in ihrer Entwicklung tatsächlich profitieren, wenn sie in kleinen Gruppen und von Erzieherinnen, die prompt reagieren können, betreut werden, konnten wir in einer eigenen Forschungsstudie in städtischen und ländlichen Kindereinrichtungen Sachsen-Anhalts nachweisen. Aufgrund einer individualisierten Betreuung in kleinen Gruppen waren diese Kleinen besser entwickelt als altersgleiche Kinder in größeren Gruppen. Sie waren aufmerksamer, besser emotional reguliert und konnten sich auf wechselnde Situationen besser einstellen. Nicht von ungefähr hat das Europäische Netzwerk der öffentlichen Betreuung, wie auch eine Reihe anderer einschlägiger internationaler Kommissionen und Verbände, einen Erzieher-Kind-Schlüssel von 1:3 bis 1:4 für dieses Alter empfohlen. Man kann eben nicht erwarten, dass Kinderliebe und pädagogische Geschicklichkeit schon allein alles richten. Betreuungsqualität braucht gut ausgebildete Erzieher/innen, aber auch Rahmenbedingungen, die sich an den Entwicklungserfordernissen der Kinder orientieren [20].

8

Entwicklungschancen – Entwicklungsrisiken

Die Entwicklung unterbricht nie ihre aufbauende Arbeit, und selbst in den kritischen Perioden sind auch konstruktive Entwicklungsprozesse zu beobachten.

Lev Vygotsky (1984)

In Europa und in den USA ist eine öffentliche Tagesbetreuung für Säuglinge, Klein-und Vorschulkinder die Regel, nicht die Ausnahme. Vor allem für Kleinkinder scheint die Nachfrage nach derartigen Angeboten sogar noch weiter zu steigen. Kaum jemanden verwundert das noch: Unsere modernen Gesellschaften, die eine hohe Flexibilität verlangen, haben neue Formen der Lebensführung hervorgebracht und dabei die großen Familienstrukturen mit den ineinander verschachtelten und nebeneinander existierenden Mehr-Generationen-Haushalten zerstört, die einst gemeinschaftlich an der Kinderbetreuung beteiligt waren [1]. Mütter, die heute alleinerziehend sind, brauchen deshalb öffentliche Betreuungsangebote. Mütter, die die Elternzeit nicht endlos ausdehnen können, ohne Gefahr zu laufen, beruflich den Anschluss zu verlieren, und Eltern, die die neue Lebenssituation mit einem Baby nur bedingt verändern können, brauchen sie ebenfalls. Während die öffentliche Betreuung für Vorschulkinder schon längst als erfolgreiche Familienergänzung in Vorbereitung auf die Schule verstanden wird, wird sie in ihrer Auswirkung auf Säuglinge und Kleinkinder eher kontrovers diskutiert. Kritiker befürchten Nachteile für die Kinder. Schadet es nicht eher den Kleinen, wenn sie regelmäßig aus dem Haus müssen?

Seit mehr als drei Jahrzehnten haben sich Forscher aus vielen Ländern in den Dienst einer nüchternen, wissenschaftlich fundierten und am Wohl des Kindes orientierten Bewertung öffentlicher Betreuungsangebote gestellt. In einer ersten Phase dieser sogenannten Child Care Research ging es in den Jahren von 1960 bis 1970 um die Frage, ob eine Betreuung der Kleinen durch andere Personen als die eigene Mutter gut oder schlecht sei. In diesen frühen Studien wurden deshalb ausschließlich mütterlich betreute Kinder mit jenen verglichen, die daneben auch noch anderweitig betreut wurden, und zwar zumeist in den gut geführten Kindereinrichtungen der Universitäten, mit denen die jeweiligen Studien verbunden waren. Man fand keine Unterschiede in der Entwicklung der Kinder. In den Jahren von 1970 bis1980 wurden die Forschungsfragen schon bohrender. Zwar wurde weiterhin betont, dass sich Kinder mit nichtmütterlicher Betreuung auch nicht anders entwickeln als Kinder ohne sie. Ob jedoch verschiedene Typen von nichtmütterlicher Betreuung – beispielsweise eine Betreuung durch den Vater, die Großmutter oder andere Verwandte, durch Tagesmütter oder in öffentlichen Kindereinrichtungen – die Entwicklung des Kindes in einer bestimmten Weise beeinflussen, interessierte nun doch. Vor allem war bis dahin unverständlich geblieben, warum die unterschiedlichsten Erfahrungen, die Kinder mit verschiedensten Betreuungsarrangements machen, allesamt die gleiche Wirkung auf die kindliche Entwicklung haben sollten.

Da die Forschungsergebnisse unter den verschiedenen Betreuungsbedingungen nun zunehmend widersprüchlicher wurden, mussten neue Wege beschritten werden. Die Child Care Research hat deshalb weltweit begonnen, die Forschungsarbeit mit den Nachbardisziplinen zu koordinieren und sich deshalb mit der Entwicklungspsychologie, der Entwicklungspädiatrie, den Neurowissenschaften und der Frühpädagogik noch stärker als bisher auszutauschen. Vor allem aber wurden die vorhandenen Einzelstudien in sogenannten Metaanalysen (meta = grundlegend) zusammenfassend ausgewertet und interpretiert, andererseits jedoch auch imposante Megastudien (mega = riesig) organisiert, um die Zusammenhänge von Betreuung und Entwicklung möglichst widerspruchsfrei darstellen zu können.

8.1 Widersprüche überwinden

Ganz konkret will man heute wissen, wie entwicklungsprägend Erfahrungen in öffentlicher Betreuung sind, wenn sie schon im Kleinkind- und Säuglingsalter beginnen, und ob tagesbetreute Kinder andere Entwicklungsbesonderheiten haben als ausschließlich familienbetreute Kinder. Unter welchen Betreuungsbedingungen müssen Risiken befürchtet, unter welchen Bedingungen können Entwicklungsanreize erwartet werden? Die Betreuungsbedingungen in den ersten Lebensjahren erscheinen besonders wichtig, da sie die Fundamente für die spätere Entwicklung legen. In dieser Zeit bildet sich beispielsweise das Immunsystem aus, das die gesunde Entwicklung der Folgejahre prägt. Es formen sich die Meilensteine in der sozialen, geistigen und sprachlichen Entwicklung. Der frühe Spracherwerb ist dabei besonders abhängig von den Betreuungsbedingungen und davon, wie sehr sich die betreuenden Personen auf einen sozialen Austausch mit dem Kind einlassen. Es entwickeln sich in dieser Zeit die Mutter-Kind-Bindung und weitere Beziehungen, die das Kind künftig für ein angepasstes Sozialverhalten und seine emotionale Regulation braucht. Schließlich fallen die frühen Lebensjahre in eine Periode der Hirnentwicklung, in der die Dichte der Synapsenverbindungen eine Phase erreicht, die die Hirnaktivität für kommende Anforderungen prägt. Vor diesem Hintergrund müssen Qualität, Typ, Ausmaß und die zeitliche Beanspruchung einer öffentlichen Betreuung systematisch im Hinblick auf die folgenden Fragen untersucht werden: Werden Kleinkinder in öffentlicher Betreuung tatsächlich häufiger krank? Profitieren sie spürbar von den stimulierenden Curricula in Bezug auf ihre intellektuelle und sprachliche Entwicklung? Können sie überhaupt eine Mutter-Kind-Bindung entwickeln und aufrechterhalten? Und wie angepasst und lenkbar sind die Kinder, wenn sie von mehreren Erwachsenen betreut werden und täglich Anweisungen erhalten, die zwangsläufig auch widersprüchlich ausfallen können?

Um auf diese Fragen mit größerer Sicherheit als bisher antworten zu können, entschloss sich das Gesundheitsministerium der USA zu einer Megastudie [2]. Das Projekt wurde von einem ihrer Nachfolgeinstitute, dem NICHD (National Institute of Child Health and Human Development) koordiniert. Beauftragt wurden zehn Universitäten des Landes, an denen schon zuvor die Auswirkungen öffentlicher Betreuung auf die Entwicklung von Kindern untersucht worden waren [3]. Obwohl sich einige der angesprochenen Forschungsteams wegen differenter wissenschaftlicher Auffassungen unversöhnlich gegenüberstanden, gelang es, sie zur gemeinsamen Arbeit an dieser Megastudie zu bewegen. Im Umfeld ihrer Universitäten – angefangen beim US-Bundesstaat Washington an der Westküste im Norden des Landes über Kalifornien bis nach North Carolina an der mittleren Ostküste – wurden im Jahr 1991 unzählige Geburtskliniken aufgesucht. Über 1 000 Mütter willigten schließlich ein, sich über einen langen Zeitraum mit ihren Babys an der Studie zu beteiligen. Letztendlich wurden diese Kinder mit ihren Müttern und

Familien über die Pubertät hinaus bis zum heutigen Tag untersucht.

Das NICHD-Team war besonders interessiert an den Betreuungsbedingungen und befragte die Personen, die in die Betreuung des Kindes einbezogen waren: Mütter, Väter, Großeltern und andere Verwandte, Au-pair-Mädchen, Kinderfrauen, Tagesmütter sowie Erzieher/innen. Solange das Kind mindestens zehn Stunden pro Woche von einer dieser Personen betreut wurde, wurde diese aufgesucht und unter die Lupe genommen. Da niemand absehen konnte, welche Betreuung die Familien zu welchem Zeitpunkt wählen würden, mussten die Forscherteams an den Familien dranbleiben. Alle drei Monate waren sie mit ihnen in Kontakt. Die Familien gaben viele Auskünfte über sich selbst. Sie berichteten über ihre Ausbildungs- und Finanzsituation, Partnerschaftsqualität und Stress, ihre Einstellungen zum Kind und ihre Trennungsängste. Sie ließen es aber auch zu, dass ihr Kind und dessen Betreuung in allen Einzelheiten untersucht wurden. Dazu mussten die Fähigkeiten des Kindes, aber auch sein Umfeld und seine Interaktionen beobachtet und bewertet werden, egal, ob es mit der Mutter oder einer anderen Person zusammen war [4].

Die Betreuungsbedingungen der Kinder und ihre Auswirkungen auf die kindliche Entwicklung wurden damit erstmals mit außerordentlich großem Aufwand untersucht: Die NICHD-Studie verwendete vielfältige Methoden der Befragungen, der Interviews, der Beobachtungen und Tests, die auf unterschiedlichen Ebenen oftmals den gleichen Tatbestand mehrfach prüften. Sie wurde als Langzeitstudie angelegt, um in Kenntnis der späteren Entwicklung des Kindes die Entwicklungschancen und -risiken schon in der Frühzeit herausfinden zu können. Die NICHD-Studie hat schließlich eine Forschergruppe von renommierten Wissenschaftler/inne/n an einen Tisch gebracht, die ihre Ergebnisse höchst kritisch diskutierten und ihre Zuverlässigkeit abwogen, bevor sie der Öffentlichkeit vorgestellt wurden.

8.2 Immer wieder krank?

In einer ersten zentralen Frage der NICHD-Studie ging es um den Gesundheitszustand der Kinder. Um ihn richtig einschätzen zu können, wurden die Mütter alle drei bis sechs Monate nach typischen Kinderkrankheiten befragt. Erkrankungen der oberen Luftwege, Ohrenentzündungen und Magen-Darm-Probleme der Kinder wurden erfasst, aber auch Unfälle sowie akute und chronische Erkrankungen jeder anderen Art.

Ein- und zweijährige Kinder erwiesen sich als besonders erkrankungsanfällig. Das Risiko, eine Ohrenentzündung zu bekommen, war für Einjährige mehr als doppelt so hoch, wenn sie tagsüber in einer öffentlichen Einrichtung betreut wurden. Auch die Wahrscheinlichkeit für eine Erkrankung der oberen Luftwege war für tagesbetreute Kinder wesentlich höher als für ausschließlich familienbetreute Kleinkinder. Glücklicherweise verschwanden diese Unterschiede im dritten Lebensjahr. Aber es galt auch hier: Je mehr Kinder in einer Gruppe betreut wurden, desto häufiger war das betreffende Kind krank. Am häufigsten krank jedoch waren diejenigen Kindergartenkinder, die bis dahin ausschließlich familienbetreut worden waren. Und am seltensten krank waren diejenigen Kinder, die schon früher eine Betreuung in großen Gruppen erlebt hatten. Aus diesen Zusammenhängen lassen sich zwei Dinge ableiten: (1) Die Erkrankungshäufigkeit von Kindern in öffentlicher Betreuung ist abhängig davon, wie viele Kinder mit betreut werden. (2) Mit einer früh einsetzenden öffentlichen Betreuung können Kinder früh resistent gegenüber weiteren Ansteckungserkrankungen werden. Dabei darf das Erkrankungsgeschehen allerdings nicht eskalieren, damit sich anstelle der erhofften Widerstandfähigkeit keine chronischen Krankheitsverläufe entwickeln.

Das NICHD-Team überprüfte auch, ob bei den Erkrankungen der Kleinen noch weitere Faktoren mitspielten. Familiencharakteristiken – wie Armut, niedrige Ausbildung der Mutter oder alleinerziehend zu sein – standen in keiner unmittelbaren Beziehung zur Erkrankungshäufigkeit der betroffenen Kinder. Kinder, die zu früh geboren und/oder nicht gestillt wurden, hatten ebenfalls kein erhöhtes Erkrankungsrisiko. Auch fanden sich keine Hinweise darauf, dass Stress im Familienleben eine Rolle für die kindliche Gesundheit spielte. Selbst für besondere Familiensituationen wie Partnerwechsel, Geburt eines Geschwisterkindes, Umzug und Veränderungen in der Betreuungssituation wurden keine systematischen Zusammenhänge zu etwaigen Erkrankungen des Kindes gefunden. Häufig krank zu sein, hatte auch kaum etwas mit Sprachentwicklung, Sozialverhalten und Schulbewährung zu tun. Damit fielen Kinder mit häufigeren Erkrankungen auch nicht notwendigerweise durch Entwicklungsrückstände oder Verhaltensprobleme auf. Die NICHD-Studie kommt deshalb zu dem Schluss, dass die erhöhte Erkrankungshäufigkeit von tagesbetreuten Kindern in den ersten Lebensjahren dem hohen Ansteckungsrisiko in einer Kindergruppe anzulasten ist. Es ergeben sich daraus jedoch glücklicherweise keine unmittelbaren Folgen für die Entwicklung der Kinder [5].

8.3 Wie Bindungen erhalten bleiben

Was mit der Bindung zur Mutter passiert, wenn eine Außerhausbetreuung in Anspruch genommen wird, gehört zu den am häufigsten diskutierten Themen in der Debatte um die öffentliche Betreuung. Das Thema ist deshalb so zentral, weil die Mutter-Kind-Bindung in der Regel die primäre (erste und vorrangige) Bindung des Babys zu einer erwachsenen Person ist, die es beschützt und ihm hilft, ebenfalls erwachsen zu werden. Nur schwerlich erhält eine nachfolgende Beziehung eine ähnliche Bedeutung. Primäre Bindungsbeziehungen bilden das Fundament des späteren Sozialverhaltens und der Bindungsfähigkeit: Sie sind prägend für die emotionale Sicherheit und das Selbstbewusstsein [6].

In der klassischen Bindungstheorie wurde eine tägliche und lang andauernde Abwesenheit der Mutter als äußerst ungünstig für die Bindungsentstehung angesehen. John Bowlby war davon überzeugt, dass sich die primäre Bindung umso sicherer entwickeln würde, je stabiler und voraussagbarer die Betreuung durch die Mutter sei. Er war davon überzeugt, dass Kleinkinder nur sehr instabile Gedächtnisleistungen aufweisen und deshalb nicht in der Lage sind, eine Bindung Schritt um Schritt aufzubauen, wenn Trennungserfahrungen diesen Prozess immer wieder unterbrechen. Infolgedessen sollte „die sichere Dosis (für Trennung) hier nur die Null-Dosis" sein [7]. Den verunsicherten Londoner Müttern widmete Bowlby später eine eigene Broschüre, in der er diese Forderung milderte und für den Alltag anpasste. Dort ist zu lesen, dass die jungen Mütter während eines Einkaufs oder Restaurantbesuchs ihre Babys auch mal in der Obhut einer sensitiven Ersatzperson lassen können, ohne dass dies die Bindung dauerhaft schädigt [8].

Mit Unterstützung der Forschungsabteilung „Kindliche Entwicklung" an der Tavistock-Klinik in London/UK, die von Bowlby geleitet wurde, führten Christoph Heinicke und Ilse Wertheimer in den 1960er Jahren jedoch eine Studie durch, die die Mutter-Kind-Beziehung bei zehn gesunden zweijährigen Kindern in einer Ausnahmesituation untersuchten. Für die Dauer von zwei bis 20 Wochen wurden diese Kinder in ein Wochenheim eingewiesen, weil ihre Mütter in ein Krankenhaus mussten. Heinicke und Wertheimer fertigten detaillierte Beobachtungsprotokolle über die Trennungsreaktionen an, die sie später mit ausschließlich familienbetreuten, aber auch tagesbetreuten Kindern verglichen. Danach war nachweisbar, wie traumatisch sich die Trennung von der Mutter und die Betreuung im Wochenheim auf die Kleinen ausgewirkt hatten. Nach anfänglichem Protest und stundenlangem Weinen wirkten die Kinder hochgradig verunsichert und ängstlich. Später waren sie zurückgezogen und abweisend oder übertrieben zutraulich. Die Mutter-Kind-Bindung schien aufgelöst.

Obwohl die Vergleichskinder einer städtischen Tageseinrichtung in London ähnlichen Betreuungsbedingungen wie im Wochenheim ausgesetzt waren, blieb ihnen diese Entwicklung erspart. Heinicke und Wertheimer stellten deshalb später fest, dass die Trennungsbelastung durch eine Tagesbetreuung weniger verheerende Wirkungen auf die Mutter-Kind-Bindung hatte als durch eine Wochenbetreuung [9]. Dennoch blieben sowohl Experten wie Familien alarmiert. Im Jahr 1986 forderte Jay Belsky von der Pennsylvania State University/USA, den Zusammenhang von Bindung und Tagesbetreuung erneut kritisch zu hinterfragen, nachdem die Forschung viel präziser als bisher die Mutter-Kind-Bindung auch bei tagesbetreuten Kindern untersucht hatte. Anstelle der Beobachtungsprotokolle wurde jetzt vielfach die gerade erst entwickelte „Fremde Situation" zur Einschätzung der Mutter-Kind-Bindung eingesetzt. Mit Blick auf diese Studien schienen *unsichere* Bindungsmuster bei tagesbetreuten Kindern häufiger als erwartet aufzutreten. Belsky kam deshalb zu dem Schluss, dass die Mutter-Kind-Bindung an Qualität einbüßt, wenn Babys in die öffentliche Betreuung kommen [10]. Allison Clarke-Stewart von der University of California in Irvine/USA fand diese Schlussfolgerung unberechtigt. Sie zweifelte daran, dass die „Fremde Situation" überhaupt geeignet sei, die Bindungsqualität dieser Kleinen zu messen. Da die Kinder die Trennung von ihren Müttern täglich erleben, dürften die dreiminütigen Trennungsepisoden der „Fremden Situation" das Bindungssystem wohl kaum aktivieren. Ein mangelndes Bedürfnis nach mütterlicher Nähe und Körperkontakt in der „Fremden Situation" könne dann fälschlicherweise als „Vermeidung" interpretiert und vorschnell einer *unsicher-vermeidenden* Bindung zugeschrieben werden [11].

Die NICHD-Studie nahm die Debatte um die Entwicklung und Aufrechterhaltung der Mutter-Kind-Bindung außerordentlich ernst und als ein zentrales Untersuchungsziel auf. Die „Fremde Situation" wurde danach flächendeckend bei allen Kindern der Studie vorgesehen und in den Räumen der nahe gelegenen Universitäten durchgeführt, als die Kinder etwa 15 Monate alt waren. Über 1 000 Videoaufnahmen über „Fremde Situationen" wurden dann an einen zentralen Ort geschickt, an dem drei Experten jede einzelne davon sorgfältig bewerteten und die bekannten Ainsworth'schen Bindungsmuster darauf anwendeten: *sicher* gebunden, *unsicher-vermeidend* gebunden, *unsicher-ambivalent* gebunden und *desorganisiert* [12]. Als die Bindungsmuster im NICHD-Team diskutiert werden sollten, standen die Wissenschaftler/innen zunächst vor der Frage, ob die „Fremde Situation" das Bindungsverhalten auch bei den Kleinen aktiviert hatte, die regelmäßig von anderen Personen als den eigenen Müttern betreut wurden. Dazu wurden die „Fremden Situationen" von 251 Kleinkindern, die seit ihrer Geburt vorrangig von ihren Müttern betreut worden waren, den „Fremden Situationen" von 261 Kleinkindern gegenübergestellt, die vom dritten Lebensmonat an mindestens 30 Stunden pro Woche außer Haus waren. Die Episoden 4 und 6 der „Fremden Situation" sollten hierbei besonders aufschlussreich sein. Hier hatten die Mütter ihr Kind im Raum zurückgelassen, wo es mit der Fremden zurückblieb (Episode 4) oder ganz allein auf sich gestellt war (Episode 6). Für die Vermutung, dass die tagesbetreuten Kinder in diesen beiden Episoden weniger gestresst als andere Kinder reagieren würden, fanden die Experten keine Anhaltspunkte. Die „Fremde Situation" hatte folglich das Bindungssystem der trennungsgewohnten Kleinen in der gleichen Weise aktiviert wie das der anderen Kinder. Die Bindungssicherheit zur Mutter konnte damit bei allen Kindern auf der Grundlage der „Fremden Situation" bewertet werden [12].

Die zentrale Frage aber war, ob bestimmte Betreuungsbedingungen die Bindungssicherheit eines Kindes gefährden? Die Antwort ist „nein". Weder irgendeine bestimmte Art der nichtmütterlichen Betreuung noch deren Qualität, noch der Beginn und die Anzahl der Stunden hatten einen Einfluss auf die Bindungsqualität der Kinder zu ihren Müttern. Allein die Feinfühligkeit der Mutter und ihre eigene Betreuungsqualität bestimmten die Qualität der Mutter-Kind-Bindung. Danach hatten sensitive Mütter eine sichere Bindungsbeziehung zu ihren Kindern unabhängig davon, welche Betreuungserfahrungen die Kinder außerdem noch machten. Die Mutter-Kind-Beziehung zeigte sich als *unsicheres* Bindungsmuster besonders ausgeprägt, wenn die Mutter nicht feinfühlig genug und die Betreuung zu Hause insgesamt schlecht war, das Kind in einer Kindereinrichtung von unangemessener Qualität betreut wurde und mehr als zehn Stunden dort verbrachte. Schlechte mütterliche Betreuung in Verbindung mit schlechter nichtmütterlicher Betreuung hatte damit eine besonders negative Wirkung auf die Mutter-Kind-Beziehung [13].

8.4 Kommunikationsfreudig, aufgeweckt und schlau

Die Child Care Research der vergangenen Jahre hat immer wieder gezeigt, dass familienbetreute Kinder keine grundsätzlich andere intellektuelle und sprachliche Entwicklung nehmen als tagesbetreute Kinder. Dies berichtet unter anderem eine Metaanalyse aus dem Jahr 2000, die unter der Leitung von Nurit Yirmiya an der Hebrew University of Jerusalem/Israel entstand und über 59 Studien aus den USA, Europa und Israel zusammenfasst. Yirmiya hatte einzelne Studien bis in die 1960er Jahre zurückverfolgt und Kinder mit und ohne öffentliche Betreuungserfahrungen in ihrer intellektuellen und sprachlichen Entwicklung verglichen. Sie fand im Endergebnis keine Unterschiede. Allerdings waren die Einzelvergleiche ausgesprochen unterschiedlich ausgefallen, und es zeigte sich, dass dies eindeutig etwas mit der Qualität der Betreuung zu tun hatte. Während es bei schlechter öffentlicher Betreuung durchaus vorkam, dass der Vergleich zwischen tages- und familienbetreuten Kindern zu Ungunsten der öffentlichen Betreuung ausfiel, zeigte eine exzellente öffentliche Betreuungseinrichtung das Gegenteil, nämlich positivere Auswirkungen auf die intellektuelle Entwicklung der Kinder, die dort betreut wurden [14].

Besonders aber profitieren Kinder aus anregungsarmen Familien von guter öffentlicher Betreuung, wie dies das ABC-Schützen-Interventionsprogramm (Abecederian Early Intervention Project) aus North Carolina zeigt, das aus den 1970er Jahren stammt. Die Mehrheit der Kinder, die in dieses Projekt aufgenommen wurden, hatten alleinerziehende Mütter, die zu 98 Prozent Afroamerikanerinnen waren und von Sozialhilfe lebten. Die Kinder besuchten vom frühen Säuglingsalter an Kindereinrichtungen von hoher Betreuungsqualität, die auch spezielle Entwicklungsförderungen anboten. Die Projektkinder wurden später mit Kindern einer Kontrollgruppe verglichen, die aus den gleichen Nachbarschaften und Familienmilieus kamen. Nach über 20 Jahren Langzeituntersuchung waren nach Intelligenztestungen die Projektkinder mit durchschnittlich 4,4 Punkten Zuwachs intelligenter als die Kin-

der aus der Kontrollgruppe. Folgerichtig kam es bei den Projektkindern dann auch sehr viel häufiger vor, dass sie das College besuchten oder besucht hatten (36 versus 14 Prozent) und Facharbeiter wurden (47 versus 27 Prozent), während die Kinder der Kontrollgruppe mehrheitlich ungelernt blieben.

Den exakten Nachweis für die Entwicklung geistiger Kompetenzen erbringen tatsächlich Intelligenztests, die es seit über 100 Jahren auch für Kinder gibt. Diese messen die Fähigkeit, Aufgaben zu lösen, für die keine Lösungsstrategien vorgegeben sind, sondern erst entwickelt werden müssen. Damit fordern Intelligenztests die Anwendung vorhandenen Wissens in neuen Zusammenhängen heraus. Alfred Binet von der Sorbonne in Paris war der Konstrukteur des ersten Intelligenztestes. Er hat vor mehr als 100 Jahren mit seiner „Stufenleiter der Intelligenz" eine Methode entwickelt, die noch heute das Grundprinzip eines Intelligenztests darstellt und messen kann, wie schlau jemand ist. Für eine Intelligenzprüfung an Vorschulkindern hatte sich Binet 30 Testaufgaben ausgedacht, die mit ansteigender Schwierigkeit präsentiert wurden. Als er die Testaufgaben ausprobierte, war er bereits von den

Lösefähigkeiten seiner beiden Töchter Madeleine und Alice beeindruckt, deren unterschiedliches Testverhalten den zweijährigen Altersunterschied sichtbar werden ließ. Nachdem Binet registriert hatte, welche Aufgaben in einem bestimmten Alter gelöst und welche nicht gelöst werden, stellte er nach vielen Testanwendungen die „Stufenleiter der Intelligenz" auf. Nun konnte er bestimmen, ob eine betreffende Person die Intelligenz ihres Alters hatte, ob sie im Rückstand oder im Vorsprung war und wie viele Monate oder Jahre dieser Vorsprung oder Rückstand betrug [15].

Ganz in der Tradition von Binet hat in den 1930er Jahren Nancy Bayley an der University of California in Berkley/USA ihren ersten Entwicklungstest vorgelegt. Heute gehören die daraus hervorgegangenen Bayley-Skalen zu den prominentesten Messverfahren für die Intelligenz und Sprachfähigkeit kleiner Kinder. Die Skalen können schon nach der Geburt angewendet werden und beurteilen dann Motorik, Denken und Sprache bis zum vierten Lebensjahr. In der NICHD-Studie wurden die Kinder mit 15 und 24 Monaten mit den Bayley-Skalen getestet. Das NICHD-Team konzentrierte sich dabei auf den sogenannten Mental Developmental Index, der die intellektuellen und sprachlichen Fähigkeiten des Kindes zu einem IQ-Wert zusammenfasst. Kinder mit 100 Punkten und einer Toleranz von 15 Punkten noch oben und unten liegen dabei in der Altersnorm. Um den Test normgerecht zu absolvieren, müssen Kinder im Alter von 15 Monaten beispielsweise Türme aus Bausteinen bauen, Formen in eine Puzzlevorlage einordnen, eine Büchse mit einem Deckel verschließen, einfache Worte und Aufforderungen verstehen sowie versteckte Gegenstände finden und bereits zwei Worte sinnvoll benutzen. Mit 24 Monaten sollten sie dann nicht nur Formen auseinanderhalten können, sondern mindestens drei Farben kennen, Körperteile und auch das eigene Foto benennen sowie Zweiwortsätze sprechen. Weil derartige Prüfsituationen zum Standardrepertoire der Curricula in Kindereinrichtungen gehören, haben tagesbetreute Kinder einen Vorteil. Sie sind an derartige Situationen nicht nur gewöhnt, sondern gewissermaßen „hochtrainiert". Sie könnten schon aufgrund dieser Gewöhnung bessere Testleistungen als ausschließlich familienbetreute Kinder bringen. Für das NICHD-Team war es deshalb wichtig, bestimmte Fähigkeiten der Kinder auch durch andere Quellen zu überprüfen. An die Mütter wurden beispielsweise Fragebögen und Checklisten postalisch verschickt, anhand derer sie den Wortschatz und die Sprachfertigkeiten ihrer Kinder aus ihrer Sicht darstellten.

Auf der Suche nach den bestmöglichen Betreuungsbedingungen für die Entwicklung von Denken und Sprache in den ersten drei Lebensjahren analysierte nun das NICHD-Team in systematischer Weise die Bayley-IQs sowie das Sprachniveau der Kinder. Beide Entwicklungsbereiche wurden mehrfach erhoben und in Verbindung mit den folgenden Betreuungsarrangements unter die Lupe genommen: (1) Kindereinrichtung, (2) Tagesmutter, (3) Kindermädchen (oder auch Großmutter und Vater) (4) sowie eine ausschließlich mütterliche Betreuung. Dabei war auch die Einschätzung der Qualität dieser vier Betreuungsvarianten wichtig. Das aufmerksame und angemessene Reagieren der Betreuungsperson sowie ihr freundliches und emotional warmes Verhalten wurden in den Mittelpunkt gestellt. Die Betreuungspersonen sollten auf keinen Fall einschränkend oder gar belästigend sein. Sie sollten anregen und sich durch einen kindgemäßen sprachlichen Umgang auszeichnen.

Für das NICHD-Team waren insbesondere die Unterschiede zwischen den Kindern, die in öffentlichen Kindereinrichtungen betreut wurden, und denen aus allen anderen Betreuungsarrangements interessant. Man wollte damit Befürchtungen entgegentreten, nach denen ein Kleinkind in einer öffentlichen Einrichtung nicht genügend Anregungen erhalten könnte und dort „untergehen" würde. Auf den ersten Blick scheinen diese Befürchtungen unbegründet, da es das erklärte Ziel öffentlicher Kindereinrichtungen ist, nun gerade die Denk- und Sprachentwicklung der Kinder mit gut ausgebildeten Erzieher/inne/n sowie gut begründeten Curricula zu fördern. Andererseits ist die frühe Denk- und Sprachentwicklung des Kindes jedoch an feinfühlige Vermittlungen gebunden, mit denen sich die öffentliche Betreuung wirklich schwertut. In der NICHD-Studie waren die niedrigen Werte der Feinfühligkeit bereits eher in öffentlichen Einrichtungen als bei Tagesmüttern, Kindermädchen oder gar in der Betreuung durch die eigene Mutter beobachtet worden. Weil jedoch die Feinfühligkeit grundlegend ist, um ein Kind überhaupt für die geistige und sprachliche Auseinandersetzung mit seiner Umwelt zu begeistern und es zu befähigen, die nötigen Anregungen durch andere später auch selbst einzufordern, musste bei der Analyse der Entwicklungsergebnisse zu Sprache und Denken nicht nur die Art des Betreuungsarrangements (Kindereinrichtung oder anderswo?), sondern auch ihre Qualität berücksichtigt werden.

Insgesamt wurde deutlich, dass die Feinfühligkeit und der stimulierende Umgang durch die Mütter und die Betreuer/innen einen durchgängig fördernden Einfluss auf den Erwerb von Denk- und Sprachfähigkeit der Kleinen hatten. Besonders bemerkbar machte sich dabei die Qualität der Kommunikation. Ob und wie Mütter und die Betreuer/innen auf die kindlichen Äußerungen antworteten, wie sie auch selbst Fragen stellten, war von bedeutendem Einfluss auf die Verwendung der ersten Worte und den Wortschatz der Kinder. So gesehen war es für die Bayley-IQs und Sprachstandseinschätzung des Kindes unerheblich, ob die Betreuung mit anderen Personen als der Mutter oder nur mit der Mutter stattfand. Waren die Betreuungspersonen feinfühlig, waren auch die Bayley-IQs und die Sprachniveaus der Kinder gut. Als das NICHD-Team später die nichtmütterlichen Betreuungsarrangements im Detail analysierte, hatten die Kindereinrichtungen die Nase vorn. Kinder, die dort betreut wurden, hatten einfach bessere Bayley-IQs und wurden im Hinblick auf ihre Sprachkompetenz besser eingeschätzt als Kinder, die von Tagesmüttern oder Kindermädchen betreut wurden. Dass die öffentlichen Kindereinrichtungen prinzipiell bessere Effekte auf die intellektuelle und sprachliche Entwicklung als andere Betreuungsarrangements haben können, erklärte das NICHD-Team damit, dass die Kinder von vielen, unterschiedlich sprechenden Personen umgeben sind, die sie verstehen müssen und denen sie sich verständlich machen wollen. In Kindereinrichtungen sind die Kinder auch mit mehr Kindern als anderswo regelmäßig konfrontiert, mit denen sie sich sprachlich auseinandersetzen müssen. Außerdem haben öffentliche Einrichtungen in der Regel mehr Möglichkeiten als andere Betreuungsarrangements, eine breitere Auswahl von Spielzeugen anzubieten und musisch-künstlerische, sportliche und abenteuerliche Ereignisse zu organisieren [16].

Interessanterweise waren die intellektuellen und sprachlichen Kompetenzen der Kinder mit einer Ganztagsbetreuung in einer guten Kindereinrichtung nicht besser entwickelt als bei einer Halbtagsbetreuung. Bezieht man jedoch die noch früheren Sprachstandsmessungen der Kinder vom neunten Lebensmonat ein, kommt Jeanne Brooks-Gunn vom Teachers College an der Columbia University/USA, die sich in den USA für eine Erweiterung des Mutterschutzes stark macht, der dort für nur weniger als drei Monate nach der Geburt eines Kindes gewährt wird, zu einem noch ganz anderen Schluss. Wären die Kleinen erst im neunten Lebensmonat in eine exzellente öffentliche Betreuung gebracht worden, hätten sie in ihren Sprach- und Denkfähigkeiten wahrscheinlich noch mehr zugelegt. Ihre Analyse unterstreicht, dass eine exzellente mütterliche Betreuung in den ersten Lebensmonaten des Kindes eben noch besser ist als eine exzellente öffentliche Kindereinrichtung, in der es zwangsläufige Einschränkungen im Hinblick auf eine individualisierte Betreuung des Kindes gibt [17].

8.5 Unausgeglichen und aggressiv oder frech und entschlossen?

Kindergruppen zeichnen sich in der Regel dadurch aus, dass die Kinder zeitgleich die vielfältigsten Aktivitäten entfalten, die nicht immer koordiniert sind. Sie reden aufeinander ein und haben oft Schwierigkeiten, ihre Missverständnisse aufzulösen, sodass sich ihre Gespräche dann typischerweise aufschaukeln. Das Geschehen ist für Betreuer/innen wie Kinder eine Herausforderung, die seit den 1990er Jahren auch in der Stressforschung thematisiert wird. Zwei Metaanalysen über „Stress and Child Care" fanden übereinstimmend, dass öffentliche Kindereinrichtungen, die das Gruppengeschehen nicht in den Griff kriegen, zusätzliche Stresswirkungen für die Kinder mit sich bringen [18]. Während das Stresshormon Cortisol am Morgen in großen Mengen ausgeschüttet wird und die Werte dann über den Tag stetig abnehmen, scheint dieser Prozess nur zögerlich vonstatten zu gehen, wenn sich die Kinder in einer Kindereinrichtung befinden. Sie kommen dann mit erhöhten Cortisolwerten nach Hause, die ausbalanciert werden müssen. Muss man deshalb davon ausgehen, dass tagesbetreute Kinder unausgeglichener als familienbetreute Kinder sind?

Tatsächlich gab es immer wieder vereinzelte Berichte von Müttern, die über heftige Wutausbrüche und häufiges Weinen klagten, wenn sie ihre Kinder aus der Einrichtung abholten. Ihnen schien es auch, als ob ihre Kinder mit Frustrationen schlechter umgehen können als Kinder, die zu Hause betreut wurden. Diese Beobachtungen sind leider hochgradig davon abhängig, wie groß die eigene Frustrationstoleranz ist: Ist sie gering, könnten bereits kleine

Abweichungen von einem erwarteten Verhalten als problematisch bewertet werden. Deshalb ist es wichtig, dass mehrere Personen das Verhalten eines Kindes einschätzen oder unabhängige Beobachter die Verhaltensprobleme aufspüren. In eigener Forschung haben wir deshalb einjährige Kleinkinder in Berliner Familien beobachtet, die zu Hause betreut wurden oder in eine Krippe gingen. Die kindlichen Erfahrungen eines gesamten Tages wurden mit und ohne Krippenaufenthalt protokolliert. Danach konnten wir auch die Stresssignale (Weinen und Quengeln) der Kinder in einem vollständigen Tagesablauf einordnen. Während das Weinen eher sporadisch entstand, schien Quengeln unterschiedliche Funktionen in Abhängigkeit von Tageszeit und Betreuungsort zu haben. Die tagesbetreuten Kinder quengelten demnach in der Einrichtung kaum, jedoch sehr ausgeprägt, nachdem sie von ihren Müttern abgeholt wurden. Wahrscheinlich wollten sie die ungeteilte Aufmerksamkeit der Mutter nun endlich für sich einfordern. Die Studie fand keine Belege dafür, dass tagesbetreute Kindern generell übellauniger als familienbetreute Kinder waren [19].

Um festzustellen, ob Kinder mit zusätzlicher öffentlicher Betreuungserfahrung größere Schwierigkeiten haben, sich anzupassen und sich auf eine unerwartete Situation einzustellen, kann man auch andere Wege gehen, wie dies die Forschung von Lisa Bridges mit ihrem Team an der University of California in Riverside/USA zeigt. Bridges ließ Mütter mit ihren vierjährigen Kindern in die Untersuchungsräume der Universität kommen. Dort zeigte sie ein äußerst attraktives Spielzeug, teilte dem Kind jedoch mit, dass es einige Minuten warten müsse, bis es damit spielen dürfe. Nach dieser Mitteilung wurde das Kind mit dem Spielzeug und der Mutter für etwa sechs Minuten allein im Raum gelassen. Die Mütter waren angewiesen, die Situation mit dem Kind zu besprechen (*parent active situation*), sich dann zurückzuziehen und Fragebögen auszufüllen (*parent passive situation*) oder erst passiv zu sein und dann aktiv zu werden. Die Situationen wurden videografiert. In der späteren Auswertung zeigte sich, dass die familienbetreuten Kinder ihr Verhalten häufig nur mithilfe ihrer Mütter regulieren konnten, während die tagesbetreuten Kinder es gut verstanden, ihre Enttäuschung während der Wartezeit selbst zu verarbeiten. Sie waren weniger auf verhaltensregulierende Praktiken ihrer Mütter angewiesen [20].

Um ein Verhalten von Kindern im Allgemeinen danach beurteilen zu können, ob dies „normal" für ein bestimmtes Alter ist, hat Thomas Achenbach von der University of Vermont in Burlington/USA bereits Ende der 1980er Jahre ein einheitliches System zur Beurteilung von Verhaltensproblemen im Kindes- und Jugendalter entwickelt. Die Child Behavior Checklist erfasst soziale Probleme, Aufmerksamkeitsstörungen und fehlangepasstes Verhalten. Für den Altersbereich von vier bis 18 Jahren existieren zwei verschiedene Fragebögen, einer für Eltern (Child Behavior Checklist, CBCL) und einer für Erzieher/innen (Teacher Report Form, TRF). Die Fragebögen wurden mittlerweile in 58 Sprachen übersetzt, kommen damit weltweit zum Einsatz und wurden auch in der NICHD-Studie von den Müttern und Betreuer/inne/n der Kinder, als diese vier und zwölf Jahre alt waren, ausgefüllt.

Als das NICHD-Team die ersten Fragebögen auswertete, fand es heraus, dass Kindergartenkinder, die schon seit ihrer frühesten Kindheit außer Haus betreut wurden und dort täglich viele Stunden blieben, zu problematischen Verhaltensweisen neigten. Diese neuen Ergebnisse, die auf einem Symposium der Konferenz der renommierten SRCD (Society for Research in Child Development) im April 2001 in Minneapolis/USA vorgestellt wurden, lösten eine so heftige Debatte unter den Experten wie anwesenden Journalisten aus, dass das NICHD-Team versprechen musste, alles noch einmal sorgfältig zu überprüfen. Seit ihren Veröffentlichungen im Jahr 2003 und 2007 steht es nun schwarz auf weiß: Im Alter von etwa viereinhalb Jahren wurden die nichtmütterlich betreuten Kinder der NICHD-Studie von ihren Kindergärtnerinnen und Tagesmüttern oder anderen privaten Betreuer/inne/n *aggressiver* und *ungehorsamer* eingeschätzt. Die eigenen Mütter empfanden ihre Kinder allerdings in ihrem Verhalten eher *entschlossen*. Als *aggressiv* wurde ein Kind eingeschätzt, wenn es dazu neigte, Spielzeug mutwillig kaputt zu machen, Konflikte mit den anderen Kindern anzuzetteln, sie zu bedrohen oder auch schnell handgreiflich zu werden. Als *ungehorsam* empfand man Kinder, die auf Anweisungen nicht reagierten, eine erwartete Teilnahme verweigerten, zu Trotzanfällen neigten und die Gruppenaktivitäten regelmäßig störten. Als *entschlossen* verstand man schließlich Kinder, die viel debattierten, immer wieder Zugeständnisse einforderten, viel Aufmerksamkeit wollten und auch prahlten.

Diese Verhaltensweisen waren außerdem vor allem bei den Kindern ausgeprägt, die in öffentlichen Kindereinrichtungen betreut wurden. Die Werte lagen jedoch noch im Normbereich. Deshalb hat sich ihre Interpretation zu einer Glaubensfrage entwickelt: Die Optimisten rücken die Entschlossenheit der Kindern in das Zentrum der Betrachtung und sprechen von einer Übergangsphase der

leicht aggressiven Tendenzen mit „Vergänglichkeitseffekt",
in der sich ein starkes Selbstbild herausbilde. Die Pessimis-
ten schauen dagegen auf Aggression und Ungehorsamkeit
und sprechen von einem „Schlummereffekt" innerhalb
einer Verhaltensentwicklung, mit der sich in ein paar
Jahren seriöse Verhaltensprobleme herauskristallisieren
könnten. Um diese Langzeitperspektive etwas besser einschätzen zu können, konnte das Verhalten der Kinder
glücklicherweise noch einmal analysiert werden, als diese
zwölf Jahre alt waren. Die Lehrer/innen der Kinder
schätzten dieses Mal das Verhalten ein. Sie berichteten
über die gleichen Verhaltensprobleme, allerdings jetzt nur
noch bei Kindern, die im Verlauf ihrer Frühentwicklung
öffentliche Kindereinrichtungen in Anspruch genommen
hatten. Mit anderen Worten: Nicht schlichtweg frühe
Außerhausbetreuung, sondern die Betreuungserfahrungen
aus öffentlichen Kindereinrichtungen schienen sich noch
immer auf das Verhalten der Kinder auszuwirken [21].

Da kaum jemand gern mit Kindern zusammen ist, die
sich nicht an verbindlichen Verhaltenserwartungen orientieren können, und schon gar niemand ein Verhalten
begünstigen will, das bevorzugt durchsetzend-aggressiv
und weniger prosozial-empathisch ist, wird dieser Teil der
NICHD-Studie noch immer diskutiert. Weltweit hält eine
Expertendiskussion an, die insbesondere die Qualitäts-
merkmale von öffentlichen Kindereinrichtungen im Visier
hat [22]. Weil eine schlechte Qualität in öffentlichen Kindereinrichtungen die Verhaltensprobleme noch verstärken,
muss auf jeden Fall an dieser Stelle angesetzt werden. In
großen Kindergruppen eskalieren nun mal die Konflikte
schneller und mit ungünstigen Erzieher/innen-Kind-
Schlüsseln gibt es kaum Möglichkeiten, sie zu regulieren

oder schon im Vorfeld zu unterbinden. Auch wenn die Erzieher/innen fähig und willens sind.

9

Weg vom Rockzipfel: Was tun gegen Trennungsstress?

... die Art der Stressreaktion kann sich mit der Zeit ändern. Wir lernen, adaptieren, langweilen uns, entwickeln Interesse und verlieren es, reifen, erhalten, vergessen. Welche Möglichkeiten haben wir, zu unserem eigenen Nutzen in das Stresssystem einzugreifen?

Robert Sapolsky (1998)

Stress ist heute einer der am häufigsten verwendeten Begriffe, wenn es darum geht, Umstände zu benennen, die das Wohlbefinden empfindlich stören. Stressfaktoren können jedoch bei anhaltender Dauer oder ständiger Wiederholung auch ernst zu nehmende Erkrankungen verursachen. Dass dabei die verschiedenartigsten Einflüsse die gleichen Wirkungen haben können, hatte in den 1930er Jahren erstmals Hans Selye, ein ungarischer Biologe, herausgefunden, der die Wirkung eines Hormons testen wollte [1]. Während er einer Gruppe von Laborratten nur Salzlösungen spritzte, verabreichte er der Experimentalgruppe auf die gleiche Weise das zu testende Hormon und jagte anschließend alle Versuchstiere durch ein Labyrinth, damit sich die Substanzen schnell im Körper verbreiten. Zu Selyes größtem Erstaunen hatte sein Experiment jedoch die gleichen Folgen für die Experimental- wie Kontrollgruppe: Die Mehrzahl der Versuchstiere litten an Magengeschwüren und Erkrankungen, wie sie heute mit Stress in Zusammenhang gebracht werden. Folgerichtig zog Selye den Schluss, dass die Injektionen und Treibjagden seines Experiments die Erkrankungen ausgelöst hatten – und nicht das Testhormon.

Seine Erkenntnisse standen damit ganz im Gegensatz zur damaligen medizinischen Forschung, die dazu angetreten war, bestimmten Krankheitsbildern ganz konkrete Ursachen zuzuordnen; so wie es Robert Koch tat, als er den Tuberkel-Bazillus als Verursacher der Tuberkulose ausmachte. Selye erbrachte den Nachweis, dass auch völlig unspezifische Umstände den Organismus so massiv herausfordern können, dass er mit konkreten Krankheitszeichen reagiert. Die krank machenden Stresswirkungen werden durch Emotionen ausgelöst, die zwar die notwendige Stressbewältigung aktivieren sollen, diese jedoch ebenso außer Kraft setzen können. Die emotionalen Blockaden deuten sich frühzeitig durch Störungen im Wohlbefinden, auch schon bei kleinen Kindern, an.

9.1 Stressmuster bei kleinen Kindern

Die Trennung eines Kindes von seinen Eltern gilt als der wichtigste Stressor in der frühen Kindheit. Selbst in einer völlig fremden Umgebung erscheinen Kleinkinder normalerweise wenig irritiert und ängstlich, solange die Eltern dabei sind. Sind die Eltern jedoch abwesend, sehen sich die Kleinen einer völlig anderen Umgebung ausgesetzt als derjenigen, in der die Eltern eine bedeutsame Funktion erfüllten, nämlich ihrem Kind die Umgebung zu vermitteln, sie in den Grenzen des Tolerierbaren zu halten und dabei die Belastungen abzufangen. Kindliche Alltagsängste haben deshalb weniger etwas mit der Furcht vor fremden Gegenständen oder Personen zu tun, sondern eher etwas mit dem Unvermögen des Kindes, eine schutz- und sicherheitsgebende Person aufzusuchen und bei ihr bleiben zu können. Ist diese Möglichkeit nicht gewährleistet oder deutet sich die Abwesenheit dieser Person an, wird das kindliche Emotionssystem aktiviert. Das Kind beunruhigt sich und entwickelt Angstgefühle.

Diese Überlegungen wie auch Beobachtungen von Kindern in Kinderheimen und Krankenhäusern haben John Bowlby schließlich dazu geführt, die Entwicklung der kindlichen Trennungsreaktionen in einem Drei-Phasen-Modell mit einer vorhersagbaren Folge von *Protest–Verzweiflung–Ablehnung* zu beschreiben. Vor allem in Kinderheim war das Betreuungspersonal nur selten imstande, die Feinheiten der Gestik des Kindes, seiner Sprache, Bedürfnisse und Ängste zu verstehen. Bindungssignale und Annäherungsversuche der Kinder blieben dort einfach unbeantwortet und endeten schließlich in apathischen Zuständen. So beschrieb Bowlbys Modell eine erste Phase von kindlichen *Protesten* und, nachdem die erwartete Rückkehr der vertrauten Person ausgeblieben war, eine zweite Phase der *Verzweiflung*, die durch Teilnahmslosigkeit, Selbstbeschwichtigung und sozialen Rückzug auffiel. Schließlich leitete die *Ablehnung sozialer Kontakte* eine dritte Phase der Trennungsbelastung ein, die als Absage an das Vertrauen an andere Personen sowie als Beeinträchtigung der sozialen Beziehungsfähigkeit schlechthin gedeutet wurde. Das Drei-Phasen-Modell unterschied sich in keinem wesentlichen Punkt von den Trauerreaktionen, die Bowlby auch bei Erwachsenen beobachtet hatte, die den Tod eines geliebten Menschen verarbeiten mussten. Da jedoch die Abwesenheit der Mutter nicht notwendigerweise auch mit ihrem Verlust gleichgesetzt werden kann und der Trennungsstress vor allem durch die Umstände der Trennung beeinflusst wird, wurde Bowlbys Modell als äußerst unzureichend und fehlerhaft kritisiert [2].

Es war das Ehepaar James und Joyce Robertson aus dem Forschungsteam um John Bowlby, die diese Kritik erhoben, ihr aber auch gezielt nachgehen wollten. Neben den Beobachtungen in Kinderheimen und Krankenhäusern gab es bis dahin lediglich vereinzelte Erinnerungsberichte erwachsener Personen über nachhaltige Trennungserlebnisse aus der eigenen Kindheit. So suchten die Robertsons nach beobachtbaren Alltagssituationen von Mutter-Kind-Trennungen, in denen ein Mutterersatz zur Verfügung stünde, der die emotionalen Bedürfnisse der Kinder befriedigen würde. Sie richteten deshalb für die Kinder Kate, Jane, Thomas und Lucy eine eigene Tag-und-Nacht-Betreuung ein, als deren Mütter wegen der Geburt eines weiteren Kindes in ein Krankenhaus mussten. Während dieser Zeit benutzten die Robertsons einen stets zugänglichen Schreibblock für Notizen und machten Tonband- und Filmaufnahmen, um besondere Ereignisse und Veränderungen im Verhalten der Kinder festzuhalten. Im Ergebnis dieser detaillierten Aufzeichnungen stellten sie schließlich fest, dass bei keinem der Kinder ein Prozess von Protest, Verzweiflung und Ablehnung zu beobachten war. Die Kinder waren zwar nach der unmittelbaren Mutter-Kind-Trennung traurig, wurden auch zeitweilig bockig und leicht aggressiv. Doch konnte von Verzweiflung keine Rede sein. Schon nach wenigen Tagen hatte jedes Kind eine Beziehung zur Pflegemutter entwickelt und verlangte immer häufiger und mit wachsender Vertrautheit nach ihr.

Die Trennungsreaktionen des kleinen John in einem Kinderheim, mit dessen Schicksal die vier Pflegekinder der Robertsons später verglichen wurden, waren nicht nur schwerwiegender und mit deutlich negativeren Gefühlen begleitet, sondern hatten eine völlig andere Qualität. Sichtbare Zeichen von Hoffnungslosigkeit und Verzweiflung zeigen die Filmaufnahmen, die James Robertson von diesem Kind machte. Die Trennung hatte John so überwältigt, dass er den Stress selbst nicht verarbeiten konnte und auch unfähig schien, die wenigen flüchtigen Zuwendungen des Personals für sich nutzbar zu machen. Die Pflegekinder der Robertson-Familie nutzten dagegen alle Möglichkeiten, die emotionalen Botschaften der Pflegemutter anzunehmen. Dies gelang ihnen ganz unterschiedlich und schien mit ihrem Alter, der Beziehung zu ihrer eigenen Mutter und der Dauer der Trennung zu tun zu haben [3].

Erst später erlaubten systematische Studien bessere Einsichten in die Möglichkeiten der kindlichen Stressverarbeitung, vor allem als man moderne Methoden aus der Stressforschung einbezog. Diese Methoden wurden zunächst nur bei kurzen Mutter-Kind-Trennungen eingesetzt. In den Forschungsinstituten der Universitäten in Minneapolis und Wisconsin in den USA sowie der Universität Regensburg wurde damit begonnen, den Stress des Kindes anhand der kindlichen Herzaktivität wie auch des Stresshormons Cortisol zu messen, das man aus dem Speichel bestimmen kann. Die Frage war, ob sich Unterschiede in der Mutter-Kind-Bindung auf das Verhalten eines Kindes bei einer Trennung von der Mutter auswirken würden. Würde das Vertrauen helfen, das Kinder in den sicheren Bindungsbeziehungen erwerben, eine kurzzeitige Trennung von ihren Müttern zu überbrücken?

Zur Klärung dieser Frage benutzten Alan Sroufe und Everett Waters Ende der 1970er Jahre als erste Wissenschaftler die „Fremde Situation" und verbanden sie in einer Studie an der University of Minnesota in Minneapolis/USA mit Messungen der kindlichen Herzrate. Alle Kinder hatten erhöhte Herzraten, wenn ihre Mütter aus dem Raum gingen, auch wenn sich einige der Kleinen die Erregung nicht anmerken ließen. Die dreiminütigen Trennungen der „Fremden Situation" wirkten bereits als Stressoren. Mit Rückkehr der Mütter in den Raum gab es jedoch deutliche Unterschiede in der Art und Weise, wie sich die Herzraten wieder erholten. Dabei hatte die Qualität der Mutter-Kind-Bindung plötzlich ein ganz besonderes Gewicht: Wenn Kinder aus *sicheren* Bindungsbeziehungen die mütterliche Nähe ihrer Mütter nach der Trennung unmittelbar aufsuchten, konnten sie den Stress gut herunterregeln und interessiert zum Spiel zurückkehren. Kinder aus *unsicheren* Bindungsbeziehungen mussten dagegen noch lange gegen die Erregung kämpfen, auch nachdem ihre Mütter schon wieder bei ihnen waren. Die Möglichkeiten der Kleinen, sich selbst zu beruhigen, waren nur begrenzt und die Ablenkungsmanöver ihrer Mütter auch. Die sicherheitsgebende Funktion der Mutter, die die Stressregulation des Kindes besser hätte unterstützen können, hatte sich bei diesen Mutter-Kind-Paaren nicht eingeführt [4].

9.2 Stressmuster bei beginnender Tagesbetreuung

Stressreaktionen bei Kleinkindern, wie sie mit Inanspruchnahme einer öffentlichen Tagesbetreuung vorliegen, wurden erstmals in den 1970er Jahren in groß angelegten medizinisch-psychologischen Studien von einem Forschungsverbund aus Wissenschaftlern in Moskau, Sofia und Ostberlin aufgedeckt. Stressreaktionen hatten die Wissenschaftler insbesondere alarmiert, die bei Kindern auftraten, die eine Krippenbetreuung von einem zum anderen Tag im vollen Umfang erlebten. Bei diesen Kindern waren nicht nur Spiel- und Sprechaktivitäten vermindert, sondern auch andere Entwicklungsbereiche kurzzeitig außer Tritt geraten. Die Kinder litten an Schlafstörungen, Appetitmangel und chronischen Infektionserkrankungen. Dies alles hatte sich infolge einer blockierten Stressbewältigung eingestellt [5]. Raissa Tonkowa-Jampolskaja vom Institut für Physiologie der Entwicklung und Erziehung der Kinder in Moskau/Russland machte sich mit ihrem Team sofort daran, praktische Maßnahmen zur Vorbereitung eines Kindes auf die Krippe zu entwickeln wie auch spezielle Aufnahmebedingungen in den Krippen vor Ort zu überlegen. Mit Blick auf die betroffenen Kinder fand man heraus, dass die Stressreaktionen im Altersbereich zwischen zehn und 18 Monaten besonders ausgeprägt waren, während sie bei jüngeren oder älteren Kindern weniger deutlich ausfielen. Für diese Altersunterschiede interessierten sich Kuno Beller und Hellgard Rauh an der Freien Universität Berlin, als sie Anfang der 1980er Jahre die Berliner Anpassungsstudie ins Leben riefen. Mit großer Sorgfalt ließen sie den Anpassungsprozess von Kindern an die Krippenbedingungen untersuchen, die zwölf Monate und älter, aber auch sehr viel jünger waren. Dazu protokollierte ein Forschungsteam das emotionale Befinden der Kinder in den Emotionsbereichen Angst, Wut, soziale Aufgeschlossenheit und Fröhlichkeit in verschiedenen Situationen: beim Eintreffen in der Krippe, beim Weggehen der Mutter, im Gruppenspiel und in Interaktion mit den Erzieher/inne/n. Kinder, für die die Krippenbetreuung noch vor dem ersten Lebensjahr begonnen hatte, waren danach insgesamt fröhlicher und sozial aufgeschlossener als Kinder, die schon älter als zwölf Monate waren. Bekannt ist, dass einjährige Kleinkinder bereits hervorragende Kenntnisse über die Beziehung zu ihren Eltern mit vielen Details im Gedächtnis verankert haben. Anders als jüngere Kinder stehen sie demnach neuen Beziehungen weniger aufgeschlossen gegenüber. Die Einjährigen der

Berliner Anpassungsstudie waren infolgedessen in ihrem Wohlbefinden deutlich eingeschränkt. Wenn ihre Mütter keine Zeit hatten, ihre Eingewöhnung zu begleiten, wurde es noch schlimmer [6].

Rauh vermutete auch, dass eine abrupte Eingewöhnung ohne mütterliche Begleitung die Kinder emotional so überfordern könnte, dass sie die Irritationen in die Mutter-Kind-Beziehung hineintragen würden. In eigener Forschung haben wir die Mutter-Kind-Bindung deshalb nicht nur *vor*, sondern etwa drei Monate *nach* Krippenaufnahme noch einmal erfasst und diese zwei Bindungsmessungen auf die Dauer der Eingewöhnung bezogen. Es ließ sich tatsächlich nachweisen, dass die Mutter-Kind-Bindung von einem *sicheren* in ein *unsicheres* Muster kippte, wenn die Eingewöhnungszeit sehr hastig vorgenommen wurde und nur wenige Tage betrug. In der Regel blieb die Bindung erhalten und verbesserte sich in einigen Fällen sogar, wenn sich die Mütter für die Eingewöhnung Zeit nahmen [7]. Dabei schien eine Dauer von etwa zwei Wochen in der Regel auszureichen [8].

Die Anwesenheit der Mutter während der Eingewöhnung kann in der Tat eine große Hilfe in der Stressbewältigung des Kleinkindes sein. Diese Überzeugung erhielten wir durch eine eigene Studie, in der Herzraten und Cortisol von neu aufgenommenen Krippenkindern über einen Zeitraum von einigen Wochen immer wieder gemessen wurden. Vom ersten Tag der Krippenaufnahme an begrüßte unser Team die an der Forschung teilnehmenden Mütter mit ihren Kindern gleich bei ihrer Ankunft in der Krippe am Morgen. Die Mütter halfen, die Elektroden mit den lustigen Gesichtern auf den Körper ihrer Kleinen zu kleben, damit die Herzraten registriert werden konnten. Die

Kinder trugen das streichholzschachtelgroße Aufnahmegerät in einer Gürteltasche und bewegten sich damit anschließend ohne jede Einschränkung. Auch wurden Speichelproben für die Cortisolanalysen gesammelt, und schließlich wurde das gesamte Geschehen videografiert. Herzraten und Cortisolwerte der Kinder stiegen langsam an, wenn die Kinder den Gruppenraum betraten, blieben jedoch insgesamt niedrig, solange die Mutter anwesend war. Die Bindungsbeziehung offenbarte ihre Schutzfunktion; der Stress wurde in Schach gehalten. Am niedrigsten waren die Stresspegel von Kindern aus *sicheren* Mutter-Kind-Bindungen. Wurden *unsicher* gebundenen Kinder von ihren Müttern begleitet, waren die Stresspegel weniger abgesenkt [8, 9].

Bei allen Kindern stiegen jedoch die Stresspegel sofort wieder an, wenn die regulären täglichen Mutter-Kind-Trennungen begannen. Dabei protestierten die Kinder auch gehörig. Wie ausgeprägt diese Proteste sein können, zeigen selbst Kleinkinder, die in den Krippen Italiens aufgenommen werden, deren Qualitätsstandards europaweit beispielgebend sind [10]. Die Proteste bestätigten den eigentlichen Zweck des Schreiens kleiner Kinder: Die Mutter soll herbeigerufen und der verlorene Kontakt wiederhergestellt werden. Das Kind mit *sicheren* Bindungserfahrungen erlebt diese Hilferufe als besonders wirkungsvoll, da die Hilfe in der Regel prompt und angemessen erfolgt. Deshalb protestierten die Kinder aus sicheren Mutter-Kind-Bindungen auch besonders ausdauernd und intensiv. Müsste die Mutter-Kind-Trennung für diese Kinder dann nicht belastender sein als für die Kinder mit *unsicheren* Bindungserfahrungen? Die Herzraten und Cortisolwerte unserer Forschung lieferten dafür keinerlei

Hinweise. In dieser Studie hielt sich die Belastung für alle Kinder in Grenzen. Sie aktivierte die kindeigene Stressbewältigung. Bei keinem der Kinder war die Belastung so überfordernd, dass sie die Stressbewältigung blockiert hatte.

9.3 Wie Stress regulierbar wird

Nach einer Mutter-Kind-Trennung scheint das Kind in der Regel zunächst kaum eine „Ersatzperson" akzeptieren zu wollen. Immer wieder wird deshalb aus den Kindereinrichtungen davon berichtet, wie die Mutter zurückerwartet wird und das Kind möglicherweise auch niemanden anderen an sich heranlässt. In solchen Momenten wird noch einmal deutlich, wie eng die Bindungsbeziehung eines Kindes mit der Mutter ist und deren Betreuungsleistung mit dem kindlichen Wohlbefinden verbunden wird.

Die Betreuungserfahrungen der Kleinen sind hochgradig personenspezifisch im Gedächtnis verankert. Damit die Fürsorglichkeit fremder Personen überhaupt angenommen werden kann, müssen diese Erfahrungen verallgemeinert werden. Dieser Prozess entwickelt sich zwangsläufig mit dem Alter, vor allem aber in Abhängigkeit von erweiterten Sozialkontakten. Ostdeutsche Studien zur Krippenfähigkeit haben deshalb darstellen können, dass Kinder von Alleinerziehenden und aus Familien mit deutlich eingeschränkten Netzwerken größere Adaptationsprobleme beim Übergang von der Familie in die Krippe zeigten als Kinder, die bereits über vielfältige Sozialerfahrungen zu diesem Zeitpunkt verfügten [11]. Letztendlich ist jedoch jedes Kind fähig, einen fürsorglichen Ersatz in

Abwesenheit der Mutter anzunehmen, was unter extremen Umständen ja sogar überlebenswichtig ist (z. B. nach dem Tod einer Mutter).

Mit beginnender Tagesbetreuung erzeugt das Protestgeschrei der Neulinge selbstverständlich auch Stress bei den Erzieher/inne/n, die helfen wollen, das Wohlbefinden des Kindes wiederherzustellen. In Bezug auf die Gruppensituation ist es zudem wichtig, dass umgehend Ruhe einkehrt, da sich die Kleinen emotional schnell anstecken lassen. Die Hilferufe einzelner Kinder erfassen dann in der Regel die gesamte Gruppe. Die Neuaufnahme von Kleinkindern ist damit in vielerlei Hinsicht eine extreme Herausforderung für die Erzieher/innen. Ihre Strategien reichen von körpernahen Formen, die das Kind durch Berührung und Körperkontakt beruhig wollen, bis hin zu Formen, die aus der Distanz heraus mit freundlichen Worten und ablenkenden Spielangeboten versuchen, Einfluss auf die Trennungsbelastung auszuüben. In eigener Forschung haben wir diese Beruhigungsstrategien der Erzieherinnen mit den Cortisolwerten der Kinder in Zusammenhang gebracht [11]. Danach wirkten sie dem kindlichen Stresspegel erfolgreicher entgegen, wenn sie zunächst aus einer umsichtigen Distanz erfolgten. Dies geschah auf verschiedene Art und Weise: Die Erzieherin reagierte liebevoll auf Blickkontakte und Gesten des Kindes, legte ihm ein attraktives Spielzeug hin, rief immer wieder seinen Namen und bezog es in Gruppenaktivitäten ein. Nur langsam akzeptierten neu aufgenommene Kleinkinder auch körpernahe Angebote ihrer Erzieherinnen, die sie auf den Arm oder Schoß nahmen beziehungsweise an den Körper drückten. Obwohl das Cortisol damit viel schneller herunterreguliert wurde, ist es ratsamer, mit körperfernen Interaktionen zu begin-

nen und etwas Zeit verstreichen zulassen, bevor Erzieherinnen körpernahe Interaktionen anbieten, um keine Ablehnung zu riskieren [12].

Außerdem haben sich einige Vorgehensweisen, die der Mutter-Kind-Trennung vorangehen, zur Unterstützung der kindlichen Stressregulation bewährt. Danach scheint es von Vorteil, wenn die Mutter sich in einem Moment verabschiedet, in dem das Kind beruhigt ist und sich mit den anderen Kindern oder irgendeiner Tätigkeit beschäftigt. Die Mutter soll sich dann jedoch nicht „davonstehlen", sondern das Kind der Erzieherin „übergeben" [13]. Noch in Anwesenheit der Mutter könnte jetzt diese Erzieherin das Kind bei sich halten und auch versuchen, es auf den Arm zu nehmen. Diese körpernahen Kontakte brauchen zwar Vertrautheit, die sich erst entwickeln muss, scheinen eine *sichere* Erzieher/innen-Kind-Bindung jedoch einzuleiten. Es kommt eben auf das richtige Stressmanagement schon im Umfeld der Mutter-Kind-Trennung an, damit die Erzieherin oder der Erzieher eine nachhaltige Beziehung mit dem aufgenommenen Kind entwickeln kann.

9.4 Trennungsängste bei den Müttern

Eltern sind in der Regel ganz und gar nicht bereit, fremde Personen in die Betreuung ihrer Kinder kritiklos einzubeziehen, wie dies immer wieder Müttern unterstellt wird, die öffentliche Betreuung nutzen. Eltern vertrauen zwar seit Jahrtausenden auf Betreuungsleistungen durch andere Personen. Das Kind soll dort jedoch nicht wie ein fremdes, sondern möglichst so engagiert wie ein eigenes betreut werden. Ob die fremde Betreuung dies auch leisten wird, ist die zentrale Problemstellung einer Forschung über mütterliche Trennungsängste, mit der sich bereits in den 1970er Jahren Ellen Hock an der Ohio State University in Columbus/USA beschäftigt hat. In dieser Zeit stiegen die amerikanischen Frauen nach der Geburt eines Kindes vermehrt in die Arbeitswelt ein. Hock interviewte diese Mütter und stellte dabei fest, dass die Mehrzahl der Frauen von einem Gefühl der Trauer sprach, wenn sie von der Außerhausbetreuung ihrer Kinder berichteten. Ihre Gefühlswelt berührte ganz verschiedene Bereiche. Zunächst ging es um die Fragen, ob die gewählte Außerhausbetreuung den

Bedürfnissen des Kindes überhaupt gerecht werden könne (sogenannte *betreuungsbezogene Trennungsängste*) und ob das Kind in der Lage sei, sich an diese Betreuung gut genug adaptieren zu können (sogenannte *kindbezogene Trennungsängste*). Das Kind wie auch das auszuwählende Betreuungsarrangement standen damit im Mittelpunkt ihrer Sorgen. Viele der berufstätigen Mütter stellten sich jedoch auch die Frage, ob die eigene Berufsausübung überhaupt eine Außerhausbetreuung rechtfertige und ob sie die Balance zwischen Familie und Berufstätigkeit meistern würden (sogenannte *berufsbezogene Trennungsängste*). Ellen Hocks Untersuchungen zeigten, dass die gut ausgebildeten Mütter, die in den Berufen ihrer Wahl tätig waren, in diesem Punkt kaum Bedenken hatten, während die schlechter ausgebildeten Mütter wenig Sinn darin sahen, ihren (geringen) Verdienst für eine (teure) Betreuung ihres Kindes einzusetzen, die sie lieber selbst vollständig übernehmen würden. Auch war für sie nicht einzusehen, warum sie eine Doppelbelastung von Beruf und Familie unter diesen Umständen eingehen sollten [14].

Über diese Bildungs- und Berufsgruppenunterschiede fand Hock eine ganze Reihe von weiteren Faktoren, die Trennungsängste von Müttern noch verstärken. So berichteten insbesondere jene Mütter über kindbezogene Trennungsängste, die unzufrieden und unsicher waren, Angst vor Zurückweisung hatten und kaum über unterstützende soziale Netzwerke durch Familien- und Freundeskreise verfügten. Sie übertrugen diese Ängste und Unsicherheiten auf Situationen, die ihr Kind in einer Außerhausbetreuung vorfinden könnte. Darüber hinaus spielten die kindlichen Eigenschaften eine Rolle: Zum einen war es das Temperament des Kindes, das vielen Müttern Sorgen machte. Kin-

der, die wenig zugänglich waren und bei denen es schwer-
fiel, bereits ihre grundlegenden Bedürfnisse, wie Hunger
oder nasse Windeln, zu erkennen, ließen die Mütter an der
Anpassungsfähigkeit ihres Kindes Zweifel aufkommen.
Auch können eine leicht auslösbare Irritierbarkeit und ein
hohes Angstniveau zum Risiko werden, da sie die Belastung des Kindes verstärken und seine Anpassungsfähigkeit
dann aufs Spiel setzen [15]. Zum anderen stand die Stressregulation auf der Sorgenliste der Mütter. Säuglinge, die
keine guten Regulationsfähigkeiten aufwiesen und schon
in kleinen Alltagssituationen keine aktive Stressbewältigung zeigten, verursachten besonders große Bedenken bei
ihren Müttern. Obwohl sich diese Fähigkeit erst im Laufe
der Frühentwicklung herausbildet, kann man regulative
Fähigkeiten schon beim Säugling beobachten. In der
Stressforschung wird die „Pacifier Withdrawal Procedure"
eingesetzt, bei dem dem Kind ein Schnuller gegeben und
nach einer Minute vorsichtig wieder entzogen wird. Bewertet werden dann die Intensität des Schreiens und die
Selbstberuhigung des Babys, die man als häufige und
anhaltende Hand-zu-Mund-Bewegungen oder ähnliche
Aktivitäten bemerkt [16].

Die kindbezogenen Trennungsängste der Mütter können nur abgebaut werden, wenn ein Vertrauen in die
gewählte Kindereinrichtung entwickelt wird. Sollen
Eltern, die eine öffentliche Betreuung in Anspruch nehmen wollen, von vornherein die eigenen Betreuungsabläufe rechtzeitig mit denen der entsprechenden Kindereinrichtung abgleichen? Derartige Empfehlungen wurden
tatsächlich noch bis in die 1970er Jahre hinein gegeben.
Dabei wurde erwartet, dass der familiäre Tagesablauf sich
zumindest an bestimmten Eckpunkten, wie sie die Essen-

und Schlafzeiten abbilden, auf das Betreuungsregime ausrichtet, das in der Kindereinrichtung herrscht.

9.5 Sinn und Unsinn von Eingewöhnungsprogrammen

Aus der aktuellen Child Care Research geht jedoch deutlich hervor: Nicht die unterschiedlichen Betreuungsabläufe müssen in Familie und Kindereinrichtung abgestimmt, sondern die Beziehungserfahrungen aufeinander bezogen werden, damit das Kind sich in einem geteilten Betreuungsfeld wohlfühlt. Betreuungsarrangements im erweiterten Familien- und Freundeskreis machen es vor: Die Betreuungsbedingungen können dort sehr verschiedenartig sein. Solange vertraute Beziehungen entwickelt werden und aufrechterhalten bleiben, wird das Kind durch die Betreuungsvielfalt kaum irritiert. Auf die Inanspruchnahme einer öffentlichen Betreuung ist dies übertragbar.

Leider wurden Überlegungen zur Eingewöhnung von Kindern in die Krippe über lange Zeit von der Überzeugung getragen, dass die mütterliche Anwesenheit den kindlichen Stress schon allein regeln würde. Während der Eingewöhnung wurde das neu aufzunehmende Kind mit seiner Mutter an den Rand des Gruppengeschehens platziert, damit sie alles gut übersehen konnten, den Tagesablauf jedoch am wenigsten störten. In der Art eines sicheren Hafens sollte die Mutter dem Kind den Rückzug ermöglichen, wenn es sich den anderen Kindern nur zögerlich anschließen wollte. Leider geht der Stress für das Kind dann später los, wenn die täglichen Mutter-Kind-Trennungen anfangen. Dann müssen die Erzieher/innen feststellen, dass für sie eine erschwerte Betreuungsarbeit beginnt. Das Kind reagiert auf die veränderte Situation besonders heftig und überraschenderweise umso intensiver, je länger die Mutter der „sichere Hafen" war [7]. Die Anwesenheit der Mutter oder eines anderen Familienmitglieds in der Eingewöhnungszeit muss deshalb über die Funktion des „sicheren Hafens" hinausgehen. Sie muss genutzt werden, um dabei zu helfen, dass die Kleinen eine Beziehung zur Erzieherin entwickeln können. Dazu darf die Mutter nicht nur am Gruppenrand sitzen und schon gar nicht ihre Anwesenheit als Belastung für die Erzieher/innen empfinden, sondern muss die Möglichkeit haben, sich selbstverständlich in das Geschehen um ihr Kind einzubringen. Bei den Kontaktbemühungen der Erzieherin oder des Erziehers müssen ihre Kenntnisse über die Besonderheiten ihres Kindes Vermittlungsfunktion erhalten. Die eingewöhnende Erzieherin kann über die individuellen Bevorzugungen und Verhaltensmuster des Kindes wie auch über emotionale Auslöser und Beruhigungsmöglichkeiten von der Mutter vor Ort informiert werden. Auf dieser Basis kann sie die Aufnahmebedingungen kindspezifisch gestalten und die Betreuungsabläufe individuell abstimmen.

Bei Kindern, die bisher kaum soziale Erfahrungen außerhalb ihrer Familie machen konnten, muss man sich auf längere Adaptationsverläufe einstellen. Dies könnte auch für schüchterne und ängstliche sowie infektanfällige Kinder zutreffen. Bereits das Aufnahmegespräch mit den Eltern ist eine Informationsquelle über die individuellen Besonderheiten des Kindes. Fraglich bleibt jedoch, ob solch ein Gespräch allein wirklich ausreichend ist. Einem

Bericht aus dem Soho Family Centre in London zufolge besucht dort eine Koordinatorin die Neulinge vor der Aufnahme mehrmals direkt in ihren Familien und richtet danach jedes einzelne Eingewöhnungsprogramm kind- und elterngerecht aus. Die Erzieher/innen wie auch die Eltern werden dann in dieses Programm verpflichtend eingebunden. Wie auch hierzulande sehen die Eingewöhnungsprogramme die gestaffelte Aufnahme von nur wenigen Kleinkindern vor. Sie werden zunächst stundenweise und in Anwesenheit einer vertrauten Person (zumeist der Mutter) durchgeführt und schrittweise verlängert. Damit soll die Belastung des Kindes dosiert, aber auch der Aufbau einer Erzieher/innen-Kind-Beziehung langsam entwickelt und das neu aufgenommene Kind an die Kindergruppe herangeführt werden. Ziel ist, die Eigeninitiative des Kindes an die Stelle einer vom Trennungsstress ausgelösten Blockade treten zu lassen [17].

Die Anwesenheit der Mütter in der Eingewöhnung wirkt außerdem ihren eigenen Trennungsängsten entgegen und erhält die Mutter-Kind-Beziehung. Eine Eingewöhnung mit ihr wird dem Bedürfnis gerecht, das Wohl des Kindes abzusichern. So können sich Mütter (wie auch andere begleitende Erwachsene aus dem vertrauten Umfeld des Kindes) an Ort und Stelle davon überzeugen, dass das Kind in guten Händen ist, und abschätzen, wie es sich an diese Betreuung anzupassen versteht. Die Mütter können zudem Sicherheit darüber gewinnen, dass sich ihre Berufstätigkeit nicht zum Nachteil ihres Kindes auswirken wird, sodass sie ein positives Selbstbild als Mutter und berufstätige Frau entstehen lassen können.

Da die Anpassungsphase eines Kindes an die neue Betreuung kaum gradlinig verläuft, sondern immer wieder durch Irritationen unterbrochen werden kann, muss die Entscheidung über die Beendigung der Begleitung durch die Mutter vorsichtig und im partnerschaftlichen Miteinander von Erzieher/in und Mutter erfolgen. Dafür gibt es keine Normen, da die Belastungsfähigkeit des Kindes von einer Vielzahl von Faktoren abhängig ist, die maßgeblich im Temperament des Kindes (etwa Schüchternheit und Schreckhaftigkeit, erhöhte Reizschwellen und Angstniveaus) angesiedelt sind. Auf jeden Fall muss am Ende einer Eingewöhnung erkennbar geworden sein, dass das Kind gerne mit anderen Kindern spielt und vor allem die eingewöhnende Erzieherin annimmt [18].

10
Konfliktfeld Kindergruppe

*Ich bedauerte alle Einzelkinder; einsame Vergnügungen
schienen mir fad, ich hielt sie nur gerade für ein Mittel,
um die Zeit totzuschlagen.*

Simone de Beauvoir (1958)

Wenn es um die Befürwortung von öffentlicher Kinderbetreuung geht, wird zumeist gesagt, dass regelmäßige Kontakte mit anderen Kindern wichtige Entwicklungsanreize setzen. Kindereinrichtungen werden auch deshalb als Orte sozialen Lernens bezeichnet, weil sie Lernmöglichkeiten eröffnen, die vor allem den Familien fehlen, in denen Einzelkinder aufwachsen. Dieses Manko scheint den meisten Eltern aber bewusst zu sein: Für ihre Kleinen bemühen sie sich ohnehin schon um Kontakte zu anderen Kindern auf Spielplätzen und in Spielgruppen sowie im Verwandten- und Bekanntenkreis. Offensichtlich folgen sie dabei der Überzeugung, dass Kontakte zu Kindern für eine gesunde Entwicklung wichtig sind und die Verbundenheit mit anderen Menschen wie auch die allgemeine Beziehungsfähigkeit fördern. Die Eltern reagieren damit jedoch auch auf die sozialen Bedürfnisse ihrer Kinder. Die Kinder sind es, die ihr Verhalten zunehmend unabhängiger von ihren Eltern organisieren und offen zeigen, wie gut ihnen die Bekanntschaft mit einem sogenannten Peer (gleichaltrigen oder gleichrangigen Sozialpartner des Kindes) tut. Was ist das Besondere an Peers, von denen sogar behauptet wird, dass ihr Einfluss später einmal größer als der der Eltern sein wird [1]?

Bereits in den 1920er Jahren war Charlotte Bühler, einer der bekanntesten Kinderpsychologinnen dieser Zeit, aufgefallen, wie sich die Kinder in der „Kinderübernahmestelle" der Stadt Wien von anderen Kindern faszinieren lassen. Bei ihrem ersten Forschungsaufenthalt in den USA nahm sie deshalb die Gelegenheit wahr, die Sozialkontakte kleiner Kinder systematisch zu untersuchen – ein Unterfangen, das niemand bis dahin in Angriff genommen hatte.

Bühler führte ihre Untersuchungen in der Diätküche der New Yorker Lasalle Street durch, wo sie auf Mütter mit Säuglingen und Kleinkindern traf, die dort ihre Milch holten. Während sich die wartenden Mütter mit den anderen Frauen unterhielten, durften die kleinen Kinder an Bühlers Untersuchung teilnehmen. Die Kinder im Alter von vier bis 20 Monaten wurden im Nebenraum der Diätküche in einer Kinderbox paarweise gegenübergesetzt. So konnten sie sich sehen, berühren und Spielzeuge austauschen, die zwischen ihnen lagen. Bühlers Anliegen war es, ein möglichst umfassendes Inventar sozialer Verhaltensweisen bei diesen jungen Kindern aufzunehmen. Es gelang ihr erstmals darzustellen, welche Wege der Verständigung Säuglinge und Kleinkinder wählen und wie ihre sozialen Interaktionen (sozialer Austausch) aussehen, wenn kein Erwachsener beteiligt ist [2].

Während in den Interaktionen zwischen einem Kind und einem Erwachsenen aufgrund des Kompetenzgefälles im Miteinander große Ungleichheiten entstehen, ermöglichen Peers soziale Austauschprozesse auf gleichem Niveau. Bereits die jüngsten unter Bühlers Projektkindern nahmen einander mit großem Interesse wahr, lächelten, näherten sich an und berührten sich. Sie zeigten damit sozial ausgerichtete Verhaltensweisen, die sofort zu Interaktionen wurden, wenn der Peer seinerseits eine zielgerichtete Antwort auf die Kontakte parat hatte. Und welchen Spaß sie miteinander hatten, wenn sie sich gegenseitig imitierten, unverständliche Laute und groteske Bewegungen machten und ihre Darbietungen unermüdlich wiederholten! Es fragt sich, welche Kenntnisse und Fähigkeiten in Peer-Interaktionen eigentlich erworben werden und welche Rolle sie in der Entwicklung eines Kindes wirklich spielen.

10.1 Wege der Verständigung

Wie Babys und Kleinkinder einen sozialen Austausch gestalten, stand auch im Mittelpunkt der Forschung von Carol Eckerman von der Duke University in Durham/ USA, die sich seit den 1970er Jahren mit dem frühen Sozialverhalten bei Kindern beschäftigt. Nach Eckermans Meinung bildet das Imitationsverhalten (Nachahmungsverhalten) den Ausgangspunkt sozialer Austauschprozesse bei jungen Peers. Gemeint sind aufeinander bezogene Handlungsabläufe von zwei Kindern, die folgende Strukturen haben können: *Kind A hüpft – Kind B hüpft – Kind A hüpft – Kind B hüpft* (reziproke Imitationen) oder *Kind A hüpft – Kind B hüpft – Kind A wirft den Ball – Kind B wirft den Ball* (Nachfolgeimitationen). Diese Imitationen zeigen nicht nur, dass das Interesse eines Kindes an einem Peer sehr groß sein muss, um ihn kopieren zu müssen. Diesem Kind ist gleichzeitig bewusst, dass es dem Peer gefällt, imitiert zu werden. Manche Peers vereinfachen dann sogar ihre Handlungen und machen sie so passfähig, dass das Nachmachen leichter wird. Und ohnehin tauschen sie etwas später gern ihre Position des Vormachenden in die des Nachmachenden ein. Vor diesem Hintergrund sind imitierte Handlungen kleiner Kinder nicht nur zeitlich aufeinander bezogen, sondern haben auch inhaltlich verbundene Bedeutungen im Rahmen eines sozialen Austauschs [3].

Um jedoch aus den Imitationsprozessen eine Kooperation entstehen zu lassen, müssen die Kleinen lernen, wie man die eigenen Handlungen mit denen eines anderen Kindes abstimmt. Sie müssen die eigenen Absichten verständlich machen, wie sie auch die Reaktionen verstehen müssen, die sich auf ihre Absichten beziehen. In den Interaktionen mit ihren Peers dürfen Kleinkinder das Wechselspiel von Aktion und Reaktion nicht verletzten. Sollte dies passieren, müssen die Störungen irgendwie aufgefangen werden, damit die Peers „im Gespräch bleiben" und der soziale Austausch nicht abbricht. Anders als im Austausch zwischen Erwachsenem und Kind steht jedoch kein kompetenterer Partner zur Verfügung, der missverständliche Reaktionen richtig deutet und sie „repariert". In den Interaktionen mit einem Erwachsenen kommen „Störfälle" im sozialen Austausch auch kaum vor. Ein Erwachsener kann seine Handlungen zeitlich und strukturell an denen eines Kleinkindes flexibel ausrichten. Er hat die Interaktion von vornherein in der Hand und kann sie so steuern, dass der soziale Austausch im Fluss bleibt.

Die Interaktionen zwischen den Peers sind zunächst kurze Aktion-Reaktion-Wechsel, bei denen allerdings schon vielfältige Inhalte ausgetauscht werden können. Jeffrey Brenner und Edward Mueller von der Boston University/USA haben bereits in den 1970er Jahren über diese Inhalte, Themen und Bedeutungen einen Katalog zusammengestellt [4]. Da geht es zunächst einmal um das Geselligsein (Socializing). Gemeint sind soziale Interaktionen, mit denen bereits ein zweijähriges Kind einem anderen freundlich begegnet, lächelnd Kontakt aufnimmt und seine Zuneigung durch Streicheln und Umarmen ausdrückt. Ein Spiel ist nicht beabsichtigt und kommt auch nicht zustande. Gesellige Kinder zeigen sich gegenseitig Objekte und tauschen sie aus. Allerdings „sprechen" sie eher darüber, als dass sie etwas mit ihnen tun. Neben dem Geselligsein ist das Spiel ein zweiter großer Interaktionsbereich zwischen jungen Peers, das bereits thematisch strukturiert ist. Anfänglich dominieren im Spiel sehr einfache Strukturen, die auf streng formalisierte Abläufe (Rituale) begrenzt bleiben. Die bekanntesten Rituale der Frühen Kindheit sind die Guckguck-Versteckspiele und Wiederholungshandlungen wie Geben-und-Nehmen und Öffnen-und-Schließen. Sie stellen bereits die Vorläufer für Spielthemen in einfachen Bau- und Puzzlespielen dar, bei denen sich die Kinder abwechseln oder anteilig beteiligen. Die etwas komplexeren Handlungsverläufe wie Weglaufen-Stehenbleiben-und-sich-fragend-Umdrehen eröffnen dagegen künftige Spielthemen, die im Raufen, Quatschmachen und Sich-gegenseitig-Belustigen sowie Etwas-Zur-schaustellen enden.

Am nachhaltigsten im sozialen Austausch der Peers aber sind die Fantasiespiele, die man auch Als-ob-Spiele nennt, weil sie die Kinder in eine fiktive (erdachte) Welt führen. Ein kleines Kind spielt dabei zunächst die verschiedensten Realitäten für sich selbst durch, etwa wenn es so tut, als ob es schläft. Später erkundet es jedoch diese Fiktionen gemeinsam mit einem Spielpartner, mit dem es beispielsweise in die Rolle der Eltern schlüpft, um die Puppe wie ein Kind zum Schlafen zu legen. Diese interaktiven Spielaktivitäten werden immer häufiger. Das Kind entdeckt mit zunehmendem Alter, dass ein Peer andere Vorstellungen von etwas haben kann als es selbst. Dies wiederum kurbelt das Bedürfnis an, die fiktiven Spielszenarien gemeinsam weiterzuentwickeln. Beide Kinder werden damit über ihre Fantasiegrenzen hinausgeführt, weil jedes einzelne von ihnen an den Ideen des anderen teilhaben kann. Fantasiespiele funktionieren deshalb eben nur in völliger Partnerschaft und gelingen nur mit einem Peer oder einem Geschwisterkind. Sie können mit der Mutter

oder einem Erwachsenen kaum entwickelt werden, obwohl
man in diesem Spiel viele Themen wiederfindet, die die
Kinder mit Erwachsenen erlebt haben. Weil Themen
und Ereignisse aus dem Familienalltag sehr häufig sind,
können sich auch schon zweijährige Kleinkinder gut einbringen.

Spiel und Geselligsein können innerhalb länger andau-
ernder Peer-Interaktionen isoliert oder auch durchmischt
auftreten. Die Kinder erfahren dabei, dass der Kontakt zu
einem anderen nicht nur zu verschiedenen Gelegenheiten
unterschiedliche Formen annehmen kann, sondern bei ein
und derselben Gelegenheit sich in unterschiedlichster
Form ausdrückt. Die Peers erleben, wie sie selbst an dieser
Dynamik einen aktiven Anteil haben können und ihre
soziale Welt mitgestalten. Um hier erfolgreich sein zu können, werden verschiedene Basisfähigkeiten gebraucht: (1)
Aufmerksamkeit teilen. Ein erfolgreicher sozialer Austausch
mit einem anderen Peer hängt davon ab, wie das Kind
gelernt hat, seine Aufmerksamkeit mit einem anderen zu
koordinieren. Dabei ist das Zeigen auf ein Objekt oder das
Anbieten eines Objekts eine wichtige Aktivität für Kontaktaufnahme und Kontaktaufrechterhaltung; genauso
wichtig ist es, eine Kontaktaufnahme zu verstehen, wenn
sie von einem Peer kommt. (2) *Emotionen regulieren.* Im
Allgemeinen zeigen Kleinkinder weniger Affekte im Kontakt mit ihren Peers als mit ihren Eltern. Aber es gibt
natürlich genug Peer-Situationen, in denen die Emotionen
herausgefordert werden. Um darauf angemessen reagieren
zu können, sind diejenigen Kinder im Vorteil, die gute
regulative Fähigkeiten entwickelt haben. (3) *Verhalten
kontrollieren.* Wie gut ein Kleinkind sein Verhalten in einer
Interaktion mit einem Peer bereits kontrollieren kann,

entscheidet zumeist über seine künftigen Peer-Beziehungen. Vor allem beim Kennenlernen von neuen Peers und neuen Situationen, mit denen die Kinder gemeinsam konfrontiert werden, müssen Verhaltensimpulse gedämpft werden. Ungebremstes Ausagieren kann bei anderen als Belästigung empfunden werden und zu Konflikten und Zurückweisungen führen. (4) *Imitationen überführen.* Das Nachahmen des Verhaltens eines anderen Kindes signalisiert das Interesse, mit ihm einen sozialen Austausch zu gestalten. Danach müssen die Aktivitäten jedoch in zufriedenstellende Kooperation übergehen, die die Aktionen und Reaktionen ergänzen und vervollständigen. (5) *Verständnis entwickeln.* Gerade bei Konflikten ist es wichtig, dass Kinder die Ursache des Konflikts erkennen und dementsprechend absichtsvoll handeln können. (6) *Sprache einsetzen.* Die Sprache, so imperfekt sie auch sein kann, ist ein gutes Mittel, um die eigenen Wünsche und Absichten auszudrücken oder die eigenen Ziele kundzutun [3].

Der Erwerb dieser Basisfähigkeiten steht mit den primären Beziehungserfahrungen des Kindes im Zusammenhang. Offensichtlich sind es die *sicher* gebundenen Kinder, die die positivsten Interaktionen mit ihren Peers gestalten können. Die *unsicher-vermeidenden* Kinder werden zwar ebenfalls als aktive Sozialpartner beobachtet, sie behandeln jedoch ihre Peers weitaus negativer. Andere Beziehungserfahrungen sind den Peer-Interaktionen eher abträglich. Diese Kinder müssen ein angemessenes Verhalten in Kindergruppen erst erlernen [5].

10.2 Selbstbehauptend und besitzergreifend

Immer wieder wird jedoch beobachtet, dass Peer-Interaktionen vor allem in Kleinkindgruppen voller Konflikte sind. Laut aktueller Peer-Forschung sollen etwa 70 bis 90 Prozent der Kinder im zweiten Lebensjahr mindestens einen Konflikt innerhalb einer Spielstunde haben. Damit sind Konflikte in diesem Alter weder ungewöhnlich selten, noch treffen sie nur auf vereinzelte Kinder zu [6]. Obwohl die meisten Konfliktsituationen sich am gleichzeitigen Interesse für ein Spielzeug entzünden, war es lange Zeit nicht klar, ob es sich dabei wirklich um Besitzansprüche oder nicht etwa um soziale Selbstbehauptungstendenzen handelt. Für beide Möglichkeiten gab es berechtigte Argumente: Der Streit um ein Spielzeug könnte schlichtweg der Tatsache geschuldet sein, dass Kinder zufällig Gefallen an dem gleichen Spielzeug haben, mit dem sie eine Spielidee umsetzen wollen. Um die Spielidee nicht aufschieben zu müssen, sondern umgehend ausführen zu können, will man dieses Spielzeug zumindest kurzzeitig besitzen. Andererseits gibt es aber auch genügend Anzeichen dafür, dass Kinder genau das Spielzeug attraktiv finden, mit dem gerade ein anderes Kind spielt. Und wenn sie es erobert haben, erlischt sofort das Interesse. Im ersten Fall wäre der Grund für den Konflikt der Besitzanspruch, während er im zweiten Fall eher sozialer Natur wäre und Selbstbehauptungs- und Durchsetzungstendenzen reflektiert.

Um dies zu klären, ließ Dale Hay von der Cardiff University/UK an zwei aufeinanderfolgenden Tagen insgesamt 96 britische ein- und zweijährige Kinder in Dreiergruppen beobachten. Die 32 Gruppen bestanden zu einer Hälfte aus zwei Mädchen und einem Jungen, zur anderen Hälfte aus zwei Jungen und einem Mädchen. Alle Dreiergruppen wurden nacheinander im Spiel mit einem üblichen Spielzeugangebot, bestehend aus Puppen, Bausteinen, Bällen und Eisenbahnen, beobachtet. Am ersten Beobachtungstag gab es ein reichhaltiges Spielzeugangebot (sechs Spielzeuge), am zweiten Tag wurde es reduziert (drei Spielzeuge). Für die Hälfte der Kinder wurde sowohl das reichhaltige als auch das reduzierte Spielzeugangebot mit Duplikaten versehen: Beim reduzierten Angebot wurde ein Spielzeug dreifach ausgegeben; beim reichhaltigen Angebot waren drei Spielzeuge dreifach vorhanden. Als Hay die Anzahl der Konflikte zählen ließ, wurde deutlich, dass die Reichhaltigkeit des Angebots kaum einen Einfluss auf die Konflikthäufigkeit der Peers hatte. Es sah sogar so aus, als wenn die Kinder bei einem reduzierten Spielzeugangebot eher geneigt waren, auf die Verteilung der Spielzeuge zu achten und gegenseitig Rücksicht zu nehmen. Auch halfen die Duplikate nicht wirklich, die Konflikte zu minimieren. Selbst wenn die streitenden Kinder darauf aufmerksam gemacht wurden, dass dasselbe Spielzeug noch einmal zur Verfügung stünde, wollte man nicht von dem Streitobjekt ablassen. Damit hat Hay eindrucksvoll belegt, dass die Anzahl der Konflikte mit der Menge vorhandener Spielzeuge kaum in Verbindung zu bringen ist. Die Besitzansprüche der Kinder sind soziale Konflikte und als Selbstbehauptungsstrategien zu interpretieren. Dieses Ergebnis passt zu anderen Aussagen aus der Identitätsforschung, die besagen, dass das Kind zwischen dem ersten und dem zweiten Lebensjahr eine starke Abgrenzung im sozialen Austausch vornimmt und auch sprachlich mit „mein" und „ich" deutlich macht, dass es um seiner selbst

willen etwas einfordert. In der Tat sieht alles danach aus, als wenn in denjenigen Kindergruppen die meisten Konflikte anfallen, in denen sich sozial aufgeschlossene und selbstbewusste Kinder befinden. Die selbstbewussten Kinder erzeugen die Konflikte jedoch nicht alle allein, sondern werden von ihren Peers darin auch noch imitiert, ganz besonders von jenen, die nach Besitzkonflikten leer ausgingen [7].

Der Besitzkonflikt kann als ein robustes, weitgehend alters- und geschlechtsunabhängiges Merkmal der Peer-Interaktion der ersten Lebensjahre angesehen werden. Dennoch stellt sich die Frage, ob bei dieser Art der sozialen Durchsetzung Anzeichen für eine spätere Aggressionsentwicklung zu finden sind. Mit dieser Problemstellung setzte sich Hay in weiteren Nachfolgeuntersuchungen auseinander und ließ die Auslöser der Besitzkonflikte von Kleinkindern untersuchen. Sie unterschied dabei reaktive und proaktive Aggressionsmuster. Reaktive Aggressionsmuster laufen auf eine unmittelbare Verteidigung des Besitzanspruchs hinaus, die in dem Moment einsetzen, in dem ein Peer sein Interesse an dem Gegenstand durchsetzen will, mit dem sich das Kind gerade beschäftigt. Der

Peer, der das Spielzeug beansprucht und an sich reißen will, wird dann schlecht behandelt, weggestoßen oder beschimpft. Im Gegensatz dazu kommen proaktive Aggressionsmuster bereits zum Einsatz, bevor der Besitzkonflikt überhaupt entwickelt wird. Danach wird ein Peer schon mit der Vermutung angegriffen, er könne eventuell ein Spielzeug im nächsten Moment beanspruchen. Diese Verhaltensweisen sind bedenklich, und es ist äußerst schwierig, ihnen zu begegnen. Die Ursachen dafür werden in einem Misstrauen von Kindern gesehen, die soziale Situationen prinzipiell negativer als andere Kinder wahrnehmen. Hay berichtet über stabile proaktive Aggressionsmuster bereits bei 18 Monate alten Kleinkindern. Sie fand jene Kleinen besonders aggressiv, die auch besonders sensitiv waren. Diese schienen häufiger als andere Kinder einen vermeintlichen Besitzanspruch des Peers wahrzunehmen; wahrscheinlich zum größten Teil schon aufgrund missverstandener Wahrnehmungen [7]. Eine andere Ursache könnten Temperamentsbesonderheiten sein, die mit einer negativen Grundstimmung, Wut oder mangelhafter Verhaltenskontrolle verbunden sind. Dabei fiel auch auf, dass einige dieser Kinder physiologisch nicht gut reguliert waren. Ihre Aktivitäten wirkten schnell fehlangepasst und störend, insbesondere, wenn Konflikte ausgehandelt und Frustrationen bewältigt werden mussten. Diese Kinder können dann selten auf ein erfolgreiches Aushandeln zurückgreifen und haben deshalb Schwierigkeiten, konstruktive Interaktion mit ihren Peers zu gestalten [8].

10.3 Dimensionen der Freundschaft

Schon die Forschungsarbeiten von Carollee Howes von der University of California in Los Angeles/USA aus den 1980er Jahren dokumentieren, dass Kleinkinder etwa ab dem 18. Lebensmonat ganz bestimmte Peers bevorzugen, auch wenn sie die Möglichkeit haben, mit verschiedenen Kindern gleich häufig zusammen zu sein [9]. Dabei werden unter anderem die Peers aus der Kindergruppe bevorzugt, die dem Kind von früher bekannt waren. Welche sonstigen Gründe es dafür gibt, mit dem einen Peer mehr als mit einem anderen zu spielen und gesellig zu sein, entzieht sich noch weitgehend unserer Kenntnis. Über junge Kinderfreundschaften steht jedoch zweifelsfrei fest: Wie spätere Freundschaften zeichnen auch sie sich durch Vertrautheit, Ähnlichkeit, Loyalität und Unterstützung aus [10]. Wenn man beispielsweise eine Dreiergruppe von Kindern im Spiel beobachtet, die aus zwei befreundeten Peers und einem weiteren Kind bestehen, ist die Spielinteraktion der befreundeten Peers komplexer und länger anhaltend als ein Spiel mit dem dritten Peer. Die Vertrautheit zwischen dem Freundschaftspaar fällt besonders ins Auge, wenn sich die Freunde von anderen Peers abgrenzen und dann ihrer Wege gehen, selbst wenn sich weitere Peers anschließen wollen. Die Freundschaftsbeziehung scheint den Kindern zudem zu helfen, sich gegenseitig emotional zu regulieren. Dies erklärt, warum sich schon Kleinkinder auch mal ohne große Probleme von ihren Müttern trennen, wenn sie mit ihren Freunden zusammen sein können. Freundschaften sind in der Regel von Empathie und dem Verständnis für die emotionale Situation des anderen getragen. Sie empfinden Mitleid oder auch Unwohlsein, wenn dem anderen etwas zustößt, und sind bereit, dem anderen etwas Gutes zu tun. Die Kinder helfen dann spontan, teilen und geben ab.

Diese prosozialen und empathischen Verhaltensweisen gehören zu einem Entwicklungsbereich, der sich außerhalb von Freundschaftsbeziehungen herausbildet, in diesen Beziehungen sich jedoch entfaltet. Prosozial kann ein Kleinkind erst wirklich sein, wenn es sich als eigenständige Person wahrnehmen kann. Es ist sich dann seiner eigenen Emotionen bewusst geworden und kann aus dieser Perspektive auch die Emotionen eines anderen verstehen. In dieser Zeit der Selbstbestimmung lässt sich das Kind nicht mehr gefühlsmäßig anstecken, schreit nicht und muss nicht getröstet werden, wenn andere Kinder schreien. Das Kind ist jetzt in der Lage, aufmerksam ein emotionales Geschehen zu beobachten und sich bewusst einzubringen [11].

Dies alles bedeutet jedoch nicht, dass in Freundschaften die Konflikte ausbleiben. Konflikte unter Freunden sind sogar häufiger als bei anderen Peers beobachtet worden. Allerdings enden sie häufiger in einem Kompromiss, der den Fortbestand der Freundschaft gewährleistet. Freunde scheinen miteinander auch angemessener als mit anderen Peers umzugehen, ohne über ganz besondere soziale Fertigkeiten zu verfügen. Freundschaftsbeziehungen reflektieren lediglich ähnliche Entwicklungsniveaus. Folglich ist es nicht verwunderlich, dass befreundete Kinder Ähnlichkeiten demonstrieren: Sie lieben es, sich gegenseitig immer wieder zu imitieren. Sie entwickeln gern spezielle Ablaufroutinen und geben ihrem Spiel eine besondere Ausdrucksform. Auch sind Loyalität und Unterstützung schon für frühe Freundschaften typisch, wenn sich die Freunde gegenüber anderen Kindern beispielsweise gegenseitig verteidigen und Besitzkonflikte stellvertretend aushandeln.

Kinderfreundschaften sind leider nicht immer nur auf ein überwiegend positives Miteinander ausgelegt. Das hohe Konfliktpotenzial in Kleinkindgruppen erzeugt emotionale Erregungen, die beim Aufbau einer Beziehung kontrolliert werden müssen. Die Kleinen müssen frühzeitig lernen, dass und wie die eigenen Emotionen von den anderen eingeschätzt werden. Sie müssen sich angemessen auf diese Empfindlichkeiten einstellen können. Bei erhöhter emotionaler Erregung interpretieren manche Kinder die Handlungsabsichten eines anderen eher negativ und handeln dann auch entsprechend negativ. Obwohl diese Kinder dann eigentlich Schwierigkeiten haben müssten, akzeptiert zu werden, entstehen Freundschaften mit ähnlichen Kriterien von Vertrautheit, Ähnlichkeit, Loyalität und Unterstützung. Diese Kinder bilden dann Freundschaften mit destruktiven Verhaltensweisen; sie greifen sich an, schlagen, toben und raufen. Dabei darf nicht übersehen werden, dass derartige Umgangsweisen bei einigen von ihnen normal erscheinen, da sie ihren gewohnten Familien- und Alltagserfahrungen entsprechen.

Die ersten Freundschaften entstehen häufig zwischen Kindern gleichen Geschlechts und ähnlichen Alters. Sie entstehen in der Regel nur mit einem, manchmal auch einem zweiten Peer. Im zweiten und dritten Lebensjahr haben Freundschaften schon eine Dauer von ein bis zwei Jahren. Mit zunehmendem Alter entstehen noch weitere Freundschaften, die sowohl kurz- als auch langfristiger sind.

10.4 Gruppenkinder – Kindergruppen

Kindergruppen können beiläufig entstehen und sind dann zeitweilig und unbeaufsichtigt. Sie können aber auch regelmäßig, organisiert und beaufsichtigt sein, wie man dies in Kindereinrichtungen vorfindet. In diesen Kindergruppen entwickeln sich sehr schnell soziale Binnenstrukturen, die zumeist mit dem Geschlecht der Kinder zusammenfallen, sodass dann vorrangig gleichgeschlechtliche Untergruppen entstehen. Eleanor Maccoby von der Standford University in Palo Alto/USA ist davon überzeugt, dass die Mädchen und Jungen bis zur Pubertät psychologisch in zwei separaten Welten leben und eigene Lebenskulturen herausbilden. Deshalb funktionieren gleichgeschlechtlich zusammengesetzte Kindergruppen auch gut. Konflikte werden dort viel besser gelöst, man ist versöhnlicher und die Lösungen sind entgegenkommender. Für die Mitglieder gleichgeschlechtlicher Gruppen ist es darüber hinaus einfacher, akzeptiert zu werden [12].

Die Akzeptanz ist eine wichtige Erfahrung eines Kindes, die Auswirkungen auf seine weitere Selbstbildentwicklung hat. Zurückgewiesen und ausgegrenzt zu sein, kann später zu sozialem Rückzug und sozialen Ängsten führen und das Wohlbefinden beeinträchtigen. Beliebte Kinder sind zumeist jene, die gut kooperieren und sich auf andere gut einstellen können. Sie können auch Konflikte schnell beenden oder sie von vornherein geschickt vermeiden. Diese Fähigkeiten werden schon im Familienalltag erworben. Bekannt ist beispielsweise, dass Kleinkinder aus Problemfamilien auf die Stresssignale ihrer Peers eher mit Angst, Wut und körperlichen Übergriffen reagieren und diese Verhaltensweisen sogar auch dann einsetzen, wenn ihre Peers überwiegend lieb und freundlich mit ihnen gespielt hatten. Auch zeigt sich bereits in Kleinkindgruppen, dass die fröhlichen, positiv ausstrahlenden Kinder schnell zu den beliebten Kindern einer Kindergruppe werden, während die nörgelnden und launischen Kinder von den Peers eher gemieden und ausgegrenzt werden.

Kleinkinder reagieren besonders empfindlich auf zu große Gruppen, in denen sie mit ihren Konflikten vielleicht auch noch allein gelassen werden, wenn der Erzieher/innen-Kind-Schlüssel ungünstig ausfällt. Regelmäßig anwesende Erzieher/innen kennen die Konfliktbereiche und können so vor allem in Kleingruppen zielführend eingreifen oder aber durch stimulierende Tagesprogramme Peer-Konflikte bereits im Ansatz unterbinden. Bei der Betreuung durch Tagesmütter hat sich gezeigt, dass Kleinkinder positive Peer-Beziehungen entwickelten, wenn die Tagesmütter regelmäßige Gruppenaktivitäten organisierten. Der Wert regelmäßiger positiver Kontakte in stabilen Kleinkindgruppen liegt auf der Hand. Die meisten Kinder, die gute Peer-Erfahrungen machen, sind in späteren Peer-Gruppen auch sozial aufgeschlossen und beliebt. Die Betreuungsqualität einer Kindereinrichtung nimmt selbstverständlich Einfluss auf das Peer-Verhalten in der Gruppe. Dabei ist sie äußerst wichtig für Kleinkinder, während die

Betreuungsqualität mit zunehmender Sozialkompetenz des Kindes in späteren Altersgruppen immer unwichtiger wird.

In der Praxis der Gruppenbetreuung wird stets mit großer Regelmäßigkeit gefragt, ob das Peer-Verhalten in altersgemischten Gruppen andere Merkmale als in altersgleichen Gruppen entwickelt. Einerseits fanden sich in altersgemischten Gruppen bessere Peer-Interaktionen im fiktiven Spiel, wo ältere Kinder Modelle für die Handlungsmuster der Kleinkinder lieferten. Andererseits kann man feststellen, dass in altersgleichen Gruppen reziproke Beziehungsmuster besser aufgebaut werden und dann grundlegende Vorstellungen über Peer-Beziehungen besser entwickelt werden. Demgegenüber gibt es jedoch auch Untersuchungen in altersgleichen und -gemischten Kindergruppen, die überhaupt keine Unterschiede haben finden lassen [3, 6].

10.5 Unbeabsichtigte Entwicklungsanreize

Ob die Peers der ersten Lebensjahre einen Beitrag in der Entwicklung eines Kindes leisten, wurde lange Zeit skeptisch beurteilt. Es schien unvorstellbar, wie aufgrund von Kontakten auf ähnlichem Entwicklungsniveau neue Fähigkeiten entstehen sollten. Die Peer-Interaktion schafft jedoch in der Tat eine Reihe von spezifischen Möglichkeiten, voneinander zu lernen, sich gegenseitig anzuleiten, an der Alltagswirklichkeit anderer Kinder teilzuhaben und Erfahrungen auszutauschen. Es gibt kein Thema im Spiel von Kindern, das nicht fiktiv nachvollzogen und besprochen werden könnte. Dabei entstehen auch Schutzräume für den Umgang mit Gefühlen und dem Erkunden von Vertrauen. Die Kinder bringen neben Alltäglichem häufig auch Themen in das Spiel ein, die sie emotional bewegen. Spielt ein Kind beispielsweise „Angst vor der Dunkelheit" mit einem Peer, hängt die Fortführung dieser Spielidee sehr davon ab, ob der Peer emotional unterstützend sein kann und ob Vertrauen gebildet wird. Man darf davon ausgehen, dass das gemeinsame Interesse an bestimmten Themen die eigentliche Grundlage für eine Freundschaftsbeziehung ist.

William Hartup von der University of Minnesota/USA hat in seiner Forschung vor allem aufgezeigt, wie Peer-Interaktionen Möglichkeiten schaffen, Techniken des sozialen Austauschs zu erproben und damit zu lernen, wie soziale Angebote überprüft, Dialogstrukturen gegenseitigen Handelns aufgebaut, Regeln eingehalten und Kompromisse erarbeitet werden können. Vor allem die Konflikte zwischen den Kindern treiben das soziale Lernen voran. Konflikte machen dem Kind die Widersprüche zwischen seinen eigenen Handlungsabsichten und denen seiner Peers bewusst. Und damit der Kontakt aufrechterhalten bleibt, muss ausgehandelt werden. Hartup meint sogar, dass in den wenig optimalen Konfliktlösungen der Peers eine spezifische entwicklungspsychologische Herausforderung liegt. Die Kleinen lernen, was es bedeutet, einen Konsens zu finden. In einem Konflikt mit einem Erwachsenen hätten sie wieder nur den kompetenteren Lösungsvorschlag akzeptiert. Besonders vorteilhaft sind Aushandlungsprozesse mit Peers, die hohe Beliebtheitswerte in der Gruppe haben, weil sie zumeist die sozial kompetenteren

Kinder sind und deshalb gute Modelle dafür bieten, wie Konflikte gelöst werden [13].

Schlecht dagegen sieht es für Kinder aus, die von anderen zurückgewiesen werden. Sie haben kaum Möglichkeiten, in konstruktive Peer-Interaktionen einbezogen zu sein und ihre sozialen Fähigkeiten zu verbessern. Zumeist haben diese Kinder auch keine Erfahrungen mit eigenen Geschwistern. Kleinkinder mit Geschwistern bringen sich geschickter in Peer-Interaktionen ein. Sie sind es gewohnt, dass ihre Geschwister mitunter sehr ungeschickt mit ihnen umgehen. Dies aber ist von Vorteil. Ihre Erwartungen an die Interaktion mit Peers sind angemessener, weil sie auf mögliche destruktive und wenig aufeinander bezogene Interaktionsangebote besser vorbereitet sind. Kinder, die von ihren Peers nicht akzeptiert werden, haben zumeist ein höheres Risiko, Verhaltensprobleme auch in späteren Entwicklungsphasen zu zeigen. Es stellt sich deshalb die Frage, ob und wie Erwachsene rechtzeitig Einfluss nehmen können. Darauf gibt es eine klare Antwort: Kontrollierende und aufdringlich dirigierende Erwachsene verstärken eher die Konflikte und aggressiven Auseinandersetzungen unter den Kindern – und dies schon im Alter von zwei Jahren. Besser ist es, sich zwar einzumischen, die Konfliktlösung jedoch den Kindern zu überlassen.

11

Frühe Bildung auf dem Prüfstand

Bildung sei die Anregung aller Kräfte eines Menschen, damit diese sich über die Aneignung der Welt … entfalten und zu einer sich selbst bestimmenden Individualität oder Persönlichkeit führen.
Hartmut von Hentig (2007)

In keinem Bereich der Lebenswirklichkeit von Kindern wird so viel Hoffnung gesetzt wie in Bildung. Bildung wird als Mittel angepriesen, mit dem die Herausforderungen der Zukunft bewältigt, Vorurteile, Diskriminierung und Asozialität verhindert sowie spätere Beschäftigungsfähigkeit und Sinnerfüllung erreicht werden können. Im gegenwärtigen Diskurs fungiert Bildung als Sammelbegriff für all jene Lern- und Trainingsprozesse, denen sich Heranwachsende unterziehen müssen, um auf dem immer anspruchsvoller werdenden Arbeitsmarkt einer dynamischen und globalisierten Wirtschaft später mithalten zu können. Man spricht dort zwar im Allgemeinen von Bildung, meint aber in der Regel eine an den Erfordernissen des gesellschaftlichen Lebens orientierte Qualifizierung. Man meint Ausbildung [1]. Unter dem Humboldt'schen Bildungsideal aber versteht man die ganzheitliche Ausbildung mit dem Ziel der schrittweisen Entfaltung der Persönlichkeit, mit der der Mensch versucht, „soviel Welt als möglich zu ergreifen und so eng, als er nur kann, mit sich zu verbinden" [2]. Sich zu bilden, ist danach tatsächlich etwas anderes, als ausgebildet zu werden. Es ist die Art und Weise, in der Welt zu sein, die allerdings auch nicht ganz unabhängig davon ist, was man weiß und was man kann. Deshalb ist Bildung ohne Ausbildung auch nicht denkbar.

In diesem Spannungsverhältnis von Bildung und Ausbildung ist auch die Debatte um die Frühe Bildung angesiedelt. Danach müssen Kinder auf eine Welt hin gebildet und ausgebildet werden, die sich durch weitaus größere kulturelle Unterschiede und soziale Komplexität auszeichnet als bislang wahrgenommen. Vielfältigste Perspektiven in der Wahrnehmung und Bewertung heutiger Lebenswirklichkeiten kennzeichnen das moderne Wissen, das

Annahmen über universelle Gesetzmäßigkeiten unserer Welt kaum noch entstehen lässt [3]. Wissens- und Lernprozesse dienen heute deshalb vornehmlich dazu, mit der Fülle der Informations- und Kommunikationsmöglichkeiten der modernen Wissensgesellschaft zurechtzukommen. Bevor man jedoch nach den Kenntnissen und Fähigkeiten fragt, die Frühe Bildung in das Zentrum stellen soll, müssen die kindlichen Grundvoraussetzungen ergründet werden, auf die Bezug genommen werden muss, um Bildungsprozesse bei Klein- und Vorschulkindern überhaupt angemessen organisieren und gestalten zu können.

11.1 Mentale Konstruktionen der Wirklichkeit

Einer der einflussreichsten Wissenschaftler des letzten Jahrhunderts, der Genfer Psychologe Jean Piaget, machte sich in den 1920er Jahren daran herauszufinden, in welchem Umfang Kinder etwas von der Welt wissen und wie sie sich dieses Wissen aneignen. Piaget hatte Biologie studiert und über Mollusken promoviert. Von daher galt sein Wissenschaftsinteresse der Anpassung von Lebewesen an die Umwelt: Lebewesen passen sich durch Lernen und Selektion an die Umwelt an, gestalten jedoch ihre Umwelt auch nach ihren eigenen Bedürfnissen und Möglichkeiten. Für Piaget galten diese Vorstellungen allerdings nicht nur für das biologische, sondern auch das kulturelle Leben, bei dem Menschen ihre Interessen nach ihren Lebenswirklichkeiten ausrichten, ihre Umwelten jedoch selbst auch nach ihren Interessen und Bedürfnissen verändern. Indem Piaget diese wechselseitigen Anpassungsprozesse auf das geistige Leben übertrug, wurde aus einer biologischen Problemstellung eine philosophische.

Piaget hat sein gesamtes Wissenschaftsleben darauf verwendet, diese Anpassungsprozesse in der menschlichen Erkenntnistätigkeit und dem Wissenserwerb aufzuspüren. Er begann sich zu fragen, wie Kinder denken, und erkundete diese Prozesse zunächst bei seinen eigenen drei Kindern. Mit der Leitung des Genfer Instituts für Genetische Epistemologie (Erkenntnistheorie) wurde Piaget später die Möglichkeit zuteil, eine unübersehbare Anzahl von brillanten Studien und Experimenten zur Wissensentwicklung von Kindern bis ins Schulalter hinein durchführen zu lassen und damit die Fallstudien seiner Kinder auf eine breite Forschungsbasis zu stellen [4].

Piaget wies nach, dass die kindlichen Vorstellungen von der Welt genauso komplex und gut strukturiert sind wie die der Erwachsenen. Allerdings erwies sich dabei auch, wie abweichend und eigenartig die kindlichen Vorstellungen im Vergleich zur Sicht der Erwachsenen sein können. Piaget entdeckte, dass die Grundlage des Kinderwissens kein bruchstückartiges Erwachsenenwissen ist, das darauf wartet, vervollständigt zu werden. Kleine Kinder verfügen über leistungsfähige Lernmechanismen, die es ihnen ermöglichen, eigene Bilder über die Welt zu konstruieren. Mehr noch: Piaget lehrt uns, dass die Kleinen bis über die Grundschulzeit hinaus einen schrittweisen Prozess durchlaufen, in dessen Verlauf sie immer neue Ideen über die Welt entwickeln, alte Vorstellungen revidieren und dabei Fehler korrigieren. Auf diese Weise nähern sie sich langsam dem Wissen an, das dem des Erwachsenen ähnlich ist.

Diese langwierigen Erkenntnisprozesse sind anfänglich an den Handlungen des Kindes orientiert, sodass das entstandene Wissen auch als Handlungswissen bezeichnet wird. Ein Säugling wird beispielsweise Kenntnisse über seine Lieblingsrassel beim *Greifen-und-in-den-Mund-Stecken* erwerben und dieses Wissen mithilfe derartiger Handlungsmuster auch erinnern. Begegnet ihm ein neues Objekt, etwa Opas teure Taschenuhr, kann die Vorstellung des Greifen-und-in-den-Mund-Steckens auf dieses Objekt angewendet und damit eine Erkenntnis auf einen weiteren Gegenstand übertragen werden (Prozess der Assimilation). Es kann aber auch passieren, dass dieses Wissen an Grenzen stößt, wie dies beim Greifen nach einem Ball der Fall ist, der nicht in den Mund passt. Ein verändertes mentales Bild mit einer anderen Vorstellung muss jetzt entstehen (Prozess der Akkommodation). Dies könnte möglicherweise *Drücken-und-in-Verzücken-Geraten* sein, mit dem das Wissen über diesen Ball reflektiert wird. Der Säugling kann infolgedessen seine Objekterfahrungen entweder in Greifen-und-in-den-Mund-Stecken-Objekte oder in Drücken-und-in-Verzücken-geraten-Objekte unterscheiden. Er muss jedoch dringend weitere mentale Vorstellungen entwickeln, da die Welt mit diesen zwei Objektvorstellungen allein nicht erklärt werden kann. Im Wechselspiel von Assimilation und Akkommodation, der Anpassungen von bisher Unbekanntem an bereits bekannte mentale Vorstellungen sowie der Herausbildung neuer mentaler Vorstellungen an Unbekanntes, wird das Kind sein Verständnis über die Welt weiter aufbauen und zunehmend verfeinern.

Im Verlauf der Kindheit werden sich die nachfolgenden Erkenntnisprozesse immer weniger auf Handlungen allein beziehen, sondern zunehmend auf die Anschauung stützen. Die Erkenntnistätigkeit des Klein- und Vorschulkindes lässt deshalb eine große Anschauungsgebundenheit wie auch Ich-Bezogenheit erkennen. Piaget setzte beispielsweise Vorschulkinder vor ein Modell einer Landschaft mit einem Gebirge und an die gegenüberliegende Seite des Modells eine Puppe. Dann bat er die Kinder, aus einer Auswahl von Bildern von diesem Modell die Perspektive auszuwählen, die die Puppe auf diese Landschaft hatte. Dreijährige Kinder wählten die Perspektive, die sie selbst sahen. Sie glauben mit den Händen vor den Augen auch, dass sie nicht gesehen werden, nur weil sie selbst nichts sehen. Sie lassen sich leicht vom äußeren Anschein täuschen, urteilen auf der Basis des unmittelbaren visuellen Eindrucks und können kaum mehrere Aspekte der gleichen Situation beachten. Die klassischen Experimente Piagets haben in vielfältigen Variationen den Nachweis für diese anschauliche Begrenztheit des Denkens beim Vorschulkind erbracht: Konfrontiert man die Kleinen beispielsweise mit zwei gleich großen Gläsern, in denen sich gleich viel Flüssigkeit befindet, werden diese Flüssigkeiten unschwer als „gleich" beurteilt, nicht aber wenn man eine der Flüssigkeiten in ein schmaleres, aber höheres Glas umfüllt. Danach würden diese Kinder die Flüssigkeitsmenge entweder als „weniger" (wegen des Durchmessers des Glases) oder „mehr" (wegen der Höhe des Glases) beurteilen. Überraschenderweise kommen derartige Fehlurteile selbst dann zustande, wenn die Flüssigkeit vor den Augen des Kindes von einem Glas in das andere umgefüllt wird.

Die Kinder können eben kaum nachvollziehen, dass eine Situation in eine andere transformiert (umgewandelt) werden kann. Die kindlichen Vorstellungen sind zu sehr an die Anschauung gebunden. Sie können deshalb keine

Vorstellung über Erhaltung entwickeln, bei der etwas gleich bleibt, auch wenn sich das Erscheinungsbild ändert. Und dies trifft nicht nur für Flüssigkeiten, sondern auch auf Mengen, Längen, Quantitäten und vieles mehr zu. Zeigt man einem Kind acht Murmeln in einer Reihe und verteilt weitere acht Murmeln mit weitaus größeren Abständen in einer zweiten Reihe, dann neigen kleine Kinder dazu, in der zweiten Reihe mehr Murmeln zu vermuten. Oder, legt man zwei etwa fünf Zentimeter lange Stäbe parallel zueinander und verschiebt den einen etwas nach außen, wird das Kind glauben, dass der verschobene Stab nun länger als der andere sei. Wenn sich endlich die Vorstellung der Erhaltung entwickelt hat, kann man beispielsweise einen Klumpen Lehm zu einer langen dünnen Rolle formen und ihn sogar in zehn kleine Stücke teilen. Das Vorschulkind weiß jetzt, dass es immer noch dieselbe Menge Lehm ist. Es weiß auch, dass, wenn alles wieder zu einem Klumpen zusammengedrückt wird, er ziemlich genauso aussieht wie vorher [5].

Kinder wie Erwachsene verändern laufend alte und neue Vorstellungen. Diese Vorstellung sind nicht Abbilder der dargestellten Realität, sondern vielfältige Versuche, mit den verfügbaren Erkenntnismitteln die Realität zu erkennen. Die Welt wird mental konstruiert, interpretiert und unter Umständen auch so verzerrt, dass Widersprüche entstehen. Diese kognitiven (erkenntnisbezogenen) Konflikte gelten jedoch als die zentralen dynamischen Mechanismen, die die Denkentwicklung ein gesamtes Menschenlebens vorantreiben.

11.2 Der Wahn um die Frühförderung

Entscheidend für den Wissenserwerb sind die Leistungsfähigkeit des Gehirns und die Verknüpfung seiner Nervenzellen. Gleich nach der Geburt bilden die schon vorhandenen Nervenzellen (Neurone) ein dichtes Gestrüpp von Fortsätzen, deren knopfartigen Enden sich mit benachbarten Nervenzellen verbinden (Synapsen). Schon wenige Monate nach der Geburt entsteht in der Großhirnrinde ein Überangebot an vernetzten Neuronen, die den Säugling für die vielfältigsten Anregungen aus der Umwelt äußerst empfänglich machen. Ein Kind kann in dieser Zeit so ziemlich alles aufnehmen. Etwa sechs Jahre dauert es schließlich, bis die Grundstruktur eines Neuronennetzes entstanden ist. Manche Hirnregionen werden dabei besonders intensiv, andere weniger stark beansprucht. Da häufig genutzte Nervenbahnen sich verstärken und weniger genutzte verkümmern, entsteht ein Neuronennetz, das die Anforderungen widerspiegelt, denen ein Kind ausgesetzt war. Die Neurowissenschaft betont deshalb immer wieder, dass Kinder gefördert werden, indem man sie fordert. Das kindliche Nervensystem muss stimuliert werden. Synapsen, die nicht angeregt werden, weil eine Sprache nicht angeboten, ein Instrument nicht gespielt, Bewegungen nicht ausgeübt und Emotionen nicht erwidert werden, gehen verloren. Der Verlust wird jedoch zum Gewinn, da es für die Funktionstüchtigkeit des Gehirns genauso wichtig ist, unnütze Verbindungen zu löschen wie neue herzustellen.

Während man noch vor einigen Jahren mit großer Gelassenheit vom „dummen ersten Vierteljahr" sprach, zerbrechen sich heutige Eltern den Kopf, wie sie die Synapsen ihrer Kleinen von Anfang an effektiv anregen können. In zahlreichen Studien hat die Evolutionspsychologin Heidi Keller von der Universität Osnabrück das Elternverhalten bei Säuglingen und Kleinkindern vergleichend in Deutschland, den USA und einigen Ländern des afrikanischen, lateinamerikanischen und asiatischen Kontinents untersucht und festgestellt, dass es allen voran den deutschen Eltern heute wichtiger als noch vor ein paar Jahren ist, ihre Babys frühzeitig selbstständig werden zu lassen. Diese Überzeugungen sind in einer auf Eigenständigkeit orientierten Gesellschaft wichtig. Sie sind jedoch in Gesellschaften verpönt, in denen das Miteinander und die soziale Orientierung am Mitmenschen einen weitaus höheren Stellenwert haben als Abgrenzung und Individualitätsbemühungen [6]. Wenn die Kleinen jedoch gelernt haben, sich selbst zu beruhigen, allein einzuschlafen und selbstständig zu spielen, konzentrieren sich ihre Eltern darauf, weitere Lernprozesse so effektiv wie möglich in Gang zu bringen. Aus diesem Grund hat sich mit Unterstützung der MacArthur Foundation in den USA das Forschungsnetzwerk Early Experience & Brain Development etabliert, das zielgerichtet darüber forscht, welche Früherfahrungen auf das kindliche Hirn in welcher Weise einwirken. Vor diesem Hintergrund will man nun auch jene Eltern beraten, die Angst davor haben, den eigenen Kindern in einer ohnehin schon anregungsreichen Welt ungenügende Stimulation zu bieten [7].

Der Neurowissenschaftler Charles Nelson von der Harvard Medical School in Boston/USA glaubt, dass Früherfahrungen des Kindes wichtige Weichen für die Hirnentwicklung stellen und zu besonderen Fähigkeiten führen. Einige Entwicklungsbereiche seien danach tatsächlich hochgradig an Früherfahrungen gebunden. Beispielsweise beeinflusse das regelmäßige Hören einer Sprache die Fähigkeit, Laute zu erkennen, herauszufiltern und auch zu produzieren. Die Erfahrung von sensitiver Betreuung und Bindung prägen Fähigkeiten, Emotionen kontrolliert einzusetzen und zu regulieren. Andererseits verweist Nelson jedoch auf die große Plastizität in der Funktionsfähigkeit des menschlichen Gehirns der späteren Entwicklungsperioden. Für Hirnfunktionen, die hoch komplex sind – wie Denken und Lernen –, seien zweifellos frühe wie späte Erfahrungen bedeutsam [8].

Dessen ungeachtet ist die Frühförderung zur Obsession geworden, wie bereits die ungebremste Begeisterung für den sogenannten Mozart-Effekt zeigt. Laut dieses Effekts soll das Hören der Musik von Wolfgang Amadeus Mozart die Intelligenzleistung deutlich verbessern. Diese Feststellung wurde aus einem Experiment abgeleitet, das Frances Rauscher von der University of Wisconsin in Oshkosh/USA in der renommierten Fachzeitschrift *Nature* im Jahre 1993 veröffentlichte. Rauscher, die als Psychologin auch eine Ausbildung im Cello-Spiel hat, stellte dort eine ihrer Forschungsarbeiten zur menschlichen Musikverarbeitung vor, die sie mit Studierenden ihrer Universität durchgeführt hatte. Eine erste Gruppe von Studierenden hörte sich zehn Minuten lang einen Ausschnitt aus Mozarts Sonate für zwei Klaviere in D-Dur (KV 448) an. Die zweite Gruppe erhielt ein Tonband mit Entspannungsmusik, und die dritte Gruppe wurde aufgefordert, ohne Musik einfach nur entspannt abzuwarten. Danach mussten die Studierenden Aufgaben aus dem Standford-Binet-Intelligenztest lösen. Die Unterschiede in den Leistungen waren besonders deutlich beim gedanklich-räumlichen Transformieren von gefalteten und geschnittenen Papieren (Paper Folding and Cutting, PFC). Diejenigen Studierenden, die die Mozart-Sonate gehört hatte, schnitten bei der PFC-Aufgabe besser ab als Studierende mit und ohne Entspannungsmusik [9]. Das Mozart-Experiment ist vielfach wiederholt worden, leider ohne die verbesserten Leistungen noch einmal so klar hervorzubringen. Dennoch überschlugen sich die Medien mit Jubelmeldungen über Intelligenzsteigerungen dank Mozart-Musik. Der Mozart-Effekt wurde so populär, dass die Gouverneure der US-Staaten Tennessee und Georgia 1999 die National Academy of Recording Art & Science Foundation davon überzeugten, die Geburtskliniken des Landes kostenlos mit Mozart-CDs zu versorgen.

Auch in Deutschland gibt es reichlich skurrile Versuche von Eltern, ihrem Nachwuchs in kürzester Zeit möglichst viel beizubringen. Viele von ihnen fordern immer wieder, Fremdsprachen- und Mathematikunterricht regulär in den Kindergärten einzuführen und mit Lese- und Schreibübungen noch vor dem Schuleintritt zu beginnen. Erzieher/innen, die diese Wünsche zu erfüllen versuchen, blicken in ihren Einrichtungen auf lange Wartelisten. Sie beobachten aber auch, wie Eltern zunehmend ungeduldiger werden und immer weniger Toleranz gegenüber Kindern aufbringen, die langsamer als andere oder einfach anders sind.

11.3 Baby Einstein und die Medien

Gezielte Frühförderung ist anstrengend. Nachdem eine junge Mutter in Georgia/USA vergeblich nach kommerzieller Frühförderung für ihr eigenes Baby gesucht hatte, entwickelte sie Ende der 1990er Jahre Videos für Babys. Die „Baby-Einstein"-Produktion von Julie Aigner-Clark fand eine so große Resonanz bei jungen Eltern, dass die Walt Disney Company schon nach kürzester Zeit diese Produktion übernahm. Seither wird die Welt flächendeckend mit Babyvideos versorgt, obwohl deren Wirkung auf die frühkindliche Entwicklung vorrangig negativ bewertet wird.

Fredrick Zimmerman und Dimitri Christakis von der University of Washington in D.C./USA gehören gegenwärtig zu den führenden Wissenschaftlern, die mehrfach den pädagogischen Wert untersucht haben, den Fernsehen und Videos für Babys und Vorschulkinder tatsächlich haben. In ihrer letzten Studie telefonierten sie mit mehr als 1 000 Familien, die in den vorangegangenen zwei Jahren ein Kind geboren hatten. Sie fragten nach der Mediennutzung und den Fernsehgewohnheiten im Familienalltag und vor allem danach, wie viel Zeit die Kleinen mit welcher Art von Unterhaltung vor dem Fernseher verbringen würden. Gemeinsam mit Andrew Meltzoff von der University of Washington in Seattle/USA hatten sie auch Fragebögen für zwei Altersgruppen (8–16 Monate und 17–24 Monate) zur Erfassung des kindlichen Wortschatzes entwickelt. Zimmerman, Christakis und Meltzoff fanden heraus, dass die jüngsten Kinder für jede Stunde, die sie Babyvideos sahen, durchschnittlich sechs bis acht Wörter weniger verstanden als altersgleiche Kinder, die diese Programme nicht kannten. Auf ältere Kleinkinder zwischen 17 und 24 Monaten hatten die Babyprogramme dagegen weder einen positiven noch einen negativen Effekt [10].

Dieses Ergebnis deckt sich mit einer ihrer Untersuchungen aus dem Jahr 2005, in der sich Zimmerman und Christakis im Rahmen einer großen nationalen Repräsentativbefragung, der National Longitudinal Survey of Youth, Children and Young Adults, ebenfalls für den Zusammenhang von Sprache und Fernsehen beim Kleinkind interessierten. Hier hatten sie bereits herausgefunden, dass Fernsehen der frühen Sprachentwicklung eher schadet. In dieser Studie waren mehr als 1 000 Eltern in den Jahren 1994, 1996, 1998 und 2000 immer wieder nach dem Fernsehkonsum ihrer Babys befragt worden. Als diese Kinder im Alter von sechs Jahren mit Sprachstandverfahren getestet wurden, machten Kinder mit hohem Fernsehkonsum auffallend viele Fehler, wenn sie ein Bild präzise benennen sollten. Ein hoher Fernsehkonsum im Kleinkindalter stellt danach ein Risiko für mentale und sprachliche Defizite dar. Erklärt werden kann dies aus dem schnell wechselnden Informationsfluss medialer Angebote. Diese sind zumeist mit einer Fülle von Detailinformationen verbunden, die die Kleinen nur bruchstückhaft verarbeiten können. Kein Wunder, dass dies zu diffusen mentalen Vorstellungen führt,

die dann auch sprachlich nicht präzise ausgedrückt werden [11].

Vor diesem Hintergrund sind junge Familien deshalb angesprochen, das Medium Fernsehen nur als eine Möglichkeit in der Bildungsvermittlung zu verstehen und sie vorsichtig und selektiv einzusetzen, vor allem jedoch ein kleines Kind nicht vor dem Fernseher allein zu lassen. Für die Kleinen sind Bücher insgesamt die gewinnbringenderen Medien. Die Geschwindigkeit, mit der das Kind die angebotenen Informationen verarbeitet, kann hierbei besser als bei einem Videoangebot berücksichtigt sowie durch Wiederholung und Dialoge vertieft werden.

Für Kinder im Alter von drei bis fünf Jahren fanden Zimmermann und Christakis dagegen einen positiven Effekt des Fernsehens auf die Sprachkompetenz. Weit vorn bei den Sprachstandmessungen lagen danach Kinder, die erst nach dem dritten Lebensjahr mit dem Fernsehen angefangen hatten. Das Bildungsfernsehen kann in der Tat auf eine erfolgreiche Entwicklung zurückblicken, dessen positive Wirkungen auf die Denk- und Sprachentwicklung des Vorschul- und jüngeren Schulkindes in vielfältigen Untersuchungen nachgewiesen wurde [12]. Vorschulkinder sind etwa ab dem dritten Lebensjahr befähigt, komplexe Bildsequenzen mit hoher Informationsdichte zu verarbeiten. Mit vielfältigen bildlichen Mitteln können Filme dabei die Wirklichkeit sogar noch übertreffen und das kindliche Denken aus der anschaulichen Gebundenheit herausführen. Werden die Kinder dann noch mit Themen aus ihrer eigenen Erlebenswelt konfrontiert, übernehmen sie zumeist das Verhalten der dargestellten Personen und lassen sich auch emotional auf sie ein. Derartige Identifikationsprozesse befähigen zu Perspektivenübernahme und Perspektivenwechsel. Die Kinder erfahren, was sie selbst und andere Personen in bestimmten Situationen denken und empfinden oder tun würden. Sie begreifen auf diese Weise zunehmend, dass ihre Aktivitäten von Erkenntnissen, Vorstellungen und Überzeugungen geleitet werden, über die andere Menschen auch verfügen. Diese Art der Wissensentwicklung kommt am Ende der Vorschulzeit besonders zum Tragen und wird vor allem beim schulischen Lernen gebraucht, wenn es darauf ankommt, aus dem Verhalten der Mitschüler/innen Rückschlüsse auf das eigene Lernergebnis zu ziehen [13].

11.4 Wie Bildung und Bindung zusammengehen

Aus dem umfassenden Forschungswerk Piagets hat die moderne Frühpädagogik das Bild vom sich selbstbildenden Kind abgeleitet, das Respekt gegenüber der aktiven

Gestaltung seiner Lebenswirklichkeit verdient. Von den vielen heutigen Bildungskonzepten für Kindereinrichtungen hat die Reggio-Pädagogik dabei am konsequentesten den Versuch unternommen, das Wissen und die mentalen Reflexionen von Kindern in den Alltag einer öffentlichen Betreuung einfließen zu lassen [14]. Bei der Übernahme dieses Konzepts in Deutschland wurde allerdings vor allem betont, dass sich das Kind seine Umwelt durch eigenes Wahrnehmen und Denken erschließt und damit Bildungsprozesse letztendlich selbst betreibt.

Kinder benötigen jedoch eine soziale Umgebung, die Bildungsprozesse nicht nur durch Anregung herausfordert, sondern sie auch vermittelt. Dies ist umso notwendiger, je jünger die Kinder sind. Dass frühe Bildung nicht allein durch anregungsreiche Umwelten in Gang kommt, zeigt der negative Medieneinfluss auf das kleine Kind. Kinder lernen vor allem von Menschen, in sozialen Interaktionen und durch emotionale Beziehungen zu ihnen. Deshalb hängt der Ertrag früher Bildungsprozesse von Beziehungs- und Bindungsprozessen ab. Schon in den 1930er Jahren hatte Lev Vygotsky argumentiert, dass „das Handlungsmotiv (… eines Kindes …) nicht im Inhalt der Tätigkeit läge, zu der man das Kind auffordere, sondern in seinen Beziehungen zu den Erwachsenen" [15]. Anders als bei Piaget, der den Erwachsenen beim Wissenserwerb des Kindes völlig ausgeblendet hatte, erkannte Vygotsky, dass sie entscheidend mitbestimmen, was Kinder wissen. Danach erweisen sich Erwachsene sogar als die wichtigsten Mittler beim Wissenserwerb des Kindes.

Vygotsky war auch davon überzeugt, dass das Kind kognitive Konflikte am besten überwindet, wenn es sie interaktiv bearbeiten kann. Erwachsene können die Kinder mit neuen Regeln vertraut machen, mit denen sie die Konflikte zielführender auflösen können als durch eigenes Versuch-und-Irrtum-Lernen. Wenn Kinder beispielsweise nicht verstehen, warum ein langes schmales Glas die gleiche Flüssigkeit enthalten kann wie ein kurzes breites, könnten folgende Erklärungen zielführend sein: (1) *Identität.* Da nichts hinzugefügt wurde, sollten die Flüssigkeiten gleich geblieben sein. (2) *Kompensation.* Das Glas ist höher, aber auch dünner. (3) *Reversibilität.* Wenn du alles zurückschüttest, siehst du, dass die Flüssigkeiten gleich sind. Wichtiger ist jedoch während einer solchen Vermittlung, dass das Kind Vertrauen in die eigene Problemlösefähigkeit gewinnt, die letztendlich zu einer lebenslangen Freude am Erkunden und Lernen führen kann.

Eine der wichtigsten Grunderkenntnisse aus Vygotskys Forschung lautet: Vermittelnde Bildungsprozesse sind vor allem dann erfolgversprechend, wenn sie in die sogenannte „Zone der nächsten Entwicklung" des Kindes fallen. Da Vygotsky bereits mit 38 Jahren verstarb, lagen seine Schriften – wie auch diese wichtige Entdeckung – zumeist nur in fragmentarischer Form vor und mussten im Nachhinein bearbeitet, interpretiert und ausgeführt werden. Vor einigen Jahren hat sich deshalb Laura Berk von der Illinois State University in Hovey Hall/USA mit den Vygotsky'schen Strategien der Bildungsvermittlung beschäftigt. Danach muss Bildungsvermittlung der kindlichen Entwicklung immer ein wenig vorausgehen. Dies erfordert, dass Erzieher/innen die Kinder im Einzelnen sehr gut kennen. Wenn sie wissen, wozu das Kind fähig ist, können sie seine aktuellen Fähigkeiten bewerten. Wenn sie jedoch wissen, was das Kind in einer Zusammenarbeit mit ihnen zu leisten imstande ist, können sie auch seine „Zone der nächsten Entwicklung" beurteilen.

Erzieher/innen sollten stets davon ausgehen, dass kleine Kinder eine neue Aufgabe anfangs nicht begreifen. Oft müssen sie deshalb die Aufgabe so strukturieren und zerlegen, dass die Kinder sie Schritt für Schritt bewältigen können. Die Erzieher/innen können dann den Kindern die jeweilige Aufgabenbewältigung vormachen (*Modeling*), sie gezielt anleiten (*Coaching*), sie durch Nachfragen auf den richtigen Weg bringen (*Guidance*), durch Lob und Ermutigung ihre Motivation aufrechterhalten (*Reinforcement*) oder die Kinder zwar selbst tätig sein lassen, ihnen jedoch mitteilen, wie nah sie dem Ziel sind (*Feedback*). Auch können sie den Kindern helfen, Unbekanntes mit Bekanntem in Bezug zu setzen, Wichtiges von Unwichtigem zu unterscheiden und Erklärungen zu finden. Erzieher/innen dürfen die Kinder nicht überfordern, jedoch so fordern, dass sie in die „Zone ihrer nächsten Entwicklung" kommen. Auf keinen Fall aber kann es darum gehen, dass die Erzieher/innen dem Kind unmittelbar mitteilen, was sie selbst wissen, damit das Kind es auch gleich wissen soll. Erzieher/innen müssen herauskriegen, auf welchem Wissensniveau sie das Kind erreichen können, um es für die Inhalte zu begeistern, die einen zentralen Bildungswert haben [16].

Bildungsangebote werden allerdings nur dann vom Kind wirklich wahrgenommen, wenn sie in funktionierende Beziehungen eingebettet sind, die mit denen bestehen, die Bildung dem Kind vermitteln wollen. In einer solchen Beziehung soll dem Kind das Gefühl gegeben werden, eine aktiv handelnde und selbstwirksame Person zu sein – eine Eigenschaft, die die Bindungstheorie in *sicheren* Bindungsbeziehungen umgesetzt sieht. Ohne sichere Beziehungen bewerten Kinder die Grenzen ihrer Handlungsfähigkeit eher als Misserfolg und erleben sich selbst als unfähig, was sich negativ auf das Selbstbild, das Selbstwirksamkeitserleben und die Bildungsmotivation auswirkt. Das heutige Bild vom Kind läuft Gefahr, viel früher als bisher, den Kindern eine Selbstbestimmung zuzusprechen, die zur Überforderung führen kann. Es ist zwar richtig, die Kinder mit ihren Aktivitäten anzuerkennen. Die Selbstbestimmung des Kindes darf jedoch nicht dem Selbstlauf überlassen, sondern muss auf der Grundlage wachsender Handlungsfähigkeit und Wissen begleitet werden.

11.5 Lernfreude und Anstrengungs-bereitschaft erhalten

Erzieher/innen-Kind-Bindungen entscheiden darüber, ob die Kinder motiviert genug sind, die fertigkeits- und fähigkeitsfördernden Anregungen der Bildungsprogramme in den öffentlichen Einrichtungen auch anzunehmen. Dies prägt die Bildungserfahrungen des Kindes so, wie sie selbstverständlich auch in der Familie geprägt werden.

Im Jahr 2006 starteten wir in eigener Forschung eine Studie in Köln, in der die Frage gestellt wurde, ob die Bindungs- und Bildungserfahrungen in der Vorschulzeit bereits Erwartungen an die Grundschule entstehen lassen. Wir beobachteten 100 Kindergartenkinder im Alter von sechs Jahren im Kindergarten und Zuhause, beurteilten ihre Beziehungserfahrungen und folgten ihnen beim Übergang in die Grundschule – vom Anfang des letzten

Kindergartenhalbjahres bis zum Ende des ersten Schulhalbjahres. In der ersten Ferienwoche wurde eine Elternbefragung zur Lernfreude durchgeführt. Die Eltern gaben Auskünfte darüber, wie gern ihre Kinder in die Schule gegangen waren, Hausaufgaben gemacht und über die Schule berichtet hatten. Auch wurden die Zeugnisbeurteilungen daraufhin durchgesehen, ob das Kind als lernwillig und anstrengungsbereit, aufmerksam und konzentriert oder leicht ablenkbar und unkonzentriert beurteilt wurde und immer wieder Anstöße benötigte, um aktiviert zu werden. Mit einer eigenen Durchführung von Leistungstests in Mathematik und Deutsch schätzte unser Forschungsteam schließlich Leistung und Motivation des Kindes ein. Wir fanden zwei Formen der Motivation: die allgemeine Motivation, mit der sich das Kind der Herausforderung generell stellte und die Aufgabe hartnäckig zu lösen versuchte, sowie die Selbstmotivierung, mit der sich ein Kind immer wieder selbst ansporte und kaum auf Rückmeldung von anderen achtete. Die Selbstmotivation stand im engen Zusammenhang mit den familiären Beziehungserfahrungen des Kindes. Für die allgemeine Motivation war vorrangig die Erzieher/innen-Kind-Bindung bedeutsam. Danach hatten anstrengungsbereite und lernfreudige Kinder gute Beziehungsqualitäten zu Hause und im Kindergarten. Sie fielen bereits durch eine ausgeprägte Spielfreude im Kindergarten auf und bewährten sich später in der Grundschule mit guten Leistungen [17].

In einer noch laufenden Forschungsarbeit wird gerade experimentell überprüft, wie nachhaltig die Beziehungserfahrungen des Kindes den Lernprozess fördern oder hemmen. Dabei wird einem Kind, das Aufgaben an einem Computer löst, das Foto der Erzieherin beziehungsweise

Lehrerin eingeblendet, deren Beziehungsqualität bekannt ist. Das Foto wird in diesem Experiment nur so kurz dargeboten, dass es nicht bewusst wahrnehmbar wird und als subliminale (unterbewusste) Botschaft unterschwellig wirken kann. Erste Analysen dieser experimentellen Anforderungen zeigen, dass es zu kurzen Reaktionszeiten und vielen Fehlern kommt, wenn das Kind von einer Person beim Lösen der Aufgaben gestört wird, mit der es eine belastende Beziehung hat. Es arbeitete jedoch langsamer, aber auch sorgfältiger, wenn die Beziehungsqualität der eingeblendeten Person als unterstützend und anregend eingeschätzt wurde [18].

Wassilios Fthenakis von der Universität Bozen/Italien hat zu Recht moniert, dass die Bildungskonzepte der Vor- und Grundschulinstitutionen auf unterschiedlichen theoretischen Grundlagen beruhen. Danach stünde im Kindergarten die Selbstentfaltungstheorie im Vordergrund, wonach erwartet würde, dass das Kind seinen Bildungsprozess selbst gestaltet. Wenn diese Kinder jedoch später die Grundschule besuchen, werden ihnen die Bildungsinhalte vorgetragen, und es wird erwartet, dass sie sich an diese Art der instruierten Bildungsvermittlung anpassen. Diese Perspektiven haben nichts miteinander gemein, was erklären würde, warum es in der Vergangenheit nicht gelungen sei, eine Kooperation zwischen Kindergarten und Grundschule zu schaffen. Weder der Selbstbildungsansatz des Kindergartens noch der Vermittlungsansatz der Schule böten eine brauchbare Grundlage für die kindgerechte Gestaltung künftiger Bildungsprozesse. Bildung in Kindergarten und Grundschule müsse auf eine einheitliche Basis gestellt und neu definiert werden. Das Bildungsangebot müsse dabei so gestaltet werden, dass das Kind

Bildung als interaktive Herausforderung erlebt, positive Bestätigung erfährt und Vertrauen in die eigenen Fähigkeiten erwirbt, damit die Lernfreude und Anstrengungsbereitschaft auch dann nicht abreißen, wenn die Anforderungen an Schwierigkeit zunehmen [19].

12
Wenn private Betreuung öffentlich wird

In der Familie wächst das Kind herauf ... an die Familie muss sich darum die (Vor)schule knüpfen. Einigung des häuslichen, des Familien- und Unterrichtslebens; dies ist die erste und unzertrennlichste Forderung der vollendeten Menschenbildung.

Friedrich Fröbel (1826)

Bei der Nachfrage nach Betreuung für Kleinkinder handelt es sich nur oberflächlich um ein persönliches Problem junger Frauen. Es geht vielmehr um ein umfassendes gesellschaftliches Problem, das durch den gesellschaftlichen Strukturwandel unserer heutigen Zeit hervorgebracht wurde. Zu diesem Wandel gehören zweifellos die veränderten Ansprüche, die Frauen an ihre Lebensgestaltung in einer Gesellschaft haben, in der ihre Fähigkeiten gebraucht werden und von der sie Anerkennung, Zufriedenheit und persönliche Entscheidungsspielräume erwarten. Damit einher geht auch die Erwartung an eine sinnvolle Verteilung der Arbeit zwischen Männern und Frauen, die neue Möglichkeiten eröffnet, Arbeits- und Familienzeit besser miteinander abzustimmen. Zeit und Möglichkeiten zum Erkunden einer Welt, in die die Kinder zusammen mit ihren Eltern hineinwachsen, sind ohnehin knapp bemessen. So kann die öffentliche Betreuung ein zusätzlicher Ort dafür sein, Kindern eine entwicklungsfördernde Umwelt zu bieten und ihnen eine angemessene Entwicklungsbegleitung zu sichern. Kindheitssoziologen stellen immer wieder fest, dass weder die Familie noch eine öffentliche Betreuung allein ausreichen, um Kindern die Fülle der Entwicklungsanregungen zu bieten, die sie für ihre Sozialisation (Anpassungsprozess an die umgebende Gesellschaft) heute brauchen.

Aber leider stehen familiäre und öffentliche Betreuung noch viel zu oft ohne wirklichen wechselseitigen Bezug nebeneinander. Wenn Familie und Kindereinrichtung auseinanderdriften, entsteht ein Misstrauen, wer auf wessen Kosten seine Ansprüche durchsetzen will. Deshalb werden in der aktuellen Debatte um die öffentliche Betreuung noch immer Schlagwörter wie „Rabenmütter" und „Auf-

bewahrung" verwendet und spitzfindige Fragen nach
Erziehungsverantwortung und Erziehungskompetenz auf-
geworfen. Lothar Krappmann vom Max-Planck-Institut
in Berlin mahnt deshalb eine neue Kultur des Aufwach-
sens für Kinder in Deutschland an [1]. Neigen Eltern,
die ihr Kind in öffentliche Betreuung geben, denn tatsächlich dazu, die Erziehungsverantwortung abzugeben und
Erziehungskompetenzen einzufordern, die sie selbst nicht
haben? Was können Erzieher/innen im Rahmen ihres allgemeinen Betreuungsvertrags für einzelne Kinder leisten?
Experten sind sich darüber einig, dass eine gemeinsame
Erziehungsverantwortung von Eltern und Erzieher/innen
dringend entwickelt werden muss.

12.1 Strukturen der Lebenswirklichkeit

Kindheit findet heute stärker als bisher in unterschiedlichen Umwelten statt, die der Lebenswirklichkeit von
Kindern eine bestimmte Struktur verpassen. Wie diese
Strukturen aussehen könnten, war Mittelpunkt der lebenslangen Forschung von Urie Bronfenbrenner an der Cor-
nell University in Ithaca/USA. Ihm ging es zunächst um
die vielen vereinzelten Umwelten, denen das Kind ausgesetzt ist: die Familie, die Verwandtschaft, die Nachbarschaft, die Kindereinrichtung oder Tagesmutter, aber auch
Ausflugs-, Spiel- und Urlaubsorte. Diese Umwelten stellen, jede für sich genommen, ein sogenanntes Mikrosystem dar, mit dem sich das Kind auseinandersetzt, in dem
es sozialisiert wird und sich anpasst. In Bronfenbrenners
Modell bilden diese Mikrosysteme jedoch ein zusam-

menhängendes Mesosystem. Seine Vorstellung über ein Mesosystem führt zu einer ganzheitlichen Sicht auf nebeneinander existierende Mikrosysteme. Dabei werden die Kontraste, Überlappungen und Wechselwirkungen zwischen ihnen offenbar, denen sich das Kind ebenfalls stellen muss, wenn es an all diesen Mikrowelten teilnimmt und zwischen diesen hin und her wechselt. Schließlich wirken diese Welten allesamt auf die kindliche Entwicklung ein und zwar relativ unabhängig davon, ob das Kind gerade in der einen oder anderen agiert. Bronfenbrenners Umwelt-Modell macht damit deutlich, dass es völlig verkehrt ist anzunehmen, im jeweiligen Mikrosystem würden nur die dortigen Einflüsse auf ein Kind einwirken. Dies käme einem zu einfachen Umweltverständnis gleich. Beobachtet man Kinder in einem bestimmten Mikrosystem, muss man sich klar darüber sein, dass Einflüsse aus anderen Mikrosystemen nicht ausgeblendet, sondern ebenso psychologisch wirksam sein können. Kinder in Kindereinrichtungen können beispielsweise ganz verschiedene Verhaltensweisen an den Tag legen, je nachdem welche Erfahrungen sie von zu Hause mitbringen. Kommen sie aus Problemfamilien, könnten ihre Interaktionen in der Kindergruppe schon aus diesem Grund problematisch sein. Allerdings könnte ihr Problemverhalten auch durch die Betreuungsbedingungen der Kindereinrichtung verursacht sein, oder aber durch die Familie verursacht und durch die Herausforderungen in der Einrichtung verstärkt worden sein. Mit anderen Worten: Mesosysteme machen deutlich, wie einzelne Einflussfaktoren aus den verschiedensten Mikrosystemen in ihrer Wirkung auf die Entwicklung eines Kindes gegen- und miteinander abgewogen und bewertet werden können. Außerdem wird man auf Wechselwirkungseffekte aufmerksam, die vor allem dann entstehen, wenn Kinder täglich von einem Mikrosystem (Familie) in ein anderes (Kindereinrichtung) wechseln [2].

Familie und öffentliche Betreuung stellen recht kontrastierende Mikrosysteme dar. Ein Kind, das sich in beiden Mikrosystemen bewegt, ist unterschiedlichen Erwartungen an seine Unabhängigkeit und Beteiligung an diesen Lebenswelten ausgesetzt. Die Familie kann beschützend und wenig fordernd sein und individuelle Rückzugsmöglichkeiten bieten. Demgegenüber setzt eine Kindereinrichtung das Kind einer Gruppensituation, Tagesablaufroutinen und Erwachsenen aus, die nicht nur für den Einzelnen, sondern für die Gruppe von Kindern verantwortlich sind. In beiden Mikrosystemen machen Kinder demnach sehr unterschiedliche Erfahrungen, die den Willen erfordern, mit diesen Kontrasten zu leben. Anstelle der häufig vorgenommenen Forderungen nach einer möglichst hohen Angleichung beider Lebenswelten sollten die unterschiedlichen Mikrosysteme anerkannt, reflektiert und daraufhin untersucht werden, welche Potenziale und gegenseitige Anregungen sie bereithalten. Aufwachsen in unterschiedlichen Welten hat auch zur Folge, dass Entwicklungsprozesse zusätzlich angeregt werden, vorausgesetzt, es existieren unterstützende Verbindungen zwischen ihnen, die durch Personen hergestellt werden, denen das Kind vertraut.

Kritiker mahnen an, dass die kontrastierenden Lebenswelten von Kindern auch Sozialisationsrisiken in sich bergen. Tatsächlich haben Entwicklungs- und Verhaltensstörungen in den letzten Jahren signifikant zugenommen, die als Aufmerksamkeits-, Lern- und Aktivitätsstörungen, emotionale Regulationsstörungen und Aggression sowie sprachliche und kognitive Defizite vorrangig nach dem Schuleintritt registriert werden. Es liegt jedoch nahe, die Ursachen dieser sogenannten „neuen Kinderkrankheiten" schon in der veränderten Frühsozialisation zu suchen. Es muss deshalb ein dringendes Anliegen sein, Bindung, Bildung und Betreuung schon in der Frühen Kindheit entwicklungsangemessen aufeinander zu beziehen und zu gestalten. Dazu braucht es weiterer Perspektiven, die Kultur und Gesellschaft einbeziehen. Bronfenbrenners Umwelt-Modell wäre unvollständig, würde es nicht auch Bezug auf gesellschaftliche Einflüsse nehmen, die auf das Mesosystem mit seinen Mikrowelten wirken. Dafür hat er in das Modell zwei weitere Systemebenen eingeführt: das Exo- und das Makrosystem. Damit trägt er der Tatsache Rechnung, dass sowohl die Familienbedingungen wie auch die Bedingungen in öffentlicher Betreuung bekanntermaßen nicht unabhängig von gesellschaftlichen Rahmenbedingungen sind. Die Arbeitsbedingungen von Eltern und Erzieher/innen (Exosystem) und die gesellschaftliche Wertschätzung und Unterstützung, die beide bekommen (Makrosystem), wirken sich prägend auf die Mikrowelten aus, die sie mit und für Kinder gestalten. Eine Gesellschaft, die ihre Kinder schätzt, muss auch Eltern und alle andere Betreuungs- und Lehrpersonen der Kinder schätzen.

12.2 Die Güte der Anpassung

Wann ein Kind sitzen, laufen, sprechen, sich selbst im Spiegel erkennen und begreifen wird, dass andere Menschen auch Gefühle haben, gelten als Meilensteine in der Frühentwicklung, die sich mit verlässlichen Zeitangaben verknüpfen lassen. Über lange Zeit war damit die Vorstellung verbunden, dass die frühen Entwicklungsverläufe in der Natur des Kindes liegen und sich aufgrund genetischer Programme entfalten. Haben sie deshalb mit Umwelteinflüssen weniger zu tun? Die Frühentwicklung wird heute als kontinuierliche Wechselwirkung von umweltbezogenen und genetischen Faktoren verstanden, bei denen beide verändernd aufeinander einwirken. Die Genstruktur selbst mag zwar relativ unveränderbar sein, die Genaktivität ist jedoch beeinflussbar. Diese Einflüsse bringen die unterschiedlichsten Verhaltenstendenzen von Anbeginn der Entwicklung zum Tragen und befähigen bereits das Neugeborene, sich an seine Umwelt in einer ihm eigenen Art und Weise anzupassen [3].

Von da an beginnt ein langer komplizierter Sozialisationsprozess, der die weitere Anpassung eines Kindes an seine Umwelt bestimmt. Schon kleine Kinder lernen, bestimmte Fähigkeiten und Verhaltenstendenzen auszuwählen und einzusetzen. Sie werden dazu angehalten, ermutigt oder auch gedrängt, einige dieser Fähigkeiten zu stärken und andere weniger zu beachten. Ihre Anpassungen sind dann erfolgreich, wenn die Sozialisation für sie so gestaltet wird, dass sie ihren vorhandenen Fähigkeiten entspricht. Die Kleinen können sich dann weiter entfalten und ihre erziehende Umwelt sogar dazu ermutigen, auf ihre Fähigkeiten weiterhin Bezug zu nehmen. Fehlanpassungen entstehen dann, wenn (1) das Kind Fähigkeiten entwickeln soll, die kaum vorhanden sind oder wenn (2) die erziehende Umwelt vorhandene Fähigkeiten nicht beachtet oder ihnen entgegensteht.

Einsichten in derartige Anpassungsprozesse verdanken wir heute Alexander Thomas und Stella Chess, die am

New York Medical College/USA schon in den 1950er Jahren die bekannte New Yorker Langzeitstudie starteten. Sorgfältig beschrieben sie bei über 200 Kindern grundständige Verhaltenstendenzen. In allen Einzelheiten führten sie aus, wie aktiv und zugänglich ein Kind sein kann, wie schnell es sich irritieren lässt, wie intensiv dann seine Reaktionen sind, wie intensiv ein Anreiz sein muss, damit er vom Kind angenommen wird, und inwieweit das Kind freundlich-fröhlich oder ärgerlich-mürrisch ist. Thomas und Chess entwickelten daraus Temperamentsprofile, die sie für den Angelpunkt in der Anpassung eines Kindes an seine Umwelt hielten. Ihnen ging es vor allem um das Wechselspiel, das zwischen einem Kind mit einem bestimmbaren Temperament und seiner Umwelt besteht, und verfolgten deshalb die Entwicklung ihrer Projektkinder über viele Jahre. Auf der Suche nach der erfolgreichen Kind-Umwelt-Passung entwickelten Thomas und Chess Vorstellungen über die sogenannte „Goodness of Fit" (Güte der Anpassung) [4].

In der Diskussion um das sogenannte „schwierige Kind" erwiesen sich diese Vorstellungen besonders hilfreich. Bei Temperamentsprofilen mit überwiegend negativer Stimmungslage, hoher Intensität der Reaktion, niedrigem Aktivitätsniveau, Unzugänglichkeit und Anpassungsunfähigkeit des Kindes erschien die erziehende Umwelt besonders gefordert, die Kind-Umwelt-Passung herzustellen. Kann bei diesen „schwierigen Kindern" eine Anpassung überhaupt gelingen? Thomas und Chess hatten dazu nur eine Antwort: Schwierige Kinder sind nicht an sich und durch ihr Temperament schwierig. Ihre Schwierigkeiten entwickeln sich erst in ihrer Umwelt: Wenn diese Kinder wegen ihrer Verhaltensbesonderheiten keinen Fuß fassen oder gar abgelehnt werden, dann werden sie erst schwierig. Kinder, die temperamentsbedingt unzugänglich und sozial scheu sind, könnten beispielsweise höchst verletzbar in einer Umwelt sein, die soziale Aufgeschlossenheit erfordert. Wird ein solches Kind in eine Kindereinrichtung von schlechter Qualität gegeben, in der große Gruppen lärmen und sporadisch eingesetzte Erzieherinnen nur ab und an für Ruhe und Ordnung sorgen, könnten sich aus der anfänglichen Scheuheit soziale Ängste entwickeln. Demnach bedarf es einer sensitiven Umwelt, die die kindlichen Anpassungsprozesse begleitet und dazu beiträgt, dass das Kind sich selbst positiv wahrnimmt, auch wenn es auf den ersten Blick eher ungünstige Voraussetzungen für eine erfolgreiche Kind-Umwelt-Passung mitbringt. Glücklicherweise berichten gerade Mütter von schüchternen Kleinkindern, wie sich nach einem zweijährigen Besuch einer öffentlichen Kindereinrichtung das gehemmte Verhalten ihrer Kleinen zunehmend löste und sie in sozialen Situationen bald munter und aufgeschlossen erschienen [5].

In einem geteilten Betreuungsfeld ist es besonders wichtig, Anpassungen und Fehlanpassungen von Kindern im Blick zu behalten und einzuschreiten, wenn etwas nicht stimmt. Insofern sollten Erzieher/innen der öffentlichen Betreuung nicht nur auf die Entwicklungsverläufe der Kinder achten, sondern Verhaltensanpassung und Wohlbefinden in das Zentrum ihrer Aufmerksamkeit stellen. Mit zunehmendem Alter können die Kinder in sensitiven Umwelten eigene Ressourcen (Mittel und Haltung) entwickeln und Resilienz (psychische Widerstandskraft) aufbauen. Resilienz verhindert, dass sie sich später unpassenden Umwelten weniger ausgeliefert fühlen müssen. Wenn sie gelernt haben, ihre Ängste und Frustrationen zu regulieren und über entsprechende Bewältigungsstrategien verfügen, können sie zu ihrer eigenen Verbesserung der „Goodness of Fit" beitragen.

12.3 Wie eine geteilte Betreuung ausbalanciert wird

Man darf auf keinen Fall so tun, als ob tagesbetreute Kinder nur in öffentlicher Betreuung *anstatt* zu Hause aufwachsen. Vielmehr leben sie in einem geteilten Betreuungsfeld, in dem die Familieneinflüsse bestehen bleiben, auch wenn das Kind in einer Kindereinrichtung ist. Die Frage ist lediglich, wie *die* Familie für ein tagesbetreutes Kind agiert. Ende der 1980er Jahre wurde heftig darüber gestritten, ob nicht Eltern, die öffentliche Kindereinrichtungen in Anspruch nehmen, schon von vornherein andere Lebens- und Betreuungseinstellungen haben und den Familienalltag anders organisieren als Eltern, die ihre Kinder zu Hause behalten. Immer wieder wurden deshalb Mütter mit und ohne Inanspruchnahme von öffentlicher Betreuung mit ihren Kindern vergleichend untersucht. In der einen Studie wurden sie beim Spielen, in einer weiteren beim Versorgen ihrer Kinder beobachtet; in der einen Studie am Vormittag, in der anderen am Nachmittag. Aus dieser Forschung, bei denen diese Mütter gegeneinander geprüft und im ständigen Wechsel als besser oder schlechter geführt wurden, ließ sich kein einheitliches Bild erstellen [6].

Ende der 1990 Jahre haben wir deshalb eine eigene, umfängliche Berliner Alltagsstudie mit Kleinkindern durchgeführt, die ausschließlich zu Hause (Kontrollkinder) oder zusätzlich in einer Krippe betreut wurden. Im Mittelpunkt standen die Alltagserfahrungen der Kleinen. Was erleben Krippenkinder in der Zeit, in der andere Kinder gleichen Alters bei ihren Müttern sind, während sie selbst in der Krippe spielen? Wie erleben Krippenkinder ihre Mütter morgens, bevor sie in die Krippe gebracht werden, und wie am späten Nachmittag, nachdem sie sich über Stunden nicht gesehen haben, während die Kontrollkinder ihre Mütter den ganzen Tag um sich hatten? Die Alltagserfahrungen wurden vom Aufwachen bis zum Schlafengehen sowohl von den Kontroll- als auch den Krippenkindern in allen Einzelheiten registriert. Es interessierte uns, wer, wo und wie lange mit dem Projektkind zusammen war – vor allem aber, welche Erfahrungen das Kind wie ausgiebig machte, in Form von (1) *Zuwendung* (wie oft das Kind betrachtet oder etwas an ihm überprüft wurde, ob Blicke gewechselt wurden), (2) *Kommunikation* (ob das Kind im sozialen Austausch war), (3) *Stimulation* (mit oder ohne Objekte), (4) *Beruhigungstechniken* (körpernah oder körperfern), (5) *emotionalem Austausch* (Lächeln, verbaler und körperbezogener Ausdruck positiver Affekte, Enttäuschung und Frustration).

Es interessierte uns auch, wie oft und wie lange sich ein Erwachsener überhaupt in der Nähe des Kindes befand und wie viel Zeit für Füttern, Anziehen, Waschen und Windelwechseln gebraucht wurde. Ein weiterer Schwerpunkt in diesem Projekt waren das Quengeln und Weinen des Kindes; wann kam es vor und wie lange dauerte es, bis sich jemand kümmerte? Die vielen Details wurden in zweistündigen Beobachtungen ermittelt, die immer wieder zeitversetzt im Laufe einer Woche durchgeführt wurden, bis der gesamte Tag des jeweiligen Kindes zusammengesetzt werden konnte. Pro Kind wurden je nach Länge seiner Wachzeit vier bis acht solcher Beobachtungen gemacht; in der Studie gab es insgesamt mehr als 500. Die Beobachter waren mit Walkmen ausgerüstet, die einen Piepton in einem 35- bis 15-Sekunden-Rhythmus abgaben. Damit gab es 35 Sekunden Beobachtungszeit, nach der innerhalb von 15 Sekunden die Einzelheiten auf einem Protokollbogen angekreuzt wurden, um erneut 35 Sekunden zu beobachten [7].

Welche Erfahrungen die Kinder der Berliner Alltagsstudie konkret machen, war abhängig davon, zu welcher Tageszeit und wo die Kinder betreut wurden, in der Familie oder Krippe. Zunächst war klar: Kinder erfahren in der Kinderkrippe weniger individuelle Zuwendung, Stimulation und Kommunikation als die im Elternhaus betreuten Kinder. Im Gegensatz zu einer mütterlichen Betreuung teilen die Erzieher/innen ihre Aufmerksamkeit auf die Kinder einer Gruppe auf und müssen die Gruppendynamik im Blick behalten. So war es nicht anders zu erwarten, dass das einzelne Krippenkind weniger individuelle Zuwendung zu einer Zeit erhielt, in der die Kontrollkinder bei ihren Müttern blieben. Die Eltern der Krippenkinder boten jedoch einen Ausgleich, indem sie ihre Betreuungsleistungen vor und nach dem täglichen Krippenaufenthalt ihres Kindes intensivierten. Ihre Kinder erhielten von ihnen mehr Aufmerksamkeit, Zuwendung und Stimulation als Kinder, die zur gleichen Zeit zu Hause waren. Im Ergebnis dieser Studien ließ sich deshalb kaum die Behauptung aufrechterhalten, Eltern von Krippenkindern wollten ihre Erziehungsverantwortung in die Krippe verlagern. Mit einer erhöhten Betreuungsintensität in der gemeinsam verbrachten Zeit bewiesen sie das Gegenteil. Sie stellten in Rechnung, dass die individuellen Zuwendungsraten in der Krippenzeit zwangsläufig vermindert sind, und glichen dies aus. Sie kompensierten das Manko vor allem durch viel Körperkontakt und lang anhaltende Dialoge am späten Nachmittag und vor der Schlafenszeit, die zum Spielen und Vorlesen genutzt wurde.

Bekannt ist jedoch auch, dass nach einem langen Tag getrennter Zeit Kinder wie Eltern weniger aufmerksam miteinander umgehen [8]. Nach dem Abholen quengeln die Kinder beispielsweise verstärkt, wahrscheinlich um auf diese Weise ihre Eltern ganz für sich zu beanspruchen. Dabei stellt sich natürlich die Frage, ob die Eltern nach einem ebenfalls langen Arbeitstag noch in der Lage sind, angemessen darauf zu reagieren. Kleinkinder regulieren ihre Stimmungen jedoch vorzugsweise im Kontakt mit ihren Eltern und nicht in der Kindereinrichtung, wie es die Berliner Alltagsstudie aufzeigen konnte. Demnach sind ihre Eltern vorranging dafür zuständig, einen ereignisreichen Tag mit ihnen zu verarbeiten und ihnen zu helfen, langsam zur Ruhe zu kommen. Es ist von daher zwingend, dass eine gute Balance zwischen Familien- und Tagesbetreuung gefunden wird. Der Eltern-Kind-Kontakt soll damit auch am Tagesausklang noch zufriedenstellend sein, damit die notwendige emotionale Regulierung durch die Eltern zustande kommen kann. Die Grundaussage aus der Bindungstheorie, wonach die sensitive Betreuung einer Mutter die wichtigste Grundlage für eine gesunde emotionale Entwicklung des Kindes ist, bleibt damit unangefochten. Wenn es sich dabei nicht um die traditionelle kontinuierliche Form der mütterlichen Betreuung handelt, sondern diskontinuierlich ist und in einem geteilten Betreuungsfeld stattfindet, werden andere Wege der Aufrechterhaltung der Mutter-Kind-Beziehung wirksam. In der Regel gelingt es jedoch gerade Müttern mit einem hohen Anspruch an ihren Beruf besonders gut, die Sensitivität in der Betreuung ihrer Kinder aufrechtzuerhalten. Wenn sie ihre Arbeit als vorteilhaft für sich selbst, das Kind und die Familie ansehen, können sie mit größerem Selbstverständnis eine gute Beziehungsqualität zu ihren Kindern entwickeln. Zu diesem Ergebnis kam Linda Harrison von der Charles Sturt University in Bathurst/Australien in einer Studie an 154 australischen Frauen, die eine sichere Bindungsbeziehung trotz hoher Arbeitsbelastung entwickelten und aufrechterhielten. Sie hatten noch während der Schwangerschaft mitgeteilt, wie wertvoll sie ihr eigenes berufliches Engagement für Kind und Familie empfinden [9].

12.4 Wenn die Familie nicht funktioniert

Immer mehr Kinder leben mit ihren Familien auch in Deutschland in Armut und damit in einer Lebenssituation, die einem Minimalstandard nicht mehr genügt. Die Festlegung der Armutsgrenze variiert weltweit beträchtlich; sie liegt derzeitig nach EU-Angaben für Deutschland mit 60 Prozent des mittleren Einkommens bei 938 Euro pro Monat. Armut kommt in Deutschland für die meisten Betroffenen durch abrupt veränderte Lebensläufe zustande. Missglückte Studienablaufpläne und Berufseinstiege, aber auch Trennungen und Scheidungen erzeugen dann zumeist eine Armutssituation. Armut bedeutet für die Betroffenen nicht nur mangelhafte materielle Ressourcen, sondern sich

in der Lebensqualität, auch in der Qualität des Sozial-
lebens, einschränken und Gesundheitsbelastungen hinzu-
nehmen zu müssen, die durch einseitige Ernährung und
schlechte Wohnbedingungen entstehen können [10].

Auf die Frage, wie sich Armut auf die Entwicklung
von Kindern auswirkt, kann am besten die NICHD-Studie Auskunft geben, die die Entwicklung von Kindern
auch unter Armutsbedingungen untersucht hat. Danach
bestätigt sich, dass Armut mit ungünstigen Entwick-
lungsverläufen verbunden ist. Kinder in Armut zeigen
intellektuelle Entwicklungsverzögerungen und mehr Verhaltensprobleme als Vergleichskinder, die keine Armut
kennen. Die schlechten Entwicklungsergebnisse werden
dabei maßgeblich auf ein unangemessenes Elternverhalten
und ein schlechtes Beziehungsklima in der Familie zurückgeführt. Das Leben für Kinder in Armut ist damit vor
allem mit Beziehungs-, Bildungs- und Betreuungsarmut in
der Familie verbunden. Eine öffentliche Betreuung kann
dann ein gutes Korrektiv sein. Das NICHD-Team legte
darüber hinaus einen interessanten Vergleich von Kindern
mit unterschiedlichen Armutserfahrungen vor. Kinder, die
im Alter von vier bis neun Jahren Armut erlebt hatten,
fielen durch ungünstigere Entwicklungsniveaus auf als
Kinder, die Armut nur im Alter von null bis drei Jahren
kannten. Damit scheinen sich spätere Erfahrungen von
Armut gegenüber den früheren nachhaltiger auf die kindliche Entwicklung auszuwirken [11].

Aber auch ohne Armutsbedingungen sind Trennungs-
und Scheidungssituationen für Kinder problematisch –
und eine sogenannte Ein-Eltern-Familie auch. Gegenwärtig sind etwa 30 Prozent aller deutschen Familien von
Scheidung betroffen. Scheidungen werden gegenwärtig

nach einer mittleren Ehedauer von fünf Jahren vollzogen, sodass besonders Klein- und Vorschulkinder betroffen sind. Die Kinder nehmen dann an Zerfall und Neuordnung eines Beziehungsgefüges teil, von dem sie selbst ein Teil sind. In den ersten zwei Jahren nach der Trennung der Eltern können Verhaltensauffälligkeiten auftreten, die zumeist vorübergehend sind. Wenn das innerfamiliäre Beziehungsklima allerdings für das Kind weiterhin belastend ist, weil die Zuwendung des betreuenden Elternteils ausbleibt oder anhaltende Konflikte mit dem getrennt lebenden Elternteil bestehen, bleiben auch die kindlichen Verhaltensauffälligkeiten bestehen oder verstärken sich sogar. Insgesamt gesehen stellt die Zerrüttung der Familie eine große Belastungssituation für das Kind dar, die emotionale Unsicherheit, Unruhe, eine schlechtere Anpassung, emotionale Labilität und eine erschwerte Zugänglichkeit bewirken kann. Eine öffentliche Kindereinrichtung kann dann ein Rückzugsort sein, der die Probleme auffängt. Kinder von alleinerziehenden Eltern sind darüber hinaus einem erhöhten Sozialisations- und Entwicklungsrisiko ausgesetzt, wenn die Ein-Eltern-Kind-Beziehung unsichere Bindungsmerkmale aufweist und über keine oder nur eingeschränkte soziale Netze und Unterstützungssysteme verfügt.

Das Sozialisations- und Entwicklungsrisiko erhöht sich um ein Vielfaches für ein Kind, wenn die alleinerziehende Mutter selbst noch sehr jung ist und die Volljährigkeit noch nicht erreicht hat. In der Regel sind Autonomie und Identität dann noch nicht vollständig ausgeprägt. Das Fehlen eines tragfähigen sozialen Netzwerks kann dann weder diesen mütterlichen Entwicklungsprozess noch die Entwicklung des Kindes unterstützen [12].

Diesen Einblick haben wir in einer kleinen praxisbezogenen Studie selbst bekommen können, in der wir die Betreuungsqualität von 15 Müttern in einem durch Armut belasteten Einzugsgebiet untersuchten. Die öffentliche Kindereinrichtung des Einzugsgebiets versorgte die Kinder im Alter von ein bis fünf Jahren, die bereits entwicklungsverzögert waren. Die Kinder hatten dort allesamt qualitativ bessere Beziehungen zu ihren Erzieherinnen als zu ihren eigenen Müttern. Das Anliegen des Projekts war es, die Mütter für die Elternarbeit zu gewinnen, der sie sich bis dahin entzogen hatten. Die Begegnung mit sozial kompetenteren Eltern sollte sie dazu bringen, ihre Mutterrolle besser wahrzunehmen; Gespräche mit den Erzieherinnen sollten sie befähigen, die Bedürfnisse ihrer Kinder besser zu erkennen. Mit einem enormen Aufwand von zusätzlichen Hausbesuchen, individuellen Sprechstunden und zusätzlichen Spielnachmittagen in der Kindereinrichtung und unter Einsatz zusätzlicher Fachkräfte aus der Heilpädagogik und Psychologie gelang es schließlich, die Weichen für die Entwicklung einer langfristigen Erziehungspartnerschaft zwischen diesen Müttern und den Erzieherinnen der Einrichtung zu stellen [13]. Dass dieser Weg zum Wohl des Kindes erfolgreich sein kann, zeigt das Sure-Start-Programm aus Großbritannien, das die benachteiligten Regionen des Landes betrifft und seit ein paar Jahren in seiner Wirksamkeit von Edward Melhiush und seinem Team an der Brikbeck University in London/UK ausgewertet wird. Sure Start war bisher dort vor allem erfolgreich, wo Elternarbeit in eine Erziehungspartnerschaft umgewandelt werden konnte [14].

12.5 Von der Elternarbeit zur Erziehungspartnerschaft

Der Begriff der Partnerschaft schließt Vorstellungen über eine grundsätzliche Gleichwertigkeit und Gleichberechtigung der Partner ein. Im Fall der Erziehungspartnerschaft von Familie und öffentlicher Betreuung sind Gleichwertigkeit und Gleichberechtigung in der Kommunikation und Kooperation von Eltern und Erzieher/inne/n gegenwärtig jedoch kaum gegeben [15]. Eltern nehmen die Kindereinrichtungen in der Regel positiver wahr, als dies die Erzieher/innen der Einrichtung im Hinblick auf die Eltern tun. Da Eltern und Erzieher/innen gemeinsam an der Erziehung eines Kindes teilhaben, gibt es zumindest Konsens darüber, dass es eine gemeinsame Erziehungsverantwortung geben muss. Wo aber liegen nun die Stärken in dieser Teilhabe? Es ist glücklicherweise der Regelfall für tagesbetreute Kinder, dass ihre Eltern die zentralen Bezugspersonen bleiben. Die Erzieher/innen stellen keinen Ersatz für diese Eltern dar. Sie entwickeln mit den Kindern Beziehungen, die einen anderen Stellenwert im Leben eines Kindes einnehmen, als dies bei der Eltern-Kind-Beziehung der Fall ist. Von daher muss die Eltern-Kind-Beziehung von Seiten der Erzieher/innen ohne Wenn und Aber respektiert werden. Umgekehrt gilt: Wenn Beziehungen in einer öffentlichen Betreuung von hoher Qualität entstehen, sind Eltern gut beraten, keine Eifersucht zu entwickeln und die Beziehung ihres Kindes zur Erzieherin oder dem Erzieher nicht in Konkurrenz zu sehen. Wird die Beziehung geschätzt, kann das Kind ohne Loyalitätskonflikte von diesen zusätzlichen Erfahrungen profitieren und den regelmäßigen Wechsel zwischen Familien- und Tages-

betreuung besser verkraften. Eltern und Erzieher/innen müssen sich demnach eine Grundhaltung erarbeiten, mit der sie den jeweils anderen Erziehungspartner als Experten im jeweiligen Wirkungsfeld des Kindes anerkennen und wertschätzen, auch wenn gelegentlich Probleme im Verhalten und der Entwicklung des Kindes in den Erziehungs- und Betreuungsmaßnahmen der jeweiligen Gegenseite vermutet werden.

Während sich die Eltern-Kind-Beziehung durch Zuwendung, Sicherheit und Stressreduktion hervorhebt und diese Eigenschaften über die Zeit entwicklungsangemessen angepasst werden müssen, verschiebt die Erzieher/innen-Kind-Beziehung das Gewicht schwerpunktmäßig auf Eigenschaften der Assistenz und Explorationsunterstützung. Diese Unterschiede in den Beziehungen bringen unterschiedliche Formen der Entwicklungsbegleitung mit sich, von denen jeder für sich einen wertvollen Beitrag leisten kann. Die Beziehung zu den Eltern spricht die Gefühlswelt des Kindes am besten an und wirkt am effektivsten, wenn das Kind emotional balanciert werden muss. Aus diesen Erfahrungen heraus sollten Eltern die Erzieher/innen über emotionale Auslöser und Beruhigungsstrate-

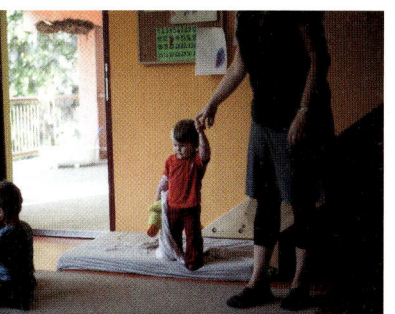

gien präzise informieren und auch entsprechende Möglichkeiten vorbereiten; sie können beispielsweise dem Kind ein Kuschelkissen oder Lieblingsspielzeug mitgeben und über seine Vorlieben und Abneigungen informieren.

Da die Beziehung des Kindes zu den Erzieher/inne/n dagegen eher bildungsbetont ist, sollten diese die Eltern über die Bildungsangebote und die sich entwickelnden Fähigkeiten des Kindes informieren. Dies ist vor allem auch deshalb wichtig, weil die Eltern ihre eigenen Betreuungsmaßnahmen an diese gewachsenen Fähigkeiten anpassen müssen, um die Qualität der Beziehung zu ihrem Kind zu erhalten. Relativ schnell ist die Feinfühligkeit aufs Spiel gesetzt, wenn Betreuungspersonen die Bedürfnislage von Kindern nicht mehr richtig einschätzen können. Die Erzieher/innen sind deshalb angehalten, den Eltern kontinuierliche Einblicke in die vielfältigen Herausforderungen und die neuen Möglichkeiten des Lernens ihrer Kinder in der Kindereinrichtung zu gewähren. Es ist deshalb selbstverständlich, dass die Eltern prinzipiell in der Einrichtung willkommen sind. Dabei muss es beim täglichen Bringen und Abholen des Kindes möglich sein, individuelle Übergangssituationen gestalten zu können und auch im Gruppenraum kurzzeitig verweilen zu dürfen, ohne dass dies das Gruppengeschehen stört. Es müssen Überlegungen angestellt werden, die den Eltern am Morgen und den Erzieher/innne/n am Abend den Zeitdruck und die Handlungszwänge abnehmen, um aufeinander zugehen zu können. Schließlich müssen weiterführende Kontaktmöglichkeiten durch Elternabende, Elterngespräche, Kinderfeste und andere gemeinsame Aktivitäten regelmäßig ermöglicht werden. Das bildungsorientierte Potenzial der Erzieher/innen-Kind-Beziehung muss vor allem von den Eltern aufgegriffen werden, damit das kindliche Vertrauen in die eigenen Fähigkeiten in beiden Betreuungsfeldern stetig gestärkt werden kann. Dabei ist zu beachten, dass das Kind die Diskrepanzen in seiner eigenen Denkwelt über lange Zeit erlebt und Erzieher/innen wie Eltern aufgefordert sind, vermittelnd wirksam zu werden. Die kindlichen Vorstellungen über die eigene Leistungsfähigkeit müssen sich positiv formieren können. Wer sich nicht als selbstwirksam erlebt, sieht keine Aussicht auf selbst erbrachte Erfolge und verliert den Spaß am Lernen. Wer sich selbst nicht als Ursache von Wirkungen erlebt, sieht keinen Sinn darin, sich anzustrengen. Es ist die Aufgabe einer Erziehungspartnerschaft, diesen Sinnzusammenhang herzustellen und zu bewahren.

Regelmäßig geführte Gespräche zwischen Erzieher/innne/n und Eltern über die individuellen Besonderheiten des Kindes, Vorlieben, Abneigungen sowie neue Entwicklungsschritte und -themen können darüber hinaus zu einer individualisierten Betreuung in öffentlicher Betreuung beitragen. Insbesondere bei Kleinkindern, bei denen Pflegehandlungen wie Füttern, Wickeln und Zubettbringen einen großen Anteil des Erzieher/innen-Kind-Kontakts ausmachen, ist ein intensiver Austausch über diese Routinen und Rituale wichtig, damit das Kind Vertrauen in die Zuverlässigkeit der neuen Beziehungen entwickelt. Der Grundstein dafür muss bereits bei der Neuaufnahme eines Kindes gelegt werden und muss der Anfang der Erziehungspartnerschaft sein. Schließlich wird in dieser Zeit bereits eine erste gemeinsame Entscheidung gefordert: Die Beendigung der Eingewöhnungsphase sollte idealerweise durch die Erzieher/innen *und* die Eltern festgelegt werden. Danach ist es angezeigt, dass Eltern und Erzieher/innen aus dem Befinden des Kindes, seiner Entdeckerfreude und der Lust auf mitspielende Kinder seine optimale Aufenthaltsdauer in der öffentlichen Betreuung bestimmen. Dafür gibt es keine Normen, da die Belastungsfähigkeit des Kindes von einer Vielzahl von Faktoren abhängig ist, die sich unter Umständen den Einflüssen durch Familie und öffentliche Betreuung entziehen und eher im Temperamentprofil des Kindes verborgen sein können. Beispielsweise sollten temperamentbedingte Schreckhaftigkeit, erhöhte Reizschwellen oder Angstniveaus die Aufenthaltsdauer minimieren.

Elternarbeit und Erziehungspartnerschaften wurden in unserer Kölner Kindergartenstudie ebenfalls untersucht und die Diskrepanzen in der gegenseitigen Wahrnehmung von Eltern und Erzieher/inne/n bestätigt. Bei ihrer Suche nach dem richtigen Betreuungsarrangement hilft es den Eltern offensichtlich, eine Kindereinrichtung in Anspruch zu nehmen, für die sie viele positive Argumente finden. Im Vergleich dazu können Erzieher/innen viel objektiver und ohne persönlich motivierte Verzerrungen den Eltern gegenübertreten. Oftmals fließen dabei Beobachtungen ein, die die Erziehungspraktiken der Eltern kritisch in den

Blick nehmen. Im Wechselspiel von Familie und öffentlicher Betreuung werden deshalb notwendigerweise Diskrepanzen bestehen bleiben, die durch die täglichen Kontakte von Eltern und Erzieher/inne/n nur eingeschränkt zu überbrücken sind.

Allerdings stellt sich die Frage, ob eine gegenseitige Akzeptanz von Erzieher/inne/n und Eltern nicht zumindest die Beziehung begünstigt, die ein Kind zu den Erzieher/inne/n eingeht? Die Kölner Kindergartenstudie mit ihren über 50 Erzieherinnen zeigt tatsächlich diesen Zusammenhang: Je besser die Erzieherinnen die Zusammenarbeit mit den Eltern einschätzten, desto besser war ihre Beziehung zu dem entsprechenden Kind. Dieser Zusammenhang ging jedoch von der Erzieherinnen-Kind-Beziehung und nicht von der Erziehungspartnerschaft aus. Immer dann, wenn die Beziehung der Erzieherin zum Kind gut war, wurde von ihr auch die Beziehung zu den Eltern positiv bewertet. Andere Zusammenhangsmuster gab es fast nicht. Die Erzieher/in-Kind-Beziehung scheint damit den hauptsächlichen Einfluss auf die Gestaltung der Erziehungspartnerschaft auszuüben. Damit liegt der Schluss nahe, dass Erzieher/innen sich in die Arbeit mit den Eltern größtenteils intuitiv einbringen und nicht, wie man es von einem professionellen Handeln erwarten würde, reflektiert. Es ist höchste Zeit, dass Erzieher/innen die Gestaltung von Erziehungspartnerschaften professionell in die Hand nehmen und sie aus der traditionellen Elternarbeit herausführen. Eine Erziehungspartnerschaft, die überlegt und professioneller begründet wird, würde zweifelsohne auch die Chance bieten, mögliche Beziehungs- und Entwicklungsprobleme des Kindes gemeinsam mit den Eltern aufdecken und sie angehen zu können [16].

Anmerkungen

Kapitel 1

Eröffnungszitat: Antoine de Saint-Exupéry (1942). *Pilote de Guerre.* Paris: *Gallimard.* [Deutsch 1949: *Flug nach Arras* (S. 89). Bad Salzig: Karl Rauch.]

[1]   Die Tagebuchaufzeichnungen gingen in Jean Piagets sogenannte Säuglingsmonografien ein: *Das Erwachen der Intelligenz beim Kind* (1936), *Der Aufbau der Wirklichkeit beim Kind* (1937) und *Nachahmung, Spiel und Traum* (1945).

[2]   Fantz, R. L. (1963). Pattern vision in newborn infants. *Science, 140*, 296 f.

[3]   Eines der sogenannten Still-Face-Experimente wurde durchgeführt von Moore, G. A., Cohn, J. F. & Campbell, S. B. (2001). Infant affective responses to mother's still face at 6 months differentially predict externalizing and internalizing behaviors at 18 months. *Developmental Psychobiology, 37,* 706–714.

[4]   Soken, H. H. & Pick, A. D. (1992). Intermodal perception of happy and angry expressive behaviors by seven-month-old infants. *Child Development, 63,* 787–795.

[5]   Eine Aufstellung und Kurzbeschreibung von nahezu 100 Einzelschicksalen findet sich in Blumenthal, P. J. (2008). *Kaspar Hausers Geschwister. Auf der Suche nach dem wilden Menschen.* Wien: Deuticke.

[6]   Veröffentlicht wurden diese Berichte (beide von K. Davis) im *American Journal of Sociology* als: „Extreme social isolation of a child" (1940; *45*, p. 554–565) und als „Final note on a case of extreme isolation" (1947; *54*, p. 432–437).

[7]   Gesell, A. (1941). *Wolf child and human child – The life story of Kamala, the wolf girl.* London: Methuen.

[8]   Kellogg, W. N. (1967). *The ape and the child.* New York/London: Hafner.

[9]   Dies sollte sich jedoch glücklicherweise nur als ein vorübergehender Tiefpunkt in Donald Kelloggs Entwicklung herausstellen; er studierte später an der Harvard Medical School in Boston Medizin und wurde ein erfolgreicher Psychiater.

[10] Köhlers Werk über Kognition bei Menschenaffen wurde 1917 unter dem Titel *Intelligenzprüfungen an Anthropoiden* veröffentlicht; die englische Version *The mentality of apes* erschien im Jahre 1925. Diese Arbeit war revolutionär, wurde jedoch aus ideologischen Gründen fast vollständig ignoriert; erst seit den 1950er Jahren werden die mentalen Fähigkeiten von Tieren in ihrem Verhältnis zu denen der Menschen wieder untersucht und Köhlers Forschungen geschätzt.

[11] Michael Tomasellos Vorstellungen über die Denkleistungen in der Frühentwicklung des Menschen und bei nichtmenschlichen Primaten sind untermauert durch zahlreiche empirische Studien und dargelegt in *Die kulturelle Entwicklung des menschlichen Denkens*, erschienen 2002 bei Suhrkamp.

[12] Die Studie ist veröffentlicht als: Herrmann, E., Call, J., Lloreda, M., Hare, B. & Tomasello, M. (2007). Humans have evolved specialized skills of social cognition: The cultural intelligence hypothesis. *Science, 317*, 1360–1366.

[13] Einen Überblick gibt René Baillargeon in *Physical reasoning in infancy*, erschienen 1995 bei MIT Press.

[14] Spelke, E. S., Beinlinger, K., Jacobson, K. & Phillips, K. (1993). Gestalt relations and object perception: A development study. *Perception, 22*, 1483–1501.

[15] Meltzoff, A. N. (1995). Understanding the intentions of others: Re-enactments of intended acts by 18-month-old children. *Developmental Psychology, 31*, 838–850.

[16] Belsky J., Woodworth, S. & Crnic, K. (1996). Trouble in the second year: Three questions about family interaction. *Child Development*, 67, 556–578.

Kapitel 2

Eröffnungszitat: Donald Winnicott (1965). *The maturational processes and the facilitating environment.* London: Hogarth. [Deutsch 2002: *Reifungsprozesse und fördernde Umwelt* (S. 55). Gießen: Psychosozial-Verlag.]

[1]   Winnicott, D. W. (1965). *The maturational processes and the facilitating environment.* London: Hogarth. [Deutsch 2002: *Reifungsprozesse und fördernde Umwelt.* Gießen: Psychosozial-Verlag.]

[2]   Für diese Behauptungen gibt es mittlerweile eine zunehmende Anzahl von experimentellen Studien im Rahmen des Forschungsprogramms „Foundation of Human Social Behavior", das von Markus Heinrichs an der Universität Zürich ins Leben gerufen wurde; z. B. Kosfeld, M., Heinrichs, M., Zak, P. J., Fischbacher, U. & Fehr, E. (2005). Oxytocin increases trust in humans. *Nature, 435*(7042), 673–676.

[3]   Heinrichs, M., Meinlschmidt, G., Neumann, I., Wagner, S., Kirschbaum, C., Ehlert, U. & Hellhammer, D. H. (2001). Effects of suckling on hypothalamic-pituitary-adrenal axis responses to psychosocial stress in postpartum lactating women. *Journal of Clinical Endocrinology & Metabolism, 86*, 4798–4804.

[4]   Altemus, M., Redwine, L. S., Leong, Y.-M., Frye, C. A., Porges, S.W. & Carter, C. S. (2001). Responses to laboratory psychological stress in postpartum women. *Psychosomatic Medicine, 63*, 814–821.

[5]   Weitere Ausführungen zu diesen Argumenten finden sich in Brisch, K.-H. & Hellbrügge, T. (2007). *Die Anfänge der*

Eltern-Kind-Bindung: Schwangerschaft, Geburt und Psychotherapie. Stuttgart: Klett-Cotta.

[6]   Klaus, M. H. & Kennell, J. H. (1983). *Mutter-Kind-Bindung: Über die Folgen einer frühen Trennung.* München: Kösel. [Original 1976: *Maternal-infant bonding. The impact of early separation or loss on family development.* Saint Louis: Mosby.]

[7]   Hrdy, S. B. (2002). *Mutter Natur. Die weibliche Seite der Evolution.* Berlin: Taschenbuchverlag. [Original 1999: *Mother Nature. A history of mother, infants, and natural selection.* New York: Pantheon.]

[8]   Papoušek, H. & Papoušek, M. (1987). Intuitive parenting: A dialectic counterpart to the infant's integrative competence. In J. D. Osofsky (ed.), *Handbook of infant development* (pp. 669–720). New York: Wiley.

[9]   Eine der detailliertesten Arbeiten ist in der Forschungsgruppe von Heidi Keller an der Universität Osnabrück durchgeführt worden: Keller, H., Lohaus, A., Voelker, S., Cappenberg, M. & Chasiotis, A. (1999). Temporal contingency as an independent component of parenting behavior. *Child Development, 70,* 474–485.

[10]   Lorenz, K. Z. (1935). Der Kumpan in der Umwelt des Vogels. *Zeitschrift für Ornithologie, 83,* 137–213; 280–413.

[11]   Die Studie ist publiziert als: Harlow, H. F. (1958). The nature of love. *American Psychologist, 13,* 673–685. Eine ausführliche Beschreibung und Bewertung der Forschungsleistungen von Harry Harlow findet sich in Blum, D. (2002). *Love at Goon Park: Harry Harlow and the science of affection.* London: Perseus.

[12]   Eine geschichtliche Darstellung der Entwicklung der Bindungstheorie gibt Inge Bretherton von der University of Madison als eine der Pioniere in diesem Forschungsfeld in Bretherton, I. (1995). Die Geschichte der Bindungstheorie. In G. Spangler & P. Zimmermann (Hrsg.), *Die Bindungstheorie. Grundlagen, Forschung und Anwendung* (S. 27–50). Stuttgart: Klett-Cotta.

[13] Robert Marvin hat diesen Zirkel zur Grundlage von Programmen gemacht, die Risikofamilien darin unterrichten, was ein Kind zu einer optimalen Entwicklung braucht: Marvin, R., Cooper, G., Hoffman, K. & Powell, B. (2002). The Circle of Security project: Attachment-based intervention with caregiver-preschool child dyads. *Attachment & Human Development, 4*, 107–124.

[14] John Bowlby hat eine Trilogie verfasst: Im ersten Band *Bindung* beschreibt er Wesen und Funktion der Bindung. Im zweiten Band *Trennung* werden Trennungsreaktionen und Schmerz eines Kindes von der Bezugsperson behandelt und die Folgen für die spätere Entwicklung diskutiert. Im dritten Band *Verlust* vergleicht Bowlby die Trennungsreaktionen eines Kindes mit denen eines Erwachsenen, dessen Partner oder Kind stirbt, und stellt die Bewältigung von derartigen Traumata dar.

[15] MacDonald, K. B. (1992). Warmth as a developmental construct: An evolutionary analysis. *Child Development, 63*, 753–773.

[16] Booth, C. L., Kelly, J. F., Spieker, S. J. & Zuckerman, T. G. (2003). Toddler's attachment security to child care providers: The Safe and Secure Scale. *Early Education & Development, 14*, 83–100.

Kapitel 3

Eröffnungszitat: Erich Fromm (1955). *The sane society* (p. 33). New York: Rinehart. [The mother-child relationship … requires the most intense love on the mother's side, and yet this very love must help the child to grow away from the mother, and to become fully independent.]

[1]   Die Sicherheitstheorie wurde erst zwei Jahre nach dem Tod von William Blatz veröffentlicht: Blatz, W. E. (1967). *Human security: Some reflections.* London: University of London.

[2]   Die Ergebnisse der Baltimore-Studie sind umfassend zu fin-
       den in Ainsworth, M. D. S., Blehar, M. C., Waters, E. &
       Wall, S. (1978). *Patterns of attachment: A psychological study of
       the strange situation.* Hillsdale, NJ: Erlbaum.

[3]   Die Methode wurde erstmals publiziert als: Ainsworth, M. D.
       S. & Wittig, B. A. (1969). Attachment and exploratory
       behavior of one-year-olds in a strange situation. In B. M. Foss
       (ed.), *Determinants of infant behavior* (pp. 111–136). Lon-
       don: Methuen.

[4]   Main, M. (1981). Avoidance in the service of attachment: A
       working paper. In K. Immelmann, G. Barlow, L. Petrinovich
       & M. Main (eds.), *Behavioral development: The Bielefeld Inter-
       disciplinary Project* (pp. 651–693). New York: Cambridge
       University Press.

[5]   Everett Waters hat das Verfahren 1995 überarbeitet, mit dem
       die heutige Forschung betrieben wird: Waters, E. (1995). The
       Attachment Q-Set (Version 3.0). *Monographs of the Society for
       Research in Child Development, 60*, 234–246.

[6]   Ainsworth, M. D. S., Bell, S. M. & Stayton, D. J. (1974).
       Infant-mother attachment and social development: Socializa-
       tion as a product of reciprocal responsiveness to signals. In M.
       P. M. Richards (ed.), *The integration of a child into a social
       world* (pp. 99–135). New York: Cambridge University Press.

[7]   Die renommierte entwicklungspsychologische Fachzeitschrift
       Child Development widmete dieser Thematik 1997 im Heft
       68 ihre gesamte Aufmerksamkeit. Der Leitartikel „Sensitivity
       and attachment: A meta-analysis on parental antecedents of
       infant attachment" (pp. 571–591) von M. De Wolff und M.
       H. van IJzendoorn wird dabei von einer Vielzahl von Kom-
       mentaren begleitet.

[8]   Die Deutung der unsicheren Bindungsbeziehungen hat eine
       wichtige Rolle auf dem 92. Dahlem Workshop über Bindung
       und Bonding gespielt, der publiziert wurde als: Carter, C. &
       Ahnert, L. et al. (eds.) (2005). *Attachment and bonding: A new
       synthesis.* Cambridge, MA: The MIT Press.

[9]   Das Forscherehepaar Grossmann gibt einen umfassenden Überblick über ihre Forschungsarbeiten (einschließlich der Längsschnittstudien in Bielefeld und Regensburg) in Grossmann, K. & Grossmann, K. E. (2004). *Bindungen: Das Gefüge psychischer Sicherheit.* Stuttgart: Klett-Cotta.

[10] Einen internationalen Überblick über die Verteilungseigenschaften der Bindungsqualitäten in unterschiedlichen Ländern der Welt gibt Lamb, M. E., Thompson, R. A., Gardner, W. P. & Charnov, E. L. (1985). *Infant-mother attachment: The origins and developmental significance of individual differences in strange situation behavior.* Hillsdale, NJ: Erlbaum.

[11] Fröbel, F. W. A. (1826). *Die Menschenerziehung, die Erziehungs-, Unterrichts- und Lehrkunst.* Leipzig: Reclam.

[12] Gloger-Tippelt, G., Vetter, J. & Rauh, H. (2000). Untersuchungen mit der „Fremden Situation" in deutschsprachigen Ländern: Ein Überblick. *Psychologie in Erziehung und Unterricht, 47,* 87–98.

[13] Die Studie ist beschrieben in Ahnert, L. & Schmidt, A. (1995). Familiäre Anpassungsbelastungen im gesellschaftlichen Umbruch: Auswirkungen auf die frühkindliche Entwicklung. In H. Sydow, U. Schlegel & A. Helmke (Hrsg.), *Chancen und Risiken im Lebenslauf: Beiträge zum gesellschaftlichen Wandel in Ostdeutschland* (S. 151–169). Berlin: Akademie.

[14] Winnicott, D. W. (1965). *The maturational processes and the facilitating environment.* London: Horgarth. [Deutsch 2002: *Reifungsprozesse und fördernde Umwelt.* Gießen: Psychosozial-Verlag.]

[15] Meaney, M. J. (2001). Maternal care, gene expression, and the transmission of individual differences in stress reactivity across generations. *Annual Review of Neuroscience, 24,* 1161–1192

[16] Schore, A. N. (1994). Affect regulation and the origin of the self. Hillsdale, NJ: Erlbaum. In deutscher Übersetzung ist das

Buch 2007 bei Klett-Cotta als *Affektregulation und die Reorganisation des Selbst* erschienen.

[17] Zusätzliche Ausführungen befinden sich in Ahnert, L. (Hrsg.) (2004). *Frühe Bindung. Entstehung und Entwicklung.* München: Reinhardt.

Kapitel 4

Eröffnungszitat: Elisabeth Badinter (1980). *L'amour en plus.* Paris: Flammarion. [Deutsch 1984: *Die Mutterliebe: Geschichte eines Gefühls vom 17. Jahrhundert bis heute* (S. 16). München: dtv.]

[1] Diese Urväter der Vaterforschung haben damals zwei Bücher herausgebracht: Parke, R. D. (1981). *Fathers.* Cambridge: Harvard University Press; Lamb, M. E. (1987). *The Father's Role: Cross-Cultural Perspectives.* Hillsdale: Erlbaum. Siehe außerdem Lamb, M. E. (1975). Fathers: Forgotten contributors to child development. *Human Development, 18,* 245–266. Für den deutschsprachigen Raum hat Wassilios Fthenakis 1985 das zweibändige Werk *Väter* bei Urban & Schwarzenberg publiziert, das den damaligen Stand der internationalen Vaterforschung darstellte.

[2] Im Psychosozial-Verlag ist 2002 ein umfassendes Buch unter der Herausgabe von Heinz Walter mit dem Titel *Männer als Väter: Sozialwissenschaftliche Theorie und Empirie* erschienen, das die deutsche Vaterforschung der letzten 30 Jahre reflektiert.

[3] Hrdy, S. B. (2002). *Mutter Natur. Die weibliche Seite der Evolution.* Berlin: Taschenbuchverlag.

[4] Fox, G. L. & Bruce, C. (2001). Conditional fatherhood: Identity theory and parental investment theory as alternative sources of explanation of fathering. *Journal of Marriage & Family, 63,* 394–403.

[5] Eine detailliertere Übersicht befindet sich in Lange, A. & Alt, C. (2008). Väterbilder – Vätertypen. *DJI-Bulletin 83/84*, 1–4.

[6] Diese Klassifikation von Vätern wurde in der Wiener Längsschnittstudie „Familienentwicklung im Lebenslauf" ermittelt, die 1991 von Brigitte Rollett und Harald Werneck an der Universität Wien ins Leben gerufen wurde. Siehe auch Rollett, B. & Werneck, H. (2002). Die Vaterrolle in der Kultur der Gegenwart und die väterliche Rollenentwicklung in der Familie. In H. Walter (Hrsg.), *Männer als Väter: Sozialwissenschaftliche Theorie und Empirie* (S. 323–343). Gießen: Psychosozial-Verlag.

[7] Die DJI-Bertelsmann-Studie „Wege in die Vaterschaft" führte im Jahr 2008 eine Befragung an 1 803 Männern im Alter von 15 bis 42 Jahren durch. Die Bundeszentrale für gesundheitliche Aufklärung (BZgA) hat 2004 die Studie veröffentlicht: *Männerleben. Eine Studie zu Lebensläufen und Familienplanung.*

[8] Fthenakis, W. & Textor, M. R. (2002). *Mutterschaft – Vaterschaft.* Weinheim: Beltz.

[9] Kunz, J. (2003). *Die Verhaltensökologie der Couvade.* Trier: Fokus Kultur.

[10] Storey, A. E., Walsh, C.J., Quinton, R. L. & Wynne-Edwards, K. E. (2000). Hormonal correlates of paternal responsiveness in new and expectant fathers. *Evolution and Human Behaviour, 21*, 79–95.

[11] Johnson, M. P. (2002). An exploration of men's experience and role at child birth. *Journal of Men's Studies, 10*, 165–182.

[12] Die Studie wurde von Klaus Grossmann und einem Mitarbeiter in Bielefeld betreut: Grossmann, K. E. & Volmer, H.-J. (1984). Fathers' presence during birth of their infants and paternal involvement. *International Journal of Behavioral Development, 7*, 157–165.

[13] Nickel, H. & Quaiser-Pohl, C. (2001). *Junge Eltern im kulturellen Wandel. Untersuchungen zur Familiengründung im kulturellen Vergleich.* Weinheim: Juventa.

[14] Ross Parke hat für dieses mütterliche Verhalten den Begriff *gate keeper* („Torhüter") geprägt.

[15] Einige dieser Schlussfolgerungen sind aus den Schriften von Inge Seiffge-Krenke entnommen, die Vaterforschung an der Universität Mainz betreibt: Seiffge-Krenke, I. (2001). Neuere Ergebnisse der Vaterforschung. *Psychotherapeut, 6,* 391–397.

[16] Schaffer, H. R. & Emerson, P. E. (1964). The development of social attachment in infancy. *Monographs of the Society for Research in Child Development, 29,* 5–77.

[17] Grossmann, K., Grossmann, K. E., Fremmer-Bombik, E., Kindler, H., Scheuerer-Englisch, H. & Zimmermann, P. (2002). The Uniqueness of the child-father attachment relationship: Fathers' sensitive and challenging play as a pivotal variable in a 16-year longitudinal study. *Social Development, 11,* 307–331.

[18] Gloger-Tippelt, G., Rapkowitz, I., Freudenberg, I. & Maier, S. (1992). Veränderung der Partnerschaft nach der Geburt des ersten Kindes. *Psychologie in Erziehung und Unterricht, 42,* 255–269.

[19] von Klinzig, K. (2002). Vater-Mutter-Säugling. Von der Dreierbeziehung in der elterlichen Vorstellung zur realen Eltern-Kind-Beziehung. In H. Walter (Hrsg.), *Männer als Väter: Sozialwissenschaftliche Theorie und Empirie* (S. 783–810). Gießen: Psychosozial-Verlag.

Kapitel 5

Eröffnungszitat: Konrad Lorenz (1983). *Der Abbau des Menschlichen* (S. 31). München: Piper.

[1] Eine umfassende Analyse liegt dazu vor in Lamb, M. E., Sternberg, K. J., Hwang, C. P. & Broberg, A. G. (eds.) (1992). *Child care in context: Cross-cultural perspectives.* Hillsdale, NJ: Erlbaum.

[2]   Von Donald C. Johanson und Maitland A. Edey ist ein Buch in deutscher Übersetzung aufschlussreich, das 2000 bei Piper erschien: *Lucy: Die Anfänge der Menschheit.*

[3]   Richard B. Lee hat seine Studien in dem Buch *The !Kung San: Men, women, and work in a foraging society* niedergeschrieben, das bei Cambridge University Press 1979 veröffentlicht wurde. Das Buch wurde 1980 mit dem Anisfield-Wolf-Preis ausgezeichnet, der sich gegen Rassismus richtet und Literatur über die Vielfalt der menschlichen Kultur würdigt.

[4]   Hill, K. & Hurtado, A. M. (1996). *Ache life history. The ecology and demography of a foraging people.* New York: de Gruyter.

[5]   Diese Überlegungen zum Reproduktionsverhalten der !Kung hat Nancy Howell ausführlich 1979 analysiert in *Demography of the Dobe !Kung.* New York: Academic Press.

[6]   Sarah Hrdy nannte die multiple Betreuung *cooperative breeding.*

[7]   Hewlett, B. S. (1991). *Intimate fathers: The nature and context of Aka Pygmy paternal infant care.* Michigan: University of Michigan Press.

[8]   Hewlett, B. S. (1989). Multiple caretaking among African Pygmies. *American Anthropologist, 91,* 186–191. Siehe auch Hewlett, B. S., Lamb, M. E., Shannon, D., Leyendecker, B. & Schölmerich, A. (1998). Culture and early infancy among Central African foragers and farmers. *Developmental Psychology, 34,* 653–661.

[9]   Die zentralen Ergebnisse der Studie sind veröffentlicht als: Tronick, E. Z., Morelli, G. A. & Ivey, P. K. (1992). The Efe forager infant and toddler's pattern of social relationships: Multiple and simultaneous. *Developmental Psychology, 28,* 568–577.

[10] Gilda Morelli hat in einer Nachuntersuchung die Mutter-Kind-Beziehungen der Efe eingehend untersucht: Morelli, G. A. & Tronick, E. Z. (1991). Efe multiple caretaking and attachment. In J. L. Gewirtz & W. M. Kurtines (eds.), *Intersections with attachment* (pp. 41–51). Hillsdale, NJ: Lawrence.

[11]   Crockenberg, S. B. (1981). Infant irritability, mother respon-
       siveness and social support influences on the security of
       infant-mother attachment. *Child Development, 52*, 857–865.

[12]   Die Studie ist veröffentlicht als: Euler, H. A. & Weitzel, B.
       (1996). Discriminative grandparental solicitude as reproduc-
       tive strategy. *Human Nature, 7*, 39–59. Siehe auch Euler, H.
       A. & Michalski, R. L. (2007). Grandparental and extended
       kin relationships. In C. Salmon & T. K. Shackelford (eds.)
       (2007), *Family relationships: An evolutionary perspective* (pp.
       185–204). Oxford, UK: Oxford University Press.

[13]   Die Statistiken der GFM-GETAS befinden sich ausführlicher
       bei Tietze, W. (1998). Betreuung von Kindern unter drei Jah-
       ren in den westlichen Bundesländern Deutschlands. In L.
       Ahnert (Hrsg.), *Tagesbetreuung für Kinder unter 3 – Theorien
       und Tatsachen* (S. 45–57). Bern: Huber.

Kapitel 6

Eröffnungszitat: John Bowlby (1958). *Can I leave my baby?* (p. 7).
London: The National Association for Mental Health. [And if a
mother hands over her baby completely to a nanny, she should rea-
lize that in her child's eyes nanny will be the real mother-figure and
not mummy.]

[1]   Bahnbrechende Studien zur Deprivation sind nach dem
       Zweiten Weltkrieg von René A. Spitz durchgeführt und als
       „Hospitalism: An inquiry into the genesis of psychiatric con-
       ditions in early childhood" und „Hospitalism: A follow-up
       report" in *The Psychoanalytic Study of the Child*, Bd. 1 (1945)
       und Bd. 2 (1946), publiziert worden.

[2]   Widdowson, E. M. (1951). Mental contentment and physical
       growth. *The Lancet, 230*, 1316–1318.

[3]   Rubenstein, J. L., Pedersen, F. A. & Yarrow, L. J. (1977).
       What happens when mother is away: A comparison of mothers

and substitute caregivers. *Developmental Psychology, 13*, 529–530.

[4]   Goossens, F. A. & van IJzendoorn, M. H. (1990). Quality of infants' attachments to professional caregivers: Relation to infant-parent attachment and day-care characteristics. *Child Development, 61*(3), 832–837. Siehe auch die spätere Untersuchung: Goossens, F. & Melhuish, E. C. (1996). On the ecological validity of measuring the sensitivity of professional caregivers: The laboratory versus the nursery. *European Journal of Psychology of Education, 11*, 169–176.

[5]   Die Leitlinien der OMEP (Organisation Mondiale pour l'Education Préscolaire) wurden in Deutschland bekannt gemacht als: Gewerkschaft Erziehung und Wissenschaft (2004). *OMEP-Leitlinien für die frühkindliche Erziehung im 21. Jahrhundert.* Frankfurt a. M.: Eigenverlag.

[6]   Durch die neuen Gesetzesvorgaben von 2005: Das Tagesbetreuungsausbaugesetz (TAG) und das Kinder- und Jugendhilfeweiterentwicklungsgesetz (KICK).

[7]   Weitere Ausführungen finden sich dazu in Jurczyk, K., Rauschenbach, T. & Tietze, W. (2004). *Von der Tagespflege zur Familientagesbetreuung.* Weinheim & Basel: Beltz.

[8]   Für Deutschland wurde vom Deutschen Jugendinstitut das Curriculum „Qualifizierung in der Kindertagespflege" für die Fortbildung von Tagesmüttern erarbeitet, das seit 2002 aktualisiert und stetig erweitert wird.

[9]   James und Joyce Robertson schrieben darüber in der Zeitschrift *Nursing Times* am 29.11.73 den Artikel „Substitute mothering for the unaccompanied child".

[10] Cummings, E. M. (1980). Caregiver stability and daycare. *Developmental Psychology, 16*, 31–37.

[11] Die „Fremde Situation" ist in Abschnitt 3.1 ausführlich beschrieben.

[12] Die Studie wurde veröffentlicht als: Ahnert, L., Lamb, M. E. & Seltenheim, K. (2000). Infant-care provider attachments in contrasting German child care settings I: Group-oriented care

before German reunification. *Infant Behavior and Development, 23*, 197–209.

[13] Meine Mitarbeiterin Tina Eckstein und ich arbeiten gegenwärtig an einer neuen Eingewöhnungsstudie (Leitung: Wilfried Datler/Institut für Bildungswissenschaften der Universität Wien), deren Ergebnisse zu diesem Thema mit Ergebnissen aus weiteren Studien kombiniert und präsentiert wurden als: Eckstein, T. & Ahnert, L. (2009). Die Erzieherin-Kind-Beziehung und ihre alters- und erfahrungsabhängige Anpassung. Poster präsentiert auf der DGPs Fachtagung Entwicklungspsychologie in Hildesheim, 14.–17.09.09.

[14] Das Konzept wurde bereits in Kapitel 2, Anmerkung [16] angesprochen.

[15] Howes, C., Galinsky, E. & Kontos, S. (1998). Child care caregiver sensitivity and attachment. *Social Development, 7*(1), 25–36.

[16] Ahnert, L., Pinquart, M. & Lamb, M. E. (2006). Security of children's relationships with nonparental care providers: A meta-analysis. *Child Development, 77*, 664–679.

[17] Eine zusammenfassende Sicht auf die Besonderheiten der Erzieherin-Kind-Beziehung und den Einfluss der Kindergruppe bietet Ahnert, L. (2007). Von der Mutter-Kind-Bindung zur Erzieherin-Kind-Beziehung? In F. Becker-Stoll, B. Becker-Gebhard & M. R. Textor (Hrsg.), *Die Erzieherin-Kind-Beziehung – Zentrum von Bildung und Erziehung* (S. 31–41). Weinheim: Beltz PVU.

[18] Einen Überblick über die Studien zur Entwicklung der Geschlechtsidentität findet sich bei Leaper, C. (2002). Parenting girls and boys. In M. H. Bornstein (ed.), *Handbook of parenting: Children and parenting* (Vol. 1, pp. 189–225). Mahwah, NJ: Erlbaum.

[19] Denham S. A., McKinley, M., Couchoud, E. A. & Holt, R. (1990). Emotional and behavioral predictors of preschool peer ratings. *Child Development, 61*(4), 1145–1152.

Kapitel 7

Eröffnungszitat: Karl Marx & Friedrich Engels (1848). *Manifest der Kommunistischen Partei* (S. 28). London: Burghard.

[1]   Delbruck, J. (1846). Visite à la crèche – modèle et rapport général adressé à M. Marbeau sur les crèches de Paris. Paris: Paulin.

[2]   Diese Empfehlungen stammen von einem Baseler Kinderarzt, der selbst zwei Krippen gegründet hat: Habenbach-Burck-hardt, E. (1899). *Die Krippen und ihre hygienische Bedeutung.* Jena: Urania.

[3]   Einen zusammenfassenden Überblick über diese Anfänge findet man in einem Sonderheft der Fachzeitschrift des Marie-Meierhofer-Instituts: Hüttenmoser, M. (1985). Krippenkinder. *UndKinder, 24/25.*

[4]   Berman, E. (1988). Communal upbringing in the kibbutz: The allure and risks of psychoanalytic utopianism. *Psychoanalytic Study of the Child, 43,* 319–335.

[5]   Sagi-Schwartz, A. & Aviezer, O. (2005). Correlates of attachment to multiple caregivers in kibbutz children from birth to emerging adulthood: The Haifa longitudinal study. In K. G. Grossmann, K. Grossmann & E. Waters (eds.), *Attachment from infancy to adulthood* (pp. 165–197). New York: Guilford.

[6]   Sagi, A., van Ijzendoorn, M. H., Aviezer, O. & Donnell, F. (1994). Sleeping out of home in a kibbutz communal arrangement: It makes a difference for infant-mother attachment. *Child Development, 65,* 992–1004.

[7]   Diese Aussagen stimmen mit den allgemeinen Erkenntnissen über Erzieher/innen-Kind-Bindungen überein, die in Kapitel 6 des Buches beschrieben wurden. Siehe auch Sagi, A., Lamb, M. E., Lewkowicz, K. S., Shoham, R., Dvir, R. & Estes, D. (1985). Security of infant-mother, -father, and -metapelet attachments among kibbutz-reared Israeli children. *Monographs of the Society for Research in Child Development, 50,* 257–275.

[8]   Das Zitat stammt von Lenin und ist zu finden auf S. 419 in Lenin, W. I. (1960). *Die große Initiative.* Berlin: Dietz.

[9]   Das Zitat stammt von Eva Schmidt-Kolmer, die als Direktorin des Instituts für Hygiene des Kindes- und Jugendalters in Ostberlin das Kinderbetreuungssystem der DDR wissenschaftlich evaluiert und begleitet hat. Das Zitat findet sich auf S. 10 in Schmidt-Kolmer, E. (1987). Entwicklung der Kinderkrippen in der DDR aus historischer Sicht. *Kinderkrippen, 1*, 8–12.

[10]   Weitere Details sowie Statistiken finden sich in Ahnert, L. (1998). Die Betreuungssituation von Kleinkindern im Osten Deutschlands vor und nach der Wende. In L. Ahnert (Hrsg.), *Tagesbetreuung für Kinder unter 3 Jahren – Theorien und Tatsachen* (S. 29–44). Bern: Huber.

[11]   Das zweite Betreuungsprogramm wurde von Eva Schmidt-Kolmer und einem Team von Pädagoginnen entwickelt und ist nachzulesen in Schmidt-Kolmer, E. (Hrsg.) (1968). *Pädagogische Aufgaben und Arbeitsweise der Krippen.* Berlin: Volk & Gesundheit.

[12]   Schmidt-Kolmer, E. (1986). Frühe Kindheit. In W. Forst, W. Kessel, A. Kossakowski & J. Lompscher (Hrsg.), *Beiträge zur Psychologie.* Berlin: Volk & Wissen.

[13]   Hans-Dieter Schmidt hat mit seiner Position im Jahr 1982 eine heftige Diskussion bei den DDR-Intellektuellen ausgelöst: Schmidt, H.-D. (1982). Das Bild des Kindes – eine Norm und ihre Wirkungen. *Neue Deutsche Literatur, 10*, 71–81.

[14]   Das Betreuungsmodell ist mit seinen Kernaussagen beschrieben in Weber, C. (Hrsg.) (1991). *Entdeckerland. Ein Modell für die pädagogische Arbeit mit Kleinkindern.* Berlin: Luchterhand.

[15]   Einzelheiten finden sich in Ahnert, L., Krätzig, S., Meischner, T. & Schmidt, A. (1994). Sozialisationskonzepte für Kleinkinder: Wirkungen tradierter Erziehungsvorstellungen und staatssozialistischer Erziehungsdoktrinen im intra- und inter-

kulturellen Ost-West-Vergleich. In G. Trommsdorff (Hrsg.), *Psychologische Aspekte des sozio-politischen Wandels in Ostdeutschland* (S. 94–110). Berlin: de Gruyter.

[16] Ahnert, L. (2003). Frühsozialisation in der DDR und die Entwicklung von Bindungsbeziehungen. In D. Kirchhöfer, G. Neuner, I. Steiner & C. Uhlig (Hrsg.), *Kindheit in der DDR: Die gegenwärtige Vergangenheit* (S. 177–188). Frankfurt a. M.: Lang.

[17] Es wurden folgende Verfahren zur Messung der Betreuungsqualität entwickelt: ECERS (Early Childhood Environment Rating Scales: Harms & Clifford, 1998) und ITERS für Kindereinrichtungen (Infant/Toddler Environment Rating Scales: Harms, Cryer & Clifford, 1990) sowie die FDCRS für die Tagespflege (Family Daycare Rating Scale: Harms & Clifford, 1989).

[18] Tietze, W. & Viernickel, S. (Hrsg.) (2002). *Pädagogische Qualität in Tageseinrichtungen für Kinder.* Weinheim: Beltz.

[19] Die Besonderheiten der Interaktions- und Dialogformen in der Frühen Kindheit werden in Kapitel 2 ausführlich erläutert.

[20] Meine Mitarbeiterin Sophie Müller-Bauer hat dieses Projekt in der Stadt Stendal und Umgebung organisiert und angeleitet: Müller-Bauer, S., Prahl, C. & Ahnert, L. (2006). *Care conditions in infant care as related to infants' mental, motor and behavioral development.* Poster for the 19th Biennial Meeting of the ISSBD in Melbourne/Australia, 02–06/07/2006.

Kapitel 8

Eröffnungszitat: Lev Vygotsky (1984). *Sobranie socinenij.* Moskau: Pedagogika. [Deutsch 1987: *Ausgewählte Schriften* (Bd. 2, S. 67). Berlin: Volk & Wissen.]

[1] Weitere Erläuterungen finden sich in Ahnert, L. (2009). Familien heute: Die Perspektive des Kindes. In O. Kapella et

al. (2009) (Hrsg.), *Die Vielfalt der europäischen Familie* (S. 31–38). Opladen: Leske+Budrich.

[2]   Eine allgemeine Beschreibung der NICHD-Studie gibt: NICHD Early Child Care Network (1994). Child care and child development: The NICHD study of early child care. In S. L. Friedman & H. C. Haywood (eds.), *Developmental follow-up: Concepts, domains, and methods* (pp. 377–396). New York: Academic Press.

[3]   Diese Universitäten sind: University of Arkansas, Harvard University and Wellesley College, University of California, University of Kansas, University of North Carolina, Temple University, University of Pittsburgh, University of Virginia, University of Washington in Seattle, University of Wisconsin.

[4]   Hierfür wurden die Qualitätsverfahren aus der Forschung um Thelma Harms und Richard Clifford verwendet (siehe Abschnitt 7.5). Es wurden aber auch die Mutter-Kind-Interaktionen zu Hause und in den Untersuchungsräumen der Universitäten videografiert und später nach Feinfühligkeit beurteilt sowie für Tagesmütter und Erzieherinnen spezielle „Observation Ratings of the Caregiving Environment" entwickelt.

[5]   Die Analysen wurden in zwei aufeinanderfolgenden Artikeln vom NICHD Early Child Care Network mit dem Titel „Child care and common communicable illness" publiziert – zunächst nach den ersten drei Lebensjahren der Projektkinder im Jahr 2001 in *Archives of Pediatrics & Adolescent Medicine, 155*, 481–488, dann nach den weiteren Vorschuljahren unter Rückgriffen auf die vorausgegangenen Erkrankungsgeschichten im Jahr 2003 in *Archives of Pediatrics & Adolescent Medicine, 157*, 196–200.

[6]   Es kommt durchaus vor, dass der Vater oder die Großmutter die primären Bindungspersonen eines Kindes sind. Ausführliche Erläuterungen zur Bindung finden sich in Kapitel 3 und 4.

[7]   Das Zitat stammt von Seite 267 aus Bowlby, J. (1973). *Attachment and loss. Separation, anxiety, and anger* (Vol. 2). New York: Basic Books. [Deutsch 1976: *Trennung.* München: Kindler.]

[8]   Bowlby, J. (1958). *Can I leave my baby?* London: The National Association for Mental Health.

[9]   Heinecke, C. & Westheimer, J. (1965). *Brief separations.* New York: International Universities Press.

[10] Jay Belsky hat diese Diskussion in der Zeitschrift *Zero to three* angefangen, die für Eltern und Erzieher/innen herausgegeben wird: Belsky, J. (1986). Infant day care: A cause for concern? *Zero to three, 1,* 1–6.

[11] Clarke-Stewart, K. A. (1989). Infant day care. Maligned or malignant? *American Psychological Association, 44*, 266–273.

[12] Die „Fremde Situation" und die verschiedenen Bindungsmuster werden in Kapitel 3 ausführlich beschrieben.

[13] NICHD Early Child Care Network (1997). The effects of infant child care on infant-mother attachment security: Results of the NICHD study of early child care. *Child Development, 68*, 860–879.

[14] Überzeugende Nachweise für den positiven Einfluss exzellenter Tagesbetreuung noch bis in die Schulzeit hinein liefern darüber hinaus die „Norwegische Schulbewährungsstudie" wie auch die „Göteburger Tagesbetreuungsstudie" aus den skandinavischen Ländern. Für mehr Informationen siehe Ahnert, L. (2007). Inanspruchnahme öffentlicher Kinderbetreuung. In M. Hasselhorn & W. Schneider (Hrsg.), *Handbuch der Psychologie.* Bd. 7: *Handbuch der Entwicklungspsychologie* (S. 479–488). Bern: Hogrefe.

[15] Ausführliche Informationen finden sich bei Funke, J. (2005). Alfred Binet (1857–1911) und der erste Intelligenztest der Welt. In G. Lamberti (Hrsg.), *Intelligenz auf dem Prüfstand: 100 Jahre Psychometrie* (S. 23–40). Göttingen: Vandenhoeck & Ruprecht.

[16] NICHD Early Child Care Network (2000). The relation of child care to cognitive and language development. *Child Development, 71*, 960–980.

[17] Die Forderung gründet sich auf eine Nachanalyse der NICHD-Daten und ist zu finden in Brooks-Gunn, J., Han, W.-J. & Waldfogel, J. (2002). Maternal employment and child cognitive outcomes in the first three years of life: The NICHD study of early child care. *Child Development, 73*, 1052–1072.

[18] Die zwei Meta-Analysen sind: Geoffroy, M.-C., Côté, S., Parent, S. & Séguin, J. R. (2006). Daycare attendence, stress, and mental health. *Canadian Journal of Psychiatry, 51*, 607–615, sowie Vermeer, H. J. & van IJzendoorn, M. H. (2006). Children's elevated cortisol levels at daycare: A review and meta-analysis. *Early Childhood Research Quarterly, 21*, 390–401.

[19] Die vollständige Beschreibung der Studie ist nachzulesen als: Ahnert, L., Rickert, H. & Lamb, M. E. (2000). Shared caregiving: Comparison between home and child care. *Developmental Psychology, 36*, 339–351.

[20] Morales, M. & Bridges, L. J. (1996). Associations between nonparental care experience and preschooler's emotion regulation in the presence of the mother. *Journal of Applied Developmental Psychology, 17*(4), 577–596.

[21] Die Verhaltensanalysen sind publiziert als: NICHD Early Child Care Network (2003). Does amount of time spent in child care predict socioemotional adjustment during the transition to kindergarten? *Child Development, 74*, 976–1005, und Belsky, J. et al. (2007). Are there long-term effects of early child care? *Child Development, 78*, 681–701.

[22] Ein größeres Forum mit zehn Beiträgen ist in *Child Development, 74,* erschienen. Darunter auch: Ahnert, L. & Lamb, M. E. (2003). Shared care: Establishing a balance between home and child care. *Child Development, 74*, 1044–1049.

Kapitel 9

Eröffnungszitat: Robert M. Sapolsky (1998). *Why zebras don't get ulcers? An updated guide to stress, stress-related diseases, and coping* (p. 322). New York: Freeman. […the workings of the stress-response can change over time. We learn, adapt, get bored, develop an interest, drift apart, mature, harden, forget. What are the buttons we can use to manipulate the (stress) system in a way that will benefit us?]

[1]   Selye, H. (1936). A syndrom produced by diverse nocuous agents. *Nature, 4*(32).

[2]   John Bowlby hat in Band 1 seiner Trilogie die Trennungs- und Trauerreaktionen ausführlich beschrieben: Bowlby, J. (1969). *Attachment and loss. Attachment.* London: Hogarth. [Deutsch 1975: *Bindung.* München: Kindler.]

[3]   Die Tages- und Nachtbetreuung ist dargestellt in Robertson, J. & Robertson, J. (1975). Reaktionen kleiner Kinder auf kurzfristige Trennung von der Mutter im Lichte neuer Beobachtungen. *Psyche, 29*, 626–664.

[4]   Der Film über John ging um die Welt als: Robertson, J. (1969). *John, 17 months: For 9 days in a residential nursery.* Film Nr. 3 at Tavistock Child Development Research Unit. New York: New York University Film Library.

[5]   Die Studie ist veröffentlicht als: Sroufe, L. A. & Waters, E. (1977). Heart rate as a convergent measure in clinical and developmental research. *Merrill-Palmer Quarterly, 23*, 3–27. Weitere Untersuchungen finden sich bei Donovan, W. L. & Leavitt, L. A. (1985). Physiologic assessment of mother-infant attachment. *Journal of the American Academy of Child Psychiatry, 24*, 65–70, sowie bei Spangler, G. & Grossmann, K. E. (1993). Biobehavioral organization in securely and insecurely attached infants. *Child Development, 64*, 1439–1450.

[6]   Diese Untersuchungen sind von mehreren Forschungsteams um Eva Schmidt-Kolmer in den Jahren 1971 bis 1974 an über 6 000 Kindern innerhalb des DDR-Krippensystems gemacht worden und haben zugleich die russischen und bul-

garischen Krippenerfahrungen der damaligen Zeit in dem Buch verarbeitet: Schmidt-Kolmer, E., Tonkowa-Jampolskaja, R. & Atanassowa, A. (1979). *Die soziale Adaptation der Kinder bei der Aufnahme in Einrichtungen der Vorschulerziehung.* Berlin: VEB Verlag Volk und Gesundheit.

[7]   Eine ausführliche Beschreibung dieser Studie befindet sich in Rauh, H. & Ziegenhain, U. (1996). Krippenerfahrung und Bindungsentwicklung. In W. Tietze (Hrsg.), *Früherziehung* (S. 97–111). Berlin: Luchterhand.

[8]   Ahnert, L., Gunnar, M., Lamb, M. E. & Barthel, M. (2004). Transition to child care: Associations of infant-mother attachment, infant negative emotion and cortisol elevations. *Child Development, 75,* 639–650.

[9]   Mit Herzraten und Cortisolkonzentrationen befassen sich außerdem die Artikel: Ahnert, L. & Rickert, H. (2000). Belastungsreaktionen bei beginnender Tagesbetreuung aus der Sicht früher Mutter-Kind-Bindung. *Psychologie in Erziehung und Unterricht, 47,* 187–200.

[10] Die Untersuchungen wurden von Greta Fein (University of Maryland/USA) bei einem Aufenthalt an der Universität in Pavia/Italien gemeinsam mit Anna Bondioli und Raffaella Boni gemacht: Fein, G. G., Gariboldi, A. & Boni, R. (1993). The adjustment of infants and toddlers to group care: The first 6 months. *Early Childhood Research Quarterly, 8,* 1–14.

[11] Ahnert, L. (1991). Day care in the GDR. In M. E. Lamb & H. Keller (eds.), *Perspectives on infant development: Contributions from German speaking countries* (pp. 357–378). Hillsdale, NJ: Erlbaum.

[12] Mehrere unserer neueren Publikationen nehmen bereits Bezug auf Beruhigungsstrategien, die jedoch auch international noch nicht abschließend untersucht worden sind: Ahnert, L. (2005). Caregiver behaviors as related to infant cortisol activity at child care entry. *Journal of Psychophysiology, 19,* 106.

[13] Ausführliche Empfehlungen geben Beller, K. E. (2002). Eingewöhnung in die Krippe. *Frühe Kindheit, 2*, 9–14, und Laewen, H.-J., Andres, B. & Hedervari, E. (1990). *Die ersten Tage – Ein Modell zur Eingewöhnung in Krippe und Tagespflege.* Weinheim: Beltz.

[14] Hock, E. & Lutz, W. J. (1998). Psychological meaning of separation anxiety in mothers and fathers. *Journal of Family Psychology, 12*, 41–55.

[15] Der Temperamentsforscher Kagan und andere Kollegen haben diesen Zusammenhang in den verschiedenen Lebenssituationen von Kindern nachgewiesen. Siehe beispielsweise Kagan, J. (1983). Stress and coping in early development. In N. Garmezy & M. Rutter (eds.), *Stress, coping, and development in children* (pp. 191–214). New York: McGraw-Hill.

[16] Hsu, H. (2004). Antecedents and consequences of separation anxiety in first-time mothers: Infant, mother, and social-contextual characteristics. *Infant Behavior & Development, 27*, 113–133.

[17] Sir Richard Bowlby versucht als Schirmherr dieses Kinderzentrums die Ideen seines Vaters, John Bowlby, zu unterstützen; er hat auf der Konferenz „Wege zur sicheren Bindung in Familie und Gesellschaft" vom 30.11.–2.12.2007 an der Kinderklinik in München über Philosophie und Arbeitsweise dieses Zentrums berichtet, nachzulesen als: Sir Bowlby, R. (2008). Das Londoner Modell der bindungsorientierten Tagesbetreuung. In K.-H. Brisch (Hrsg.), *Wege zu sicheren Bindungen in Familie und Gesellschaft: Förderung oder Behinderung der kindlichen Entwicklung* (S. 213–224). München: Klett-Cotta.

[18] Ahnert, L. (2008). Bindungsentwicklung im Spannungsfeld von Familie und öffentlicher Betreuung. In K.-H. Brisch (Hrsg.), *Wege zu sicheren Bindungen in Familie und Gesellschaft: Förderung oder Behinderung der kindlichen Entwicklung* (79–93). München: Klett-Cotta.

Kapitel 10

Eröffnungszitat: Simone de Beauvoir (1958). *Mémoires d'une jeune fille rangée.* Paris: Éditions *Gallimard.* [Deutsch 1968: *Memoiren einer Tochter aus gutem Hause* (S. 42). Reinbek: Rowohlt.]

[1]   Harris, J. R. (1995). Where is child's environment? A group socialisation theory of development. *Psychological Review, 102*, 458–489. Hier wird argumentiert, dass der Einfluss der Eltern auf die Persönlichkeitsentwicklung durch die Einflüsse aus den Peergroups in der Kindheit und Jugend überlagert wird.

[2]   An der Universität Wien hat Charlotte Bühler die Schriftenreihe *Quellen und Studien der Jugendkunde* herausgegeben; in Heft 5 veröffentlichte sie mit den Mitarbeiterinnen Hildegard Hetzer und Beatrix Tudor-Hart diese Untersuchung: Bühler, C. (1927). Die ersten sozialen Verhaltensweisen des Kindes. *Soziologische & psychologische Studien über das erste Lebensjahr, 5*, 1–102. Für einen Überblick über das Wissen zu diesem Thema in dieser Zeit siehe auch Bühler, C. (1931). The social behavior of the child. In C. Murchison (ed.), *A handbook of child psychology* (pp. 392-430). New York: Russell & Russell.

[3]   Eine Zusammenstellung der Eckerman'schen Forschungen von 1975 bis 1989 wie auch ein Überblick über den Stand der Peer-Forschung bei Kleinkindern finden sich bei Ahnert, L. (2003). Die Bedeutung von Peers für die frühe Sozialentwicklung des Kindes. In H. Keller (Hrsg.), *Handbuch der Kleinkindforschung* (S. 493–528). Bern: Huber.

[4]   Mueller, E. (1991). Toddlers' Peer Relations: Shared Meaning and Semantics. In W. Damon (ed.), *Child Development Today and Tomorrow* (pp. 313–331). San Francisco, Oxford: Jossey-Bass. Basierend auf diesem Katalog hat Susanne Viernickel von der Alice-Salomon-Hochschule Berlin eine Studie in Berliner Kindertagesstätten durchgeführt, die publiziert wurde als: Viernickel, S. (2000). *Spiel, Streit, Gemeinsamkeit: Ein-*

blicke in die soziale Welt der unter Zweijährigen. Landau: Verlag Empirische Pädagogik.

[5]   Aus der Bindungsforschung der University of Minnesota gibt es dazu einen sehr einschlägigen Beitrag: Pastor, D. L. (1981). The quality of mother-infant attachment and its relationship to toddlers' initial sociability with peers. *Developmental Psychology, 17,* 323–335.

[6]   Rubin, K. H., Bukowski, W. M. & Parker, J. G. (2007). Peer interactions, relationships, and groups. In W. Damon, R. M. Lerner, K. A. Renninger & I. E. Sigel (eds.), *Handbook of child psychology.* Volume 3: *Social, emotional, and personality development* (5th ed.; pp. 571–645). Hoboken, NJ: Wiley.

[7]   Die erwähnten Untersuchungen von Hay und ihrem Forschungsteam sind publiziert als: Caplan, M., Vespo, J., Pedersen, J. & Hay, D. F. (1991). Conflict and its resolution in small groups of one- and two-year-olds. *Child Development, 62,* 1513–1524, sowie Hay, D. F., Castle, J. & Davies, L. (2000). Toddlers' use of force against familiar peers: A precursor of serious aggression? *Child Development, 71,* 457–467.

[8]   Rubin, K. H., Hastings, P., Chen, X., Stewart, S. & McNichol, K. (1998). Intrapersonal and maternal correlates of aggression, conflict, and externalizing problems in toddlers. *Child Development, 69,* 1614–1629.

[9]   Howes, C. (1988). Peer interaction of young children. *Monographs of the Society for Research in Child Development, 53,* 94.

[10]   Werebe, M. G. & Baudonniere, P. M. (1991). Social pretend play among friends and familiar preschoolers. *International Journal of Behavioral Development, 14,* 411–428.

[11]   Das Erkennen des eigenen Spiegelbildes dokumentiert diesen Prozess. Siehe auch Bischof-Koehler, D. (1994). Self-objectification and other-oriented emotions: Self-recognition, empathy, and prosocial behavior in the second year. *Zeitschrift für Psychologie, 202,* 349–377.

[12]   Maccoby, E. E. (1998). The two sexes: Growing up apart, coming together. Cambridge, MA: Harvard University Press.

[13] Hartup, W. W. & Moore, S. G. (1990). Early peer relations: Developmental significance and prognostic implications. *Early Childhood Research Quarterly, 5,* 1–17.

Kapitel 11

Eröffnungszitat: Hartmut von Hentig (2007). *Bildung. Ein Essay* (S. 38). Weinheim: Beltz Taschenbuch. [Frei nach Wilhelm von Humboldt (1793). *Theorie der Bildung des Menschen.* Jena: Reclam.]

[1] Diese Überlegungen beziehen sich auf Diskurse zum Bildungsbegriff bei Liessmann, K. P. (2009). *Theorie der Unbildung. Die Irrtümer der Wissensgesellschaft.* München: Piper, sowie bei von Hentig, H. (2007). *Bildung. Ein Essay.* Weinheim: Beltz Taschenbuch.

[2] von Humboldt, W. (1793/1960). Theorie der Bildung des Menschen. In A. Flitner & K. Giel (Hrsg.). *Wilhelm von Humboldt. Werke in fünf Bänden* (S. 235). Stuttgart: Cotta. Siehe auch Benner, D. (1995). *Wilhelm von Humboldts Bildungstheorie.* Weinheim: Beltz.

[3] Gunilla Dahlberg vom Stockholm Institute of Education/ Schweden diskutiert gemeinsam mit ihren britischen und kanadischen Kollegen Peter Moss (University of London/UK) und Alan Pench (University of Victoria/Kanada) darüber in *Beyond quality in early childhood education and care: Postmodern perspectives on the problem with quality,* das bereits in der 2. Auflage 2006 in London bei Farmer Press erschienen ist.

[4] Am Ende seiner Karriere hatte Piaget mehr als 60 Bücher und viele Hundert Aufsätze geschrieben. Weitere Details befinden sich in Piagets Autobiografie: Piaget, J. (1979). Jean Piaget. In L. J. Pongratz, W. Traxel & E. G. Wehner (Hrsg.), *Psychologie in Selbstdarstellungen* (S. 149–209). Bern: Huber.

[5] Piaget, J. (1954). *The construction of reality in the child.* New York: Basic Books.

[6] In fünf verschiedenen Kulturen (Westafrikas, Indiens, Costa Ricas, Griechenlands und Deutschlands) wurden diese Untersuchungen durchgeführt: Keller, H. et al. (2004). The bioculture of parenting: Evidence from five cultural communities. *Parenting: Science and Practice, 4*, 25–50.

[7] Ein wichtiges Buch im Ergebnis dieser Bemühungen ist Shonkoff, J. P. & Phillips, D. A. (eds.) (2000). *From neurons to neighborhoods: The science of early childhood development.* Washington, D.C.: National Academy Press.

[8] Nelson, C. A. (1999). Change and continuity in neurobehavioral development: Lessons from the study of neurobiology and neural plasticity. *Infant Behavior and Development, 22*, 415–429.

[9] Rauscher, F. H., Shaw, G. L. & Ky, K. N. (1993). Music and spatial task performance. *Nature, 365*, 611.

[10] Zimmerman, F. J., Christakis, D. A. & Meltzoff, A. N. (2007). Associations between media viewing and language development in children under age 2 years. *The Journal of Pediatrics, 151*, 364–368.

[11] Zimmerman, F. J. & Christakis, D. A. (2005). Children's television viewing and cognitive outcomes: A longitudinal analysis of national data. *Archives of Pediatrics and Adolescent Medicine, 159*, 619–625.

[12] Fisch, S. M. (2004). *Children's learning from educational television. Sesame Street and beyond.* Mahwah, N.J.: Erlbaum.

[13] Detaillierte Ausführungen und Kommentierungen finden sich bei Ahnert, L. (2006). Die Perspektive der Entwicklungspsychologie: Möglichkeiten und Grenzen der Nutzung audiovisueller Medien im Kindesalter. In H. Theunert (Hrsg.), *Bilderwelten im Kopf: Interdisziplinäre Zugänge* (S. 73–90). München: Kopaed.

[14] Malaguzzi, L., Castagnetti, M. & Rubizzi, L. (2002). *Ein Ausflug in die Rechte von Kindern. Aus der Sicht der Kinder. Die ungehörten Stimmen der Kinder.* Berlin: Luchterhand. Im Jahr 1991 hat die UNESCO die Pädagogik der italienischen Pro-

vinz Reggio Emilia in der amerikanischen Zeitschrift *Newsweek* ausgezeichnet und ihre Krippen und Kindergärten zu den schönsten und anregungsreichsten der Welt ernannt.

[15] Vygotsky, L. S. (1987). *Ausgewählte Schriften.* Bd. 2: *Arbeiten zur psychischen Entwicklung der Persönlichkeit* (S. 252f.). Berlin: Volk & Wissen.

[16] Berk, L. E. & Winsler, A. (1995). *Scaffolding children's learning: Vygotsky and early childhood education.* Washington: National Association for the Education of Young Children.

[17] In diesem Projekt wurde das Projektmanagement von Maike Gappa und Elena Harwardt erfolgreich verantwortet. Erste Ergebnisse finden sich in Ahnert, L. & Harwardt, E. (2008). Beziehungserfahrungen der Vorschulzeit und ihre Bedeutung für den Schuleintritt. *Empirische Pädagogik, 22,* 145–159.

[18] Schneiderwind, J., Milatz, A. & Ahnert, L. (2009). *How adult-child relationships influence learning mechanism during the time of transition to school.* Das Poster wurde auf der European Conference of Psychology im Juli in Oslo/Norwegen präsentiert.

[19] Wassilios Fthenakis hat sich zu dem Interview „Bildung in Schule und Kindergarten neu definieren" in der *Zeitschrift für Pädagogik und Bildung, 1, 2008,* geäußert.

Kapitel 12

Eröffungszitat: Friedrich Fröbel (1826). *Die Menschenerziehung, die Erziehungs-, Unterrichts- und Lehrkunst* (S. 276 f.). Leipzig: Reclam.

[1] Krappmann, L. (1996). Kinderbetreuung als kulturelle Aufgabe. In W. Tietze (Hrsg.), *Früherziehung. Trends, internationale Forschungsergebnisse, Praxisorientierungen* (S. 20–29). Neuwied: Luchterhand.

[2] Bronfenbrenner, U. (1977). Toward an experimental ecology of human development. *American Psychologist, 32,* 513–531.

[3] Hüther, G. & Krens, I. (2005). *Das Geheimnis der ersten neun Monate*. Düsseldorf: Walter.

[4] Ein frühes deutsches Buch gibt das Konzept sehr gut wieder: Thomas, A. (1980). *Temperament und Entwicklung*. Stuttgart: Enke.

[5] Fox, N. A., Henderson, H. A., Rubin, K. H., Calkins, S. D. & Schmidt, L. A. (2001). Continuity and discontinuity of behavioral inhibition and exuberance: Psychophysiological and behavioral influences across the first four years of life. *Child Development, 72*, 1–21.

[6] Eine ausführliche Diskussion findet sich in Lamb, M. E. & Ahnert, L. (2006). Nonparental child care. In W. Damon, R. M. Lerner, K. A. Renninger & I. E. Sigel (eds.), *Handbook of child psychology.* Volume 4: *Child psychology in practice* (5th ed.; pp. 950–1016). Hoboken, NJ: Wiley.

[7] Die Studie wurde im Auftrag des Bundesministeriums für Familie, Senioren, Frauen und Jugend durchgeführt. Weitere Einzelheiten finden sich in Ahnert, L., Rickert, H. & Lamb, M. E. (2000). Shared caregiving: Comparison between home and child care. *Developmental Psychology, 36*, 339–351.

[8] NICHD Early Child Care Research Network (1999). Child care and mother-child interaction in the first 3 years of life. *Developmental Psychology, 35*, 1399–1413.

[9] Harrison, L. & Ungerer, J. (2002). Maternal employment and infant-mother attachment security at 12 months postpartum. *Developmental Psychology, 38*, 758–773.

[10] Ahnert, L. (2006). Entwicklungs- und Sozialisationsrisiken bei jungen Kindern. In L. Fried & S. Roux (Hrsg.), *Handbuch der Pädagogik der Frühen Kindheit* (S. 75–85). Weinheim: Beltz.

[11] NICHD Early Child Care Research Network (2005). Duration and developmental timing of poverty and children's cognitive and social development from birth through third grade. *Child Development, 76*, 795–810.

[12] Fegert, J. M. & Ziegenhain, U. (Hrsg.) (2003). *Hilfen für Alleinerziehende. Die Lebenssituation von Einelternfamilien in Deutschland.* Weinheim: Beltz.

[13] Ahnert, L., Eckstein, T. & Mueller-Bauer, S. (2006). *Vorschulkinder sozial-schwacher Mütter: Betreuungsqualitäten privat und öffentlich.* Bericht an den Europäischen Sozialfonds (S1.408.6007.06_8789_14391), Stendal: unveröffentlicht.

[14] Die Beschreibung des Programms und seiner Wirksamkeit finden sich in Belsky, J., Barnes, J. & Melhuish, E. (2007). *The national evaluation of Sure Start Programm.* Bristol: The Policy Press.

[15] Shpancer, N. (1998). Caregiver-parent relationships in day-care: A review and re-examination of the data and their implications. *Early Education and Development, 9,* 239–259.

[16] Ahnert, L. & Gappa, M. (2008). Entwicklungsbegleitung in gemeinsamer Erziehungsverantwortung. In J. Maywald & B. Schön (Hrsg.), *Krippen: Wie frühe Betreuung gelingt* (S. 74–95). Weinheim: Beltz.

Literatur

Ahnert, L. (1991). Day care in the GDR. In M. E. Lamb & H. Keller (eds.), *Perspectives on infant development: Contributions from German speaking countries* (pp. 357–378). Hillsdale, NJ: Erlbaum.

Ahnert, L. (1998). Die Betreuungssituation von Kleinkindern im Osten Deutschlands vor und nach der Wende. In L. Ahnert (Hrsg.), *Tagesbetreuung für Kinder unter 3 Jahren – Theorien und Tatsachen* (S. 29–44). Bern: Huber.

Ahnert, L. (2003). Die Bedeutung von Peers für die frühe Sozialentwicklung des Kindes. In H. Keller (Hrsg.), *Handbuch der Kleinkindforschung* (S. 493–528). Bern: Huber.

Ahnert, L. (2003). Frühsozialisation in der DDR und die Entwicklung von Bindungsbeziehungen. In D. Kirchhöfer, G. Neuner, I. Steiner & C. Uhlig (Hrsg.), *Kindheit in der DDR: Die gegenwärtige Vergangenheit* (S. 177–188). Frankfurt a. M.: Lang.

Ahnert, L. (Hrsg.) (2004). *Frühe Bindung. Entstehung und Entwicklung.* München: Reinhardt.

Ahnert, L. (2005). Caregiver behaviors as related to infant cortisol activity at child care entry. *Journal of Psychophysiology, 19*, 106.

Ahnert, L. (2006). Die Perspektive der Entwicklungspsychologie: Möglichkeiten und Grenzen der Nutzung audiovisueller Medien im Kindesalter. In H. Theunert (Hrsg.), *Bilderwelten im Kopf: Interdisziplinäre Zugänge* (S. 73–90). München: Kopaed.

Ahnert, L. (2006). Entwicklungs- und Sozialisationsrisiken bei jungen Kindern. In L. Fried & S. Roux (Hrsg.), *Handbuch der Pädagogik der Frühen Kindheit* (S. 75–85). Weinheim: Beltz.

Ahnert, L. (2007). Inanspruchnahme öffentlicher Kinderbetreuung. In M. Hasselhorn & W. Schneider (Hrsg.), *Handbuch der Psychologie, Bd. 7: Handbuch der Entwicklungspsychologie* (S. 479–488). Bern: Hogrefe.

Ahnert, L. (2007). Von der Mutter-Kind-Bindung zur Erzieherin-Kind-Beziehung? In F. Becker-Stoll, B. Becker-Gebhard & M. R. Textor (Hrsg.), *Die Erzieherin-Kind-Beziehung – Zentrum von Bildung und Erziehung* (S. 31–41). Weinheim: Beltz PVU.

Ahnert, L. (2008). Bindungsentwicklung im Spannungsfeld von Familie und öffentlicher Betreuung. In K.-H. Brisch (Hrsg.), *Wege zu sicheren Bindungen in Familie und Gesellschaft: Förderung oder Behinderung der kindlichen Entwicklung.* München: Klett-Cotta.

Ahnert, L. (2009). Familien heute: Die Perspektive des Kindes. In O. Kapella et al. (Hrsg.) (2009), *Die Vielfalt der europäischen Familie* (S. 31–38). Opladen: Leske+Budrich.

Ahnert, L., Eckstein, T. & Mueller-Bauer, S. (2006). Vorschulkinder sozial-schwacher Mütter: Betreuungsqualitäten privat und öffentlich. Bericht an den Europäischen Sozialfonds (S1.408.6007.06_8789_14391), Stendal: unveröffentlicht.

Ahnert, L. & Gappa, M. (2008). Entwicklungsbegleitung in gemeinsamer Erziehungsverantwortung. In J. Maywald & B. Schön (Hrsg.), *Krippen: Wie frühe Betreuung gelingt* (S. 74–95). Weinheim: Beltz.

Ahnert, L., Gunnar, M., Lamb, M. E. & Barthel, M. (2004). Transition to child care: Associations of infant-mother attachment, infant negative emotion and cortisol elevations. *Child Development, 75,* 639–650.

Ahnert, L. & Harwardt, E. (2008). Beziehungserfahrungen der Vorschulzeit und ihre Bedeutung für den Schuleintritt. *Empirische Pädagogik, 22,* 145–159.

Ahnert, L., Krätzig, S., Meischner, T. & Schmidt, A. (1994). Sozialisationskonzepte für Kleinkinder: Wirkungen tradierter Erziehungsvorstellungen und staatssozialistischer Erziehungsdoktrinen im intra- und interkulturellen Ost-West-Vergleich. In G. Trommsdorff (Hrsg.), *Psychologische Aspekte des sozio-politischen Wandels in Ostdeutschland* (S. 94–110). Berlin: de Gruyter.

Ahnert, L. & Lamb, M. E. (2003). Shared care: Establishing a balance between home and child care. *Child Development, 74,* 1044–1049.

Ahnert, L., Lamb, M. E. & Seltenheim, K. (2000). Infant-care provider attachments in contrasting German child care settings I:

Group-oriented care before German reunification. *Infant Behavior and Development, 23*, 197–209.

Ahnert, L., Pinquart, M. & Lamb, M. E. (2006). Security of children's relationships with nonparental care providers: A meta-analysis. *Child Development, 77*, 664–679.

Ahnert, L. & Rickert, H. (2000). Belastungsreaktionen bei beginnender Tagesbetreuung aus der Sicht früher Mutter-Kind-Bindung. *Psychologie in Erziehung und Unterricht, 47*, 187–200.

Ahnert, L., Rickert, H. & Lamb, M. E. (2000). Shared caregiving: Comparison between home and child care. *Developmental Psychology, 36*, 339–351.

Ahnert, L. & Schmidt, A. (1995). Familiäre Anpassungsbelastungen im gesellschaftlichen Umbruch: Auswirkungen auf die frühkindliche Entwicklung. In H. Sydow, U. Schlegel & A. Helmke (Hrsg.), *Chancen und Risiken im Lebenslauf: Beiträge zum gesellschaftlichen Wandel in Ostdeutschland* (S. 151–169). Berlin: Akademie.

Ainsworth, M. D. S., Bell, S. M. & Stayton, D. J. (1974). Infant-mother attachment and social development: „Socialization" as a product of reciprocal responsiveness to signals. In M. P. M. Richards (ed.), *The integration of a child into a social world* (pp. 99–135). New York: Cambridge University Press.

Ainsworth, M. D. S., Blehar, M. C., Waters, E. & Wall, S. (1978). *Patterns of attachment: A psychological study of the strange situation.* Hillsdale, NJ: Erlbaum.

Ainsworth, M. D. S. & Wittig, B. A. (1969). Attachment and exploratory behavior of one-year-olds in a strange situation. In B. M. Foss (ed.), *Determinants of infant behavior* (pp. 111–136). London: Methuen.

Altemus, M., Redwine, L. S., Leong, Y.-M., Frye, C. A., Porges, S. W. & Carter, C. S. (2001). Responses to laboratory psychological stress in postpartum women. *Psychosomatic Medicine, 63*, 814–821.

Baillargeon, R. (1995). *Physical reasoning in infancy.* Cambridge, MA: The MIT Press.

Bayley, N. (2006). *Bayley III Scales of Infant and Toddler Development.* New York: Psychological Corporation.

Beller, K. E. (2002). Eingewöhnung in die Krippe. *Frühe Kindheit,* *2,* 9–14.

Belsky, J. (1986). Infant day care: A cause for concern? *Zero to three,* *1,* 1–6.

Belsky, J., Barnes, J. & Melhuish, E. (2007). *The national evaluation of Sure Start Programm.* Bristol: The Policy Press.

Belsky, J., Vandell, D. L., Burchinal, M., Clarke-Steward, K. A., McCartney, K., Owen, M. T.; NICHD Early Child Care Research Network (2007). Are there long-term effects of early child care? *Child Development, 78,* 681–701.

Belsky, J., Woodworth, S. & Crnic, K. (1996). Trouble in the second year: Three questions about family interaction. *Child Development, 67,* 556–578.

Benner, D. (1995). *Wilhelm von Humboldts Bildungstheorie.* Weinheim: Beltz.

Berk, L. E. & Winsler, A. (1995). *Scaffolding children's learning: Vygotsky and early childhood education.* Washington: National Association for the Education of Young Children.

Berley, R., Swan, R. & Martinek, N. (1998). Intergenerational aspects of trauma for Australian aboriginal people. In Y. Danieli (ed.), *International handbook of multigenerational legacies of trauma* (pp. 327–340). New York: Springer.

Berman, E. (1988). Communal upbringing in the kibbutz: The allure and risks of psychoanalytic utopianism. *Psychoanalytic Study of the Child, 43,* 319–335.

Bischof-Koehler, D. (1994). Self-objectification and other-oriented emotions: Self-recognition, empathy, and prosocial behavior in the second year. *Zeitschrift für Psychologie, 202,* 349–377.

Blatz, W. E. (1967). *Human security: Some reflections.* London: University of London.

Blum, D. (2002). *Love at Goon Park: Harry Harlow and the science of affection.* London: Perseus.

Blumenthal, P. J. (2008). *Kaspar Hausers Geschwister. Auf der Suche nach dem wilden Menschen.* Wien: Deuticke.

Booth, C. L., Kelly, J. F., Spieker, S. J. & Zuckerman, T. G. (2003). Toddler's attachment security to child care providers: The Safe and Secure Scale. *Early Education & Development, 14,* 83–100.

Bowlby, J. (1958). *Can I leave my baby?* London: The National Association for Mental Health.

Bowlby, J. (1973). *Attachment and loss. Separation, anxiety, and anger* (Vol. 2). New York: Basic Books. [Deutsch 1976: *Trennung.* München: Kindler.]

Bowlby, J. (2006). *Bindung und Verlust.* Bd. 1: *Bindung.* München: Reinhardt.

Bowlby, J. (2006). *Bindung und Verlust.* Bd. 2: *Trennung: Zorn und Angst.* München: Reinhardt.

Bowlby, J. (2006). *Bindung und Verlust.* Bd. 3: *Verlust: Trauer und Depression.* München: Reinhardt.

Bretherton, I. (1995). Die Geschichte der Bindungstheorie. In G. Spangler & P. Zimmermann (Hrsg.), *Die Bindungstheorie: Grundlagen, Forschung und Anwendung* (S. 27–50). Stuttgart: Klett-Cotta.

Brisch, K.-H. & Hellbrügge, T. (2007). *Die Anfänge der Eltern-Kind-Bindung: Schwangerschaft, Geburt und Psychotherapie.* Stuttgart: Klett-Cotta.

Bronfenbrenner, U. (1977). Toward an experimental ecology of human development. *American Psychologist, 32,* 513–531.

Brooks-Gunn, J., Han, W.-J. & Waldfogel, J. (2002). Maternal employment and child cognitive outcomes in the first three years of life: The NICHD study of early child care. *Child Development, 73,* 1052–1072.

Bühler, C. (1927). Die ersten sozialen Verhaltensweisen des Kindes. *Soziologische & psychologische Studien über das erste Lebensjahr, 5,* 1–102.

Bühler, C. (1931). The social behavior of the child. In C. Murchison (ed.), *A handbook of child psychology* (pp. 392–430). New York: Russell & Russell.

Caplan, M., Vespo, J., Pedersen, J. & Hay, D. F. (1991). Conflict and its resolution in small groups of one- and two-year-olds. *Child Development, 62,* 1513–1524.

Carter, C. & Ahnert, L. et al. (eds.) (2005). *Attachment and bonding: A new synthesis.* Cambridge, MA: The MIT Press.

Clarke-Stewart, K. A. (1989). Infant day care. Maligned or malignant? *American Psychological Association, 44,* 266–273.

Crockenberg, S. B. (1981). Infant irritability, mother responsiveness and social support influences on the security of infant-mother attachment. *Child Development, 52*, 857–865.

Cummings, E. (1980). Caregiver stability and daycare. *Developmental Psychology, 16*, 31–37.

Dahlberg, G., Moss, P. & Pench, A. (2006²). *Beyond quality in early childhood eduction and care: Postmodern perspectives on the problem with quality*. London: Farmer Press.

Davis, K. (1940). Extreme social isolation of a child. *American Journal of Sociology, 45*, 554–565.

Davis, K. (1947). Final note on a case of extreme isolation. *American Journal of Sociology, 54*, 432–437.

De Wolff, M. & van IJzendoorn, M. H. (1997). Sensitivity and attachment: A meta-analysis on parental antecedents of infant attachment. *Child Development, 68*, 571–591.

Delbruck, J. (1846). *Visite à la crèche – modèle et rapport général adressé à M. Marbeau sur les crèches de Paris*. Paris: Paulin.

Denham, S. A., McKinley, M., Couchoud, E. A. & Holt, R. (1990). Emotional and behavioral predictors of preschool peer ratings. *Child Development, 61*, 1145–1152.

Deutsches Jugendinstitut e. V. (2002). *Qualifizierung in der Kindertagespflege – Fortbildung von Tagesmüttern*. Seelze-Velber: Kallmeyer.

Donovan, W. L. & Leavitt, L. A. (1985). Physiologic assessment of mother-infant attachment. *Journal of the American Academy of Child Psychiatry, 24*, 65–70.

Eckstein, T. & Ahnert, L. (2009). *Die Erzieherin-Kind-Beziehung und ihre alters- und erfahrungs-abhängige Anpassung*. Poster präsentiert auf der DGPs Fachtagung Entwicklungspsychologie in Hildesheim, 14.–17.09.09.

Euler, H. A. & Michalski, R. L. (2007). Grandparental and extended kin relationships. In C. Salmon & T. K. Shackelford (eds.) (2007), *Family relationships: An evolutionary perspective* (pp. 185–204). Oxford, UK: Oxford University Press.

Euler, H. A. & Weitzel, B. (1996). Discriminative grandparental solicitude as reproductive strategy. *Human Nature, 7*, 39–59.

Fantz, R. L. (1963). Pattern vision in newborn infants. *Science, 140*, 296 f.

Fegert, J. M. & Ziegenhain, U. (Hrsg.) (2003). *Hilfen für Allein-erziehende. Die Lebenssituation von Einelternfamilien in Deutsch-land.* Weinheim: Beltz.

Fein, G. G., Gariboldi, A. & Boni, R. (1993). The adjustment of infants and toddlers to group care: The first 6 months. *Early Childhood Research Quarterly, 8,* 1–14.

Fisch, S. M. (2004). *Children's learning from educational television. Sesame Street and beyond.* Mahwah, N.J.: Erlbaum.

Fox, G. L. & Bruce, C. (2001). Conditional Fatherhood: Identity theory and parental investment theory as alternative sources of explanation of fathering. *Journal of Marriage & Family, 63,* 394–403.

Fox, N. A., Henderson, H. A., Rubin, K. H., Calkins, S. D. & Schmidt, L. A. (2001). Continuity and discontinuity of behavioral inhibition and exuberance: Psychophysiological and behavioral influences across the first four years of life. *Child Development, 72,* 1–21.

Fröbel, F. W. A. (1826). *Die Menschenerziehung, die Erziehungs-, Unterrichts- und Lehrkunst.* Leipzig: Reclam.

Fthenakis, W. E. (1985).*Väter, Band I: Zur Psychologie der Vater-Kind-Beziehung.* München: Urban & Schwarzenberg.

Fthenakis, W. E. (1988). *Väter, Band II: Zur Vater-Kind-Beziehung in verschiedenen Familien-Strukturen.* München: Urban & Schwarzenberg.

Fthenakis, W. E. (2008). Bildung in Schule und Kindergarten neu definieren. *Zeitschrift für Pädagogik und Bildung, 1,* 15 f.

Fthenakis, W. E. & Textor, M. R. (2002). *Mutterschaft – Vaterschaft.* Weinheim: Beltz.

Funke, J. (2005). Alfred Binet (1857–1911) und der erste Intelligenztest der Welt. In G. Lamberti (Hrsg.), *Intelligenz auf dem Prüfstand: 100 Jahre Psychometrie* (S. 23–40). Göttingen: Vandenhoeck & Ruprecht.

Geoffroy, M.-C., Côté, S., Parent, S. & Séguin, J. R. (2006). Daycare attendance, stress, and mental health. *Canadian Journal of Psychiatry, 51,* 607–615.

Gesell, A. (1941). *Wolf child and human child – The life story of Kamala, the wolf girl.* London: Methuen.

Gewerkschaft Erziehung und Wissenschaft (Hrsg.) (2004). *OMEP-Leitlinien für die frühkindliche Erziehung im 21. Jahrhundert.* Frankfurt a. M.: Eigenverlag.

Gloger-Tippelt, G., Rapkowitz, I., Freudenberg, I. & Maier, S. (1992). Veränderung der Partnerschaft nach der Geburt des ersten Kindes. *Psychologie in Erziehung und Unterricht, 42,* 255–269.

Gloger-Tippelt, G., Vetter, J. & Rauh, H. (2000). Untersuchungen mit der ‚Fremden Situation‘ in deutschsprachigen Ländern: Ein Überblick. *Psychologie in Erziehung und Unterricht, 47,* 87–98.

Goossens, F. A. & Melhuish, E. C. (1996). On the ecological validity of measuring the sensitivity of professional caregivers: The laboratory versus the nursery. *European Journal of Psychology of Education, 11,* 169–176.

Goossens, F. A. & van IJzendoorn, M. H. (1990). Quality of infants' attachments to professional caregivers: Relation to infant-parent attachment and day-care characteristics. *Child Development, 61,* 832–837.

Grossmann, K. & Grossmann, K. E. (2004). *Bindungen: Das Gefüge psychischer Sicherheit.* Stuttgart: Klett-Cotta.

Grossmann, K., Grossmann, K. E., Fremmer-Bombik, E., Kindler, H., Scheuerer-Englisch, H. & Zimmermann, P. (2002). The Uniqueness of the child-father attachment relationship: Fathers' sensitive and challenging play as a pivotal variable in a 16-year longitudinal study. *Social Development, 11,* 307–331.

Grossmann, K. E. & Volmer, H.-J. (1984). Fathers' presence during birth of their infants and paternal involvement. *International Journal of Behavioral Development, 7,* 157–165.

Habenbach-Burckhardt, E. (1899). *Die Krippen und ihre hygienische Bedeutung.* Jena: Urania.

Harlow, H. F. (1958). The nature of love. *American Psychologist, 13,* 673–685.

Harms, T. & Clifford, R. M. (1989). *Family daycare rating scale.* New York: Teachers College Press.

Harms, T., Cryer, D. & Clifford, R. (1990). *Infant Toddlers Environment rating scales.* New York: Teachers College Press.

Harris, J. R. (1995). Where is child's environment? A group social-isation theory of development. *Psychological Review, 102*, 458–489.

Harrison, L. & Ungerer, J. (2002). Maternal employment and infant-mother attachment security at 12 months postpartum. *Developmental Psychology, 38*, 758–773.

Hartup, W. W. & Moore, S. G. (1990). Early peer relations: Developmental significance and prognostic implications. *Early Childhood Research Quarterly, 5*, 1–17.

Hay, D. F., Castle, J. & Davies, L. (2000). Toddlers' use of force against familiar peers: A precursor of serious aggression? *Child Development, 71*, 457–467.

Heinecke, C. & Westheimer, J. (1965). *Brief separations.* New York: International Universities Press.

Heinrichs, M., Meinlschmidt, G., Neumann, I., Wagner, S., Kirschbaum, C., Ehlert, U. & Hellhammer, D. H. (2001). Effects of suckling on hypothalamic-pituitary-adrenal axis responses to psychosocial stress in postpartum lactating women. *Journal of Clinical Endocrinology & Metabolism, 86*, 4798–4804.

Hentig, H. von (2007). *Bildung. Ein Essay.* Weinheim: Beltz Taschenbuch.

Herrmann, E., Call, J., Lloreda, M., Hare, B. & Tomasello, M. (2007). Humans have evolved specialized skills of social cognition: The cultural intelligence hypothesis. *Science, 317*, 1360–1366.

Hewlett, B. S. (1989). Multiple caretaking among African Pygmies. *American Anthropologist, 91*, 186–191.

Hewlett, B. S. (1991). *Intimate fathers: The nature and context of Aka Pygmy paternal infant care.* Michigan: University of Michigan Press.

Hewlett, B. S., Lamb, M. E., Shannon, D., Leyendecker, B. & Schölmerich, A. (1998). Culture and early infancy among Central African foragers and farmers. *Developmental Psychology, 34*, 653–661.

Hill, K. & Hurtado, A. M. (1996). *Ache life history. The ecology and demography of a foraging people.* New York: de Gruyter.

Hock, E. & Lutz, W. J. (1998). Psychological meaning of separation anxiety in mothers and fathers. *Journal of Family Psychology, 12,* 41–55.

Howell, N. (1979). *Demography of the Dobe !Kung.* New York: Academic Press.

Howes, C. (1988). Peer interaction of young children. *Monographs of the Society for Research in Child Development, 53,* 94.

Howes, C., Galinsky, E. & Kontos, S. (1998). Child care caregiver sensitivity and attachment. *Social Development, 7,* 25–36.

Hrdy, S. B. (2002). *Mutter Natur. Die weibliche Seite der Evolution.* Berlin: Taschenbuchverlag. [Original 1999: *Mother Nature. A history of mother, infants, and natural selection.* New York: Pantheon.]

Hsu, H. (2004). Antecedents and consequences of separation anxiety in first-time mothers: Infant, mother, and social-contextual characteristics. *Infant Behavior & Development, 27,* 113–133.

Humboldt, W. von (1793/1960): Theorie der Bildung des Menschen. In A. Flitner & K. Giel (Hrsg.), *Wilhelm von Humboldt. Werke in fünf Bänden* (S. 235), Stuttgart: Klett-Cotta.

Hüther, G. & Krens, I. (2005). *Das Geheimnis der ersten neun Monate.* Düsseldorf: Walter.

Hüttenmoser, M. (1985). Krippenkinder. *UndKinder, 24/25.*

Johanson, D. C. & Edey, M. A. (2000). *Lucy: Die Anfänge der Menschheit.* München: Piper.

Johnson, M. P. (2002). An exploration of men's experience and role at child birth. *Journal of Men's Studies, 10,* 165–182.

Jurczyk, K., Rauschenbach, T. & Tietze, W. (2004). *Von der Tagespflege zur Familientagesbetreuung.* Weinheim: Beltz.

Kagan, J. (1983). Stress and coping in early development. In N. Garmezy & M. Rutter (eds.), *Stress, coping, and development in children* (pp. 191–214). New York: McGraw-Hill.

Keller, H., Lohaus, A., Kuensemueller, P., Abels, M., Relindis Y., Voelker S., Jensen, H., Papligoura, Z., Rosabal-Coto, M., Kulks, D. & Mohite, P. (2004). The bio-culture of parenting: Evidence from five cultural communities. *Parenting: Science and Practice, 4,* 25–50.

Keller, H., Lohaus, A., Voelker, S., Cappenberg, M., & Chasiotis, A. (1999). Temporal contingency as an independent component of parenting behavior. *Child Development, 70*, 474–485.

Kellogg, W. N. (1967). *The ape and the child.* New York/London: Hafner.

Klaus, M. H. & Kennell, J. H. (1983). *Mutter-Kind-Bindung: Über die Folgen einer frühen Trennung.* München: Kösel. [Original 1976: *Maternal-infant bonding. The impact of early separation or loss on family development.* Saint Louis: Mosby.]

Klinzig, K. von (2002). Vater-Mutter-Säugling. Von der Dreierbeziehung in der elterlichen Vorstellung zur realen Eltern-Kind-Beziehung. In H. Walter (Hrsg.), *Männer als Väter: Sozialwissenschaftliche Theorie und Empirie* (S. 783–810). Gießen: Psychosozial-Verlag.

Köhler, W. (1917, 1963). *Intelligenzprüfungen an Anthropoiden.* Berlin: Springer.

Kosfeld, M., Heinrichs, M., Zak, P. J., Fischbacher, U. & Fehr, E. (2005). Oxytocin increases trust in humans. *Nature, 435*(7042), 673–676.

Krappmann, L. (1996). Kinderbetreuung als kulturelle Aufgabe. In W. Tietze (Hrsg.), *Früherziehung. Trends, internationale Forschungsergebnisse, Praxisorientierungen* (S. 20–29). Neuwied: Luchterhand.

Kunz, J. (2003). *Die Verhaltensökologie der Couvade.* Trier: Fokus Kultur.

Laewen, H.-J., Andres, B. & Hedervari, E. (1990). *Die ersten Tage – Ein Modell zur Eingewöhnung in Krippe und Tagespflege.* Weinheim: Beltz.

Lamb, M. E. (1975). Fathers: Forgotten contributors to child development. *Human Development, 18*, 245–266.

Lamb, M. E. (1987). *The father's role: Cross-cultural perspectives.* Hillsdale: Erlbaum.

Lamb, M. E. & Ahnert, L. (2006). Nonparental child care. In W. Damon, R. M. Lerner, K. A. Renninger & I. E. Sigel (eds.), *Handbook of child psychology:* Volume 4: *Child psychology in practice* (5th ed.; pp. 950–1016). Hoboken, NJ: Wiley.

Lamb, M. E., Sternberg, K. J., Hwang, C. P. & Broberg, A. G. (eds.) (1992). *Child care in context: Cross-cultural perspectives.* Hillsdale, NJ: Erlbaum.

Lamb, M. E., Thompson, R. A., Gardner, W. P. & Charnov, E. L. (1985). *Infant-mother attachment: The origins and developmental significance of individual differences in strange situation behavior.* Hillsdale, NJ: Erlbaum.

Lange, A. & Alt, C. (2008). Väterbilder – Vätertypen. *DJI-Bulletin, 83/84,* 1–4.

Leaper, C. (2002). Parenting girls and boys. In M. H. Bornstein (ed.), *Handbook of parenting: Children and parenting* (Vol. 1, pp. 189–225). Mahwah, NJ: Erlbaum.

Lee, R. B. (1979). *The !Kung San: Men, women, and work in a foraging society.* New York: Cambridge University Press.

Lenin, W. I. (1960): *Die große Initiative.* Berlin: Dietz.

Liessmann, K. P. (2009). *Theorie der Unbildung. Die Irrtümer der Wissensgesellschaft.* München: Piper.

Lorenz, K. Z. (1935). Der Kumpan in der Umwelt des Vogels. *Zeitschrift für Ornithologie, 83,* 137–213; 280–413.

Maccoby, E. E. (1998). *The two sexes: Growing up apart, coming together.* Cambridge, MA: Harvard University Press.

MacDonald, K. B. (1992). Warmth as a developmental construct: An evolutionary analysis. *Child Development, 63,* 753–773.

Main, M. (1981). Avoidance in the service of attachment: A working paper. In K. Immelmann, G. Barlow, L. Petrinovich & M. Main (eds.), *Behavioral development: The Bielefeld Interdisciplinary Project* (pp. 651–693). New York: Cambridge University Press.

Malaguzzi, L., Castagnetti, M. & Rubizzi, L. (2002). *Ein Ausflug in die Rechte von Kindern. Aus der Sicht der Kinder. Die ungehörten Stimmen der Kinder.* Berlin: Luchterhand.

Marvin, R., Cooper, G., Hoffman, K. & Powell, B. (2002). The Circle of Security project: attachment-based intervention with caregiver-preschool child dyads. *Attachment & Human Development, 4,* 107–124.

Meaney, M. J. (2001). Maternal care, gene expression, and the transmission of individual differences in stress reactivity across generations. *Annual Review of Neuroscience, 24,* 1161–1192

Meltzoff, A. N. (1995). Understanding the intentions of others: Re-enactments of intended acts by 18-month-old children. *Developmental Psychology, 31*, 838–850.

Moore, G. A., Cohn, J. F. & Campbell, S. B. (2001). Infant affective responses to mother's still face at 6 months differentially predict externalizing and internalizing behaviors at 18 months. *Developmental Psychobiology, 37*, 706–714.

Morales, M. & Bridges, L. J. (1996). Associations between nonparental care experience and preschooler's emotion regulation in the presence of the mother. *Journal of Applied Developmental Psychology, 17*, 577–596.

Morelli, G. A. & Tronick, E. Z. (1991). Efe multiple caretaking and attachment. In J. L. Gewirtz & W. M. Kurtines (eds.), *Intersections with attachment* (pp. 41–51). Hillsdale, NJ: Lawrence.

Mueller, E. (1991). Toddlers' peer relations: Shared meaning and semantics. In W. Damon (ed.), *Child Development Today and Tomorrow* (pp. 313–331). Oxford: Jossey-Bass.

Müller-Bauer, S., Prahl, C. & Ahnert, L. (2006). *Care conditions in infant care as related to infants' mental, motor and behavioral development.* Poster for the 19th Biennial Meeting of the ISSBD in Melbourne/Australia, 02–06/07/2006.

Nelson, C. A. (1999). Change and continuity in neurobehavioral development: Lessons from the study of neurobiology and neural plasticity. *Infant Behavior and Development, 22*, 415–429.

NICHD Early Child Care Network (1994). Child care and child development: The NICHD study of early child care. In S. L. Friedman & H. C. Haywood (eds.), *Developmental follow-up: Concepts, domains, and methods* (pp. 377–396). New York: Academic Press.

NICHD Early Child Care Network (1997). The effects of infant child care on infant-mother attachment security: Results of the NICHD study of early child care. *Child Development, 68*, 860–879.

NICHD Early Child Care Network (2000). The relation of child care to cognitive and language development. *Child Development, 71*, 960–980.

NICHD Early Child Care Network (2001). Child care and common communicable illness. *Archives of Pediatrics & Adolescent Medicine, 155*, 481–488.

NICHD Early Child Care Network (2003). Child care and common communicable illness. *Archives of Pediatrics & Adolescent Medicine, 157*, 196–200.

NICHD Early Child Care Network (2003). Does amount of time spent in child care predict socio emotional adjustment during the transition to kindergarten? *Child Development, 74*, 976–1005.

NICHD Early Child Care Research Network (1999). Child care and mother-child interaction in the first 3 years of life. *Developmental Psychology, 35*, 1399–1413.

NICHD Early Child Care Research Network (2005). Duration and developmental timing of poverty and children's cognitive and social development from birth through third grade. *Child Development, 76*, 795–810.

Nickel, H. & Quaiser-Pohl, C. (2001). *Junge Eltern im kulturellen Wandel. Untersuchungen zur Familiengründung im kulturellen Vergleich.* Weinheim: Juventa.

Papoušek, H. & Papoušek, M. (1987). Intuitive parenting: A dialectic counterpart to the infant's integrative competence. In J. D. Osofsky (ed.), *Handbook of infant development* (pp. 669–720). New York: Wiley.

Parke, R. D. (1981). *Fathers.* Cambridge: Harvard University Press.

Pastor, D. L. (1981). The quality of mother-infant attachment and its relationship to toddlers' initial sociability with peers. *Developmental Psychology, 17*, 323–335.

Piaget, J. (1936, 2003⁵). *Das Erwachen der Intelligenz beim Kind.* Stuttgart: Klett-Cotta.

Piaget, J. (1937, 1998²). *Der Aufbau der Wirklichkeit beim Kind.* Stuttgart: Klett-Cotta.

Piaget, J. (1945, 2003⁵). *Nachahmung, Spiel und Traum.* Stuttgart: Klett-Cotta.

Piaget, J. (1954). *The construction of reality in the child.* New York: Basic Books.

Piaget, J. (1979). Jean Piaget. In L. J. Pongratz, W. Traxel & E. G. Wehner (Hrsg.), *Psychologie in Selbstdarstellungen* (S. 149–209). Bern: Huber.

Rauh, H. & Ziegenhain, U. (1996). Krippenerfahrung und Bindungsentwicklung. In W. Tietze (Hrsg.), *Früherziehung* (S. 97–111). Berlin: Luchterhand.

Rauscher, F. H., Shaw, G. L. & Ky, K. N. (1993). Music and spatial task performance. *Nature, 365*, 611.

Robertson, J. (1969). *John, 17 months: For 9 days in a residential nursery.* Film Nr. 3 at Tavistock Child Development Research Unit. New York: New York University Film Library.

Robertson, J. & Robertson, J. (1973). Substitute mothering for the unaccompanied child. *Nursing Times*, 23. November.

Robertson, J. & Robertson, J. (1975). Reaktionen kleiner Kinder auf kurzfristige Trennung von der Mutter im Lichte neuer Beobachtungen. *Psyche, 29*, 626–664.

Rollett, B. & Werneck, H. (2002). Die Vaterrolle in der Kultur der Gegenwart und die väterliche Rollenentwicklung in der Familie. In H. Walter (Hrsg.), *Männer als Väter: Sozialwissenschaftliche Theorie und Empirie* (S. 323–343). Gießen: Psychosozial-Verlag.

Rubenstein, J. L., Pedersen, F. A. & Yarrow, L. J. (1977). What happens when mother is away: A comparison of mothers and substitute caregivers. *Developmental Psychology, 13*, 529–530.

Rubin, K. H., Bukowski, W. M. & Parker, J. G. (2007). Peer interactions, relationships, and groups. In W. Damon, R. M. Lerner, K. A. Renninger & I. E. Sigel (eds.), *Handbook of child psychology:* Volume 3: *Social, emotional, and personality development* (5th ed.; pp. 571–645). Hoboken, NJ: Wiley.

Rubin, K. H., Hastings, P., Chen, X., Stewart, S. & McNichol, K. (1998). Intrapersonal and maternal correlates of aggression, conflict, and externalizing problems in toddlers. *Child Development, 69*, 1614–1629.

Sagi, A., Lamb, M. E., Lewkowicz, K. S., Shoham, R., Dvir, R. & Estes, D. (1985). Security of infant-mother, -father, and -metapelet attachments among kibbutz-reared Israeli children. *Monographs of the Society for Research in Child Development, 50*, 257–275.

Sagi, A., van IJzendoorn, M. H., Aviezer, O. & Donnell, F. (1994). Sleeping out of home in a kibbutz communal arrangement: It makes a difference for infant-mother attachment. *Child Development, 65*, 992–1004.

Sagi-Schwartz, A. & Aviezer, O. (2005). Correlates of attachment to multiple caregivers in kibbutz children from birth to emerging adulthood: The Haifa longitudinal study. In K. G. Grossmann, K. Grossmann & E. Waters (eds.), *Attachment from infancy to adulthood* (pp. 165–197). New York: Guilford.

Schaffer, H. R. & Emerson, P. E. (1964). The development of social attachment in infancy. *Monographs of the Society for Research in Child Development, 29*, 5–77.

Schmidt, H.-D. (1982). Das Bild des Kindes – eine Norm und ihre Wirkungen. *Neue Deutsche Literatur, 10*, 71–81.

Schmidt-Kolmer, E. (Hrsg.) (1968). *Pädagogische Aufgaben und Arbeitsweise der Krippen.* Berlin: Volk & Gesundheit.

Schmidt-Kolmer, E. (1986). Frühe Kindheit. In W. Forst, W. Kessel, A. Kossakowski & J. Lompscher (Hrsg.), *Beiträge zur Psychologie.* Berlin: Volk & Wissen.

Schmidt-Kolmer, E. (1987). Entwicklung der Kinderkrippen in der DDR aus historischer Sicht. *Kinderkrippen, 1*, 8–12.

Schmidt-Kolmer, E., Tonkowa-Jampolskaja, R. & Atanassowa, A. (1979). *Die soziale Adaptation der Kinder bei der Aufnahme in Einrichtungen der Vorschulerziehung.* Berlin: VEB Verlag Volk und Gesundheit.

Schneiderwind, J., Milatz, A. & Ahnert, L. (2009). *How adult-child relationships influence learning mechanism during the time of transition to school.* Poster presented at the European Conference of Psychology, July 2009, Oslo/Norway.

Schore, A. N. (1994). *Affect regulation and the origin of the self.* Hillsdale, NJ: Erlbaum. [Deutsch 2007: Affektregulation und die Reorganisation des Selbst. Stuttgart: Klett-Cotta.]

Seiffge-Krenke, I. (2001). Neuere Ergebnisse der Vaterforschung. *Psychotherapeut, 6*, 391–397.

Selye, H. (1936). A syndrom produced by diverse nocuous agents. *Nature, 4*, 32.

Shonkoff, J. P. & Phillips, D. A. (eds.) (2000). *From neurons to neighbourhoods: The science of early childhood development.* Washington, D.C.: National Academy Press.

Shpancer, N. (1998). Caregiver-parent relationships in daycare: A review and re-examination of the data and their implications. *Early Education and Development, 9,* 239–259.

Sir Bowlby, R. (2008). Das Londoner Modell der bindungsorientierten Tagesbetreuung. In K.-H. Brisch (Hrsg.), *Wege zu sicheren Bindungen in Familie und Gesellschaft: Förderung oder Behinderung der kindlichen Entwicklung.* München: Klett-Cotta.

Soken, H. H. & Pick, A. D. (1992). Intermodal perception of happy and angry expressive behaviors by seven-month-old infants. *Child Development, 63,* 787–795.

Spangler, G. & Grossmann, K. E. (1993). Biobehavioral organization in securely and insecurely attached infants. *Child Development, 64,* 1439–1450.

Spelke, E. S., Beinlinger, K., Jacobson, K. & Phillips, K. (1993). Gestalt relations and object perception: A development study. *Perception, 22,* 1483–1501.

Spitz, R. A. (1945). Hospitalism: An inquiry into the genesis of psychiatric conditions in early childhood. *The Psychoanalytic Study of the Child, 1, 53–41.*

Spitz, R. A. (1946.) Hospitalism: A follow-up report. *The Psychoanalytic Study of the Child, 2,* 113–117.

Sroufe, L. A. & Waters, E. (1977). Heart rate as a convergent measure in clinical and developmental research. *Merrill-Palmer Quarterly, 23,* 3–27.

Storey, A. E., Walsh, C. J., Quinton, R. L. & Wynne-Edwards, K. E. (2000). Hormonal correlates of paternal responsiveness in new and expectant fathers. *Evolution and Human Behaviour, 21,* 79–95.

Thomas, A. (1980). *Temperament und Entwicklung.* Stuttgart: Enke.

Tietze, W. (1998). Betreuung von Kindern unter drei Jahren in den westlichen Bundesländern Deutschlands. In L. Ahnert (Hrsg.), *Tagesbetreuung für Kinder unter 3 – Theorien und Tatsachen* (S. 45–57). Bern: Huber.

Tietze, W. & Viernickel, S. (Hrsg.) (2002). *Pädagogische Qualität in Tageseinrichtungen für Kinder.* Weinheim: Beltz.

Tomasello, M. (2002). *Die kulturelle Entwicklung des menschlichen Denkens.* Frankfurt a. M.: Suhrkamp.

Tronick, E. Z., Morelli, G. A. & Ivey, P. K. (1992). The Efe forager infant and toddler's pattern of social relationships: Multiple and simultaneous. *Developmental Psychology, 28,* 568–577.

Vermeer, H. J. & van IJzendoorn, M. H. (2006). Children's elevated cortisol levels at daycare: A review and meta-analysis. *Early Childhood Research Quarterly, 21,* 390–401.

Viernickel, S. (2000). *Spiel, Streit, Gemeinsamkeit: Einblicke in die soziale Welt der unter Zweijährigen.* Landau: Verlag Empirische Pädagogik.

Vygotsky, L. S. (1987). *Ausgewählte Schriften.* Bd. 2: *Arbeiten zur psychischen Entwicklung der Persönlichkeit.* Berlin: Volk & Wissen.

Walter, H. (Hrsg.) (2002). *Männer als Väter: Sozialwissenschaftliche Theorie und Empirie.* Gießen: Psychosozial-Verlag.

Waters, E. (1995). The Attachment Q-Set (Version 3.0). *Monographs of the Society for Research in Child Development, 60,* 234–246.

Weber, C. (Hrsg.) (1991). *Entdeckerland. Ein Modell für die pädagogische Arbeit mit Kleinkindern.* Berlin: Luchterhand.

Werebe, M. G. & Baudonniere, P. M. (1991). Social pretend play among friends and familiar preschoolers. *International Journal of Behavioral Development, 14,* 411–428.

Widdowson, E. M. (1951). Mental contentment and physical growth. *The Lancet, 230,* 1316–1318.

Winnicott, D. W. (1965). *The maturational processes and the facilitating environment.* London: Horgarth. [Deutsch 2002: *Reifungsprozesse und fördernde Umwelt.* Gießen: Psychosozial-Verlag.]

Zimmerman, F. J. & Christakis, D. A. (2005). Children's television viewing and cognitive outcomes: A longitudinal analysis of national data. *Archives of Pediatrics and Adolescent Medicine, 159,* 619–625.

Zimmerman, F. J., Christakis, D. A. & Meltzoff, A. N. (2007). Associations between media viewing and language development in children under age 2 years. *The Journal of Pediatrics, 151,* 364–368.

Namensindex

A

Achenbach, T. 180
Aigner-Clark, J. 235
Ainsworth, M. 49–52, 55–56, 169, 274

B

Badinter, E. 70, 276
Baillargeon, R. 270
Bayley, N. 173–174, 176
Beauvoir, S. de 204, 292
Beller, K. 191, 291
Belsky, J. 168, 271, 287–288, 298
Binet, A. 172–173, 287
Bischof-Koehler, D. 293
Blatz, W. 49, 273
Bondioli, A. 290
Boni, R. 290
Booth, C. 47, 273
Bowlby, J. 42, 45–46, 49, 94, 99, 114, 166–167, 186–187, 273, 280, 287, 289, 291
Brenner, J. 208
Bretherton, I. 272
Bridges, L. 179, 288

Bronfenbrenner, U. 248–249, 251, 296
Brooks-Gunn, J. 177, 288
Budin, P. 33
Bühler, C. 205–206, 292

C

Carter, S. 27, 271, 274
Chess, S. 252–253
Christakis, D. 235–237, 295
Clarke-Stewart, A. 168, 287
Clifford, R. 154, 285–286
Crockenberg, S. 109, 280
Cummings, M. 116, 281

D

Dahlberg, G. 294
Darwin, C. 42
Datler, W. 282
Davis, K. 9, 269
Delbruck, J. 139, 283

E

Eckerman, C. 207
Eckstein, T. 282, 298
Edey, M. 279
Emerson, P. 85, 278

Engels, F. 136, 283
Euler, H. 110, 280

F

Fantz, R. 5, 269
Fein, G. 290
Fox, G. 72, 276
Freud, S. 142
Fröbel, F. W. A. 246, 275, 296
Fromm, E. 48, 273
Fthenakis, W. 76, 244, 276–277, 296

G

Gappa, M. 296, 298
Gesell, A. 10, 270
Gloger-Tippelt, G. 87, 275, 278
Goossens, F. 119, 281
Grossmann, Karin 60–61, 85–86, 275, 278, 283
Grossmann, Klaus 60–61, 275, 277–278, 283, 289

H

Habenbach-Burckhardt, E. 283
Harlow, H. 40–41, 272
Harms, T. 154, 285–286
Harrison, L. 259, 297
Hartup, W. 222, 294
Harwardt, E. 296
Hay, D. 212–215, 293
Heinicke, C. 167
Heinrichs, M. 271

Hellhammer, D. 27, 271
Hentig, H. von 224, 294
Hetzer, H. 292
Hewlett, B. 101–103, 279
Hill, K. 97, 279
Hock, E. 197–198, 291
Howes, C. 130–131, 216, 282, 293
Hrdy, S. 35, 99–100, 272, 276, 279
Humboldt, W. von 294

J

Johanson, D. 93, 279

K

Kagan, J. 291
Keller, H. 232, 272, 290, 292, 295
Kellogg, W. 13–14, 270
Kennell, J. 34, 272
Kindler, H. 86, 278
Klaus, M. 34, 272
Klitzing, K. von 89
Koch, R. 185
Köhler, W. 14–16, 270
Krappmann, L. 248, 296

L

Lamb, M. 71, 275–276, 278–279, 281–283, 288, 290, 297
Lee, R. 96, 279
Lenin, W. 284
Liessmann, K. 294

Lorenz, K.   41–42, 90, 272, 278

M

Maccoby, E.   219, 293
MacDonald, K.   46, 273
Main, M.   53, 274
Malaguzzi, L.   295
Marvin, R.   273
Marx, K.   136, 283
Meaney, M.   64–65, 275
Melhiush, E.   262
Meltzoff, A.   235, 270, 295
Morelli, G.   279
Moss, P.   294
Mueller, E.   208, 292
Müller-Bauer, S.   285

N

Nelson, C.   232–233, 295
Nickel, H.   79–80, 277

P

Papoušek, H.   36, 39, 272
Papoušek, M.   36, 39, 272
Parke, R.   71, 276, 278
Piaget, J.   3, 226–227, 229, 238–239, 269, 294
Porges, S.   27, 271

R

Rauh, H.   151, 191–192, 275, 290
Rauscher, F.   233, 295
Robertson, James   123, 187–188, 281, 289

Robertson, Joyce   123–124, 187–188, 281, 289
Rollett, B.   277
Rubenstein, H.   118, 280

S

Sagi, A.   144–145, 283
Saint-Exupéry, A. de   2, 269
Sapolsky, R.   184, 289
Schaffer, R.   85, 278
Schiefenhövel, W.   31
Schmidt, H.-D.   148, 284
Schmidt-Kolmer, E.   284, 289–290
Schore, A.   65–66, 275
Seiffge-Krenke, I.   278
Selye, H.   185, 289
Spitz, R.   280
Sroufe, A.   189, 289
Stern, C.   3
Stern, W.   3
Storey, A.   77, 277

T

Thomas, A.   252–253, 297
Tietze, W.   156, 280–281, 285, 290, 296
Tomasello, M.   15, 19, 270
Tonkowa-Jampolskaja, R.   191, 290
Tronick, E.   103, 105, 279
Tudor-Hart, B.   292

U

Uvnäs-Moberg, K.   28–29

V

Viernickel, S.   285, 292
Vygotsky, L.   158, 239–240,
   285, 296

W

Walter, H.   276–278
Waters, E.   54, 189, 274,
   283, 289
Weber, C.   284
Werneck, H.   277
Wertheimer, I.   167
Widdowson, E.   117–118,
   280

Winnicott, D.   24–25, 63,
   271, 275
Wittig, B.   50–51, 274
Wynne-Edwards, K.   77, 277

Y

Yirmiya, N.   170–171

Z

Zimmerman, F.   235–237,
   295

Sachindex

A

Ache   95, 97f, 100, 108

Aggression   182, 250
   proaktive A.   214f
   reaktive A.   214f

Aka   95, 101–103

Akkommodation   228

Aktivität   20–23, 58
   Alltagsa.   108
   gemeinsame A.   20–23
   Gruppena.   178, 181, 195, 220
   körperliche A.   84
   Spiela.   84, 86, 190, 209

Alleinerziehende   71, 171, 194, 261

Ammensprache   37f

Ängste   43–46, 53, 63f, 128f
   angsterzeugend   103
   Alltagsä.   186f
   Trennungsä.   151, 163, 197–203

Anpassung   13, 94, 113, 226f, 261

Anpassungs-
   -fähigkeit   199
   -güte (Goodness of Fit)   251–255

-phase   202
-probleme   191–194
-unfähigkeit   253

Anregungen   98, 113, 116, 175f, 231, 242
   anregungsarm   171
   anregungsreich   116, 232, 239
   Entwicklung   247

Anregungsprogramm   137

Anschauung   228f

Anschauungsgebunden-
heit   229

Anstrengungsbereitschaft   83, 242–245

Anwesenheit
   der Erzieher/innen   126
   der Mutter   192–203

Arbeitsmodell, inne-
res   45–47

Ärger   54–56
   ärgerlich   7, 52f, 253
   -regulierung   54–56

Armut   165, 259–262
   und Entwicklung   259–262

Armuts-
   -erfahrungen   259–262
   -grenze   259

Assimilation   228
Assistenz   129, 264
Attachment-Q-Sort   54f, 128
Aufgeschlossenheit   191, 254
Aufmerksamkeit   20–23, 88,
    179–181, 210, 250, 257
    geteilte A.   20–23
    ungeteilte A.   179
Aufmerksamkeits-
    -phasen   37
    -störung   8, 180
    -zustand   36
Ausbildung   225
    und Bildung   225
    von Erzieher/innen   119–
    123, 133
Austausch siehe sozialer Aus-
    tausch
    Blicka.   38
    Gefühlsa.   46

B

Babyblues   30–36
Babyvideos   235
Baltimore-Studie   50, 56, 58,
    60, 274
Bayley   173
    -IQ   174, 176
    -Skalen   173
Bedding-in   31f
Bedürfnisse
    Entwicklungsb.   7, 92, 141
    Grundb.   7, 199
    kindliche B.   57–59, 63f,
    103, 121, 123–126, 188

soziale B.   116, 132, 135,
    140, 205
Belastungen   68, 186, 199,
    202f, 261
    Belastungsbewältigung   68,
    267
    Doppelbelastung   198
    Trennungsbelastung   167,
    187, 195
Berliner Alltagsstudie   255,
    257f
Berliner Anpassungsstu-
    die   191f
Beruf und Frau/Familie   92,
    198, 202, 259
Beruhigung   43, 46
    Selbstb.   199
Beruhigungs-
    -möglichkeiten   201
    -strategien   195, 264
    -techniken   256
Besitz
    -ansprüche   212–215
    -konflikte   212–215, 218
Betreuer/in/nen   11, 81,
    102, 104, 131, 140, 145,
    176
    -wechsel   102, 104, 131
Betreuung
    ausschließlich (exklusive)
    mütterliche B.   72, 91,
    99f, 104, 108, 112f
    elterliche B.   119
    geteilte B.   159–183, 255–
    259, 275

mütterliche B.   59, 61, 72, 112, 152, 177

nichtmütterliche B.   160, 170

öffentliche B.   205, 247–259

Betreuungs-
-abläufe (-regime)   199–203
-angebote, öffentliche   91f, 110,137–157, 159, 247–259
-anteil   91, 102, 105, 107f
-arrangement   91, 115, 175–177, 200, 267
-bedingungen   117, 156, 160–163, 166–170, 174, 249
-bereitschaft   6, 43
-einstellung   255
-engagement   43, 72, 110
-feld, geteiltes   200, 254f, 258
-funktion   105
-intensität   257
-kontext   113
-konzept   139f
-maßnahmen   115, 264f
-modell   147f, 284
-motivation   35, 120–123
-muster   108–113, 118f
-orientierungen   150
-personen   5, 7–9, 114–135
-prinzipien   107

-situation   91, 120
-strategie   138
-systeme, multiple   99–113
-unterstützung   100, 102, 106
-verantwortung   97
-verhalten   44, 58, 119
-zeiten   103, 112, 120
-ziele   107

Betreuungsqualität   123, 138, 153–157, 220f, 262
Gruppengrößen und Betreuerschlüssel   155, 182, 220
Struktur-, Orientierungs- und Prozessqualität   155f
und Verhaltensentwicklung   182f

Betreuungsvarianten
Außerhausbetreuung   166, 182, 197f
Familienbetreuung   146
Frühbetreuung   98, 138
Ganztagsbetreuung   177
Gruppenbetreuung   119, 126, 131f, 221
Großeltern-/Enkelbetreuung   75, 97, 109–112
Halbtagsbetreuung   177
Individual-(individuelle) Betreuung   177
Kleinkindbetreuung   116, 138

Krippenbetreuung   190f
Mitbetreuung   108–110
Tagesbetreuung   138, 159, 168, 190
Wochenbetreuung   168
Beziehungen
   Eltern-Kind-B.   41, 75, 87–89, 142f, 258, 261, 263–268
   Erzieher/innen-Kind-B.   115–135, 149–157, 195f, 200–203, 240–246, 263–268
   Freundschaftsb.   217f, 222
   Mutter-Kind-B.   7, 25, 33, 40, 43–69, 89, 99, 151f, 166–170, 192f, 202, 259
   Metapelet-Kind-B.   142–145
   Kind-Kind- oder Peer-B.   147, 153, 205–223
   Sozialb. oder soziale B.   16
   Vater-Kind-B.   71–89
   siehe auch Bindungsbeziehungen
Beziehungs-
   -atmosphäre (-klima)   67, 118, 154, 260f
   -bereitschaft   54
   -erfahrungen   125, 145, 200f, 211, 242f
   -fähigkeit   187, 205
   -muster   145, 149, 221
   -qualität   50, 125–135, 243f

Bezugsperson(en)   7, 139, 263
Bildung   92, 120f, 137f, 147f, 225–245
   und Ausbildung   225
   und Bindung   197f, 239–241, 255–259, 263–268
   und Erziehung   137
Bildungs-
   -angebote   241, 265
   -erfahrungen   242
   -fernsehen   237
   -ideal   225
   -konzepte   234–245
   -motivation   242
   -prozesse   225f, 234–245
   -vermittlung   240–245
   -weg   92, 121
   -ziele   120–123
Bindung   41–69, 85f, 99, 117–135, 149–153, 166–170, 189–203, 258f
   desorganisierte B.   52f, 67, 151–153, 169
   geschlechtstypische Unterschiede   132f
   primäre B.   43, 166f, 211
   sichere B.   44–47, 52f
   unsicher-ambivalente B.   52f, 58–69, 169, 190f
   unsicher-vermeidende B.   52f, 58–69, 151f, 169, 190f, 211

Bindungs-
  -aufbau   59, 85, 125,
    127–130
  -bedürfnis   42
  -beziehung   46, 49, 53f,
    61, 66, 128f, 166,
    189–193
  -eigenschaften/-merk-
    male   46, 128f, 264
  -(vor)erfahrungen   45, 68f,
    125, 129, 193
  -fähigkeit   166
  -figur   44
  -messungen   51–55, 168
  -muster   52f
  -qualität   50–62, 127–135,
    170
  -systeme   44
  -studien   61
  -theorie   42, 49, 166
  -typen   52f
Bindungsvarianten
  Erzieher/innen-Kind-
    B.   123–135, 149–157,
    195f, 200–203, 240–248,
    263–268
  Metapelet-Kind-B.   142–
    145
  Mutter-Kind-B.   43–69,
    99, 151f, 166–170, 192f,
    202
  Vater-Kind-B.   71–89
Blickkontakt   29, 37f, 43

C
Child Behavior Checklist
  (CBCL)   180
Child Care Research   159f,
  170, 200
Cortisol   27f, 77f, 178,
  192f
Couvade (Männerwochen-
  bett)   77f

D
Denk-
  -leistung   15–20
  -prozesse   14–20
Deprivation   116
Dialoge   36–39
diskriminative Fürsorglichkeit   110
Doppelbelastung von Beruf
  und Familie   198
Dreiersituation   88f

E
Efe   95, 101, 103–105
Eingewöhnung   192
Eingewöhnungs-
  -phase   267
  -programme   200–203
  -zeit   192
Eltern-
  -arbeit   263–268
  -Kind-Beziehung   41, 75,
    142f, 258, 261–268
  -verhalten   260
    intuitives   39

Elternschaft 87–89
  Übergang zur E. 79
Emotionen 217f, 231
  Regulation 46, 55, 64–68,
    128, 210, 233, 258
Empathie 132–134, 217
Engagement siehe Betreuungsengagement
Entbehrung 116
Entschlossenheit 178–183
Entwicklung
  intellektuelle E. 170–177
  mentale E. 17–19, 226–
    245
  motorische E. 98, 117
  nächste E., Zone der 240f
  sprachliche E. 117, 161f,
    170–177
  und Armut 259–262
Entwicklungs-
  -anreize 205, 221–223
  -bedürfnisse 7, 92, 141
  -begleitung 264
  -chancen 158–183
  -erfordernisse 92
  -risiken 158–183
  -verzögerung 117, 137,
    260
  entwicklungsfördernde
    Umwelt 247–255
Erkenntnisprozess 226–230
Erkrankungen 164f
Erkundung 21, 44–47, 49,
  55, 82–84, 98, 116, 128f,
  222, 240, 247

Ernährungs-
  -bedingungen 117, 146
  -zeiten 140
Ersatzmutter 40–42, 123f
Erzieher/innen 115–135,
  137–153
  eingewöhnende E. 201–
    203
Erzieher/innen-Kind-Bezie-
  hung 131–135, 263–268
Erzieher/innen-Kind-Bin-
  dung 115–135, 194–196,
  200–203, 242–245, 263–
  268
Erzieher-Kind-Schlüssel
  155f, 182, 220
Erziehungs- und Lehrfor-
  mate 137
Erziehungs-
  -kompetenzen 248
  -partnerschaft 263–268
  -prinzipien 59
  -traditionen 60–64
  -verantwortung 152, 248,
    257, 263
Estradiol 77
Evolution 35, 39, 42, 92–113
Exosystem 251
Exploration siehe Erkundung
Explorationsunterstützung
  129, 264

F

Fähigkeiten
  Basisf. 210f

erzieherische F.   119

soziale F.   5–23, 187, 205–223, 238–242

regulative F.   199
   siehe auch Emotionen/ Regulation

Familie   235, 242, 248f
   Funktionsdefizite   251
   und Beruf   253

Familien-
   -bedingungen   251
   -betreuung   108–113, 146–150
   -strukturen   91, 159

Fehlanpassung   252–254
   fehlangepasstes Verhalten   180, 216

Feinfühligkeit   57–59, 63, 124f, 170, 176, 259, 265

Fernsehgewohnheiten   235

Fernsehkonsum   236

„Fremde Situation"   51–55, 127, 168f, 189

Freundschaftsbeziehungen   205–223

Frühentwicklung, Meilensteine   161, 251

Frühförderung   231–238

Frühgeborene   34f

Frühmenschen   94, 106

Frühsozialisation   251

Frustrationstoleranz   178

Fürsorge (Fürsorglichkeit)   26f, 35, 40, 59, 63, 72, 78, 82–85, 109f, 194

diskriminative F.   110

mütterliche F.   109

G

Geburt   4–7, 25f, 29–36, 65, 76–81, 87, 89, 96, 102f, 231

Geburtsbegleitung   79–81

Gegenstände   4, 16–24, 186
   Bewegung von G.   18
   Größen von G.   18

Gehirn
   Organisation   64f, 231–233
   Schaltkreise   66

Geschlechts-
   -hormone   77
   -unterschiede   83f, 133–135

Geschwister   91, 97, 165, 209, 223

Geselligsein (Socializing)   208–210

Gesundheit und Kinderbetreuung   116, 164–166

Gesundheitsbelastung   260

geteilte Aufmerksamkeit   20–23

geteilte Betreuung   159–183, 255–259, 275

Gewichtsentwicklung   117f

Gleichberechtigung   146f, 263–268

Glücksgefühle   26–30

„Glückshormone"   26

good enough mother   63
Großeltern   110–112, 163
Großelternbetreuung   75, 97,
    109–112
Grundbedürfnisse   7, 199
Gruppen, altersge-
    mischte   221
Gruppengröße   121, 140,
    156f, 220
Güte, Anpassung   251–259

H
Handlungen   17, 207, 227f
Heimerzieherinnen   116–119
Heimunterbringung   siehe
    Kinderheim
hinreichend gute Mütter
    60–63
Hirn-
    -entwicklung   65f, 161,
    231–233
    -strukturen   66
Hormone   26, 77f
Hörsinn   6f

I
Imitationen   207, 211
    reziproke I.   207f
Infektionserkrankungen
    164–166, 190f
inneres Arbeitsmodell   45–47
intellektuelle Entwick-
    lung   154, 159–166,
    170–178
Intelligenz   171–174, 233f

Intelligenztests   171–174
IQ   174, 176
Interaktionen
    Bedeutungen von I.   8–12,
    208
    Erzieher-Kind-I.   153f,
    196f
    körpernahe I.   196f
    Mutter-Kind-I.   36–47
    Peer-I.   205–223
intuitives Elternverhalten   39

J
Jäger-und-Sammler-Gemein-
    schaften   94f, 101–113
Jungengruppen   132–135

K
Kamikaze-Spiele   83
Kibbuz   92, 142–145, 148
Kibbuz-Kinder   142–145
kindbezogene Trennungs-
    ängste   198
Kinder, tagesbetreute   161,
    165, 170, 174, 178f, 255,
    263
Kinderbetreuung   90–113
    Evolution   99–113
    historische Anfänge   138–
    141
    Jäger-und-Sammler-
    Gemeinschaften   101–
    113
    multiple Betreuungssys-
    teme   99–113

Kinderbetreuungssysteme 137–149
Kindergruppen 131–135, 140, 178, 205–223
gleichgeschlechtliche 219
Kinderhäuser 142–145
Kinderheim 116–118, 186–188
Kindermädchen 112, 116–119
Kind-Umwelt-Anpassung 191f, 247, 252–255
Kommunikationstechniken 5, 43f
Konflikte 211–223
Scheidung 259–261
Konfliktlösung 222f
Konkurrenz 263f
Konsens 222, 263
Konstruktionen, mentale 226–230
Kooperation 207, 211
Eltern-Erzieher 263–268
Körperkontakt 31f, 56f, 78, 82, 97–99, 104, 145
körpernahe Interaktionen 196f
Körperstimulation 98
!Kung 95–100, 108

L

Latenzzeit 104f
Lebensqualität 260
Lebensumstände 60–63
Lebenswelten 250–251

Lernen 13–19
Lernfähigkeit 20
Lernfreude
und Anstrengungsbereitschaft 242–245
Lernmotivation 243f
Lernprozess 243
Loyalitätskonflikte 263

M

Mädchengruppen 132–135
Makrosystem 251
Menschheitsgeschichte 17, 35, 72, 93f, 99, 101
Mental Developmental Index 174
mentale Konstruktionen 226–229
mentale Vorstellungen 228f
Mesosystem 248–251
Metapelet (Metaplot) 143, 145
Mikrosystem 248–250
Misserfolg 83, 242
Mozart-Experiment 234
multiple Betreuungssysteme 99–113
Mütter
der „sichere Hafen" 201
Frauenrollen 146–149
hinreichend gute M. 60–64
Trennungsangst 197–203
Mutterattrappen 40

Mutterersatz   187

Mutterfigur   113

Mutter-Kind-Beziehung   7,
  25, 33, 40, 43–69, 89, 99,
  151f, 166–170, 192, 202,
  259

Mutter-Kind-Bindung   43–
  69, 99, 151f, 166–170, 202
  vergleichende Analyse   151

Mutter-Kind-Interaktionen
  36–47

mütterliche
  Anwesenheit   200f
  Betreuung   59, 61, 91,
    102–113, 152, 170, 175,
    197
  Fürsorge   59, 63, 109

Mutterliebe   24–48

N

Nachfolgeimitationen   207

Nähesuchen   44

negative Emotionen   55

Neurone   231

nichtmütterliche Betreuung
  91, 160, 170

O

Objektvorstellungen   228

öffentliche Betreuung   91f,
  111, 137–156, 159, 166,
  168, 171, 175, 177, 197,
  199, 247f, 268
  Beziehungsmuster   145,
    149, 221

Organisation des Gehirns   66

Orientierungsqualität   155f

P

Pädagogik   137
  Montessori-P.   137
  Reggio-P.   137
  Frühp.   76, 134
  Heilp.   263

Partnerschaft   87–89, 263–
  268
  Erziehungspartner-
    schaft   263–268

Peer   205–223
  Entwicklungsanreize   221–
    223
  Peer-Interaktionen   205–
    223

Pflegebereitschaft   7

Pouponnière   139

Prägung   41

primäre Bindung   43, 166f,
  211

private Betreuung   246–268

proaktive Aggressions-
  muster   214f

Problemfamilien   141, 220,
  249

Problemlösen   85

Problemverhalten   249

Prolactin   77f

Protest-Verzweiflung-Ableh-
  nung   186–188

Prozessqualität   155f

R

reaktive Aggressions-
muster   214f
Regensburg-Studie   61
reproduktives Verhalten   71
Resilienz (psychische Widerstandskraft)   69, 254
reziproke Imitationen   207
Rituale   209, 267
Routinen   150, 267

S

Sauberkeitsgewöhnung   140
Schaltkreise im Gehirn   66
Scheidung   259–261
Schreibabys   36
„schwieriges Kind"   253
Sehtüchtigkeit   5
Selbst
Selbstbehauptungsten-
denzen   212–216
Selbstbestimmung   217
und Überforderung   242
Selbstbewusstsein   166
Selbstbild der Kinder
67–69, 84
Selbstbild der Väter
70–82
Selbstbildentwicklung
67–69, 219
Selbstbildungsansatz   244
Selbstentfaltung   244
Selbstmotivierung   243
Selbstregulierung, emo-
tionale   66

Selbständigkeitsforderungen
152
Selbstwertgefühl   47
Selbstwirksamkeit   242,
266
Selbstwirksamkeitserfah-
rungen   39
Sensitivität siehe Feinfühligkeit
Sicherheit siehe auch Bindung
Sicherheitsbasis   44,
49–55, 128
Sicherheitskonzept   49, 55
soziale Austauschprozesse siehe
sozialer Austausch
soziale Bedürfnisse   116,
131–135, 140, 205
sozialer Austausch/soziale Kontakte   8–12, 20, 26, 35,
43, 88, 107, 138, 145, 155f,
161, 206–211, 213, 222,
256, 267
Sozialisation
Sozialisationsprozess   252
Sozialisationsrisiken   250
sozial-politische Veränderungen   62
Sozialkompetenz   221
Sozialkontakte   2–23
Sozialstruktur   106
Sozialverhalten   12, 26, 161,
166, 207
Spiele   82–84, 208–210, 216,
218, 221f
Als-ob-Spiele   209

Spielpartner   85f, 209
Spielzeugangebot   213
Sprache   7–12, 36–39, 170–
    177, 233f, 236f
    Spracherwerb   7–12
    sprachliche Entwick-
        lung   170–177
    Sprachverständnis   13
Stillen   26–30
Stimulation   82f, 98, 137,
    232, 256f
Stress   27–30, 64, 186f
    bei beginnender Tages-
        betreuung   190–195
    bei kleinen Kindern   186–
        193
Stress-
    -forschung   178, 185, 189,
        199
    -hormon   77, 178, 189
    -muster   185–194
    -pegel/-niveau   27f, 193,
        195
    -reaktionen   27f, 190f
    -reduktion   46, 128f,
        246
    -regulation/-regulie-
        rung   190, 196, 199
    -schutz   28
    -verarbeitung   64–67,
        186f, 189, 191f, 194, 199
Strukturqualität   155f
Synapsen   64f, 161, 231

T
Tagesausklang   258
tagesbetreute Kinder   123–
    125, 161, 164, 170, 174,
    178f, 255, 263
Tagesbetreuung   138, 159,
    167f, 190–194
    Vorbereitung   191
Tagesmütter   112f, 120–
    125, 160, 163, 175f, 181,
    220
Tagespflege   120–125, 154f
Teacher Report Form
    (TRF)   180
Temperament   50, 109, 198,
    202, 215, 253f
    Temperamentbesonder-
        heiten   215
    Temperamentprofil   253,
        267
Testosteron   77f
Transferrate   104, 106
Trauer   197
    Trauerreaktionen   187f
Trennung   50–55, 88,
    147, 166–170, 185–202,
    259–261
Trennungs-
    -ängste   151, 163, 197–
        203
    berufsbezogene   198
    betreuungsbezogene   198
    kindbezogene   198
    -bewältigung   185–203
    -erfahrungen   166

-reaktionen 167, 186, 188

-situationen 50

Triade (Dreierbeziehung) 87–89

U

Übergang zur Elternschaft 79

Umgebung der evolutionären Angepasstheit 94

Umwelt 13–26, 226, 247–255

entwicklungsfördernde U. 247–255

Umwelteinflüsse 252

Unausgeglichenheit 178–183

Ungehorsam 181f

unsicher-ambivalent gebunden 52f, 58–69, 169, 190f

unsicher-vermeidend gebunden 52f, 58–69, 151f, 169, 190f, 211

Unterstützung 32–36, 47, 84–86, 100–113, 129, 216–219

Unterstützungssysteme 32, 47, 109–113, 261

V

Vaterbilder 74

Vater-Kind-Beziehung 74, 85–87

väterliche Verantwortung 72–76

Väterlichkeit 71f, 74f, 79–81, 89

Vater-Mutter-Kind-Dynamik 87–89

Vaterrolle 72, 74

Vaterschaft 70–89, 160

Verfügbarkeit 56f, 85

Verhalten 178–183

emphatisches V. 23, 132, 217

fehlangepasstes V. 180f, 216

reproduktives V. 71

Verhaltens-

-entwicklung 66, 182

-kontrolle 215

-probleme 165, 179–183, 223, 260

Vermeidungsstrategien 56, 130

Vertrautheit 119, 188, 196, 216–218

Verwandte 108–113

Verzweiflung 186–188

W

Wahrnehmung siehe Gegenstände

Weinen 50, 56, 167

und Quengeln 178f, 256

Wilde Kinder 8–12

Wissens- und Lernprozesse 226, 232, 243

-entwicklung 227, 238

Wochenbett   30f
  Männer   77f
Wochenbettdepression
  30–33
Wochenkrippen   147
Wohlbefinden   6f, 31, 185f,
  192, 194f
Wortschatz   9, 174, 176, 235
Wut
  -anfälle   22
  -ausbrüche   178

Z

Zone der nächsten Entwicklung   240f
Zuneigung   46, 64f
Zuneigungssysteme   46, 64f
Zuwendung   10, 40, 42,
  125–131, 256–258, 261,
  264